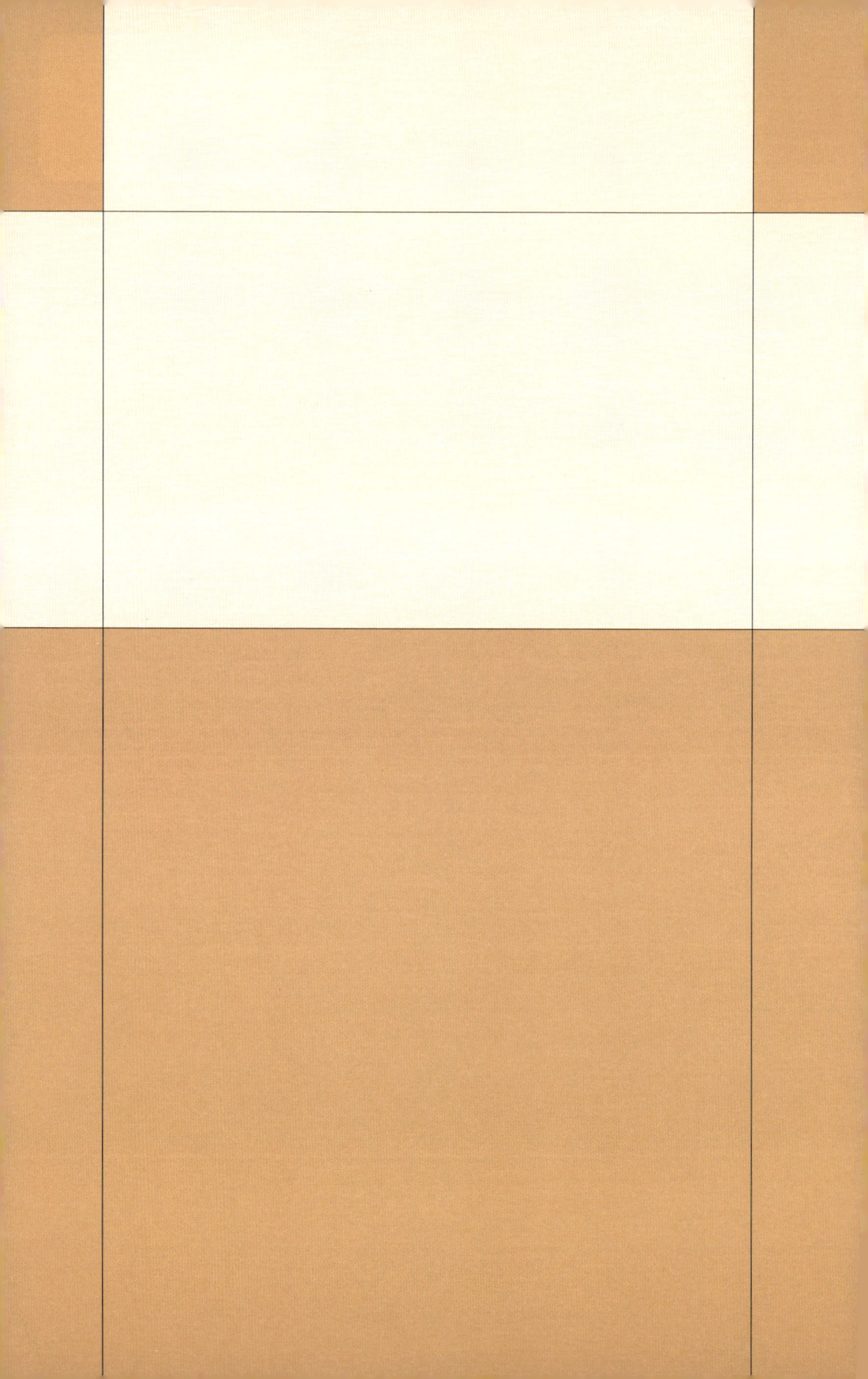

东北老工业基地
劳模人物传
（辽宁卷）

〖上 册〗

BIOGRAPHY OF MODEL WORKERS IN
NORTHEAST OLD INDUSTRIAL BASE (LIAONING)

田鹏颖　金钟哲/编著

社会科学文献出版社
SOCIAL SCIENCES ACADEMIC PRESS (CHINA)

总　序

　　信者，中心愿也。文化自信从根本上而言是在理论认识、价值旨趣层面的根本认同，是更为基本、更深沉、更持久的力量。习近平总书记在《在哲学社会科学工作座谈会上的讲话》中指出："我们说要坚定中国特色社会主义道路自信、理论自信、制度自信，说到底是要坚定文化自信。"[①]习近平总书记所讲的文化自信是指具有时代精神的，有中国特色、兼容并蓄的，以制度自信、理论自信、道路自信为基础，以社会主义核心价值观为主要标识的社会主义文化自信，是以中华优秀传统文化为背景，以国外文化资源为借鉴，以马克思主义中国化最新成果为指引的当代先进文化自信。这种自信不是单一继承的，也不是舶来品、山寨品，而是中国特色社会主义伟大实践所生成的具有"中国气象"的当代中国文化自信。

　　在近代外来文化的侵袭下，中国的文化自信从"天朝上国"沦落为崇洋媚外，出现过否定中华文化，甚至要消灭已有文化的历史境遇。历史一再证明，中国"仁义"义理文化构建不起当代文化自信，而外来文化（主要是西方文化）在当代社会正以席卷全域的方式改变和影响着中国人，在某种程度上可以说这是新的文化殖民。从年轻人的语言服饰到流行音乐，西方文化正影响和改变着当代中国人的价值追求和基本信念，无所适从者多，有坚定信念者少，一系列文化不自信、不自觉的社会现象和社会心态正在肆虐，加之文化、亚文化格局的多元化，中华传统文化的时代化、外来文化的合理性和当代中国文化的生成就不可避免地成为一个显性问题。

---

　　① 习近平：《在哲学社会科学工作座谈会上的讲话》，人民出版社，2016，第17页。

"潮平两岸阔，风正一帆悬。"当前中国人文社会科学研究面临的一项重要任务就是摆脱对外来学术的"学徒状态"，积极构建中国特色、中国风格、中国气派的话语体系。中国学术话语体系的构建，必须立足我们民族自身的语言基础之上，也必然植根于中国特色社会主义现代化发展和中华民族伟大复兴中国梦的实践之中。"劳模"是一种中国现象，也是产生于新中国工业化进程中的"中国式语言"；劳模文化作为中国社会主义进程中形成的先进文化，为社会主义建设和发展积累了丰富的"中国经验"。当前，揭示劳模文化所蕴含的中国式发展模式及其价值，有助于在世界发展进程中充分彰显中国精神、中国力量、中国道路的独特性，为中国学术话语体系的生成提供语言基础和实践支撑。

习近平总书记指出："'爱岗敬业、争创一流，艰苦奋斗、勇于创新，淡泊名利、甘于奉献'的劳模精神，生动诠释了社会主义核心价值观，是我们的宝贵精神财富和强大精神力量。"[①] 东北老工业基地是劳模精神重要的发源地之一，王进喜、孟泰、尉凤英、张成哲等曾经是家喻户晓的劳动模范。对这些劳动模范的学习、宣传、树立，形成了独具特色的东北劳模文化现象，这是当前我们弘扬劳模精神、劳动精神最重要的资源。

在探索和实践中国特色社会主义建设的道路上，东北较早建立了以重工业为主的工业体系，在中国工业发展历程中具有独特的、领先的历史地位，这种独特的历史进程与东北老工业基地特有的"勤劳、担当、朴实"的"黑土地"文化相融合，是东北劳动模范不断涌现的现实基础，更是东北劳模文化的精神生产规律的逻辑支撑。

观乎天文，以察时变；观乎人文，以化成天下。弘扬和发挥东北劳模文化、劳动精神、劳动价值观的积极作用，有助于鞭策和鼓舞东北人民在全面振兴的关键时期，坚定地"滚石上山，爬坡过坎"，而且可以为实现中华民族伟大复兴中国梦提供重要的精神力量。

文化兴国运兴，文化强民族强。劳模文化是社会主义社会中产生的精神现象，是社会主义核心价值观的典型体现。东北老工业基地劳模文化与

---

① 习近平：《在庆祝"五一"国际劳动节暨表彰全国劳动模范和先进工作者大会上的讲话》，人民出版社，2015，第4页。

中国特色社会主义工业化道路紧密联系，成为社会主义核心价值观的重要体现，也是当代中国劳模文化的杰出代表，与东北老工业基地的历史和东北的"黑土地"文化有内在的联系，将为当前推进"五位一体"总体布局、"四个全面"战略布局提供精神支持和文化动力。

全面振兴是以文化振兴为主要标志的，东北全面振兴需要东北地方文化的重塑与创新。文化软实力在一个地区的影响力和核心竞争力中的地位日益凸显，关乎地区整体形象、发展机遇。培育东北新劳模文化，挺立劳动精神，树立东北振兴的时代风标。劳模文化曾经是弘扬劳动精神、体现社会主义价值的重要载体，在东北有着深厚的历史渊源和社会土壤，一个个劳动模范不仅是那个时代的精神化身，而且其所体现的劳动精神具有跨越时代的精神魅力。以劳模文化的重构与市场经济的理念转化为重要抓手，重新梳理东北劳模文化的历史演进与基本特征，找准劳模文化与市场经济的契合点，有助于东北老工业基地的全面振兴。

东北老工业基地劳模文化研究，拓展了中国化马克思主义理论的研究视角和领域，深入阐释了社会主义核心价值观的本质内容构成，弥补了东北老工业基地劳模文化全面系统研究的缺失。马克思、恩格斯、列宁、毛泽东、邓小平等马克思主义思想家，十分重视劳动在人类历史发展中的作用，对劳动及劳动者给予特别的关注。马克思从唯物史观的视角论证并揭示了劳动在人类社会存在、文化形成、经济发展中的基础性地位和作用，把劳动看作人类社会实践活动中最基本的形式。马克思认为，文化研究要从"抽象思辨"向"必须从最顽强的事实出发"这一根本方法转变。经验的观察在任何情况下都应当根据经验来揭示社会结构和政治结构同生产的联系，而不应当带有任何神秘和思辨的色彩，现实生活正是描述人们实践活动和实际发展过程的真正的实证科学开始的地方。因此，文化和文化史的研究要从历史（现实）出发，遵循"让历史说话，让史实发言"的基本方法论原则，让劳模文化"从历史走来"。劳模文化是东北老工业基地文化的重要组成部分，对其进行深入、系统、全面的挖掘，既有利于当代咨政育人，又有利于为后者提供劳模文化历史遗产。因此，无论从马克思主义理论、史料学、文化学和哲学等学科研究与发展方面来看，还是从文学艺术创作、精神生产、管理科学以及核心价值观建构等方面来看，劳模文化

研究都具有重要的理论意义和现实价值。

具有爱国主义传统的东北大学，始终坚守振兴民族、振奋民心之念，始终与时代同呼吸共命运。东北大学的微文化脱胎于东北大格局的传承和共性，"学术上求真、探索中求异、实践中求新"造就了东北大学的精神群像，这也是东北劳模文化在东北大学的集中体现，也是东北一代代劳模刚正不阿、服务社会的精神写照。

奋进在"双一流"建设中的东北大学，致力于成为文化传承、知识创造、科技创新和成果转化的引领者。传承"自强不息、知行合一"的校训精神，与时偕行、开拓创新、克己自强、乐于奉献。坚持与国家富强和民族复兴同向同行，以培育英才支撑民族振兴，以创新科技引领国家强盛，在国家建设发展中担当起大学使命。"东北老工业基地劳模文化研究丛书"的出版，是东北大学"扎根社会、引领发展"的又一力作，充分体现了东北大学人的学术自觉和文化自信。丛书难免挂一漏万，希望海内外的读者多提宝贵意见！

是为序。

目　录

前　言

劳模精神是振兴东北老工业基地的重要精神力量

田鹏颖

在马克思主义视野中，人民是核心概念，劳动是第一范畴，劳动创造历史是第一原理。劳动最光荣、劳动最崇高、劳动最伟大、劳动者最美丽。劳模精神是社会主义核心价值观的生动展现，为东北老工业基地全面振兴提供精神动力和价值引领。正如习近平总书记在庆祝"五一"国际劳动节暨表彰全国劳动模范和先进工作者大会上的讲话中指出的："爱岗敬业、争创一流，艰苦奋斗、勇于创新，淡泊名利、甘于奉献的劳模精神，生动诠释了社会主义核心价值观，是我们的宝贵精神财富和强大精神力量。"[①]劳模精神代表了新时代中国特色社会主义的价值取向，按照马克思唯物史观的理论逻辑和中国特色社会主义发展的历史逻辑，劳动模范应当备受尊重，劳模精神也应当成为一种广受追崇的文化。全社会都应该尊敬劳动模范、弘扬劳模精神，让诚实劳动、勤勉工作蔚然成风，这是中国特色社会主义进入新时代所做出的价值判断，符合新时代中国特色社会主义文化建设的根本要求。

东北（辽宁）老工业基地是劳模精神重要的发源地之一，王进喜、孟泰、张成哲等曾经是家喻户晓的劳动模范，对这些劳动模范的学习、宣传、

---

① 习近平：《在庆祝"五一"国际劳动节暨表彰全国劳动模范和先进工作者大会上的讲话》，人民出版社，2015，第4页。

树立形成了独具特色的东北（辽宁）老工业基地劳模文化现象，这是新时代我们弘扬劳模精神、劳动精神最重要的资源。因而从历史的角度系统地展现这种文化现象，并深入挖掘其本质与特征，进而发挥其文化软实力的功能是当代中国社会科学研究者面临的课题，更是关涉当代中国精神文化的塑造、民族复兴的中国梦乃至东北老工业基地的全面振兴的重大理论与现实问题。

《东北老工业基地劳模人物传》（辽宁卷上、下册）、《东北老工业基地劳模人物传》（吉林卷）、《东北老工业基地劳模人物传》（黑龙江卷）是国家社会科学基金重大招标项目"东北（辽宁）老工业基地'劳模文化'史料编纂及当代价值研究"的阶段性成果。《东北老工业基地劳模人物传》通过系统、完整地收集和编纂东北老工业基地劳模文化史料，对其进行创造性挖掘、抢救性保护，遵循"让历史说话，让史实发言"的原则，让劳模文化"从历史走来"。首先，到东北（辽宁）老工业基地劳模文化现象深处，挖掘劳模文化与中国传统文化、劳模文化与经济关系、劳模文化与政治制度、劳模文化与精神生产的内在逻辑关联，从而深刻把握劳模文化生成的规律性和创造性。其次，按照劳模文化生成、深化、发展的时间逻辑，从20世纪50年代、60年代、70年代、80年代、90年代，一直到21世纪前15年，对不同历史时期的劳模文化进行系统梳理。同时，按照地理空间的差异，对东北三省——辽宁、吉林、黑龙江不同地域、不同结构的劳模文化进行纵横交叉研究，形成了具有较强历史感、立体感、时代感的劳模群像和劳模文化图谱。另外，通过跨学科、综合性、多角度的研究，揭示其内在逻辑关系和当代价值，为新时代东北全面振兴提供有力的史料支撑和重要理论启迪。

新时代实现东北老工业基地"两个一百年"奋斗目标，需要弘扬"劳模精神"，为振兴东北老工业基地汇聚磅礴的精神力量。今天，我们比历史上任何时期都更接近、更有信心和能力实现中华民族伟大复兴的目标。伟大的事业需要伟大的精神，伟大的精神来自于伟大的人民。东北老工业基地新的伟大征程离不开劳动人民的辛勤劳动，离不开社会对劳动精神、劳模精神的弘扬。向伟大时代的劳模精神敬礼！你、我、他，就是中国特色社会主义新时代劳模精神的承担者。

东北（辽宁）老工业基地劳模
人物史料研究概述

  "劳动模范""先进生产者"这样的名称可以说是中国近现代史上的专有词语，具有特殊的历史意义。国内在劳模人物的产生背景和含义、地域特点、时代特征、社会效应等方面形成了众多的研究成果。史料是研究问题的依据。通过图书借阅，查阅国家图书馆、各省市地方志、中国知网等官方网站，以及实地走访等形式，对国内 1949～2017 年能力范围内搜集到的相关文献史料、实物史料和口述史料进行整合、梳理、研读，旨在对已有研究成果进行概述和总结，以期为深化研究提供理论依据。

  中华人民共和国成立后，辽宁担负着重要的生产建设任务，被誉为"共和国长子"。在经济恢复和发展的过程中，辽宁省涌现出诸多享誉全国的劳动模范，例如工业战线的老英雄孟泰、"毛主席的好工人"尉凤英、新纪录运动的发起者赵国有、中华人民共和国第一位女火车司机田桂英等。党和国家对这些劳动模范的树立和宣传形成了独具特色的东北（辽宁）老工业基地劳模文化现象，这是当前我们弘扬劳模精神、劳动精神最重要的资源。不仅中华全国总工会，即便是地方政府和地方工会，都会对英雄模范人物进行记叙性的宣传和政论性的评述，甚至为其出书立传。各级报社和杂志社也对英雄模范人物进行不遗余力的宣传，劳模人物的作用也反映到文艺领域，不仅出现了诸多描绘劳模形象的文学作品，还有许多影视作品问世。这些传记、文学作品及相关的著作和文章，为本书的写作提供了重要的资料来源和思想基础。

一　东北（辽宁）老工业基地劳模人物史料研究概况

劳动模范是社会主义国家先进生产力和先进思想的优秀代表，是社会经济生活和社会历史发展的先驱。他们是劳动群众的杰出代表，是最美丽的劳动者。中华人民共和国成立以来，在党中央、国务院的领导下，中华全国总工会为主要组织者，协助党和政府成功地组织召开了十五次全国劳模大会，并组织开展了多次全国劳模表彰活动，共计表彰全国劳模三万余人次，辽宁省接受表彰的全国劳模达 1400 多人次。

1950 年 9 月 25 日至 10 月 2 日，全国战斗英雄代表会议和全国工农兵劳动模范代表会议在北京联合举行。辽宁地区孟泰等 23 人获得全国劳动模范荣誉称号。1956 年 4 月 30 日至 5 月 10 日，在全国先进生产者代表会议上，辽宁省共 256 人获得全国先进生产者荣誉称号。1959 年 10 月 26 日至 11 月 8 日，全国工业、交通运输、基本建设、财贸方面社会主义建设先进集体和先进生产者代表大会上，辽宁省获得全国先进生产者荣誉称号的有 196 人。1960 年 6 月，全国教育和文化卫生、体育、新闻方面社会主义建设先进单位和先进工作者代表大会在北京召开，辽宁省 183 个先进单位、125 名先进工作者和 15 名特邀代表参加了会议。

1978 年 3 月 18 日至 31 日，全国科学大会在北京举行，辽宁省被命名为先进科技工作者的有 46 人。1978 年 6 月 20 日至 7 月 9 日，全国财贸学大庆、学大寨会议在北京召开，辽宁省出席大会的"双学"先进代表有 175 人，被命名为劳动模范的有 20 人，先进生产者有 13 人。1979 年 9 月 28 日，国务院在全国人民大会堂举行授奖仪式，嘉奖公交、基建战线全国先进企业和全国劳动模范。辽宁省受到嘉奖的全国先进企业有鞍山钢铁公司、国营五三工厂等 6 个单位，受奖的全国劳动模范有陈金火、张成哲等 15 人。1979 年 12 月 28 日，国务院在人民大会堂举行第二次授奖仪式，嘉奖农业、财贸、教育、卫生、科研战线的全国先进单位和全国劳动模范。辽宁省受奖的全国先进单位有营口高坎公社等 15 个，受奖的劳动模范有王兴亚、郑忠文、钱令希等 14 人。1985 年 5 月 1 日，中华全国总工会颁发"五一劳动奖章"，辽宁省获得奖章的劳动模范有 63 人。1989 年 9 月，全国劳动模范

和先进工作者表彰大会在北京举行。国务院授予全国劳动模范和全国先进工作者称号的有 2790 人，其中辽宁省 122 人。

1995 年 4 月开始，全国劳动模范和先进工作者表彰逐渐规范化、制度化，表彰大会每五年在北京召开一次。1995 年，辽宁省全国劳模和先进生产者有 137 人，2000 年有 141 人，2005 年有 137 人，2010 年有 141 人，2015 年有 141 人。

辽宁老工业基地是劳模的重要发源地之一，中华人民共和国成立初期辽宁地区的工业发展具有全国性和代表性。作为工业领域的突出代表，孟泰、尉凤英、马恒昌等著名劳动模范都曾是工业战线的一面旗帜。在振兴东北老工业基地的过程中，辽宁又涌现出张成哲、蒋新松、刘积仁等新一代科学技术型劳模，带领辽宁广大人民群众改革创新，发展经济。对这些劳模的树立、宣传、学习形成了独具特色的辽宁老工业基地劳模文化现象，也为后人留下了丰富的史料。史料可以分为文献史料、实物史料和口述史料。

第一，第一手的文献史料主要包括地方志和相关期刊、报纸、政治文献、会议文献、档案材料等资料。一方面，全国性资料汇编中辽宁卷部分有不少内容涉及劳模人物。《中国工会运动史料全书（辽宁卷）》（上册）介绍了辽宁省各个阶段工会的主要工作和众多劳动模范的先进事迹，为劳模人物研究提供了宝贵的第一手史料。① 《中华人民共和国资料手册（1949 ~ 1985）》等书还收录了中华人民共和国成立以来有关全国劳模评选大会的系列文件、讲话，为劳模研究提供了材料支撑。② 一些较具权威性的全国劳模辞典，包括《中国职工劳模大辞典》③《中华劳模大典》④《中华创业功臣大典》⑤《让世纪更辉煌——中华纺织劳模大典（1950 ~ 2000）》⑥ 等，这些辞典体系完整、人物介绍简明，为我们开展研究提供了良好的资料基础。《人

---

① 《中国工会运动史料全书》总编辑委员会、《中国工会运动史料全书（辽宁卷）》编委会编《中国工会运动史料全书（辽宁卷）》（上册），辽宁人民出版社，1993。
② 寿孝鹤等主编《中华人民共和国资料手册（1949 ~ 1985）》，社会科学文献出版社，1986。
③ 李永安主编《中国职工劳模大辞典》，中国工人出版社，1995。
④ 《中华劳模大典》编委会编《中华劳模大典》，中国统计出版社，1997。
⑤ 《中华创业功臣大典》编委会主编《中华创业功臣大典》，中国统计出版社，2000。
⑥ 杜钰洲、徐坤元等：《让世纪更辉煌——中华纺织劳模大典（1950 ~ 2000）》，中国纺织工业协会，2001。

民日报》《工人日报》曾多次发表文章宣传辽宁省全国劳模孟泰、尉凤英、马恒昌等人，号召人民群众向他们学习，这些文章也成为研究人物的珍贵史料。另一方面，辽宁省和辽宁各市区编写的诸多地方志也涉及了许多关于工业发展和劳模人物的内容。辽宁省志中的大事记卷①记录了辽宁在中华人民共和国成立以来政治、经济、文化、社会等各个方面的史实，为研究劳模人物提供了重要的支撑材料。《劳动志》记录了中华人民共和国成立以后，党和政府为保护工人利益，促进经济发展，制定的一系列有关劳动就业、职工工资、福利、劳动保险、劳动保护等方面的政策法规，为劳模的研究提供了不可或缺的背景材料。辽宁省志中的工会卷②主要介绍了辽宁省各级劳模的表彰、宣传工作，着重记录了1949～1985年的社会主义劳动竞赛、合理化建议与技术革新和技术协作运动中涌现出的劳模人物和先进事迹，是研究辽宁省各级劳动模范的珍贵史料。沈阳、鞍山、大连等各市市志中的人物卷、工会志也都涉及对当地劳模的记录。《东北日报》《辽宁日报》《沈阳日报》《鞍山日报》《安东日报》等多家地方报刊曾登载了当时劳模大会的会刊，对各个时期相应的劳模大会、突出劳模人物及事迹进行了宣传，对研究劳模人物有一定参考作用，也可提供部分研究所需史料。

第二，实物史料是历史的见证和历史信息的可靠来源，它既能比较真实地反映历史，又具有形象直观性，因此，实物史料也是研究辽宁劳模人物的重要一手资料。辽宁省工业发展起步早，全国知名劳模人数多，党和政府特别重视劳模的相关问题。中国首个工业博物馆——中国工业博物馆位于辽宁省沈阳市，通史馆、机床馆、机电馆、重装馆等展馆陈列了众多的"工业之最"，其中工人村生活馆和工人藏品馆区收录了劳动模范和工人们的照片、实物、影像等资料文物。沈阳市劳模纪念馆是全国规模最大的劳模纪念馆，它以劳模贡献与沈阳发展为主题，采用史料图片、实物陈列、雕塑、场景复原、微缩景观、绘画及声、光、电等多种表现方式和科技手段，全景式地展现了各个不同历史时期沈阳劳动模范的先进事迹，从中也折射出沈阳老工业基地波澜壮阔的发展历程。沈阳市铁西区劳动公园内有

---

① 辽宁省地方志编纂委员会办公室主编《辽宁省志·大事记》，辽海出版社，2006。
② 辽宁省地方志编纂委员会办公室主编《辽宁省志·工会》，辽宁民族出版社，2004，第3页。

一面长十余米的红墙，上面记载着从中华人民共和国成立至今，沈阳市 400 余名全国劳模的名字，此外，还有雷锋纪念馆、铁人纪念馆、王海班陈设室、鞍山孟泰公园、大连劳模公园等。东北（辽宁）老工业基地劳模人物相关的、不含文字或含微量文字的实物遗存，如劳模的遗物、遗迹、劳模纪念馆、博物馆、纪念碑、劳模墙、雕塑等实物史料十分丰富，有待充分开发和利用。

第三，影像史料。在劳模人物大量涌现的同时，本着为政治服务的目的，大力动员广大劳动群众、塑造劳模形象也成为文艺创作的重要主体。文艺界将目光聚焦于劳模人物，既是国家意识形态引导的结果，也是文艺界的内在自觉。传记文学作品的繁荣也衍生了大量劳模人物传记电影。纪录片"国家记忆——永不过时的劳模精神"和中央新闻纪录电影制片厂拍摄的"第十个春天"以及"劳模孟泰的故事"等影像作品，形象而生动地展现了孟泰的工作和生活情景；电影"马恒昌的名言"中"喊破嗓子不如做出样子"的名言朴实无华但掷地有声，马恒昌的实干精神影响了一代又一代中国人；纪录片"中国机器人之父——蒋新松"着重介绍了蒋新松院士在我国自动化领域所做出的突出贡献，还有他作为一名共产党员的责任心和使命感，为广大科研工作者和党员树立了榜样，鼓励广大科研工作者为祖国的科技事业砥砺前行。影像史料是一份真实准确的国家史志，无可替代，它直观地呈现了那些我们从未亲身经历过的历史时代和现场，最大限度地展示了历史事件的原始状态。整理和搜集与劳模人物相关的影像史料对于劳模人物史料研究十分重要。

第四，口述史料。以采访、新闻报道为主，试图通过这种更为真实和近距离的方式与劳动模范人物进行沟通，让人们对劳动模范人物的事迹和经历有进一步全面的了解。诸如《辽宁老工业基地建设纪实》①《访苏日记（1950 年）》②《神清气定徐有泮》③《沈阳实施"老劳模中风康复行动"》④等，均是通过采访或者新闻报道的方式向人们展示了真实全面的辽宁劳动

① 辽宁省政协文化和文史资料委员会编《辽宁老工业基地建设纪实》，辽宁人民出版社，2014。
② 赵国有：《访苏日记（1950 年）》，新华书店东北总分店，1950。
③ 顾威：《神清气定徐有泮》，《工人日报》2004 年 4 月 11 日。
④ 顾威、刘旭：《沈阳实施"老劳模中风康复行动"》，《工人日报》2013 年 7 月 8 日。

模范应有的风采。

二　东北（辽宁）老工业基地劳模人物理论研究状况

改革开放以前，人们大多把劳模人物和劳模群体视为一种政治现象，往往从政治宣传、思想教育等角度对其进行认识。同时，由于受到特殊时代背景和政治环境的限制，在高度统一和绝对化导向的社会文化氛围中，人们倾向于也习惯于选择整齐划一的、近似于标准化的思维和生活模式。这就导致劳模形象和特征显得高度一致和绝对化，所有劳模人物无一不是高、大、全，并非是学术理性的产物。改革开放以后，对劳模人物的研究，开始大多集中于单体劳模的研究。关于东北（辽宁）老工业基地劳模人物的理论研究主要集中在两方面：一类是传记文学，另一类是学术论文。

传记文学是最早研究劳模人物的作品，它们往往真实而可信地记录了劳模人物的生平事迹，并集中阐发了劳模人物所独有的精神品质和时代意义，具有较高的史料价值。劳模人物传记的书写主要从中华人民共和国成立后开始。中华人民共和国成立初期，在新的时代和政治意志的感召下，许多作家以极大的热情，整理和挖掘了为中华人民共和国成立做出伟大贡献的劳模人物，出版了许多劳模传记。其中，丛书类比较著名的有《为建设工业化基地而斗争的东北工人》①《东北工业建设中的劳动模范》②，单人传记有《赵国有改造新纪录的故事》③《老孟泰的故事》④《马恒昌小组的传家宝》⑤《毛主席的好工人——尉凤英》⑥ 等，在此不一一列举。这些人物传记大多突出时代背景，政治色彩鲜明，以大量史实细节和典型事迹，记录了中华人民共和国成立初期劳动模范们爱岗敬业、爱国奉献、艰苦奋斗的历程。

---

① 东北总工会文教部：《为建设工业化基地而斗争的东北工人》，东北新华书店，1950。
② 《东北工业建设中的劳动模范》，东北工人出版社，1951。
③ 王鸿作：《赵国有改造新纪录的故事》，工人出版社，1950。
④ 于敏：《老孟泰的故事》，春风文艺出版社，1960。
⑤ 聂兆昌：《马恒昌小组的传家宝》，工人出版社，1966。
⑥ 《毛主席的好工人——尉凤英》，上海人民出版社，1966。

"文化大革命"时期，劳模形象及其精神遭到异化，劳模人物遭到打击，人们难以接触到真正的劳模传记。改革开放以后，劳模群体重新受到尊重，劳模传记再次蓬勃发展。《中国职工劳模列传》①《新中国劳动楷模——工农劳模卷》②《共和国劳模故事丛书》③ 等都是全国性传记丛书的优秀代表。地方发行的劳模传记丛书包括《奉献与辉煌：辽宁劳动模范风采录》④《辽宁英模》⑤《沈阳劳动模范》⑥ 等；单人传记除了孟泰、马恒昌、尉凤英等老一代劳模的新作品，同时也有越来越多的关于新一代劳模的作品，如《雷锋传人——郭明义》⑦《钱令希略传》⑧《蒋新松传》⑨ 等也成为研究劳模人物的参考资料。

自中华人民共和国成立以后，随着各行各业劳模人物的不断涌现，学者也开始对其进行持续的关注和研究，除了上述诸多传记和著作，也形成了不少研究性论文。虽然这些成果多是以全国范围内的国家级劳模人物或劳模群体为主要研究对象的，以辽宁地区的全国劳模为研究对象的成果并不多见，但仍然为辽宁省的劳模研究提供了重要的资料来源和思想基础。从目前收集到的资料看，关于东北（辽宁）老工业基地劳模人物史料的系统整理与综合还不多见，但已经有一些国内学者开始对我国其他地区或女性劳模进行类似的研究。对于中华人民共和国成立以来劳模群体的研究，目前可见的多为期刊论文和硕博学位论文，且多是对全国劳模的研究。其中，《1949－1978：共和国英模人物群体研究》⑩ 一文，分三个时期对劳模群体产生的背景及群体特征和思想特征进行了分析，进而从国家意识的层面对其进行了相应解读，并论证了劳模群体的"劳动价值"意义和"泛政

---

① 高明岐、黄耀道等编著《中国职工劳模列传》，工人出版社，1985。
② 艳华、永亮等：《新中国劳动楷模——工农劳模卷》，团结出版社，2013。
③ 李庆堂等：《共和国劳模故事丛书》，工人出版社，2015。
④ 梁长山主编《奉献与辉煌：辽宁劳动模范风采录》，辽宁人民出版社，2009。
⑤ 辽宁英模编写组编《辽宁英模》，辽宁人民出版社，2011。
⑥ 沈阳市总工会编《沈阳劳动模范》，中国工人出版社，2016。
⑦ 中共中央宣传部宣传教育局编《雷锋传人——郭明义》，学习出版社，2011。
⑧ 周建新：《钱令希略传》，大连理工大学出版社，2013。
⑨ 徐光荣：《蒋新松传》，航空工业出版社，2016。
⑩ 张明师：《1949－1978：共和国英模人物群体研究》，博士学位论文，华中师范大学，2012，第3页。

治化"效果。此外，《全国劳模及历史作用研究（1950～1980）》① 一文，以"政治符号"为视角，从其孕育环境、具体运作、形象变迁等方面，研究了这一时期劳模的塑造问题和相应社会作用，也提出了其中的诸多不足之处。相对其他研究，以上两篇文章的考察较为全面，涉及劳模群体、劳模典型和相关的政治构建等问题，也提出了当时的诸多负面因素和现实思考，对于东北（辽宁）老工业基地劳模人物的研究具有重要的借鉴价值。徐大慰以《影像、性别与革命意识形态——大跃进时期上海女劳模研究》为题撰写了博士学位论文，在该文中她尝试对上海女劳模及其电影进行研究，论证了国家按照革命意识形态需要创作女劳模电影和塑造女劳模形象，并利用女劳模形象的规范作用和精神感召力向普通群众进行革命意识形态教育。② 陈新汉博士则从社会评价理论和符号权利理论的视角分析了我国当代树立典型的活动。张洁以辽宁英模为例，论述了英模精神与中国传统文化之间的关系，即英模文化传承了精忠报国、无私奉献、勇毅力行的民族精神和自强不息、自主创新、开拓进取的时代精神。③ 张洁认为，辽宁英模所创造的业绩和体现的精神，足以使英模文化成为辽宁地域文化的一个特色品牌，建立学习英模的长效机制等措施有利于打造辽宁英模文化新品牌。④ 张志元提出，劳模文化为东北老工业基地的全面振兴提供了不竭的精神生产力，并探析了劳模精神助力辽宁省全面振兴的对策建议。⑤ 段炼等则着重探索了劳模精神与东北全面振兴的深度融合，提出两者的融合既是社会主义核心价值观的东北篇章，更是稳步推进东北新一轮振兴的精神动力。⑥ 顾威《"劳模精神"成为"铁西奇迹"之魂》⑦ 一文认为沈阳铁西区的劳模群体是时代的领跑者，他们带领着广大职工，艰苦奋斗，开拓创新，

---

① 田罗银：《全国劳模及历史作用研究（1950～1980）》，硕士学位论文，上海交通大学，2013。

② 徐大慰：《影像、性别与革命意识形态——大跃进时期上海女劳模研究》，博士学位论文，华东师范大学，2009。

③ 张洁：《略论英模精神与中华传统文化——以辽宁英模为例》，《经济研究导刊》2010 年第24 期。

④ 张洁：《建立学习英模长效机制 打造辽宁文化新品牌》，《沈阳干部学刊》2012 年第5 期。

⑤ 张志元：《劳模文化助推东北老工业基地全面振兴》，《党政干部学刊》2017 年第9 期。

⑥ 段炼、袁艺：《劳模精神与东北老工业基地全面振兴》，《沈阳干部学刊》2017 年第1 期。

⑦ 顾威：《"劳模精神"成为"铁西奇迹"之魂》，《工人日报》2012 年7 月12 日。

一步步将铁西引向了辉煌。

三 东北（辽宁）老工业基地劳模人物研究状况评价

中华人民共和国成立后，国内的一切均处于百废待兴的状态，一个经历了漫长战争且最终取得胜利的国家，正面临着战后各项事业的恢复、巩固和发展。东北老工业基地的建立和发展，对于恢复和巩固新生政权的国家而言，无疑是一股十分强劲的力量。东北老工业基地的建设和发展，以及取得的重要成果和经济价值，都离不开在东北这片沃土上辛勤劳动的人民，他们在各自的工作岗位上扮演着各自的角色，并且对于自己的工作全心全意、兢兢业业，堪称楷模，抑或称为劳动模范。党和国家以及地方政府对于劳动模范的表彰和大力宣传，也引起了国内学者对于劳动模范的关注和研究。本书选取东北（辽宁）老工业基地劳模人物为研究对象，借助史料学的研究方法，从档案类史料、实物类史料、传记类史料、影像类史料以及研究性成果等方面，对有关东北（辽宁）老工业基地劳模人物的资料进行了全方位、多层次的搜集、整理和分析，并且对于东北（辽宁）老工业基地劳模人物研究的状况有了进一步的了解和掌握。现将具体情况做以下汇总和说明。

首先，关于东北（辽宁）老工业基地劳模人物研究中史料的搜集和整理问题。就目前的研究结果显示，与东北（辽宁）老工业基地劳模人物有关的史料中，传记类史料、新闻类史料明显多于影像类和访谈类史料，口述类史料的扩充和发掘有待进一步的提升，加强口述类史料的引进和运用，对于研究东北（辽宁）老工业基地劳模人物而言意义非凡。学术研究性史料远远多于其他类史料。实物类史料的维护和管理、相关工作人员的培训和相关制度的约束性和规范性应该得到进一步的落实。在相关史料的搜集和整理过程中，研究者应该更加注重田野调查，更多地通过亲身走访现存劳动模范人物进行了解，或者走访已逝劳模的亲属、朋友、邻居进行采访和间接性的了解和认知。

其次，东北（辽宁）老工业基地劳模人物研究中存在的学术性研究倾向问题。在众多的学术研究性史料中，也存在一些需要进一步拓展的方面，

综观现有的学术研究性史料，大多数研究者在研究和分析劳动模范人物时，所采用的研究方法和选择的侧重点近乎一致，劳模人物的个性化特征以及行业性特征没有得到充分的展现，更多的则是倾向于整体划一的单一性，在分析劳动模范品质以及他们所在行业特色的过程中，还应该做到实事求是、具体精准、全面客观。在研究的范围上，大多数研究成果集中于个案（单个人物）的研究，对于东北（辽宁）老工业基地劳模人物群体的关注和研究有待进一步加强。东北（辽宁）老工业基地劳模人物群体的分析和综述对于全面阐述、深度凝练东北（辽宁）老工业基地劳模人物的整体风貌和精神特征有着至关重要的理论价值和现实意义。

最后，关于东北（辽宁）老工业基地劳模人物研究中方法的选择性问题。在这个问题上，研究者有的是从史学研究的角度进行梳理和汇编，有的是从现实的层面进行解读，但是很少有将二者结合在一起加以研究的。因此，在东北（辽宁）老工业基地劳模人物研究的方法上，研究者们应该尽量将以上两种方法进行融合，并且辅之以其他的对研究有重要作用的研究方法，从史学研究的角度为该课题的研究奠定更加坚实的史学基础，从马克思主义理论的角度为该课题注入更为科学和理性的学理基础，再结合其他对研究有积极作用的方法和理论，不断为研究该课题提供持久的研究动力，以期更好地发挥东北（辽宁）劳模人物及其精神在振兴东北老工业基地建设中的作用。

第一章 1950 年东北（辽宁）老工业
基地全国劳动模范

赵桂兰

赵桂兰（1930～），女，山东安邱人，1948 年加入中国共产党，先后在大连市国光工厂、建新公司宏昌化工厂当工人，曾经担任大连市西岗区人民政府信访科督导员。[1] 1949 年，在一次配置药品的过程中，实验室发生爆炸，赵桂兰舍身护厂，但不幸被炸致残，她被誉为"党的好女儿"。负伤后，她先后在大连市委党校和工农中学读书，并于 1957 年被送到吉林大学法律系学习，1961 年顺利毕业。1950 年，赵桂兰在全国工农兵劳动模范代表大会上被评为全国劳动模范。

1930 年 12 月，赵桂兰出生在山东省安邱县一个贫苦的农民家庭，很小的时候跟着闯关东的父母来到了大连。1946 年，16 岁的赵桂兰进入大连市国光工厂参加了工作，两年后被调到建新公司宏昌工厂。赵桂兰有两个哥哥，大哥也在宏昌工厂做工，宏昌工厂对外叫作铁工厂，但实际上是中国共产党设在东北的一座军械炸药制造厂，被誉为"中国保尔"的吴运铎就是这个厂当时的厂长。赵桂兰母亲过世得早，父亲把他们兄妹养大后就回了山东原籍，虽然大哥的工资勉强能够养活一家人，但是赵桂兰不愿意在家闲着，也出来工作，一到工厂她就把这里当成了自己的家，不怕吃苦，勤奋工作，工作热情非常高，为了保护厂里的财产曾经四次负伤。

---

[1] 李永安主编《中国职工劳模大辞典》，中国工人出版社，1995，第 332 页。

第一次是她刚到工厂不久。一天晚上，她和组长王培英一起值夜班，由于组长白天疲劳过度，她就让组长先去睡一会。可没想到的是，半夜里，屋里放置的一瓶硝酸突然把瓶口胀开燃烧了起来，她急忙把组长叫醒，王培英为了避免发生更大的事故，就让赵桂兰看在这里，自己出去喊人来灭火。这时候，火势越来越大，赵桂兰也越来越着急，她心里想，屋里还有一些硝酸、酒精等易燃易爆的化学物品，恐怕还没等他们过来就会发生爆炸，那时候后果将不堪设想。顾不上多想，她先砸碎玻璃好让浓烟往外散一散，也顾不上裹湿毛巾，就冲进实验室，拼命屏住呼吸，摸索着将一些危险的化学药品搬出来。当救援人员赶到的时候，她已经把一半的化学药品搬出来了。她临危不惧、机智果断，才避免了厂里发生更大的爆炸事故。虽然，她的裤子、鞋子都烧坏了，脚受伤了，人也被熏得很厉害，但是事后她却乐呵呵地说，我个人是小事，工厂没受到多少损失就行。

这件事情之后，厂里安排她到化学配置室学习技术，这个工作一不留神就会引起爆炸事故，因此有些工友觉得危险不愿意做，可赵桂兰却认为厂里能把这么重要的工作交给自己，是对自己的重视和信任，一定要把它做好。她文化程度不高，一开始面对繁多的化学药剂总是记不住名字，更别说调配了。面对困难，她并不气馁，记不住就一遍一遍地看，不会就问，不懂就学，下班的哨声都响了她也不愿意离开实验室，还抽空学习写字。日子久了，她会写的字多了，记的名称也多了，她还把药品名称和定量写了下来，贴在墙上，想不起来的时候就看一眼，避免出错。天下无难事，只怕有心人，在不懈努力之下，赵桂兰逐渐拨开了重重迷雾，掌握了配置工作的方法和技巧。赵桂兰坚韧的毅力和优异的表现引起了党组织的注意。她出身贫苦，个性坚强，思想进步，很快接受了党组织的帮助和教育，于1948年12月26日光荣地加入了中国共产党。[1] 在党的培育下，赵桂兰工作得更有劲头了，也更加热爱工厂了。

时间飞逝，已经是赵桂兰在工厂工作的第二个年头，她从来没有迟到早退或者是请假休息过，每次下班后还要仔细检查实验室的门窗是否关好、药品是否放回原位，确保一切没有问题后才会离开。就这样，两年如一日，

---

[1] 《东北工业建设中的劳动模范》，东北工人出版社，1951，第84页。

她也开始带自己的徒弟。赵桂兰第二次负伤是在一次教徒弟磨药的时候，由于仪器转速太快，药品突然冒火，徒弟吓坏了，着急跑了出去，她顾不得火烧的疼痛，情急之下用双手将火扑灭，结果火是被扑灭了，她却被烧伤，双手和脸尤其严重，连衣服都脱不下来。可是她却丝毫没有抱怨徒弟，还庆幸没给工厂造成损失。工友们把她送到医院，可她心里总是惦记着工作，伤还没有完全好，就又跑回了工厂。她经常想，配置室的工作再危险，也没有共产党在前线打敌人危险，自己受点伤又算得了什么。她总是把工厂的利益、人民的利益看得比自己的利益更重要。

第三次负伤，是因为任务紧急，她抢着干工作，在做炮弹底火帽时，护板没挡好，玻璃管爆炸，渣子打到了她的眼睛，疼得她眼泪直流，可她仍然舍不得误工，闭着一只眼睛坚持完成了工作任务。直到厂里统一放假休息的时候，她才到眼科医院治疗。回到家，她还高兴地跟大哥说："眼睛好了，回去又能多干活了！"当时，工作室里经常是她一个人，她不为名也不为利，只求默默地做好自己的本职工作。

1949年12月19日是赵桂兰今生最难忘的日子——第四次负伤，也是伤情最严重的一次。这一天，她在工厂加班，把硫化锑粉碎成细末。硫化锑有毒而且气味熏人，再加上她犯了胃病没有吃饭，所以干完活后觉得头晕。[①] 工作结束后，她把工友们没有用完的100克雷汞收好，准备送到配送室保存起来。雷汞是一种易燃易爆的危险化学药品，是制作炸药的重要成分，在干燥的条件下受到轻微摩擦、撞击或者是加热就会爆燃。赵桂兰刚走出不远，突然感到一阵眩晕，整个人都失去了平衡。当时，她心里非常清楚，雷汞是烈性炸药，稍有震动就会爆炸，如果远远地扔出去，就能保全自己；但是配置室就在距她几米远的地方，里面放的全是易燃易爆的药品，附近还有一座仓库，如果扔出去，整个车间和工厂都会毁于一旦，后果不堪设想。为了保护国家财产，她紧紧握住手中的雷汞，并用身体压在上面。倒地的一瞬间，只听轰的一声巨响，地上被炸出一个大坑，附近房屋的玻璃被震碎了，她被炸得血肉模糊，左臂被炸飞了，右臂被炸断了五根筋，头部和身体多处受伤。但是，配置室、仓库和工厂都安全了，国家

---

① 辽宁英模编写组编《辽宁英模》，辽宁人民出版社，2011，第10页。

财产免受了损失。

工友们闻声赶过来，火速把赵桂兰送往医院。组织上请来了大连中苏友好医院最好的苏联外科大夫为她做了急救手术。由于伤势过于严重，医生为她做了左臂齐肘关节截肢手术，又从她腹部移植皮肤修补右上臂。①经过医生连续数小时的奋力抢救，赵桂兰终于脱离了危险。手术后的赵桂兰看到自己失去了左臂，心里难受又自责，手术的疼痛都没有让她流过一滴眼泪，现在看到自己残废的现实，觉得自己不能再为党为国家做事的时候，却失声痛哭，认为自己成了废物，成了党的累赘。工厂总支钱副书记来慰问赵桂兰，得知她有这样的心理，就给她讲了保尔的故事，还安慰她说："你为工作负伤是光荣的，人民更爱护你，更同情你。党更不会不要你，党的工作做不完，党会分配你做别的工作。"

在治疗期间，赵桂兰舍身护厂的英雄事迹迅速传开，全国各大报刊都号召向赵桂兰学习，华北人民出版社还出版了《党的好女儿赵桂兰》一书。1950年，旅大市委授予赵桂兰"党的好女儿"和"护厂模范"的荣誉称号，旅大行政公署因赵桂兰在生产新纪录运动中表现优异给予她一等奖金的奖励。同年，她被评为全国劳动模范，参加了全国劳动模范、战斗英雄代表大会，多次受到毛泽东等党和国家领导人的亲切接见。

1950年夏，赵桂兰康复出院，组织安排她到大连市委党校学习，结业后她又进入工农速成中学继续学习。毕业后，东北兵工局任命赵桂兰为东北兵工局女工部部长。这是一个不小的职位，可是她能够清晰地定位自己，意识到自己的知识水平还不够，推辞了这份工作，下定决心继续学习。1957年，党组织保送赵桂兰到东北人民革命大学法律系学习，也就是吉林大学的前身。四年以后，她以优异的成绩毕业，再次回到大连，在西岗区法院民事科担任助理审判员的职务。一年后，她被调到民政局工作，1986年从西岗区信访局光荣离休。

离休后，热心肠的赵桂兰也没闲着，她经常帮社区的邻居们排忧解难，忙着学习摄影和书法，忙着组织社区的各种活动。她还担任了几所小学的校外辅导员，关心下一代成长，对青少年进行爱国主义和革命传统教育，

---

① 梁长山主编《奉献与辉煌：辽宁劳动模范风采录》，辽宁人民出版社，2009，第46页。

到学校、企业做了千余场爱国教育的报告。

她经常说："我这一生都是党的，做一个党的女儿，是我终生的荣耀和骄傲！"

编辑：田鹏颖 刘晓东

田桂英

田桂英（1930~），女，汉族，辽宁旅顺人，1948 年加入中国共产党。[1]她曾任中长铁路大连机务段司机长、沈阳铁路局机务处工程师。1949 年 5 月，大连铁路局机务段招考女火车司机，田桂英冲破封建思想束缚，报名参加了招考。经过层层考核，1950 年 2 月，田桂英正式走上火车司机岗位，成为中华人民共和国第一位女火车司机。在中华人民共和国成立初期，她的先进事迹为成千上万的女青年树立了良好的榜样，促进了妇女的进一步解放。1950 年田桂英被评为全国劳动模范，1951 年，她作为列席代表进京参加全国政协会议，受到毛泽东主席的接见。

1930 年，田桂英出生在大连旅顺的一个贫苦渔民的家庭。从七岁起，她就跟着父亲起早贪黑地下海打鱼，捕鱼、抓蟹、捞海蛎子就是她童年的全部记忆。1945 年后，她进入印刷厂工作。遇到紧要的印刷任务，她干脆住在厂子里，不分昼夜地干，任务完成了再回家。因为工作认真，吃苦耐劳，田桂英成为工会活动的积极分子，不久被评为大连市印刷系统劳动模范。

1948 年以后，她调入大连铁路局机务段，在职工食堂工作。1949 年，经济恢复和支援前线需要大量的技术工人，机务段办起了职工夜校，田桂英经常拉上同伴一起去听课。通过上课，她学到了许多革命道理。特别是在妇女问题上，她认为，妇女要解放，首先要有不依靠男人的条件，要直接参加生产。[2]正在这个时候，大连铁路局机务段发出公告要招收培训一批女火车司机。田桂英冲破封建思想的束缚，毫不犹豫地报了名。她这一举动，首先就遭到了父母的反对，男工友们也开始议论："女人能干这个，这

---

① 李永安主编《中国职工劳模大辞典》，中国工人出版社，1995，第 332 页。

② 高明岐、黄耀道等编著《中国职工劳模列传》，工人出版社，1985，第 67 页。

个世界还要男人干什么？"就连去体检，医生都说："机务段可不是闹着玩的，女人的身体能受得了？"田桂英不服气，对几个女工友说："学不会开火车咱们谁也别结婚，只要男人们能干的活，咱们妇女也能干"①。

火车上有三种工作：火夫、司炉和司机。想要开火车，必须要从当火夫开始，等把这几项工作都掌握了，才能参加司机的考试。当时的火车都是蒸汽机车，烧煤作为动力，因此往火炉添煤便成了火车司机学习的第一关。按照要求，在15分钟内就要投280铲煤，平均每3秒一铲，光铲煤的大板锹就有五六公斤重，投进去之后还要一铲一铲地把焦清出来，清空之后再进行下一轮投煤。这样一天下来，就算是一个壮小伙也只能勉强承受，更何况是个女孩子。田桂英就这么一天天地反复练习，一开始浑身酸疼，后来练得满手茧子，两个月的坚持不懈，终于闯过了第一关。投煤体力这一关算是过去了，可马上又迎来了新的挑战——理论学习。这对于只上过三年学的田桂英来说可不是一件容易的事。她走进机务段机车模型教学室，学习机车构造技术原理和制动机理论。面对一张张复杂的机车构造挂图，看着图纸上弯弯曲曲的管路和密密麻麻的圈点，她才真正意识到，开火车真没那么容易，但是自己既然选择了，就得咬紧牙关挺下去、学下去。为了记住这些构造，田桂英经常盯着图纸反复记忆。通过上课，她了解到，一个蒸汽机车由大大小小上万个零件组成，它们的作用和性能各不相同又相互联系，才形成了一个有机的整体。她心里清楚，想要真正学会弄懂，必须认真听课，下课反复理解记忆，她吃饭的时候还在和同伴讨论，晚上熄灯后还打着手电筒在被窝里看书。凭着顽强的毅力，田桂英终于通过了9个月的培训，在理论考试中也取得了优异的成绩。

1950年2月，田桂英和其他8名女学员正式走上火车司机岗位。2月8日，大连机务段决定由田桂英、王宝鸿、毕桂英担任司机，程淑兰、戴淑贞、周素珍担任副司机，李文彧、王桂清、宋桂金担任司炉工，田桂英兼任司机长②，她们组成"胜利号"包车组，铁道部将其命名为"三八号"包车组。1950年3月8日，在中华人民共和国成立后的第一个三八妇女节，

---

① 沈阳市总工会编《沈阳劳动模范》，中国工人出版社，2016，第40页。
② 梁长山主编《奉献与辉煌：辽宁劳动模范风采录》，辽宁人民出版社，2009，第36页。

大连火车站广场上举办了隆重的三八机车组出车典礼，铁道部部长从北京发来贺电："这是女青年在我国驾驶火车的第一次，你们是铁路员工学习技术的红旗，希望你们成功和继续前进启发和带动更多的女青年员工"①。在一片热烈的掌声中，田桂英和机车组的姐妹们登上了列车，妇女的火车头由此驶入了历史的新纪元，书写了我国妇女史上的新篇章。1951 年 3 月，经过一年的运行，三八机车组每一次都能顺利完成任务，田桂英凭借着过硬的操作技术，安全行车 68380 公里，没有发生过一起责任事故，还防止了 10 起事故，为国家节煤 50 多吨，省油 40 多公斤。②

田桂英作为新一代妇女的代表、中华人民共和国第一位女火车司机，党和人民给予她了极高的荣誉。1950 年 5 月，田桂英被评为东北铁路系统一等劳动模范，她所在的乘务组被评为先进集体。同年，她还光荣地出席了全国工农兵劳动模范代表会议，当选为全国劳动模范，受到毛泽东主席的亲切接见。

1951 年，田桂英的"三八号"包车组向兄弟班组提出挑战，推动了全机务段的劳动竞赛。她们还向全国先进班组马恒昌小组提出挑战，在全国引起热烈反响。同年十月，田桂英作为列席代表进京参加了全国政协会议，再次见到了毛主席。毛主席看着她怯生生、文静秀气的样子，便问她"你真的能开火车吗？"在握手时，田桂英两手紧握毛主席的手，故意使了使劲，毛主席乐着说："你是真有力气啊！"③

1952 年底，"三八号"包车组解散了，田桂英被派到辽宁省工农速成中学学习文化理论知识。在田桂英担任司机长的三年时间里，"三八号"包车行程 20 余万里，未曾发生过一起事故。全国的报纸、广播电台都在宣传田桂英和她机车组的事迹。后来，这些"铁姑娘"的故事还被收录到当时的中小学生课本当中，也有的被拍成了电影，全国人民都为这些女火车司机感到骄傲自豪，并将她们树立为学习榜样。1955 年，田桂英考进了唐山铁道学院机械系，主要学习蒸汽机车理论。1960 年毕业后，田桂英被分配到

① 沈阳市总工会编《沈阳劳动模范》，中国工人出版社，2016，第 42 页。
② 辽宁英模编写组编《辽宁英模》，辽宁人民出版社，2011，第 11 页。
③ 梁长山主编《奉献与辉煌：辽宁劳动模范风采录》，辽宁人民出版社，2009，第 38 页。

沈阳铁路局机务处担任工程师，她是沈阳铁路局历史上的第一位女工程师。她成为一个有文化、有知识、有技术的新一代女性，然而，"文化大革命"的到来，使她学非所用，成为她一生的遗憾。"文化大革命"期间，劳模的荣誉反而成了她的"罪证"，她不仅被下放到车间做工，还被冠以"假劳模""假党员""苏修特务"等称呼，她受尽屈辱。乐观的精神、坚韧的品质，再加上老伴于勤明的悉心陪伴才让田桂英熬过了人生的最低谷。党和人民并没有忘记她，党的十一届三中全会后，她调任沈阳铁路局工程处工会女工科，担任副科长。在铁西新区劳动公园修建的大型雕塑劳模墙上，镌刻着许多全国劳动模范的形象，左起第一位就是中国第一位女火车司机田桂英。1985 年，兢兢业业工作了一辈子的田桂英离开了工作岗位。离休后，她没有躺在功劳簿上享清福，先是帮着铁路局工会搞调研、写报告，一年后又到沈阳市关心下一代工作委员会参加青少年情况调研，到学校做报告，一干就是三年，三年后，她又在沈阳市成立的老年时装艺术团干了四年。后来，田桂英还参加了沈阳市劳模物业公司，每天和 20 多位离退休的全国劳模义务维护沈阳北运河的卫生，做一些清除河内淤泥和坝上杂草的工作。用她自己的话说，有事情干，有劳动和付出，有乐趣和快乐，就不会寂寞和孤独。虽然退休了，但是她仍然不忘劳动，连续十四年被评为优秀离休干部、关心下一代优秀工作者。

第一位女火车司机，第一代全国劳动模范，以劳树德、以劳增智、以劳益美，在劳动中成长，在劳动中成熟，现已 80 多岁的田桂英说："老了能干点啥就干点啥，只要我能动弹，我就要劳动！"

编辑：金钟哲　刘晓东

孟　泰

孟泰（1898～1967），男，汉族，河北丰润人，中共党员。曾任鞍钢炼铁厂配管组组长、技术员、副技师、设备修理厂厂长、炼铁厂副厂长、鞍钢工会副主席等职务，1949 年加入中国共产党。[1] 辽沈战役结束后，面对千

---

[1]　李永安主编《中国职工劳模大辞典》，中国工人出版社，1995，第 331 页。

疮百孔的高炉群，孟泰克服困难，带头收集材料，为公司第一座高炉开工生产做出巨大贡献，"孟泰仓库"享誉全国。1950 年、1956 年、1959 年孟泰三次被授予全国劳动模范和全国先进生产者称号，当选第一、第二、第三届全国人大代表。1967 年孟泰于北京病逝，终年 69 岁。

1916 年 3 月，18 岁的孟泰来到辽宁抚顺，在栗子沟抚顺煤矿当铆工，一干就是十年，十年的磨炼使得他在逆境中成长，由一个毫无经验的年轻小伙蜕变成一位技术娴熟、思想稳重的技术工。29 岁时孟泰决定离开抚顺继续北上寻找新出路。于是他便来到鞍钢炼铁厂，在这里，他度过了一生中最重要、最辉煌的二十一年。孟泰从童年开始就生活在日本帝国主义和地主、资本家的蹂躏下，也正因为如此，他形成了坚强勇敢、吃苦耐劳、勤俭朴素的品质。

辽沈战役结束后，东北地区迎来全面解放，人民群众翻身做主人，热烈响应党的号召，积极投入到恢复和发展经济的新任务中。中华人民共和国成立后，东北地区成为全国的钢铁中心，恢复和重建鞍钢也成为重中之重。面对被日本侵略者和国民党多次掠夺而残破不堪的鞍钢，孟泰带领全家人从通化回到鞍山，一到鞍钢便全身心投入工作。修建高炉是恢复生产的前提基础，可是在当时的条件下，各种零件和器材极度匮乏。孟泰想到，既然无法生产，不如废物利用。他便开始没日没夜地到处寻找搜集零件，顾不上刮风下雨、天寒地冻，刨冰雪、扒废料堆，手碰破了不喊疼，脚冻坏了不喊苦，不顾别人的奚落与嘲讽。他把捡来的每一个零件都悉心擦拭，再涂上油漆，不论是大型的三通水门、高压阀门，还是细小的螺丝螺母，他都视如珍宝，把它们分门别类地保存起来。日复一日，零件越来越多，终于造就了全国闻名的"孟泰仓库"。在他的带动下，工人们也开始回收各种材料和零件。工厂最先重建的二号高炉由于缺三通水门无法投产，孟泰得知情况后，主动提出到他的仓库挑选，从一千三百多种型号中很轻易便找到了相匹配的零件。这些零件在日后修复一号、三号高炉的过程中发挥了更重要的作用，所有管道系统的零件都是"孟泰仓库"提供的，为国家节省了一大笔开支。由于思想进步、贡献突出，这一年，孟泰光荣地加入了中国共产党。

孟泰曾谦虚地说："我热爱咱们的工厂，把这里当成自己的家，为家着

想是应该的，谈不上功劳……"①他爱厂如家体现在时时处处，高炉更是被他视为命根，几乎时刻都要守在高炉旁边以保证其正常生产。1950年，美帝国主义发动侵略战争，战火烧到鸭绿江边。鞍钢在担负着生产武器和军需物品重任的同时，还经常受到美国飞机的侵扰。为守护高炉，保证生产，孟泰将老婆孩子送回乡下，自己扛着行李，拎着米袋上了工厂，就住在高炉旁边，无论是高炉有任何情况还是厂内防空警报响起，他总要拿着工具冲上高炉的平台，站在两座高炉中间，死死地盯着总水门。他告诉工友们，总水门是高炉的"心脏"，哪怕是敌机扔下炸弹来，我们也要用自己的身体守护住它。有一天，工人们正准备开工，孟泰也一如既往地准备上岗。突然，厂里传来几声巨响，人们都慌张地从浓烟中拼命跑出来，只有孟泰逆着人群不顾一切地往里冲。原来是4号高炉的炉壁突然烧穿，通红的铁水与顺着炉壁而下的冷水相遇产生爆炸，当时，水蒸气已经充斥了高炉四周，空中弥漫着刺鼻的硫黄味道。在万分紧迫的情况下，孟泰凭借着多年的工作经验冷静应对，先迅速用铁板将水流引离炉壁，冒着再次爆炸的危险，和炉前工人一起用耐火泥封住了缺口，终于及时化解了这场意外事故，为工厂挽回了巨大损失。孟泰这种舍生忘死，与高炉化为一体与国家化为一体、无私奉献、甘于牺牲的精神鼓舞着全中国工人阶级努力建设中华人民共和国。

"老英雄"孟泰为鞍钢做出了巨大的贡献，深得民心，是众多工人学习的榜样。1950年8月，他被推举为全国工农兵英模代表。之后，他以全国工农兵英模代表会议主席团成员的身份，被邀请到北京，并受到了国家重要领导人的接见。1954年孟泰被选为第一届全国人民代表大会的代表。他关心群众的切身利益，用他自己的话来说："我是人民的代表，就应该替人民办事"②，他无私奉献于同事、员工、工厂和国家。有一次，孟泰如往常一样来到车间，了解工人们的生产情况。当他进入配矿槽时，发现工人们一个个汗如雨下，他很快察觉到问题所在。回到办公室后，他马上召集技术人员共同商讨改善工人工作环境的办法。通过多次讨论，几次修改草图，

---

① 艳华、永亮等：《中华人民共和国劳动楷模——工农劳模卷》，团结出版社，2013，第146页。
② 李永安主编《中国职工劳模大辞典》，中国工人出版社，1995，第331页。

最终确定安装冷却水管线以降低车间温度。方案在实施过程中经受住了考验，大大改善了工人们的工作环境。工人们都说"这可怎么感谢孟厂长啊？"孟泰只是简单且真诚地回答："我的任务就是帮助大家排忧解难，无论是生活上还是工作中，大家有问题，随时来找我！"[①]

1964 年，组织上安排孟泰担任炼铁厂副厂长，算是走上了领导岗位。但是他最反对官僚主义那一套，从不以领导者身份自居，而是保持工人本色，积极劳动，关心职工，贴近工人，贴近百姓，奉献自己，服务群众，贡献国家。一方面，无论是领导、工人还是农民、妇女有什么困难和问题都会找他诉说、讨论，他总是会认真倾听，寻求解决办法，从没有一点厌烦嫌弃的情绪。他无偿帮助厂里的医院赶制病床，为困难员工捐钱捐物，领导灾区重建工作，向上级反映群众切实问题，得到了群众和领导的好评和敬佩。另一方面，他仍然不忘本职工作，兢兢业业，忘我劳动。在贯彻执行中央制定的"调整、巩固、充实、提高"八字方针时，他带领群众积极搜集零件器材，修理废旧机器，组织工人展开技术革新活动，亲手建立了"孟泰储焦槽"，为国家节约了上万吨焦炭。他还成功改革了热风炉底部双层燃烧筒，炉底使用寿命提高近百倍。他研制成功的冷却箱串联，使用水量比以前节约了百分之三十。

"身不离劳动，心不离群众"的孟泰，奋斗了一生，也奉献了一生，他把自己毕生的精力都无私地献给了鞍钢，奉献给了祖国的钢铁事业。他的英雄事迹受到了党和人民的高度赞扬。1950 年、1956 年、1959 年，他连续三次被评为全国劳动模范和全国先进生产者，还被选为第一、二、三届全国人民代表大会的代表，担任中华全国总工会第七、八届执行委员会委员，多次受到毛泽东、周恩来、朱德同志的接见。[②]

"文化大革命"十年，老英雄孟泰遭到林彪、江青反革命集团的残酷迫害，但他立场坚定，刚正不阿，他说："我孟泰是不是劳动模范没关系，但要否定鞍钢的工人阶级，我决不答应！"为了揭穿反革命集团破坏鞍钢的阴谋，他在 1967 年 5 月应周恩来的邀请，抱病进京参加会议。在医院病床上，

---

① 艳华、永亮等：《中华人民共和国劳动楷模——工农劳模卷》，团结出版社，2013，第 152 页。
② 高明岐、黄耀道等编著《中国职工劳模列传》，工人出版社，1985，第 24 页。

他坚持工作，请人代笔写信给毛泽东同志和周恩来同志，反映鞍钢的真实情况和鞍钢广大职工的呼声。孟泰直至生命的最后关头，还惦记着鞍钢的生产和国家的命运。1967年9月30日下午2时，老英雄孟泰于北京医科大学附属医院病逝，终年69岁。

全国著名的劳动模范孟泰虽然走了，但是孟泰精神却影响着千千万万的后人。中华全国总工会对孟泰给予了很高的评价："在十分困难的情况下，老英雄孟泰怀着对党对社会主义祖国无比热爱的心情，团结带领广大职工艰苦创业，勤俭节约，忘我劳动，无私奉献，表现了高度的国家主人翁精神，为恢复和发展我国的钢铁生产做出了突出的贡献。'孟泰精神'代表了50年代我国工人阶级的精神风貌，成为工人阶级艰苦创业的一面光辉旗帜。"[1] 1979年12月7日，鞍钢党委召开了追悼孟泰大会。在追悼大会上，全国人民代表大会常务委员会送了花圈，党和国家的领导人邓颖超、余秋里、倪志福、宋任穷、康世恩等同志送了花圈。

编辑：田鹏颖　刘晓东

赵　岚

赵岚（1920～），男，山西省岢岚县人，中共党员，曾任沈阳冶炼厂厂长、重工业部计划司司长、冶金部副部长。[2] 沈阳解放之后，沈阳冶炼厂迅速恢复生产，战争破坏严重、生产技术严重缺失等一系列原因使工厂问题成堆，举步维艰。曾经在战争中成长起来的赵岚临危受命，团结党、工、团共同开展工作，注重调动工人群众的生产积极性，着重挖掘技术人员的潜力，实现管理民主化，半年之后就将原本落后的冶炼厂带入了沈阳市先进工厂的行列。赵岚1950年被评为全国劳动模范，进京参加了全国工农兵劳动模范代表会议，是从沈阳走出去的全国知名模范厂长。

中华人民共和国成立前夕，赵岚虽是军人出身，但是仍然怀着独当一面的勇气接受了任命——担任沈阳冶炼厂厂长，搞工业化建设工作。

---

① 鞍山市人民政府地方志办公室编《鞍山市地方志》，沈阳出版社，1994，第401页。
② 沈阳市总工会编《沈阳劳动模范》，中国工人出版社，2016，第27页。

　　赵岚一上任，就深入基层了解冶炼厂生产落后的原因，工人们普遍反映，在行政上生产方面的一些问题得不到有效解决，生活上工会解决不了工人们提出的问题，党的态度不明确，力量也比较薄弱。在了解了一线工人的意见后，赵岚又找了一些领导干部谈话，行政领导责怪工会不作为，可有可无；工会干部抱怨行政部门官僚主义，不支持工会工作。综合以上情况，赵岚结合上级指示，提出了"统一思想，统一步调，党政工团，面向生产"的口号，并立即付诸行动。他除了负责工厂日常的生产管理以外，还加强了与党和工会的联系，他经常给党和工会提建议和意见，并且成为党和工会的沟通桥梁，协调帮助两者开展相关工作。在制定生产计划时，他采取进行个别谈话、召开碰头会、举行工厂管理委员会等形式，保证党、政、团的发言权，相互尊重、相互商量地制定合理的计划；在落实生产计划时，他邀请党和工会参加行政会议，听取他们的意见，这样一来，就能了解生产进度、生产要求和生产中的各种问题，加强了彼此的沟通和协调，减少了不协调和不配合。另外，他主动为党、工、团的工作创造便利条件，保证办公用品和必要经费到位，在他的协调之下，行政出钱，工会出面，及时表彰了生产新纪录运动中表现突出的工人和干部，还帮助工会解决了光荣榜和黑板报的问题，方便工会宣传劳模事迹、传播先进经验。这一系列具体措施不仅帮助工会在工人群众中重新树立了威信，加强了党政工团的团结，而且有力地保障了工人们的基本权利，提高了工人们的福利待遇，大大激发了工人们的生产积极性。

　　赵岚重视听取工人的意见和建议，安排工人参与生产管理的各个环节。每月月初制定计划草案的时候，他都要先到车间征求车间干部和技术人员的意见，这些人都是从工人群众中提拔起来的，他们既熟悉生产情况又了解工人生产状态，最有发言权。根据他们的意见修订了草案之后，再拿到管理委员会商讨通过。这样就能将上面的生产要求和工人们的实际情况结合起来，从而制定出切合实际的生产计划。到了月底，赵岚又会拿着下个月的生产计划给工人们看，通过全厂干部会、职工代表会、先进生产者会议等，向领导干部、生产积极分子和一线工人传达工作计划及其精神，再根据大家的意见作出修改，制定具体执行计划，决定完成日期。他经常把宣传典型事迹和传播先进经验与这种传达和讨论同时进行，起到事半功倍

的效果。经过一段时间管理经验的总结，赵岚坚决执行民主管理方式，加强领导干部与工人群众的密切联系，大大提高了工人的地位，切实保障了工人的权利。①

赵岚不仅重视技术人员，而且冲破阻力大胆改革各种制度。过去，厂里的一些技术人员不擅长组织却在管理岗位，每天只是做一些简单的报表工作，严重脱离了生产工作，造成工厂技术改进几近停滞的状态。为了使技术工人从琐碎的行政事务中解脱出来，赵岚取消了技术人员的夜间值宿制度，并使其不再担任行政管理职务；安排一些有组织才干的工人担任股长、班长，实现人尽其才，改变了过去管理人员与工作脱节的问题，保证了"知人善任，人尽其才"，工人们工作的积极性普遍提高。赵岚提出了"技术工人要深入到现场去""技术室的工作要为现场服务""不会实际操作的，不算技术员"等口号，鼓励技术人员钻研技术，主动帮助他们解决技术研究中的困难，尽可能地提供原材料和研究仪器，组织工人们到其他工厂交流学习先进技术。王茂训是厂里的一名技术人员，在了解到他要试验研究制造铋的时候，赵岚主动添置了试验仪器和参考书籍。技术员王中信因为要观察反射炉连续操作情形需要留宿，赵岚便写信鼓励他，还将王中信忘我工作的先进事迹登黑板报表扬。除此之外，赵岚广泛吸收工人意见，并结合厂里过去发生意外事故的教训，制定并实行责任制，保证责任到人，降低生产风险。这之后，他又建立了一系列新制度，例如值班制、技术操作规程、安全图表、运转责任制等制度，大力扭转了工厂运行混乱的情形，保证了工厂能够按时完成生产任务。

创新制度规范、管理生产活动是这位模范厂长的本职工作，采纳工人意见、改善工人劳动条件、关心工人生活也被这位模范厂长作为工作的重要内容。赵岚非常重视对生产中做出突出贡献的工人进行表彰，他多次在大会上宣传职工的先进事迹并对其进行表彰奖励。他经常来到车间慰问工人，向工人们了解情况，与工人们交流经验，一起探讨改进技术、完善管理等问题，他还给大家讲述技术员赵启明与工友结合改造镁砖炉创造生产新纪录的先进事迹，为大家树立学习榜样，鼓励大家团结互助、促进生产。

---

① 沈阳市总工会编《沈阳劳动模范》，中国工人出版社，2016，第29页。

赵岚一向主张民主，善于听取工人们提出的建议和要求，能办到的立刻就办，暂时难以实现的也会及时给出答复。曾经有一名工人给赵岚写匿名信，质问他自己为什么没有发全勤奖励。赵岚当即在职工代表会议上作出检讨，他说："这首先说明我们领导还不够民主，不然工人为什么有意见没有地方去提呢？为什么连名字都不敢写上？其次，我们为这件事发过通知，且已按要求照办了，但这位工人还不知道，这也说明我们的工作有官僚主义，因而与群众有了隔阂。"他以这样公开的方式给了工人满意的答复。他总是认为，工人群众的事情没有小事，保障了工人们的基本生活和基本权利，才能使大家全身心投入生产。当时，工厂里的澡堂是伪满时期留下来的，又小又脏，赵岚便组织修建了新澡堂，保证工人们每天下班都能洗上澡；兴建医务室，增添医疗设备，增置病床，解决了职工看病不方便的问题；专门设立保健食堂，建了定期轮休的疗养所，就是为了保障冶炼工人的身体健康。有一次，厂里发生火灾，赵岚亲自深入现场进行指挥，跟工人们一起抢救物资、营救伤员。扑灭大火之后，他又命令修理部全体职工彻夜抢修发电机。大家看到厂长不顾个人安危，时刻心系工人，都将这种感动转化为力量，拼命干活。第二天五点，全厂就恢复了供电。在当时物资匮乏、经济困难的条件下，赵岚还能为工人群众着想，为大家办实事，使工人们切实体会到了党和政府对他们的关心，进一步增强了主人翁责任感。

赵岚的民主作风和民主化管理给沈阳冶炼厂带来了新的生机和活力，在他的带领下，全厂职工团结一致，全心全意搞生产，工厂的生产效率和管理水平不断提高，每个月都能超额完成生产任务。1950年4月，矿石产粗铜、电解铅就完成了上半年的全部任务；5月中旬，粗铅、电铅又完成了半年任务，生产效率大大提高[①]，而且产品金属含量也提高到99.95%。另外，创造生产新纪录运动也在厂里火热地开展着，领导干部、技术人员、一线工人争相改进技术设备、革新操作方法，不到半年时间，沈阳冶炼厂就摘掉了落后的帽子，并且进入了先进工厂的行列。

1950年夏，赵岚被评为沈阳市劳动模范，同年9月，他获得全国劳动模范荣誉称号，出席了全国工农兵劳动模范代表会议，并被选举为大会主

---

① 《东北工业建设中的劳动模范》，东北工人出版社，1951。

席团成员，与原哈尔滨发电厂刘英源、吉林石岘造纸厂董晨，并称"模范厂长"。之后，赵岚被调任重工业部计划司担任司长、冶金部担任副部长，为中国冶金工业的发展贡献了一生的力量。

编辑：田鹏颖　刘晓东

宋世发

宋世发，辽宁省复县人，生于 1922 年，中国共产党员。他原是辽宁省瓦房店滚珠厂的工人，是我国第一例滚珠的制造者。宋世发十六岁时因为家里穷，就到滚珠厂当了 8 年的研磨工，学到了一手好技术。从 1949 年春天起，他经过 8 个月的研制和上百次的失败，终于研磨出了标准规格的滚珠。仅 12 月 1 个月，他就生产出 35000 套滚珠。为了表彰他的功绩，工厂授予他特等劳动英雄称号，东北人民政府工业部授予他一等奖章，1950 年他被评为全国劳动模范。

瓦房店滚珠厂是当时我国独有的一家生产滚珠轴承的工厂。然而当时日本人霸占着工厂和制造滚珠的技术。这就导致中华人民共和国成立后，工厂虽然回到了人民手中，但是日本人把机器都运走了，整个工厂面临着停工停产的危险，这样一来全国许多与滚珠轴承生产有关的工厂都将受到影响。

当需要积极投入修复工厂工作的时候，本已离开工厂回到家乡的宋世发义无反顾地回到了第一战线。1948 年春，他担任研磨车间研磨小组的小组长，承担了研制滚珠的任务，带领着专门为此成立的研究小组日夜奋斗，想尽办法修复这些破损的机器，致力于生产出我国自己的滚珠。摆在宋世发眼前的问题数不胜数，但首要的任务是将破损的机器修复好。日本人把有用的机器和零件全部搬走了，只给宋世发留下了一个个机器的空架子。宋世发一边要研究机器的原理，一边修配各种短缺的部件，为此付出了巨大的劳动和心血，尝尽失败的沮丧和成功的喜悦，历经两个月终于将被日本人破坏的机器修复了。

机器修复好了，接下来面临的问题就是如何制造滚珠。宋世发虽然有当了十多年研磨工人的经验，可制造滚珠他也是头一次，缺乏经验。纵使

没日没夜地蹲在机器旁看来看去也始终没有头绪。于是他到处去找参考书，可那些书本里根本就没有相关的记载，宋世发由此下定决心自己想办法制造滚珠。

也是机缘巧合的一件小事激发了宋世发的灵感。一天晚上刚吃过晚饭，宋世发一如往常地在冥思苦想，由于一时没有想法便到院子去散步透气。这时院子里有一群在团泥球的小孩。一块泥团在孩子们的手掌心中来回揉上几次，一粒圆球便制造出来了。这给了宋世发无限的灵感。他豁然开朗，马上回到工厂，按照孩子们团泥球的原理，找来两块钢料制作成能代替孩子们双手的两块托球板安在机器上，然后将一些研磨滚珠的小钢料夹在中间。为了防止机器运转起来后原料的滑出，宋世发在托球板上刻了一道折形三角沟将原料托住。这时候又出现了一个棘手的问题，由于托球板是钢料做的，又硬又滑起不到研磨的作用，有的甚至会被压碎。宋世发于是在托球板上加上了一层胶皮起到摩擦的作用。可是使用胶皮也出现了一个新的问题。胶皮软、有弹性导致原料受力不均，加工出的滚珠有大有小。于是宋世发又将托球板改为生铁材料，虽然能够起到研磨作用，可是生产出来的滚珠还是不符合要求，其精密度比标准规格大了数十倍。

这一次又一次的失败更是激发了宋世发的决心，他立志一定要制造出符合要求的滚珠。他把研究小组的人召集在一起进行头脑风暴，一起想办法。经过多次讨论大家一致认为问题出在托球板上。他把上面的托球板做成平板，将下面的托球板制成螺旋板。这样终于制作出了符合标准规格的滚珠。我国自主独立研发的第一例滚珠也由此诞生。宋世发由此受到了党和人民的尊敬。在 1950 年召开的全国工农兵劳动模范代表会议上授予了他全国劳动模范的称号。

编辑：田鹏颖　王艺霖

柳国喜

柳国喜（1909 ~ 1983），男，辽宁省普兰店市人。柳国喜家庭贫困，祖祖辈辈靠晒盐为生，从小就没受过教育。他干起活来拼命忘我，而且有着一股刻苦钻研生产技术的精神。通过长期摸索，他积累了一整套海盐滩晒

的先进操作方法，这就使得在相同的气候条件下，别人无法完成的任务他却能超额完成。在旧社会，晒盐业的劳动环境极其恶劣，盐工们也是受尽了剥削和压迫。即使在这种环境的压迫下，柳国喜也没有放弃精神上的进取，最终在1950年3月加入中国共产党。

1947年，柳国喜在家乡的老滩盐场担任管理委员会委员，对盐场进行改造。海盐是靠日光蒸发而成，柳国喜利用面积越大、蒸发越快的原理，对蒸发方法进行改革，使蒸发结晶比趋于合理，仅用半年时间就完成了全年任务。

1950年，海盐蒸发一直存在一个千古难题，就是阴雨天。因为下雨不仅会影响产量，已经长成的结晶盐还会被雨水融化掉。雨水多，盐产得就少了，天旱，盐产得就多。针对这样一个自古以来不可抗拒的规律，柳国喜却有着一股不听天由命的犟劲，他根据多年积累的经验，找出可以少受损失、增加产量的办法——雨前，能抢扒出来的盐，就扒出来；不能抢扒出来的，就用深卤濛上。他的这种办法叫作"雨前扒多濛少"。在估计雨很快就会停的时候，赶快把盐池中的雨水（盐滩叫白水）放出去，这种方法叫作"雨后撇水"。他用这种方法改变了过去下雨后要花两三天时间再重新作池子、压碾子等修滩作业，延长了晒盐时间。他还创造了"顶混"办法，再加上其他多项合理化的建议，创造了一套十分完善的手工晒盐方法。这一年，他被推选出席全国工农兵劳动模范代表会议，被选为全国劳动模范。就在柳国喜加入共产党后不久，他当选为东老盐场不脱产的工会生产委员。在讨论全年计划时，全场的生产组长说都不愿去土质不好、任务繁重的二十二号滩，而且二十二号滩面对盐场的办公室，如果工作不好的话会直接挨批评。面对这种艰难的环境，柳国喜主动提出到二十二号滩干活。自从柳国喜来到二十二号滩，这个滩不仅完成而且是超额完成了国家计划，在产量和质量上都是全场第一。

1951年，抗美援朝战争开始后，柳国喜把带动职工制定超产计划的40%的资金和积蓄的钱全部捐献了出来，交给国家购买支援前线的大炮。当时，他还向全东北的盐业工人发出倡议，提倡大家用捐献的现金购买一架"东北盐工好"喷气战斗机，打击美国侵略者，得到大家的热烈响应。

1952年8月，柳国喜调到东北盐场工会担任生产部副部长。他几乎走

遍了辽宁省所有的盐场，亲自传授经验，凡是他走到的地方无不发生变化。

1953 年，柳国喜针对"杨柳不开花，三月不产盐"的产盐困境，创造出冬季"冰下抽咸"的养卤方法，改变了冬季休工的局面。他改造的"雨中抽空头白水""雨后撒卤保盐底"等一整套作业方法，被纳入全国海盐技术操作规程中。同年，柳国喜用三种不同的方式进行试验，最终确定了"停池子"的方法，帮助金州盐场三道湾盐场分场节省了 5301 个工人，生产的质量也比过去有了很大的提高。[1]

1954 年，辽宁锦州盐场生产任务完成得不够好，柳国喜被派往锦州盐场工作，在向工人介绍了他的"晒水不晒滩"和"一天一投卤"的先进经验后，经过十多天的努力，柳国喜使原本产量居于第四位的天桥盐场成功跃居第二位，质量也由原来的三等盐变为一等盐，在生产技术上也有了较大的提升。

柳国喜敢于创新、从不墨守成规的精神是值得我们学习的。他会根据情况的变化，采取相应的措施，因时而变。为了提高盐的质量，他把不同浓度和成分的卤水，分别盛在六个盆子里进行试验。放在太阳底下蒸发，仔细观察每个盆的变化。经过长时间的实验和观察，他发现盛有老卤或循环老卤的盆子，盐不仅质量不好，产量也少。于是他就创造出"上卡下撤"不使用老卤的先进方法。北方冬季不能产盐，存在"半年闲"的状况，这是柳国喜一直想要解决的问题。他想冬天不能产盐，能不能制卤？经过反复实验，他用冻结制卤的方法，证明冬天也是可以制卤的。他将这种方法用于北方采盐场后，丰富了冬季作业的内容，使北方盐场由"冬闲"变为"冬忙"。

以柳国喜为代表的滩晒制盐经验很快在全国范围内进行推广，使得海盐生产的操作技术大大提高。

柳国喜一生为我国的海盐事业做出了很大的贡献，由于年年都有重大技术革新，他于 1956 年和 1959 年被选为全国先进生产者，并受到毛泽东、刘少奇、周恩来等党和国家领导人的亲切接见。1949 年他被授予一等劳动模范称号，1950 年被选为全国盐业劳动模范。

柳国喜于 1983 年 9 月因病不幸逝世。但他为祖国建设做出的贡献，他

---

[1] 高明岐、黄耀道等编著《中国职工劳模列传》，工人出版社，1985，第 24 页。

那与大自然作斗争的英雄气概，却永远留在了广大盐工心中，也留在了中华儿女的心中，成为激励我们一直奋斗下去的精神动力。

编辑：田鹏颖、王艺霖

董朗泉

董朗泉（1927～2005），男，辽宁辽阳县人①，1953年加入中国共产党。他曾任沈阳第一机床厂生产副主任、设计科副科长和科长、党支部书记。作为中华人民共和国第一批工人出身的技术员，1954年厂里成立高速切削技术训练班，他担任推广技术员，刻骨钻研，成为高速切削能手，并且创造了通俗易懂的教学方法，将先进生产经验在全厂迅速推广。1956年他被评为全国机械工业先进生产者、全国先进生产者，被誉为"神刀手"。

沈阳第一机床厂是国家机械工业部重点骨干企业，是中华人民共和国成立初期最大的机床制造厂。沈阳解放后，在第一机床厂前身满洲三菱机器株式会社做劳工的工人们，积极响应党的号召，和广大干部、技术人员积极投入到工厂的恢复和建设当中。1950年，党中央、政务院提出要尽快把我国建设成为社会主义工业强国，沈阳第一机床厂根据党中央和上级主管部门的指示精神，开始制定改扩建设计划。1953年1月，全国开始实施第一个五年计划，沈阳第一机床厂作为由苏联援建的156项重点建设项目之一，很快投入大规模生产。

20世纪50年代初，沈阳第一机床厂都是仿制苏式机床，产品结构和使用性能虽有根本的改善，但由于当时不懂得现代的机床制造技术，1952年试制的老式机床质量不好、噪声大。工厂的技术状况落后，厂内一些金属加工、铸工、锻工、工具等车间大部分安置的是苏式皮带车床，生产效率低，从原材料进厂到成品出厂运输都是靠人工手工劳动。另外，生产管理也缺乏经验，许多工人不懂得文明生产，把修配业的方法和作风带到机器制造业上来，不能适应现代化生产模式。再加上国际局势紧张，帝国主义对我国进行武力威胁，实现国防现代化、加速重工业发展迫在眉睫。在这

---

① 沈阳市总工会编《沈阳劳动模范》，中国工人出版社，2016，第56页。

样的背景之下，沈阳第一机床厂的机床生产在质量、产量、品种等方面，都难以满足国家机械行业发展的需要。

为了提高机床生产的精密程度，改进生产技术，提高劳动生产率，减轻工人的体力劳动，厂里根据上级指示，在边建设边生产的原则指导下，将扩改建全部工程分为三个阶段进行：第一阶段，1950～1953 年主要是搜集原始资料进行初步设计；第二阶段，1953～1954 年主要是确定建厂方针以及生产、基建、技术改造三者的具体实施；第三阶段，1954～1955 年主要是学习贯彻工艺规程、组织设计以及安排新产品试制。

在这一过程中，工人阶级显示了他们高度的主人翁精神和大无畏的英雄气概。其中，工人出身的青年技术员董朗泉就是革新技术能手、"传帮带"的典范。董朗泉 22 岁的时候来到第一机床厂工作，他虽然文化程度不高，但是聪明好学，秉持着"打破砂锅问到底"的执着精神不懂就问、不会就学，通过不断努力，顺利地通过了四级技工考试。他善于同工友们相互切磋技艺，并且能够把自己学会的新技术毫无保留地传授给大家。长期在一线实践积累的丰富经验，再加上三次脱产学习，他在文化水平、工作能力和生产技术等各个方面都有了显著提高，技术等级能够达到八级。1953年 3 月，董朗泉成为中华人民共和国第一批工人出身的技术员。[1]

1954 年，在董朗泉的积极倡议之下，厂里决定成立先进经验推广组，目的是适应改扩建后大规模生产的需要，帮助工人们尽快熟练掌握新机床的操作。由董朗泉担任推广技术员，把全厂的技术员集中起来，利用午休和下班后的时间，深入到各车间举办培训班。他曾经通过理论教学和实际操作表演相结合的教学方法，在二十个小时之内，将高速挑机等先进切削方法教给了 37 名车工。通过一段时间的技术推广，工人们的技术等级都有了不同程度的提高。由于全厂工人技术水平的整体提高，工厂接受生产任务的能力也在不断加强，改革创新活动促进了生产效率的提高，产值在 3 年内实现了翻番。

厂里有一台负责加工机床主轴的"独生子"车床，车出一根主轴需要八个小时，也就是说一天只能生产一根，这台机床的工作量直接决定了全

---

[1]　李永安主编《中国职工劳模大辞典》，中国工人出版社，1995。

厂的生产力，不改进根本就无法完成生产任务。通过操作观察，董朗泉提出通过革新齿轮转速提高生产效益的建议，并且主动找"独生子"车床的操作者崔成林作了一番思想工作，二人开始一起攻关。他们利用夜班时间开始进行革新试验。董朗泉亲自操控机床，刚刚抬起操纵手柄，由于转速快速提高八倍，车床的齿轮难以在短时间内承受如此大的冲击力，齿轮牙子被打掉了好几个，第一轮试验以失败告终。董朗泉并没有放弃，先是几经周折找到牙子的齿轮备件，使得车床重新投入生产。接着，他通过反复思考、仔细琢磨，终于发现了症结所在。他再次找到崔成林进行试验。这次，崔成林操作，董朗泉在一边指挥。吸取了上次的失败教训，这次采取了吃刀量、送刀量逐渐加大的操作方法，手柄慢慢抬起，果然，试验取得了成功。以前由于车主轴转速慢只能看见铁屑，现在是整个铁皮往下掉。原先车一个主轴需要 8 小时，现在缩短到 55 分钟，工作效率提高了 8 倍多。崔成林因此被评为沈阳市劳动模范。

1955 年，由于表现突出，工厂领导对董朗泉委以重任，他被提拔为车间技术主任，并且把来自全国各地技校毕业的学生安排到了他的车间。董朗泉既是主任又是教员，一边安排生产任务统筹车间生产，一边培训新工人，传授生产经验。经过半年的培训和实践，董朗泉又为厂里培养出一批年纪轻、技术好的工人，车间的各项工作也逐渐按部就班地开展起来。

经过国家改造的沈阳第一机床厂，成为我国规模最大的综合性车床制造厂，设备、技术、人力、物力都处于一流水平，因此也经常承担一些国家指派的具有挑战性的生产任务。一次，车间接了个生产车气缸的任务，这个任务分配给了一位老技工，限时三天完成。可是三天后，这位老技工生产出的零件并没有达到要求，他无奈之下请来董朗泉帮他找出原因。经过反复观察琢磨，董朗泉发现问题出在刀具的安装角度上。他重新调整了刀具的角度，改进后生产出来的零件便完全达标，仅用一天就完成了老工人 6 天还没有完成的生产任务。老工人佩服董朗泉的革新能力，逢人便说，这个刀到了老董手里就神了。从此，董朗泉"神刀手"的绰号在厂里流传开来。[1]《工人日报》特别宣传了董朗泉的先进事迹。

---

[1]　李永安主编《中国职工劳模大辞典》，中国工人出版社，1995。

还有一次，厂里接到军工厂的一个紧急生产任务，要在 45 天之内，刨一个宽 1.5 米、长 6 米的车件，这个艰巨的任务由车工张锡久负责。董朗泉又一次主动承担革新任务，翻阅了大量的文献资料，经过反复研究，仅用两天的时间就设计出了刨刀图纸。之后，他便和张锡久一起按照需要的角度、平度，经过粗磨、细磨焊接出了大刀具。新的刀具经过技术检验后投入使用，仅用 12 小时便完成了原先大约需要 1212 个小时才能完成的工作，成功解决了以"精抛"代替"刮研"的关键技术革新。

董朗泉不仅在自己的厂里培训工人、创造和推广新技术，还兼任了沈阳风动工具厂、沈阳水泵厂等几个工厂的技术辅导员。[1] 在沈阳第一机床厂，董朗泉培养了技术骨干 72 人，这些人都成为各个车间的业务能手，其中有 2 人成为市劳动模范，3 人成为省劳动模范，1 人成为全国劳动模范。

1956 年，董朗泉被评为全国先进生产者，并前往北京参加了表彰大会。在大会上，董朗泉代表沈阳第一机床厂在全国先进生产者面前做了现场表演。在国家重要领导人和全国生产能手的注视下，他熟练地操作机车，圆满地完成了各项操作，充分展现了辽宁工人的精神风貌。

编辑：田鹏颖　刘晓东

吴家柱

吴家柱（1927～1964），男，辽宁省瓦房店人，1952 年加入中国共产党，1942 年在鞍山昭和制株式会社电气工厂当工人。中华人民共和国成立后，吴家柱进入沈阳气体压缩机厂当工人，曾任技术员、工程师，兼任辽宁省、沈阳市职业技术协会委员会主任。他同劳动模范吴大有、林海丰发起组织了群众性技术交流和技术协作活动，成立了我国第一个职工技术协作委员会。他和同志们一起推广革新项目 63 个，培养了一批技术人才和能工巧匠，为国家克服技术困难做出了突出贡献。1956 年、1959 年吴家柱先后在全国先进生产者代表会议、全国"群英会"上被评为全国先进生产者。

---

[1] 辽宁省政协文化和文史资料委员会编《辽宁老工业基地建设纪实》，辽宁人民出版社，2014，第 748 页。

1927年，吴家柱出生在辽宁复县（今瓦房店市）的一个贫苦农民家庭。1942年，为了赚钱养家，他进入日本人开办的鞍山昭和制铁株式会社电气工厂当工人，不仅学不到手艺还经常被打骂。无奈之下，他离开昭和制铁株式会社，沿街流浪乞讨来到沈阳。沈阳解放后，大量工厂逐渐恢复生产，吴家柱响应政府号召，进入沈阳气体压缩机厂成为一名新时期的工人，在党的教育下逐步成长为一名优秀的无产阶级战士。

吴家柱在工作中热衷于找窍门、搞革新，既有敢想敢干的魄力，又有脚踏实地的精神品质和实事求是的科学态度。工作期间，他始终坚持在一线，经常在不同的机器设备前驻足询问生产情况，或者仔细观察机器的运转，对厂里的设备了解得十分清楚。入厂14年，吴家柱共革新技术230余项。

抗美援朝时期，沈阳气体压缩机厂接到一项紧急生产任务，要求在短时间内生产一批汽车防滑链，而厂里根本没有生产所需的对焊机。面对挑战，吴家柱主动要求承担制造对焊机的任务。为此，他跑遍沈阳、鞍山的工厂，参观学习、讨教经验，终于成功制造出对焊机，解决了缺乏生产设备的难题。

吴家柱不放过任何学习先进技术和经验的机会。1956年，他受邀到北京参加全国先进生产者代表会议。在休会期间，为解决厂里主轴箱、机体等大铸件容易出现沙眼、报废率高的问题，吴家柱来到北京暖气器材厂学习铸件焊补技术。一天一夜的学习操作之后，吴家柱终于成功地把这一技术学到手，回到厂里使大批废件恢复使用。1957年，厂里试制出640马力的空气压缩机，但因缺少高压控制器而不能试车，产品未能满足出厂要求。吴家柱凭借日常的经验积累和对各种机器设备的了解，连夜将原来300马力的高压控制器改为640马力，从而保证了产品试车和按时出厂。1958年，他和厂里工程师合作，经过反复琢磨，上百次试验，终于研制出具有世界水平的"电力振动研磨机"，改变了工人们多年手工磨研压缩机阀片、阀座、阀盖的历史，将生产效率提高100多倍，使工人们从沉重的体力劳动中解放出来。为了提高产品质量，厂里要做一台能够探测出大型锻件和钢管裂痕、暗伤的"交直流混合探伤器"。吴家柱找到苏联专家要来一张探伤器的图纸，召集厂里的技术员和老工人以及电工组的工友们，经过一番讨论研究之后，又开始进行试制试验。一天，吴家柱把机器上电流的一个卡子卡在

部件上，铁粉在部件上缓缓移动，在有伤痕的部位上自动打上记号，这个模型为生产大型精密空气压缩器奠定了基础。

20 世纪 60 年代初期，苏联撕毁援助合同，将大批专家撤回，工业生产和人民生活遭遇严重困难。1961 年 6 月，吴家柱找到当时沈阳拖拉机制造厂工人出身的技术员林海丰、沈阳高压开关厂快速切削能手、工人出身的技术员吴大有，提出工厂与工厂之间大搞技术革新、推广使用先进技术，相互交流经验、相互帮助的设想。经过详细研究，他们联合发起了厂际经验交流和技术协作活动，是我国第一个职工群众技术协作组织的雏形。

此后，三人开始合作攻克生产难关。吴家柱为林海丰提供研磨机设备图纸，并到林海丰的单位帮助他寻找失败原因，重新调试机器设备，仅用一晚上的时间，就研制出了能够去毛刺、去锈、倒圆角和抛光的研磨机。林海丰也帮助吴家柱解决了气压机厂磨床砂轮修整的难题。体会到合作攻关的好处之后，三个人决定扩大范围，联合沈阳市劳模，将技术协作活动发展壮大。他们又同东北机器制造厂的尉凤英、变压器厂的王凤恩、沈阳铸造厂的张成哲等劳模取得联系，职工技术协作组织增加到十几人。他们经常利用下班时间到吴家柱家里集合，每次活动都能解决一个或者几个技术难题。后来，生产能手们遇到难以解决的问题时都会主动申请加入，以求共同商讨解决办法。金属专家葛庭燧、焊接专家斯重遥、"刀具大王"王福长等众多劳模和先进生产者都加入其中。

技协组织的影响力逐步扩大，受到沈阳市总工会的重视。1961 年 10 月，沈阳市总工会召开全市劳动模范和先进生产者会议，会上介绍了吴家柱等人的六十多种先进经验，并且推举出吴家柱、林海丰、吴大有、王凤恩等 17 人，组成了沈阳劳动模范、先进生产者厂际经验交流和技术协作活动委员会。同年 12 月，中共沈阳市委在批转市总工会党组《关于劳动模范吴家柱等同志发起厂际经验交流技术协作活动的情况和对这一活动加强领导的报告》时指出："这一活动是模范、先进人物崇高的共产主义思想的产物，是一个十分可贵的创举。"

被选为沈阳市、辽宁省技术协作委员会主任的吴家柱，既是活动的发起者，又是重要的组织者。除了直接帮助许多工厂解决生产技术难题以外，他还经常和其他委员一起研究全市群众技术协作活动的发展状况，制定行

动计划，一项一项安排突破生产关键的课题和人力，组织技术研究和技术交流活动。为了壮大技协队伍，吴家柱四处奔走，挖掘人才，动员运输公司司机张金元、衬衣厂车间副主任王文、水泵厂车工刘永奎等人加入技协活动。他和同志们一起帮助全省三十多个单位研制出"振动研磨机""电热加温设备""温度继电器""油钢对焊机"等设备，推广革新项目63个。

随后，这一活动在辽宁全省范围内蓬勃发展起来。抚顺、旅大、鞍山、锦州等市，一大批劳动模范带领着广大职工群众掀起了群众性的技术协作活动。到1963年底，全省已经拥有一支八万四千人的骨干分子组成的技术协作大军①，活动的内容也由起初只是彼此传播先进经验，发展到根据每个企业生产中存在的技术难题，组织各种能工巧匠前去"会诊"，集中人力、集中时间加以解决。这样，大大缩短了技术革新的时间，提高了劳动生产率，为国家克服暂时的困难做出了巨大贡献。

由吴家柱等人发起的职工群众技术协作活动，不仅吸引着青老年工人积极参加，那些过去习惯于在办公室工作的工程技术人员、科学家和大学教授也纷纷加入。活动不仅限于解决工厂的技术难题，还致力于向广大职工传播和普及科学技术知识。他们举办了各种技术讲座、技术学习班，为国家培养了大批能工巧匠和技术人才；同时，使更多的工人阶级学到了先进的思想和工作作风，涌现出一大批劳动模范和先进生产者。技协由最初机械行业的3个人，很快发展到全市、全省的电力、交通运输和基建等众多行业。在辽宁有一千六百余家大中型工矿企业开展了技术协作活动，技协积极分子12万人。②

1963年10月初，中共中央政治局委员、书记处书记彭真，中共中央东北局第一书记宋任穷在沈阳市接见了吴家柱等人，听取了吴家柱、王凤恩的汇报后，对群众技协活动给予了高度评价，赞扬他们在这一活动中展现出了高度的共产主义精神。彭真同志指出，这种职工群众自觉地组织起来进行协作的办法，同各企业直接领导下的"三结合"相互配合，是我国依靠广大工农群众自力更生提高技术水平的一条很好的道路。他要求全国要

---

① 高明岐、黄耀道等编著《中国职工劳模列传》，工人出版社，1985，第65页。
② 沈阳市总工会编《沈阳劳动模范》，中国工人出版社，2016，第105页。

向沈阳学习，向辽宁学习，要将技协活动推向全国。

长时间的超负荷工作使得吴家柱积劳成疾，1963 年 10 月 21 日，吴家柱在沈阳陆军总院被确诊为脑瘤。住院期间，他经常给工厂和群众技术协作的同志们打电话了解生产和技术活动的进展情况，帮助医院搞技术革新，为兄弟单位贡献技术革新图纸。1964 年 2 月 20 日，年仅 37 岁的吴家柱病逝。生前，吴家柱连续半年被评为沈阳市劳动模范，受各种奖励 200 余次，1956 年、1959 年两次被评为全国先进生产者，多次当选为沈阳市和辽宁省人大代表。辽宁省和沈阳市各界代表 1000 多人为吴家柱举行了公祭大会。同年 8 月 4 日，辽宁省人民委员会授予他"群众技术协作活动发起人"的称号。

编辑：田鹏颖 刘晓东

林海丰

林海丰（1930～1981），男，辽宁省沈阳市人，中共党员，[①] 曾任沈阳拖拉机制造厂车工、技术员，兼任沈阳市职工协作委员会副主任。1961 年，他与沈阳气体压缩机厂劳动模范吴家柱、沈阳高压开关厂劳动模范吴大有共同发起了群众性技术交流和技术协作活动，成立了我国第一个职工技术协作委员会。他立足岗位，刻苦钻研，完成 116 项技术革新，把一座 60 千瓦灯式高频电炉改装上一个开口感应器，用于曲轴淬火，成为国内外首创，为困难企业制作了 20 多套模具，挽救多个濒临倒闭的街道企业。1963 年、1964 年林海丰被评为省先进生产者。

林海丰文化程度不高，只上过三年学，但是他喜欢思考、热爱革新。群众性技术交流和技术协作活动开展以后，林海丰立足本职岗位，不断改革创新，共完成 116 项技术革新。为了研制一台钻孔机，他白天正常上班，晚上熬夜画图纸，试验失败就重新再来，不放弃、不退缩，终于研制成功并迅速投入使用。随后，他又把目光转向加工气门顶杆和不停车夹具的改进，不仅提高了工作效率，而且大大减轻了工人们的工作强度。

1961 年 10 月，沈阳劳动模范、先进生产者厂际经验交流和技术协作活

---

① 沈阳市总工会编《沈阳劳动模范》，中国工人出版社，2016，第 105 页。

动委员会正式成立。市技协成立以后，林海丰挑战的第一个难题就是厂里东方红 28 拖拉机机油泵上许多部件研磨达不到要求精度的问题。他多次试制振动研磨机都未能成功。这时，已经有成功经验的吴家柱主动来厂提供帮助，通过讨论和操作，研磨机的问题很快得到解决。从此，林海丰更加全身心地投入到技术革新和技术协作活动中去。

一次，吴家柱厂里的曲轴磨床用的砂轮修整器坏了，而这种修整器所需的金刚石都是进口的。林海丰自费跑到瓦房店轴承厂学习用硬质合金刀头代替金刚石刀头的技术，最后通过碾碎废刀头、重新浇铸合金刀头的办法解决了难题。辽宁电影机械厂的先进生产者赵开邀请林海丰到厂里推广硬质合金刀头代替金刚石的先进经验，林海丰亲自进行操作表演，帮助工人们很快掌握了这项技能。同时，他还不忘学习，在电影机械厂传授经验的时候，看到铣床工人用一种铣具加工"进排气门"，一下一个，效率很高。对比自己工厂加工"进排气门"的程序：加工件放在床头，工人需要上下摇动床头架才能铣一个气门，效率很低。他有心改进这种加工法，可始终没有找到办法。现在，他看到电影机械厂的高效铣具，喜出望外，画了一张详细的图纸带回工厂。第二天，他从铸造车间废铁堆上找了一块废料，很快做成了一个高效铣具。经检验，新制铣具生产出的"进排气门"完全合格，而且效率比过去提高了十倍。这个突如其来的消息，乐坏了铣床工人杨素兰。杨素兰高兴地说："林师傅，这回可解放了，真要好好谢谢你！"林海丰风趣地说："你谢谢技术协作吧！这都是技术协作帮助我搞成的。"

林海丰不仅关注本厂的技术革新，还关心街道企业的发展。铁西区贵和街道拉链厂产品质量不过关，林海丰了解情况之后，马上召集技协的革新能手研制拉链模具。新模具投入使用后产品达到一级品标准，帮助拉链厂走出了困境。拖拉机配件修复厂磨床出现故障，他和几位技协骨干牺牲了元旦的休假时间，直至帮其排除了故障。

林海丰搞技术革新极其入迷，刻苦钻研，谦虚好学。1963 年的一天，沈阳水泵厂工人刘永奎研制出滚珠冲胎，将生产效率提高了四倍。林海丰得知消息后，第二天就到刘永奎家拜师学习，连去了三次都没有见到工作繁忙的刘师傅。第四次的时候，他凌晨四点就等在刘师傅家门口。刘师傅很佩服林海丰顽强的精神品质，很欣赏他技术革新的能力，当即毫无保留

地将滚珠冲胎的技术教授给了林海丰。①

1964 年，林海丰调到省里工作，先后担任省技委技术处工作人员、辽南会战副总指挥、省技协机械组负责人。即使在"文化大革命"期间，他也没有停止技协工作。东北输油管道工程动工，他带领技协小组圆满完成工程所需的制动焊管机和成型管打压机的试制任务。在沈阳市面粉厂设备出现故障亟须修理时，他带领技协同志们前去抢修，保证了面粉的供应。在指挥沈阳冶炼厂大会战时，他亲自组织技协骨干试制回收二氧化硫所需的大流量、耐高压、耐高温、耐腐蚀的鼓风机，经过 21 个昼夜、23 次试验，终于成功试制出铅、铁、铝合金鼓风机，保证了会战的顺利进行。②

1980 年，林海丰被确诊为胃癌晚期，但是他仍然坚持带领技协成员帮助部队改装了坦克液压吊车。1959～1964 年，林海丰连续七次被评为沈阳市劳动模范、辽宁省青年社会主义红旗手、省先进生产者。1981 年 6 月 10 日，林海丰在沈阳病逝，享年 51 岁。

编辑：田鹏颖 陈雷雷

张明山

张明山（1914～1981），男，汉族，辽宁省辽阳市人，1950 年加入中国共产党。③1930 年参加工作以来，他先后在鞍钢小型轧钢厂和鞍钢第二中板厂工作，历任班长、车间主任、科长、副厂长及厂长等职务。1952 年 6 月，张明山成功研制出"反围盘"机，成为鞍钢小型厂自动化的首创者。1954 年，张明山与王崇伦、黄荣昌等七名先进生产者提出技术革新运动的倡议，得到全国职工的积极响应。1956 年，他在全国先进生产者代表会议上被授予先进生产者的称号。1981 年 7 月 26 日，张明山因病去世，终年 67 岁。

1914 年，张明山出生在辽阳的一个农民家庭，从小就给地主放猪，16 岁时在鞍山机械修理厂当学徒。1931 年以后，他先后在日本人开办的"鞍

---

① 《东北工业建设中的劳动模范》，东北工人出版社，1951。

② 李永安主编《中国职工劳模大辞典》，中国工人出版社，1995。

③ 鞍山市史志办公室编《鞍山市志》，白山出版社，1999。

山制铁所""昭和制钢所"以及满洲制铁会社鞍山本厂第二压延工厂做钳工。日本投降以后，国民党接收了鞍山，张明山不堪欺压，回家打铁。鞍山解放后，他又回到小型轧钢厂，兄弟四人上班一个星期，就领回了600斤高粱米。他逢人便说："共产党救了我家八口人的性命。我得知恩图报！"当时，为了恢复生产，支援解放战争，工厂里开展献纳器材运动，张明山毫不犹豫地将自己收藏了多年的三十多件工具捐献给了工厂。在大家的共同努力之下，小型轧钢厂很快就恢复了生产。

小型轧钢厂生产小型钢材，把钢坯轧成钢材需要四道工序：在炉里烧红、拉出来毛轧、光轧、剪断。钢条在反复轧制过程中，往来要经过几道孔。光轧机轧16米以上的钢条由三部轧滚组成，钢条由毛轧部分出来，带着千度高温，像爬行的火蛇，沿着跑槽由南向北，由第一个口钻到北面，经过连接在出口处的月牙形铁槽即"正围盘"，兜一个半圆的弯，扭回头由第二个口再钻到南面，再经过一个月牙形的道路，即"反围盘"，转过头由第三个口钻向北面，直奔剪断班而去。轧制一个钢条经过的"道路"就像一个英文字母"S"。在第一道孔和第二道孔之间，有一个装置叫围盘，是世界各国光轧机普遍使用的，钢条由第一道孔出来后可以平平顺顺地进入第二道孔，而进入第三道孔的时候，则必须要将扁圆形的钢条马上扭转一个角度，改变成侧立的形式，经过光轧机再次延压，才能形成圆形的钢条。当时，就连英、美、德、日等工业较为发达的国家都尚未研制出成熟的"反围盘"装置。

过去，日本人只安装了"正围盘"，"反围盘"要用工人代替，工人们站在"S"形的第二个弯道里，侧身等待钢条露头，一出来就用钳子用力夹住钢条，顺着窜出的力量，把钢条弯成半圆形，火速转身喂进第三个口里。这个过程一共17秒，如果夹不稳，钢条窜出来，工人们就会被烫伤或烫死，当时流传着这样一首打油诗："小型厂，阎王殿，夹钳活，要命换。"

张明山当时虽然不是延压班的工人，可是他见延压班的工友们累得筋疲力尽，还经常被烫伤，决心要研究一下"反围盘"。过去，日本人试验"反围盘"时，张明山在旁边偷偷学过，但是日本人也没研制出来。1949年11月，他找到延压班长徐立章商量着把日本人留下的破反围盘捡回来进行试验，试验了十几根钢铁，也没有成功。不过，经过观察，张明山发现

反围盘外槽过高导致钢条无法进入，围盘上的嘴子也有问题。当时正处于创造新纪录时期，工人们怕试验影响生产，所以"反围盘"的研究暂时被搁置。

1950 年，张明山加入了中国共产党。厂里正在开展生产劳动竞赛，他积极投入到改变小型轧机生产效率、劳动强度和安全操作等状况的革新活动中，并且坚持研究反围盘。他每天下班后，到小河沟里用泥巴做各种模型，常常一连几天也不回家。一次，张明山去看光轧机，突然发现毛轧机通过光轧机的跑槽上有两个挡板，扁形的钢条从毛轧机那边顺着传送过来，碰到挡板后，便自动地侧立起来，这一发现让他十分激动。

1952 年 5 月，全厂掀起推广先进经验的增产节约运动。厂里的生产任务急剧增加，生产的主要矛盾集中在延压班的光轧机上。在这种形势之下，张明山再一次提出"反围盘"的建议，这一次立即得到厂长燕鸣、总支部副书记康兆文和其他技术员的支持。9 月 14 日，经过反复的试验之后，张明山终于取得了成功。连续三天的试用，张明山研发的"反围盘"十分好用，工作效率提高了百分之四十。这一胜利在全国引起了巨大轰动。

1949 年 11 月到 1952 年 6 月，他除了兢兢业业做好自己本职工作以外，心里还一直想着"反围盘"的事情，下班以后也一直在坚持做实验，想着作为一名共产党员就应该克服困难，应该想办法解放小型厂的工人们。此后，小型厂的生产指数由 1949 年的 100 升至 330，成品率由过去的 85% 升至 94%[①]，大大提高了生产率，开辟了小型厂全面自动化的道路。这一成功在国内的轧钢行业中引起了巨大的改革，太原、沈阳等地的许多工厂都派先进生产分子前来观摩学习，"反围盘"的创举为轧钢行业中许多半自动化的工厂指明了前进的方向。

1952 年 9 月 25 日，鞍山市人民政府、鞍山市总工会和鞍钢联合发出《关于批准小型厂张明山同志为 1952 年的特等劳动模范的决定》，授予张明山鞍山市特等劳动模范的称号，并召开表彰大会，表彰了他的功绩。同年，张明山受邀到北京参加了国庆观礼。年底的时候，《人民日报》发表了名为

---

① 《中国工会运动史料全书》总编辑委员会编《中国工会运动史料全书·辽宁卷》（上册），辽宁人民出版社，1993。

《努力推动现有企业的技术改造工作》的社论，主要介绍了张明山研制反围盘及小型厂的技术革新运动开展状况，号召全国各地向张明山学习，积极开展技术革新运动。邮电部为此发行了一枚反围盘特种邮票。长春电影制片厂则以张明山的先进事迹为题材，拍摄了一部名叫"无穷的潜力"的影片。于敏根据张明山的事迹整理出张明山回忆录《我和"反围盘"》，由通俗读物出版社发行。

在张明山创新精神的鼓舞之下，鞍钢以及鞍山市不断涌现出一批又一批的技术革新分子。1954年，张明山同王崇伦、黄荣昌等劳动模范一起发出在全国范围内广泛开展技术革新运动的号召，得到了全国亿万职工的热烈响应。同年，他分别当选为鞍山市首届人民代表大会代表和第一届全国人民代表大会代表，并先后被授予鞍山市、辽宁省、冶金工业部劳动模范的荣誉称号。1956年，张明山出席了全国先进生产者代表会议，当选为全国先进生产者。

1981年7月，张明山因患脑血栓，医治无效，最终病逝，终年67岁。

编辑：（田鹏颖 刘晓东）

郑锡坤

郑锡坤（1926～1987），男，汉族，辽宁省营口市人，中共党员，曾任沈阳市铁路局苏家屯机务段机车司机长、总工程师，东北铁路办事处副主任，中华全国铁路总工会副主席、党组副书记等职务。1949年，郑锡坤突破营盘坡岭，首次实现了超轴运载机车，之后将此方法与苏联的500公里先进经验相结合，创制了超轴500公里作业法。1950年，他冲破"分水岭"，为参与抗美援朝战争的志愿军输送物资。1951年他被评为沈阳市劳动模范，曾连续担任三届人大代表。郑锡坤于1987年在北京病逝，享年61岁。

1926年，郑锡坤出生于辽宁省营口市的一个农民家庭，家境清贫。[①]1942年，年仅16岁的郑锡坤离开家乡，只身来到苏家屯铁路机务段当起了

---

① 沈阳市人民政府地方志办公室编《沈阳市志－第十七卷－人物》，沈阳出版社，2000，第195页。

学徒工，此时日本人侵占东北已久，各个行业各个部门均由日本人充任要职，铁路机务段也不例外。他在当学徒工的期间，被日本工头百般欺压，虽然环境如此恶劣，但是郑锡坤还是十分勤奋好学，凭借着自己的聪颖和努力，学会了开火车，熟练掌握并且能够灵活运用开火车这门技术。

1949年7月，铁路机务段将一台修复好了的机车交给他和几个青年工人，让他们组成包车组，郑锡坤担任该车的司机长。1949年8月的某一天，也就是在他们机车组成立的第二个月，他们驾驶的火车像往常一样在沈吉线上行驶着，当火车到达清原站的时候，他们发现站内停放着4个车皮，旁边站着两个人，十分焦急的样子，当他们的车驶进站且安稳停放之后，这两个人便急匆匆地跑过来恳求他们拉走这四个车皮。经了解，原来这四个车皮里面装满了豆角和香瓜，由于无法运载，已经在这里停靠了两个晚上，要是再没有人能够帮忙运走，这四车皮的蔬菜和水果将面临失鲜和腐烂。此时郑锡坤驾驶的机车并未满轴，但是依旧无法实现这两位货主的请求，因为按照满轴的标准，郑锡坤所驾驶的机车在原基础上再加上货主的两车皮香瓜，刚好达到满轴，还剩下两车皮的豆角，如果按照货主的请求，将这四个车皮都拉走的话，郑锡坤驾驶的机车将面临超轴的情况，而在这种情况下驾驶机车，闻所未闻，无人敢尝试。目睹了两位货主的遭遇，再加上考虑到战争年代本就缺粮的人民群众的需求，郑锡坤实在是不忍心看着这四车皮的豆角和香瓜变质而浪费掉。他在仔细揣摩之后，决定向调度申请拉货，解决货主的燃眉之急，但是这样的变动前所未有，危险系数极高，调度也难以预测，因此没有答应。在郑锡坤的多次请求和保证下才得到了调度的允许，之后郑锡坤便拉上货主所有的货物向沈阳驶去，在路上他的精神高度集中，生怕出了乱子，在机车到达沈阳的途中，要经过一个名为营盘岭坡的地方，此处坡度对于超轴的机车以及所有从事过机车驾驶的人来说都算得上是极大的考验，在此处，郑锡坤带领车上的其他成员，运用"大开气门、高提把手"① 的操作方法成功地驶上了该坡，同行的人们也都顺势呼了一口气，放下了那颗紧张的心，伴随着火车的轰鸣声，郑锡坤所

---

① 沈阳市人民政府地方志办公室编《沈阳市志－第十七卷－人物》，沈阳出版社，2000，第195页。

驾驶的超轴机车成功且提前到达了目的地沈阳。这样的结果也震惊了沈阳铁路局，之后他的超轴驾驶法得到了一定的推广，赢得了大家的赞扬。这正是郑锡坤勇于创新、大胆尝试的结果。在他为了帮助两位货主运载超载货物的过程中，也体现出了郑锡坤心系人民群众、为人民群众的切身利益着想的优秀品质。

而此时的苏联，在驾驶火车的过程中，总结出一种先进的经验，那便是运行五百公里的经验，这种方法简言之便是要求每一台机车一昼夜能够运行五百公里的距离。在得知苏联驾驶火车的运行经验后，郑锡坤便将自己的超轴运行法与苏联的运行五百公里经验法相结合，创造出了超轴五百公里作业法，此方法极大地降低了运载成本，帮助国家省下了很多的额外费用，而且此法一经推广，便获得了极大的支持。虽然取得了极大的成就，但是郑锡坤在创造该作业法的过程中，却经历了许多的质疑和否定，许多人拿着所谓的"理论"和"公式"向郑锡坤证明他所要进行的作业法是不符合科学的，是不合理的，甚至对于他的这种大胆创新示以嘲笑和讽刺[1]，正所谓事物在发展的过程中，前途是光明的，但是道路是曲折的。郑锡坤在如此强大的舆论压力下，依旧能够坚持己见，克服一切阻碍该工作方法创制的因素，无不体现出他强大的定力和耐心、对于真理的向往和追求、对于自己梦想的坚持和实现梦想的决心和信心。

1950年10月，抗美援朝战争早已爆发，此时国家军队所需物资巨大，急需机车运载传输，但是出于自然状况的原因，很多机车均未能完成这样艰巨的任务，"分水岭"这个地方类似于之前遇到的"营盘岭坡"，而且冬天的气候使得本就艰巨的任务变得更加艰巨，面对抗美援朝战争的大背景，郑锡坤和他的同事们精诚团结，许下了为中国人民志愿军帮忙助力的誓言，此时领导又将这样艰巨的任务交给了有勇有谋的郑锡坤。接到任务的郑锡坤马上召集同事们开会，商讨了不同季节机车的运载状况也是不同的，他们不应该像其他人一样一成不变地沿用夏季的运行方法。他对同事们说："在冬天还用夏天的老办法，那怎么行？开火车也得研究天气的阴、晴、风、雨。规章是死的，工作是活的。"听完郑锡坤的话，同事们也信心百

---

① 叶开沅、郑锡坤：《"超轴、五百公里作业法"的研究》，《物理通报》1953年第2期。

倍，鼓足了干劲，决心在郑锡坤的带领下，竭尽全力突破所谓的"分水岭"地区，打破出于季节原因机车无法正常前往前线及时运输物资的瓶颈。当郑锡坤将自己驾驶的包车组机车开到车站，张口就冒出一个严重超轴的指标时，调度员吓了一大跳，对郑锡坤投去了惊讶又怀疑的目光，在调度员看来，别人在正常情况下牵引火车上坡都很困难，存在一定的风险和不确定性，他现在在周围环境如此恶劣、机车严重超轴的情况下，怎么可能成功地将机车引上目的地呢？但是在郑锡坤本人来看，他经常驾驶在这条道路上，所以他对于这条道路的熟悉程度可想而知，而且他对于不同路线、路况的变换和操作方法都十分熟悉，虽然这条道路上的陡坡行驶难度很大，但是他早已心中有数，在巧妙地运用驾驶机车的方法之后定能冲上陡坡，将超轴运载的机车载满物资送上前线，支援抗美援朝的志愿军。在深思熟虑之后，他决定对这条陡峭的道路行使"压缩车勾、分别起动"①的方法，由此加大了对机车的牵引力度，进而成功地冲过了"分水岭"，打通了众人难越的"神秘地带"。一方面，这反映了郑锡坤是一个具有爱国主义情怀的人，为了国家的前途和胜利，他勇于担当起重任。另一方面，这体现了郑锡坤对于不同路段的熟悉程度以及他能够因时制宜、因地制宜、变化地看待事物的发展和变动，从侧面烘托了郑锡坤的技术娴熟以及随机应变的能力。

在这之后，郑锡坤又多次创造、刷新了超轴运载纪录，这体现了郑锡坤不断创新、勇于实践的宝贵精神，以及对于科学的向往和不断的追求。在郑锡坤的"超轴 500 公里作业法"的指导下，机车能够在原有的运载量基础上超额运载很多的重量，不但增加了运载量，而且降低了运载成本，对于不同行业的运输来说都十分有效，这为沈阳市经济的快速增长贡献了巨大的力量。为了能够使这种方法得以更好地推广，铁道部决定向全国的铁路系统发布《关于开展满载、超轴、五百公里运动的决定》，自这之后，此方法在全国轰动并得到推广。

1951 年，郑锡坤因为多次在火车机车的运载运行方面有突出的贡献，

---

① 沈阳市人民政府地方志办公室编《沈阳市志－第十七卷－人物》，沈阳出版社，2000，第196 页。

对国家对外战争中物资的运送具有重要的作用，他被光荣地评选为沈阳市劳动模范和全国铁路劳动模范，而他本人的一系列技术均被命名为"郑锡坤操纵法"①。因为卓越的贡献，以及一心为民着想的思想品质，郑锡坤曾三次被评选为全国人大代表，他代表人民的利益诉求和心声，为人民办了许多实事。

1987年郑锡坤因病在北京去世。郑锡坤的事迹，告诉我们在前行的道路上难免会遇到挫折，但是不管有多么艰难，只要方法正确，不忘初心，总会成功的；要想突破现有技术的局限性，必须要有一颗大胆尝试的心，除此之外，还应该具有勇于创新、持之以恒、不被环境所影响的宝贵品质。

编辑：田鹏颖　陈雷雷

---

① 营口市人民政府地方志办公室：《营口市志》（第六卷），当代世界出版社，2003，第612页。

第二章　1956 年东北（辽宁）老工业基地全国劳动模范和全国先进生产者

张甲禄

张甲禄（1927～1977），男，汉族，黑龙江省呼兰县人，中共党员，曾于第一个五年计划时期担任沈阳电缆厂木工车间维修组长，他凭借着自己的勤劳与智慧，发明制造了众多工具设备，帮助沈阳电缆厂极大地提高了工作效率，增加了经济效益，保证了国家"一五"计划的顺利实现。他对电缆行业具有突出贡献，因而被全国的电缆行业称为"土专家"。① 1955 年起，张甲禄曾多次被辽宁省、沈阳市评为优秀劳动模范，1956 年和 1959 年他均被评为全国先进生产者。张甲禄于 1977 年离开人世。

中华人民共和国成立之后，国内各项事业百废待兴，恢复国民经济、消灭残余势力，毫无疑问地摆在了国家和人民的面前，在努力解决这些战争的遗留问题之后，国家开始发展经济，一心一意搞建设，开始计划并着手第一个五年计划。由于中华人民共和国刚刚成立，在许多方面面临着困难，要想发展经济，单靠自己的力量远远不够，刚成立的中华人民共和国，与邻国苏联结成了友好同盟关系，苏联的经济实力和技术力量均较为强大，于是在中国开展第一个五年计划发展经济的过程中，苏联安排了一些专家前来中国帮忙，给中国各个行业的发展指派技术力量（人员），让这些行业

---

① 沈阳市人民政府地方志办公室编《沈阳市志－第十七卷－人物》，沈阳出版社，2000，第179 页。

精英来指导中国经济的发展。辽宁，作为"共和国的长子"，毫无疑问地也进行着第一个五年计划的工作，有好多苏联专家前来沈阳指导，在这样的情况下，中国东北的人民也不甘落后，出现了一个在技术上勇于创新的发明创造能人——张甲禄。在第一个五年计划期间，张甲禄在沈阳电缆厂木工车间担任维修组长一职，任职期间，他总是对工作一丝不苟，十分热情，当车间里某一处设备发生了故障时，他都是急忙前往观察，带领整个团队进行抢修，生怕自己的疏忽和懈怠耽误了国家的大事。自打张甲禄任职以来，沈阳电缆厂车间从未因为疏于监察而使设备出现故障，耽误工作进度。张甲禄对自己和同事们的要求都十分严格，这种"倔劲"，体现了他一丝不苟的敬业精神，也表现出了他对沈阳电缆厂的热爱，以及对于中华人民共和国浓烈而深沉的爱，体现了他一心为国的情怀。①

除了对工作的一丝不苟、对同事的严格要求以及对国家浓烈而深沉的爱之外，张甲禄还具有大胆创新的开拓精神和平易近人的谦虚品格。虽然中华人民共和国成立初期的经济建设有苏联专家的指导，但是张甲禄并未闲下来，而是努力学习专业性知识，对相关问题进行仔细思考，对于新的想法和创意反复钻研，带领着整个厂子的工人独立解决了很多工具、设备和器械方面出现的技术性难题，在这个技术革命和技术革新运动的浪潮中泛起了一朵朵浪花。沈阳电缆厂装配工段的打钻床，陈旧、笨重、不易操作，使得职工们在用它进行生产工作的过程中消耗了很多时间，而且由于这个机器长时间的使用，安全性也值得商榷。看到这种情况，张甲禄便利用自己多年来积累的丰富经验，将这台打钻床进行了改造，经过张甲禄改造后的工具，在工作时不但提高了安全性能，而且工作实效性也提高了很多，极大地缩减了劳动的时间，增加了工作的产量，对于工厂的经济效益做出了不可磨灭的贡献。在成功地改进了打钻床之后，张甲禄又和工友们一同研究制造了冲压切料刀，这个工具的研制，极大地提高了工人的工作产量，工作效率神奇地提高了 2 倍有余。当看到这种工作效率如此之高的工具时，人们不禁好奇制造这个工具的材料都是什么，是否十分昂贵和耗时，但当我们问到张甲禄时，他的回答给了我们再一次的震撼，原来生产研制

---

① 高明岐、黄耀道等编著《中国职工劳模列传》，工人出版社，1985。

这个神奇工具的材料，都是选取的平时厂子里废弃的材料，张甲禄将废弃的材料捡回来加以再利用，不但节省了成本，还帮助工厂提高了生产效率，也降低了工人们的劳动强度，起到了多方面的作用。张甲禄这样的行为，不仅仅说明他是一个勤劳聪慧的人，也不仅仅说明他是一个勤俭节约的人，更重要的是能够证明他是一个为了国家利益而努力奋斗的人，是一个心怀国家大事、心系国家利益的人。除了利用废弃物改造研制新机器之外，张甲禄还独自设计了扒槽机、五部传动自动送料木旋床（采用机械手传动），这些发明创造，均在相关方面提高了工作效率，增加了工人们每日工作的产量，为张甲禄所在厂创造了利益，同时也为国家"一五"计划的顺利执行点火助力。1958年，张甲禄所在工厂的木工车间生产木轴，需要大量的木材，可在当时的情况下，木材数量有限，无法满足木工车间生产木轴的需求量，眼看就无法完成任务了，这时善于创造创新的张甲禄，突然蹦出一个不错的点子，那便是寻找一个替代品，只要不影响正常的工作运行即可，于是张甲禄找来了塑料加以替换。这个方法之前并未有人加以尝试，运用起来难免会遇到各种意想不到的阻力，张甲禄在利用塑料的过程中，就遇到了许多不如意和挫折，但是他从未放弃过。相反，他始终保持乐观的心态，积极地看待研制工具过程中的挫折和失败，一次次的失败，一次次重拾信心，努力钻研，不断实践，终于不负众望地研制出了一台有极高利用价值的机器。①

作为沈阳电缆厂木工车间的维修组长，他不仅关心国家的利益和发展问题，而且还关心自己身边工友的健康和个人生活。在那个年代，车间工厂工作环境并不优越，刨花灰尘四处飞扬，工人们在这样的环境下工作，长时间呼吸着如此恶劣的空气，对于呼吸道正常功能的发挥起到了阻碍作用，严重影响到了工人们的健康。工友们努力工作，一心为了工厂能够增加经济效益、为了国家能够顺利完成第一个五年计划的要求，却要忍受着如此恶劣、对自己健康具有严重威胁的环境，张甲禄看在眼里、痛在心里，于是他抓紧每一分每一秒的时间，不断地思索着如何才能给工友们创造一个良好的工作环境。只有将这些灰尘用适当的方式转移出去才可以达到效

---

① 沈阳市总工会编《沈阳劳动模范》，中国工人出版社，2016。

果，那么接来下的问题和难题便是如何才能将工作环境中四处飞扬的灰尘转移出去。为了工友们的健康，他主动多次和厂里有经验的老师傅们交流，最终利用废铁制造了一台用来排尘的机器，这样一来，工人们工作时面临的尘土飞扬的状况便得到了改善，从此以后工厂的空气环境焕然一新。之前由于四处飞扬的尘土造成工厂环境十分恶劣，厂里还要专门指派人不停地打扫，不但浪费了人力，还耽误了生产的进度，现在有了这个机器，这些工人们也可以得到重新分配，投入生产之中。

张甲禄在工作和生活中总是一个善于发现、乐于助人、心系国家的好同志。他看到在工作中钻大型木盘线头斜眼时总是冒烟，而用水浇灭后设备又总是出现故障，很大程度上影响了工作的进度和效率，此种情况张甲禄当然不会放之不管，而是赶忙进行分析和研制，很快又提出了解决这个问题的新办法。在创造发明上的天赋和能力，并未使他变得高高在上、盛气凌人。相反，他十分平易近人，对身边的工友们关爱有加，而且对待别人的请教都很谦逊和有耐心，很多工友一有技术上的难题，很自然地就想到了张甲禄。当人们夸奖他天资聪颖时，他只是微微一笑，然后说并不是自己有多么聪明，而是自己比其他人更加勤快、更加努力了一些而已。

张甲禄能够凭借着自己的才能，为中国的"一五"计划顺利执行做出了不可磨灭的贡献，他在心怀国家的同时也关心工友们的个人健康和生活问题。这些方面的突出表现使得张甲禄多次被评选为劳动模范，这样的荣誉正是对他所做贡献的表扬和称赞。张甲禄凭着自己对于国家、对于工厂、对于工友们的关爱，于1956年和1959年两次获得全国先进生产者的荣誉称号。张甲禄在1977年不幸去世，享年51岁。

编辑：田鹏颖　陈雷雷

焦百顺

焦百顺（1914～2000），山东省掖县人，中共党员[①]，曾任沈阳第一机器厂铸造车间大型工段工长。1950年9月，沈阳第一机器厂接受中央人民

---

① 沈阳市总工会编《沈阳劳动模范》，中国工人出版社，2016。

政府赋予的艰巨任务——铸造中华人民共和国第一枚金属国徽。在中华人民共和国成立初期工厂设备简陋、工具落后、技术存在难题的情况下，焦百顺和工友们团结协作、攻坚克难，圆满完成了任务。1951 年国际劳动节之际，沈阳第一机器厂生产的中华人民共和国第一枚金属国徽悬挂在庄严的天安门城楼上。1956 年，焦百顺被评为全国机械工业系统的先进生产者。

1949 年 10 月 1 日，开国大典结束后，全国政协决定聘请全国人才济济的清华大学营建系、中央工艺美术学院分别进行国徽的方案设计比赛。在著名建筑学家梁思成和著名美术家张仃的带领下，两个设计小组广泛吸收各界人士意见，参考国内外大量资料，克服重重困难，设计出了国徽的方案。送经全国政协常委会讨论之后，又汇总社会各界的意见，最后由梁思成执笔绘制出国徽图案。1950 年 6 月 20 日晚，全国政协国徽审查组确定了清华大学营建系梁思成设计组提出的方案，随后，又在中央人民政府会议上表决通过。9 月 20 日，毛泽东主席公布了国徽图案。

沈阳第一机器厂，即沈阳第一机床厂，其前身是"满洲三菱机器株式会社"，是日本财阀三菱机器集团所属的一个修配性质的机器厂。日本无条件投降之后，工厂全部技术资料和档案被日本侵略者烧毁或带走。抗日战争胜利后，苏军接管工厂，先后六次将工厂的大型机器设备运往苏联，设备的损失率超过百分之九十。1946 年 4 月 15 日，国民党政府曾接管了工厂，并将"满洲三菱机器株式会社"改名为"经济部沈阳第四机器厂"。国民党官僚腐败成性，变卖厂内设备，到沈阳解放时，工厂完全处于瘫痪状态，无法生产。1948 年 11 月 2 日，沈阳解放，沈阳特别市军事管制委员会接管该厂，1949 年 6 月，将其正式改名为"沈阳第一机器厂"，经过三年的改扩建工作，该厂成为机械工业部大型骨干企业之一，是中国最大的综合性车床制造厂。第一个五年计划期间，"沈阳第一机器厂"被列为苏联援建的国家 156 项重点工程之一。

沈阳解放后，焦百顺担任沈阳第一机器厂铸造车间大型工段的工长，铸造技术一流。接到铸造国徽的任务后，厂领导找来焦百顺，将一尊刻着五颗星、天安门城楼、麦穗轮和齿轮的圆形石膏浮雕的立体模型交给他，并告诉他铸造国徽的任务将由他带头完成，只许成功不许失败，并且要在第二年"五一"之前完成。焦百顺激动地表示："请党和人民放心，保证完

成任务！"

当时，沈阳第一机器厂在铸造技术上虽说有名，但生产条件非常有限，不仅设备简陋、工具落后，技术上也存在很多难题，从模具制作到浇铸成型主要凭经验手工操作，要完成国徽这样高精度的铸件，工艺制造难度极大。厂里没有炉子，工人们就砌了个砖炉；厂里没有化铝罐，工人们就自制铁罐代替；厂里没有脱氧剂，工人们就用木棒搅拌脱氧；厂里没有测试铝水温度的仪器，工人们就在炉前用肉眼观察铝水颜色的变化。

铸造国徽首先需要做出模型，这直接关系到铸件的质量。焦百顺亲自翻砂做模型，力求使铸件平整光滑、纹理清晰、凹凸有序。但在刚开始时，做出的模型不过关，图案模糊，麦稻穗的粒不鼓、芒不显。焦百顺带领攻关小组，经过多次实践和摸索，终于做出了合格的模型。第二道工序是向模型里浇铸金属液。国徽的质地为铜铝合金，其中铜占8%，铝占92%。其难点在于，两种金属的熔点相差十分大，温度高了不行，当然，低了也不行，浇铸的火候令焦百顺和工友们难以把握。国徽上的绶带部分因纹理较厚，金属冷却后总有很大的凹陷部位。在熔制的一系列过程中，焦百顺带领工人们反复进行试验，通过局部浇水、加速冷却的方法，终于使铸件局部缩型的难题得到了解决。

在铸造国徽的日子里，焦百顺和工人们发扬了工人阶级大公无私、敢闯敢拼的精神，他们争分夺秒、夜以继日地不断探索，反复进行试验。为了完成国徽的后续加工，焦百顺还带领工人们自制了许多小工具，他们用自制的钢丝刷将国徽毛坯表面那些凹凸不平的地方打磨干净，然后再用一些专用的工具将有瑕疵的地方修补完整，再用自制的小刀将国徽图案中的细节部分雕刻出来，最后再用专用刮刀刮平国徽图案的表面，进行整体抛光。最终，打磨出了如镜面般光亮的国徽。

1951年4月，在焦百顺的带领下，工人们终于以丰富的生产经验和精湛的生产技术，用目测、手工操作等方式攻克了一道道难关，提前成功铸造出十多枚型号不同的国徽。其中直径为2米的大型国徽于1951年5月1日庄严地悬挂在天安门城楼上。在人们欢庆国际劳动节那天，沈阳工人阶级格外自豪。今天，沈阳劳模馆以微缩景观的形式再现了工厂接到任务后，焦百顺和工友们团结协作铸造国徽的场景。在"一五"计划期间工厂进行改

建的时期，焦百顺不骄不躁，仍然刻苦学习技术，不断创造新成绩。他试验利用新技术铸造成功 1A62 床身铸件，试铸成功水平尺铸件，主动承担了试铸空气压缩机汽缸的任务，解决了生产上的难题。1956 年，焦百顺荣获全国机械系统先进工作者的称号。

编辑：田鹏颖　刘晓东

陈玉言

陈玉言（1932~），女，汉族，山东省荣成县人，中共党员，曾任沈阳风动工具厂铣工、车间副主任。陈玉言因在生产工作中善于抓住重点、巧用时间，极大地提高了工作效率，超额完成了工作计划，曾被誉为"突破产量定额的革新能手"。陈玉言因工作表现突出，多次获得了沈阳市、辽宁省的劳动模范称号。①

20 世纪 50 年代，是中华人民共和国成立后局面更新变换的年代，由于中华人民共和国成立之后各项事业百废待兴，为了恢复国民经济，实现未来更好的发展，各行各业都在进行国家的建设。20 世纪 50 年代，是国家"一五"计划从开始实施到最终完成的阶段，在这个阶段国家大搞重工业建设。20 世纪 50 年代，是一个涌现劳模人物的年代，活跃于各行各业的人们，对于自己的本职工作尽职尽责，没有丝毫懈怠，对于国家的建设事业也是殚智竭力。20 世纪 50 年代，虽然中华人民共和国成立后缺乏像国外那样强大、先进的技术力量和核心智囊团，但是在这样急缺技术人才的国度，在有"共和国长子"之称的辽宁，尤其是沈阳这片肥沃的土地，却汇集着不少勇于创新、大胆搞科研的人，他们为那时的中国提供了转变的机遇，并且用自己的能力，填补了国内相关领域技术上的空缺。出现了这么一批人，使得我们在遇到困难时还可以从国内得到援助，用我们自己的智囊团，甚至还可以刷新世界上一些领域的纪录。20 世纪 50 年代，有所谓的"技术大拿"，有所谓的"神刀手"，有所谓的"土专家"，还有所谓的"拓荒者"，等等。这样一批心怀国家、心系人民、尽职尽责的人，不论男女老

---

① 沈阳市总工会编《沈阳劳动模范》，中国工人出版社，2016。

少，均对我们的国家建设和发展，贡献了十分重要的力量。①

陈玉言生活和工作在这样的一个年代，别看她文文弱弱，貌似没什么经验的样子，在工作岗位她可是十分出色的。1955年，陈玉言在工厂加工活塞时，发现工厂现有的技术和工具在生产加工活塞时十分吃力，这样一来，造成的结果便是生产效率较低，产品质量也不好。面对这样的状况，陈玉言并没有得过且过的想法，而是时刻为了工厂的发展和国家的未来考虑，她主动地对这种在生产上存在的问题进行加工和改进，还运用了苏联高速铣削法。在陈玉言的加工和改进下，生产工具变得十分轻便，效率也提高了不少。更令人惊讶的是，在陈玉言改进完进行生产后，工厂在短短不到3个月之内竟然完成了一年的全部工作计划，在这样的工作速度下，生产出来的产品均通过了国家产品质量的检测，都达到了规定的标准。陈玉言的出色表现在整个厂子造成了轰动性影响，她在厂内成为人们学习的楷模。在这种积极进取的风气下，整个厂子的人都向陈玉言学习，在自己的岗位上尽心尽力，不断创新，最终整个厂子的全部工作组均按照规定期限完成了国家下达的生产计划要求。就是在这样的一个年代，在这样的环境下，塑造出了这样一群对于工作充满干劲、勇于创新的年轻人，这对于刚刚成立不久的中华人民共和国的发展来说十分关键。1956年，陈玉言作为先进职工代表，参加了全国先进生产者代表会议。当时的人们心中始终坚信着"劳动光荣，永远向前"的信念，不断地激励自己，在工作中不怕苦不怕累，遇到困难积极寻求方法去解决，创造了生产和技术上的佳绩。

1957年，善于提高工作效率的陈玉言，在接下来的工作中更加努力，更加善于发挥所长，在平时的工作中运用了苏联高速铣削法等先进的生产技术，加工出来很多部件，这些都突破了许多部件的定额。在她的加工下，工作效率不断提高，产量成倍数增长。这样的速度和效率，再加上陈玉言本身天资过人又如此勤奋钻研，使得她和她所在的车间提前完成了国家的计划。陈玉言在规定期限内不但完成了任务，而且还超出了规定的计划额度，产量颇为惊人，竟然在五年内完成了七年半的工作量②，以非常优异的

① 李永安主编《中国职工劳模大辞典》，中国工人出版社，1995。
② 李永安主编《中国职工劳模大辞典》，中国工人出版社，1995，第335页。

表现和成绩赢得了国家和工厂每一位员工的尊敬。

哲学告诉我们，看问题要注重事物的主要部分，要抓关键，将"两点论"与"重点论"结合起来，以此来作为我们开展活动的行动指南，以此为导向，便会迎来一个美好的未来。陈玉言在工作和创造新路径的过程中，很好地利用了这个方法，以此来作为自己的行动导向，当她面对一个问题或困难时，首先看的是这个问题或困难的主要方面，她这样做刚好抓住了问题和困难的关键所在，所以很快便能知道问题的核心是什么，是什么导致了现在的状况，因而便可以达到"打蛇打七寸""牵着牛鼻子走"的效果了。当时的陈玉言或许不懂哲学，但是她却能在众多的问题中发现最为核心的问题，这足以看到陈玉言在工作中的细心与耐心，足以看到陈玉言自身对于工作技术的熟练程度，以及对于自身技能的灵活应变能力。

对于自身所处的工作和岗位而言，陈玉言做到了尽职尽责、兢兢业业，从来没有想过偷懒。在工厂面临技术困境难以大步前进时，陈玉言发挥了自己的专业优势和自身独特的能力，帮助工厂扫除了前进道路上的障碍，工厂得以进一步发展，国家也能够如期完成计划内的任务量。陈玉言和工友紧密地团结在一起，互帮互助，共同面对困难。她对于自己所掌握的技术毫无保留，很乐于将自己所学传授给他人。有一次她在帮助一个朝鲜徒工时，两个人在语言上存在障碍，因此要教这位年轻的朝鲜徒工学习先进技术，首先需要跨越这层障碍，面对这样的情况，陈玉言并没有退却或者嫌麻烦而推辞，而是主动地和这位朝鲜青年交流，仅仅用了三个月的时间便将他培养成了熟练的工人。陈玉言对于工人们毫无保留地予以技术上的指导和帮助，因而也得到了工人们广泛的爱戴与尊敬。经过陈玉言耐心细致地传授工作技巧，全厂的各个部门都提高了各自的工作效率。突破了技术难关之后，工人们工作起来既轻松又有效率，生产出来的产品质量也很高，都检测合格达标，为工厂创造了很大的利益，推动了工厂的快速发展。

陈玉言是一个突破产量定额的革新能手，这个是众所周知的了，但是陈玉言以如此之快的速度完成甚至超过了定额产量，那么用她的方法生产出来的产品的质量是否存在严重的不达标问题？这一点在前面的讲述中已经不言自明了，答案是否定的，不会不达标。那么陈玉言用这种方法生产的产品废品率如何呢？陈玉言早早就考虑到了如此速度下是否会生产出许

多废品来反而使得工厂的成本增加的问题。为了避免这样的问题出现，陈玉言在生产的过程中十分小心和仔细，她严格要求工作人员执行各项制度和工艺规程，不能有所纰漏，在研制的过程中一旦发生问题，一定要及时研究予以解决，一定要确保在这样速度的工艺流程下，生产出和之前一样甚至更好的产品，将报废率降到最低，从而为工厂节约资源和资金。在陈玉言和工友们严格缜密的研究下，这样高速的工艺流程下依旧可以生产出大量的高质量产品。

陈玉言在工作上努力与创新，与同事维系良好融洽的合作关系，在生活上也是一个善于超越自我的人。陈玉言在工作中的突出表现和各方面的贡献，使得她曾连续多年被评为沈阳市、辽宁省劳动模范。在 1956 年和 1959 年陈玉言两次获得全国先进工作者的光荣称号。这是对陈玉言本人及其工作成绩的鼓励与赞扬，是对一个在工作领域勇于突破陈规、大胆创新工作者的宣传。

编辑：田鹏颖　陈雷雷

徐连贵

徐连贵（1921～2013），男，汉族，辽宁省昌图县人，中共党员，曾为风动工具厂技术骨干，创造发明了"套料刀"，结束了我国气动工具依靠进口的历史。徐连贵因在工作上表现优异，被评选为全国先进生产者、全国人大代表。

自中华人民共和国成立以来，国家就将恢复和发展国民经济放在了首要位置，这也是中华人民共和国成立后最关键的、亟须解决的首要问题。那个年代，涌现出了许多善于思考、对中华人民共和国成立后的经济发展产生巨大影响的有志青年，诸如机床行业的"神刀手"董朗泉、电缆行业的"土专家"张甲禄、沈阳农业教学科研事业上的"拓荒者"龚畿道、凿岩机"技术大拿"徐连贵等，他们用自己的智慧，和工友们一同努力，最终创造出自己行业的优质产品，刷新了自己所在领域的技术、学术性纪录，还在许多方面首开先河，对于中华人民共和国成立后各项事业的恢复、巩固和发展来说，具有十分关键的作用。

徐连贵，作为风动工具厂的一名技术骨干，用他最为骄傲的作品——"套料刀"，帮助他所在的工厂节省了很多生产成本和原料，也帮助他所在的工厂在国家"一五"计划的指定时间内完成了任务，得到了国家的赞扬和肯定。在徐连贵发明"套料刀"之前，风动工具厂是采用钻头来加工凿岩机缸体的内孔的，用这样简陋的加工工具进行生产，在加工工具的过程中，除了凿岩机缸体内孔被加工制造出来以外，打造内孔被掏空的部分均被打得粉碎，而这样的部分分量还不小。将加工每一个凿岩机缸体内孔所打碎的部分相加进行统计，便会得出一个巨大的数字，这也就在无形之中浪费了资源和成本。这些被浪费掉的原材料本可以加工出许多螺旋棒，但是生产加工中使用的加工工具过于简陋，也找不到能够将加工内孔之外的部分尽量完整地截取出来的工具，因此在这样的生产过程中，对工厂来说无疑耗费了不少资源。徐连贵在生产的过程中发现了这个问题，他潜心研究，努力学习科学知识和技术，平时还和厂里其他的技术骨干相互交流，最终研制出了所谓的"套料刀"。[①] 在"套料刀"成功研制出来以后，风动工具厂再进行凿岩机缸体内孔的加工时，便可以将加工内孔之外的原料整块儿地截取出来，用此来制造出一个个螺旋棒。这样一来，之前全部被浪费掉的材料现在都被节省下来，得到了充分的再利用，极大地节省了工厂的生产成本，增加了工厂的产品数量，提高了经济效益。除了这一点之外，在"套料刀"刀头材质的选取上，徐连贵采用了硬质合金材料，这种材质的刀头，不但切削效果好、排屑效果佳，而且还减少了运作时间，在整个生产过程中极大地减少了对电力的使用时间，因此也就在无形之中减少了耗电量，为工厂的生产节省了一笔极大的开支。徐连贵发明"套料刀"的初衷是帮助他所在的风动工具厂在加工缸体内孔时减少一些不必要的材料耗费，但是随着"套料刀"的成功研制以及在日后生产过程的使用情况，徐连贵发现这个"套料刀"不仅仅可以适用到凿岩机缸体内孔的打造上，而且对于其他机器的同心圆孔之类的加工打造也是同样适用的，也就是说，徐连贵发明的"套料刀"可以被广泛地应用到其他企业的不同生产过程当中，从他的"套料刀"成功问世到广泛运用，帮助各个工厂以及国家节省了

① 李永安主编《中国职工劳模大辞典》，中国工人出版社，1995，第 335 页。

很多的生产成本和运作资金。为此，《辽宁日报》还曾经发表社论向全国宣传、推广了徐连贵的"套料刀"技术和生产经验，得到了国家的肯定和支持。

徐连贵除了在发明"套料刀"上的突出贡献之外，他还主动积极地学习高速切削及高速挑扣的先进经验，凭借着自己的聪明才智和勤奋刻苦的精神，创造出了一个个的新纪录。这样的举措不但激发了工厂员工们的工作积极性、形成了一股你追我赶的竞赛式劳动风貌，而且也使得工厂的产量急增，取得了极大的经济效益。这一先进技术的运用和推广，使得徐连贵所在的工厂名声大噪，徐连贵也获得了公司的嘉奖。

徐连贵，不但是一个技术造诣颇深的工厂骨干，还是一个乐于助人的好员工。徐连贵在发明制造了"套料刀"之后，帮助工厂和国家节省了很多的开支，获得了工厂和国家的肯定和支持。但是徐连贵并没有因此而感到骄傲和自满，对待其他工友依旧和之前一样谦虚，对待工作不但没有丝毫的懈怠，反而更加努力、更加认真。身边的工友遇到技术上的问题，去请教他，他总是不厌其烦地予以解答。曾经有一位车工不懂得如何运用苏联的一门先进技术，徐连贵并没有"教会徒弟饿死师傅"的传统保守的想法，而是给予满脸迷茫的车工详细的讲解，帮助他尽快熟悉操作技术。在徐连贵仔细耐心的讲解下，车工们对于这门新的技术基本上掌握了，并且之后强加练习，已经能够熟练的掌握，提高了工作效率，增加了产品产量。除此之外，徐连贵还是一个十分注重节俭的有心人，他对于工厂上的任何一个环节都十分关心，有一次徐连贵发现好多工人不会磨刀而使得工厂里的原料遭到了不必要的损耗，于是他便开始认真钻研，研制、创造出了操作简便、品质较高的工具。在徐连贵研制、创造的新工具的运用下，任何一个工人都能够简单上手，对于硬质合金刀的损耗也大大减少了。

徐连贵对于工作的痴迷，源于他对于工厂的热爱，源于他对于祖国的热爱和忠诚，更源于他的责任心。在三车间厂房修建的过程中，一些环节和工序会使原先的苏式机床遭到损坏，徐连贵一看到这样的场景，便日夜难眠，苦心钻研，心想一定要尽快找出解决办法，不能让工厂遭遇如此大的损失。就为了这个理想，徐连贵有时竟然通宵达旦、夜以继日地在厂房钻研、试验，有时候连续两个月都没有回过家，吃住都在工厂，每夜还帮忙巡视，平时见到其他工友们便把他们召集起来一同研究、商讨解决措施，

希望能够尽快帮助工厂解决这个难题，希望能够尽量帮助工厂减少一些经济上的损失，希望能同工友们群策群力，找到解决问题的对策。正是因为有徐连贵这样有责任心的人的帮助和贡献，才使得他们最终在极短的时间内找到了解决问题的对策和方法，帮助工厂顺利渡过了难关。在徐连贵的大胆创新和努力钻研下，生产、创造了一个又一个新的技术工具，帮助工厂解决了发展道路上一个又一个技术难题，工厂的生产效率得到了显著提高，生产的产品质量和数量都达到了预期的效果，甚至比预期还要好很多。在徐连贵新技术、新发明、新创造的工具的带动下，工厂提前一年零四个月完成了国家下达的计划和任务，也因此受到了国家的肯定和嘉奖。徐连贵也因为工作上的出色表现，被评选为劳动模范，他还作为人大代表参加了全国人民代表大会。

徐连贵，是一个值得我们去学习的楷模。在工作中，徐连贵一丝不苟、兢兢业业、努力拼搏，遇到困难，从不退缩，主动研究解决问题。在性格上，徐连贵平易近人，十分谦虚，并不会因为自己在工作上的表现优异而骄傲自满，面对工人们的请教他也十分大度，并不会有所保留。在竞争中，徐连贵十分注重同工友们的团结合作，遇到困难经常想着和工友们商量对策，群策群力。在生活上，徐连贵也是一个注重节约的人，从不浪费一丝一毫，不光如此，他还将这种精神延伸到了工厂的工作上。看到工厂中因为不必要的事情而造成了损失，徐连贵总是十分担心，积极去思考解决的方法，不想让工厂遭受不必要的损失。在对待工友上，徐连贵总是与人为善，毫无架子，对于工友们的问题总是十分耐心地予以解答，对于工友们在技术上的疑惑也是细心地去教授，帮助工友们解决了技术方面的问题，也间接提高了工厂的整体效率，帮助工厂增加了产量，提高了经济效益，也帮助工厂顺利地完成了国家规定的计划。这样的成绩十分令人惊叹。这便是徐连贵，一个生活在 20 世纪 50 年代的技术大拿。

编辑：田鹏颖 陈雷雷

赵奎元

赵奎元（1900～1968），男，汉族，辽宁省沈阳市人，中共党员，曾任

七二四厂工长，沈阳解放后积极参与到工厂的恢复、建设和发展的过程当中。面对技术上的难题，赵奎元从不退缩，抵挡着自身不佳的身体状况，和工友们一同研制了 2400 马力氮氢气空气压缩机，帮助工厂和国家减少了很多不必要的损失。在技术上堪称尖兵的他，还堪当"传帮带"的楷模，并且在 1956 年和 1959 年两次获得全国先进生产者的荣誉称号。赵奎元于 1968 年不幸离世。

随着辽沈战役的胜利，沈阳于 1948 年 11 月获得解放。不久新中国成立，各方面处于百废待兴的阶段，国家面临着国民经济的恢复和发展，当然工厂也承担着一定的责任。这时的赵奎元，已年近半百，在党组织的积极引导下，赵奎元将精力几乎都投入到了工厂的恢复、建设和发展之中。

如果说张甲禄堪称电缆行业的"土专家"，那么赵奎元便堪当技术创新的"能工巧匠"；如果说"超轴 500 公里作业法"的创始人郑锡坤有勇有谋、大胆创新，那么对 2400 马力氮氢气空气压缩机有重大贡献的赵奎元便堪当创新领域的"闯将"；如果说"模范工会干部"聂秉举对职工生活十分关心，那么赵奎元对于职工健康的关心也是无微不至；如果说马德有是航空工业领域的攻关尖兵，那么赵奎元便是困难面前无所畏惧的强者。在 20 世纪 50 年代，中华人民共和国成立没多久，各项事业百废待兴，在技术领域又缺乏技术大拿和能工巧匠，大多数领域均缺乏属于我们中国的、本土的、自己的专家和能人。为了恢复、发展国内经济，我们同苏联有着密切的往来，苏联派出了他们国内的专家前来中国进行具体的指导。但是别国的终究是别国的，在中国工厂需要大型设备以提高工作效率和产品质量的时候，却面临着向西方国家采购的状况，而这些西方国家开给我们中国的费用，又非常昂贵。因此，当时的中国，迫切需要有自己的"后备力量"作为恢复、建设和发展的支撑，不论是铁路行业的郑锡坤、航空工业领域的马德有，还是电缆行业的张甲禄，他们均具备了吃苦耐劳、一心为国、勇于挑战、笑对困难、关心职工的优秀品质。

1953 年，国家的第一个五年计划开始了，赵奎元所在的工厂也被纳入了国家的计划之中，当时工厂为了提高工作效率、增加工作产量、提高产品质量，准备推行产品制式化，但是在推行的过程中，工厂的技术人员遇到了困难，那便是推行产品制式化主要产品所需的原材料——黄铜板，出

现了问题。这个原料的质量和数量均不能适应车间新产品试制定型的需要。面对这种情况，赵奎元还像以往一样地思考着"生产上有关键没有"。在他和工厂技术人员的努力下，终于研制成功了一台碾片机，这个机器一问世，生产的黄铜片数量较多且质量较优，极大地适应了工厂计划的进行和实施。面对困难时的冷静和沉着，以及与技术员之间融洽的合作，体现了赵奎元可贵的团队精神。1957 年，赵奎元所在的七二四厂接下了试制大型氮肥设备——2400 马力氮氢气空气压缩机的重大任务。这项任务完成得好，将会给赵奎元所在的工厂以及国家带来巨大的收益，挽回不必要的成本消耗。试制这台设备的任务摆在了工厂每一个人的面前，而试制这台设备难度很大。面临的第一个任务便是如何加工一个长度和重量都十分大的主机。赵奎元听说厂里试制设备遇到了问题，急忙加入工作，在和厂里工作人员的共同努力下，他们终于想到了一个巧妙的方法，那便是从小到大地进行组合，即他们所谓的"蚂蚁阵"。在这样思路的引导下，成功地解决了试制设备的首要难题，同时也掀开了我国机械加工史上伟大的一页，在当时的社会环境下，造成了轰动性效应。这个过程，体现了赵奎元为了工厂、为了国家的发展奋不顾身的大无畏精神和献身精神。这究竟是怎么一回事呢？原来在这次执行任务的过程中还有一个小插曲，当时赵奎元的身体状况不是很好，他身患高血压，厂里和医生均要求赵奎元在家养病，不宜工作。但是赵奎元听说工厂在试制一台难度极大的设备时，便在家中坐立不安，心急如焚地想进工厂同工友们一同面对困难、解决困难。在遭到厂里领导的拒绝之后，他又三番五次地去叨扰、恳求医生，最终实在抵挡不住赵奎元对于国家、对于工厂、对于工作的热情，厂里决定赵奎元可以上班，但必须听从医生的指示，只允许工作半天时间。在这半天的时间里，赵奎元更是拼命地去工作，困难和挑战摆在面前时，赵奎元都是抢在最前面，主动挑选了难度最高的任务去做[①]，这种精神十分令人钦佩。在这台伟大的设备试制过程中，还遇到了一项前所未有、闻所未闻的难题，那便是挂乌金瓦的制作。这个任务的难处在于，这个东西从未见过、从未有过，在这样

---

① 沈阳市人民政府地方志办公室编《沈阳市志－第十七卷－人物》，沈阳出版社，2000，第200 页。

的前提下，赵奎元大胆地接受了此项艰巨的任务。在接受任务之后，赵奎元几乎吃住在工厂，翻看资料，巩固专业技能，还经常同有经验的老师傅们交流，就这样经过了将近一个月的时间，在其中遭遇了研制产品的失败和挫折，但是赵奎元始终不曾放弃，不断地总结经验教训，终于在将近一个月的时间里，成功地研制出了挂乌金瓦，顺利地解决了研制大型氮肥设备过程中的又一大技术性难题，也顺利地推进了工厂研制该设备的进度，对于该项设备的成功研制做出了不可磨灭的贡献。虽然在技术创新上屡次崭露头角，攻坚克难，但是赵奎元并未骄傲自大，也没有传统年代走出来的工人身上的那种封闭性思想，他对于自身所掌握的技术，毫无保留地传、教给工厂愿意学习的工人们。在赵奎元的带领下，工人们的技术都得到了极大的提升。赵奎元不但为工厂解决了许多技术性难题，还为工厂的未来培养了许多优质的后备力量，对于工厂的发展、对于国家"一五"计划的顺利实施具有十分重要的作用。

"我最了解我的病，干活比吃药都灵，这点我还能负的了责任。"[1] 这是赵奎元对于工作热爱和专注的表现，不论身体健康与否，赵奎元都始终奋战在工作的最前线，即便身体状况不适合于继续工作，他也坚持认为工作可以使他的身体有所好转，这股视工作为生命的精神，这股为了工厂能够顺利完成上面派下来的指标、为了国家经济能够顺利恢复和发展的精神，支撑着赵奎元不畏艰辛困苦，始终如一地奋斗在工作的道路上。"生产上有关键没有"是赵奎元常说的一句话、常问的一句话，这是一种对现有状况的反思与审视，这是一种勇于挑战难度的质疑精神，这是一种立足制高点、把握关键的核心能力，这也体现了赵奎元在工作中善于思考、勇于挑战的精神。打破"教会徒弟饿死师傅"的传统偏见，发扬"传、帮、带"的优良作风，体现了赵奎元身上所具有的专业技术的自信和无私奉献的精神。正是赵奎元身上所具备的这种种的优秀精神和品质，使得他所在的厂子能够顺利地完成任务，使得他所处的工作环境能够散发出勇于挑战的创新精神，使得他所在的团队能够具有精诚团结的氛围。赵奎元身上的种种优秀品质，使得他在 1956 年和 1959 年先后两次获得了全国先进生产者的光荣称

---

① 田田：《赵奎元——被称为"老英雄"的大国工匠》，《工会信息》2017 年第 12 期。

号。更值得宣扬的是，赵奎元年近半百却在自己的岗位上兢兢业业、有所作为。他在自己的岗位上屡次破解厂里技术上的难题，屡次帮助工厂创造出新的业绩，他慷慨无私地教授年轻职工技术，最终研制出了 2400 马力氮氢气空气压缩机。也正是由于这个设备的建成，他们轰动全国，赵奎元作为技术的核心成员，以一名资深的老技术工人的身份在中南海怀仁堂受到了刘少奇、周恩来等国家领导人的接见。这是对一代优秀劳模的最高赞誉和表示，也显示了国家对于他们的尊重与关怀。

编辑：田鹏颖 陈雷雷

吴大有

吴大有（1937～2005），辽宁省辽阳人，1959 年加入中国共产党。1953 年他在沈阳高压开关厂当车工、技术员，是快速切削能手。吴大有曾任沈阳市总工会职工技术协作委员会办公室主任、经审委员会主任，兼任沈阳市职工技术协作委员会主任、辽宁省职工技术协作委员会副主任、全国职工技术协作委员会常委。[①] 1961 年，吴大有与吴家柱、林海丰共同发起了群众技术协作活动。他先后为技协请来能工巧匠 40 多位，壮大了技协队伍，组织技协队伍推广先进技术 500 余项，个人解决技术难题 80 余项，获得沈阳市劳模称号三次、辽宁省劳模称号两次，曾当选第三届全国人大代表、被提名推荐为第六届全国政协委员。

吴大有 1937 年 4 月出生于辽宁省辽阳。1953 年，刚满 16 岁的吴大有进入沈阳高压开关厂当车工。工作期间，他谦虚好问，勤恳踏实，喜欢钻研。1956～1959 年，吴大有在高压开关厂动力车间车工班工作期间，创立了"青年突击队"，开展技术革新活动。因为成绩突出，吴大有 1956 年、1957 年被评为厂里的先进生产者，1958 年被评为沈阳市先进生产者，被授予"青年社会主义建设积极分子"的称号，1959 年被评为市先进生产者，被授予"青年社会主义建设积极分子"的称号。他所创立的"青年突击队"被评为建设社会主义"先进集体"，1960 年、1961 年吴大有再次被评为沈阳

---

① 沈阳市总工会编《沈阳劳动模范》，中国工人出版社，2016。

市先进生产者。

1961年，国家遭遇严重困难，加之苏联撕毁合同，撤走专家，国民经济发展遭受严重挫折。企业在提高产品产量、增加产品品种、降低生产成本和提高劳动生产率等方面，遇到了很多重大的技术困难。工厂处于关、停、并、转、砍的艰难时期，许多工厂生产的产品卖不出去，例如自行车厂生产的零件、铸造厂生产的铸件等。

正当中国外受经济技术封锁，内处经济困难之际，时任沈阳高压开关厂技术员的吴大有与气压机厂劳动模范吴家柱、拖拉机厂劳动模范林海丰一起，联合各厂的劳动模范和能工巧匠，发起了群众技术协作活动。他们首先解决的是沈阳拖拉机厂"东方红"拖拉机个别零部件研磨精度问题。他们三个人各自发挥技术专长，共同攻关，经过多次组装，试验取得成功，解放了20多人，保证了质量，节约了成本。吴家柱、林海丰向吴大有学习高速切削刀具技术；林海丰教授吴大有、吴家柱滚珠冲胎和活顶尖等技术。这些先进技术在三个工厂引起很大震动，工人们都反映通过技术协作，工作效率大大提高，产品质量也有了保障。在三个人的带动下，参加活动的人越来越多，原来个别的经验交流形式，逐渐被集体研究所取代，活动的内容也由交流扩大到协作。

1961年10月，沈阳劳动模范、先进生产者厂际经验交流和技术协作活动委员会成立。过去，一些先进经验和技术推广得不够好，多是厂之间联系不够密切，推广工作不够到位。通过群众性、业务性的技术协作活动，先进生产者相互串联，串门走访，三五个人聚集在一起，研究技术交流经验；几个工厂的先进生产者自觉聚在一起，进行技术协作；在一个地区确定一个据点作为中心活动场所，利用业余时间或公休假日，按行业、工种组织比较大型的经验交流、技术研究活动。

沈阳市技协成立之初，有专长的人才并不多。为壮大技协队伍，他利用下班时间走访工厂、走访家庭，四处邀请生产能手。1961年冬，吴大有以革新刀具、六请"刀具大王"刘金福闻名全市。当时，许多工厂不断提出焊接方面的技术难题，技协又缺乏这方面的人才。吴大有便想设法邀请厂里焊接实验室的老工人吕德顺加入技协，帮助解决焊接难题。吴大有在了解了吕师傅的脾气秉性之后，耐着性子，一有时间就去焊接实验室找吕

师傅聊天，从家庭生活聊到兴趣爱好，又聊到青年工人学习技术和开展技术协作问题。后来，吕师傅被吴大有的真诚和敬业态度感动，也加入了技协队伍。一次，电业局的人向技协求助，沈阳市输电线路有一些是铜线，一些是铝线，混合到一起线路经常出现故障，电业局研究多次也未能解决。吴大有了解情况后，将吕德顺师傅推荐过去。经吕师傅巧妙调理之后，铜铝线接头事故明显减少。又一次，吴大有听说沈阳市油毡纸厂的铸铁槽有了裂缝，新的铸铁槽一时难以买到，吴大有又找来吕师傅帮忙，吕师傅说这活儿他不拿手，但是推荐了沈阳铸造厂的林师傅，林师傅到油毡厂后很快把铸铁槽裂缝成功焊接，解决了生产难题。

先进生产者、老工人都具有首创精神和技术专长，群策群力，解决了许多生产技术难题。沈阳塑料厂有 10 台两马力的纽扣压力机，厂里工人操作时掌握不好压力技术，经常打齿轮。劳动模范张成哲、林海丰、李文全等人来到该厂进行技术协作，在压力机上安装了一个成型开关，亲自帮助工人掌握操作技术，解决了打齿轮的问题。沈阳钟表厂生产的钟表，质量低、成本高，主要是一些关键技术问题长期没有得到解决。劳动模范林海丰、周振华等四人来到工厂进行技术协助，他们帮助制作和安装了定位器，不仅提高了效率，也提高了产品合格率。沈阳市柴油机厂曾向技协提出五项关键技术要求，磨件光洁度由过去的二花六（用来表示磨件光洁程度的术语）提升为三花七，磨出 20 多个才修一次砂轮，工作效率提高一倍多。沈阳机床三厂生产的多轴车床和六角车床，质量没过关，部分部件的精密度长期达不到标准。应工厂要求，技协组织了冷加工和热加工方面有专长技术的老工人、工程技术人员共 13 人，反复进行技术研究，提出建议，并与该厂的工程技术人员和生产工人共同讨论，技术难题逐一得到解决。

此后的两年时间里，他先后为技协邀请了 40 多位能工巧匠。为在更大范围开展技协活动，促进生产，他针对兄弟厂存在的生产技术问题，组织了 300 多人参加技协活动。为鼓风机厂、皮革综合加工厂、气体压缩机厂等多个工厂解决了车床不断屑、曲轴加工等工艺技术难题 80 余个，组织推广先进生产技术 500 余项，研制出火车头前照灯等一批国家急需的新产品，为发展工业生产做出了贡献。吴大有 1963 年被评为省先进工作者，1964 年获得省五好职工称号。1963～1966 年，吴大有三次获得市劳动模范称号。

1964 年吴大有与吴家柱、林海丰一起被省人民委员命名为群众技术协作活动发起人。"文化大革命"期间，吴大有仍然坚持进行技协活动。吴大有还参加了抢修沈阳面粉厂、修复沈阳发电厂汽轮机叶片断裂的攻关等厂际技协活动。

1973 年，吴大有调任市总工会生产部担任副部长、技协工作办公室主任后，继续同广大技协积极分子保持密切联系，发扬技协的优良传统和作风，坚持参加和指导技协活动。20 世纪 80 年代后，吴大有同技协干部和广大技协积极分子一起，一方面积极组织援助中小企业、乡镇企业和贫困地区，解决全市各种生产技术难题，为振兴沈阳经济贡献力量；另一方面，他应改革的要求，积极探索技协改革新途径，组织产品开发和技术引进消化吸收，并且成功地解决了技术有偿服务、投入技术市场、把职工技协办成革新者之家等众多问题，把发扬共产主义风格同执行现行经济政策结合起来，使得技协活动更加兴旺发达，成为经济建设中的一支重要的科技力量。

1993 年 10 月，吴大有担任市总工会经审委员会主任，1997 年退休，2005 年因病去世。

编辑：田鹏颖　刘晓东

安静娴

安静娴（1929～2015），女，汉族，山东省烟台市人，中共党员，中国化学制药企业的第一位女院士，曾于 1965 年研制成功利用丙炔醇为原料合成磺胺嘧啶的新工艺路线，也是被誉为 20 世纪 60 年代中国抗疟王牌的发明者。安静娴同时还开发了多种头孢类抗生素，被誉为"中国头孢第一人"。她于 1978 年获得全国科学大会奖，被评为全国先进科技工作者。1997 年，安静娴当选中国工程院院士。2015 年，安静娴悄悄地离开了人世。

1929 年 2 月 12 日，安静娴出生于辽宁省大连市一个家境殷实的人家，家中自古多出英才，因此安静娴的家里十分重视教育。在安静娴小的时候，家里人便给她请了老师，包括她的名字，也是由这位才识渊博的老师亲自改的，在这样的大环境中，安静娴很早便萌生了热爱学习的想法，而且在数理化方面尤为痴迷，她十分聪明，有在数学、物理和化学领域继续发展

的潜力。从她记事起到高中阶段，她都立志要当一名医生，并且在这条道路上一直奋发图强，努力学习。但直到有一天，当她去药店买药的时候，发现药店所卖的几乎都是外国进口的药物，价格自然是比国内的药物贵了好几倍，这样的价位，对于一个普通老百姓或者一个贫苦家庭来说，是很难承担得起的，因此也会面临着一个很尴尬的境遇，那便是知道病因在何处，却无法得到根治，因为医药费用无法承担。每每想到这里，安静娴便有些动摇自己最初的学医梦想了，最终她转变了自己的梦想，选择了学制药。① 后来，安静娴凭借着自己的努力考取了北京大学的药学专业，1952 年安静娴大学毕业，来到了东北制药总厂工作，年仅 24 岁的她，是该厂的一名技术员。

在她进入东北制药总厂后不久，便发生了工厂一名年仅 19 岁的活跃在生产一线的年轻工人，因生产工作中车间发生爆炸而身亡的事情。看到这样的事情，安静娴心里很是难过，她一心为了人民，一心为了工厂的工人，她想着活跃于工厂的一线工人，都是在为了能够研制出药性较好、效果明显、价格低廉的好药而努力，都是在为了让中国的普通老百姓在身体出现状况的时候有能够负担得起的药可用而辛勤地努力着。但最终却因为工厂的工作环境和条件丧生，真是一件令人悲伤的事。自这之后，安静娴便开始将目光转向了技术创新，决心改善厂里的设备和厂房的条件。但是在当时那样的一个大背景下，安静娴想做的这件事谈何容易。

1961 年，安静娴 32 岁，担任了东北制药总厂的专责工程师。她决心要改善厂里的设备和车间状况，设定开启了改进生产工艺路线的目标。在实验过程经常会用到一些易燃易爆的化学药品，因为对于新的研究缺乏经验，安静娴所在的实验室经常性地会发出震耳欲聋的爆炸声，而同厂的其他工友也对此事见怪不怪，但是随着爆炸次数的不断增多，工厂的员工们对于安静娴这种看似"玩命"的做法表示了怀疑，认为她这种行为不但是对自己生命的不负责任，而且是对工厂现有器材的浪费，安静娴遭到了很多质疑和舆论压力，有人还说让安静娴赶紧终止她的"死亡游戏"。在这样的打

---

① 安静娴：《创新激情源于崇高的使命感和强烈的责任心》，《科技进步与对策》2001 年第 4 期。

击和质疑声中，安静娴表面上看起来是个柔弱的女人，说话也是慢声细语的，但是此时的安静娴却展现给了我们一种不一样的风格，她镇定自若，顶住了常人难以承受的压力，在之后的每一次实验爆炸之后，安静娴不是表现出沮丧的样子，而是仔细思考，认真总结和回顾每一次爆炸的诱因并做好记录，在下一次爆炸过程中便轻松地避免了这一种爆炸的因素。终于在无数次的实验之后，安静娴排除了所有导致爆炸的因素，成功研制出了污染少、工序短、所需人力少、成本低、质量高的新工艺路线。这个创造的成功，帮助工人们避免了危险的工作环境，这一工艺路线经受住了时间的考验，至今都在广泛地使用之中。这个项目也因为本身价值所在，在 1978 年荣获了全国科学大会奖，安静娴也因此被评选为全国先进科技工作者。① 这个荣誉，既是对安静娴工作成果的肯定，也是对安静娴本人能力的嘉奖。

安静娴对于研究创新事业的不懈追求与对理想的永不放弃，使她在制药领域卓有成就，而且她研制的药，甚至比过了当时科技发达的美国，这件事还要从 20 世纪 60 年代的一场突发性疟疾说起。20 世纪 60 年代，中国爆发了一场严重的大范围的疟疾流行病，当时在世界上广泛流行、口碑较好、对疟疾这种流行病有很好效果的药，是美国研制一种叫作"氯喹"的药品，但是这一年发生在中国的疟疾说来也奇怪，世界上最有效的药物也无法对症解决。1967 年，国家针对此种情况成立了相应的机构和研究所，安静娴所在的东北制药总厂与中国军事医学科学院微生物流行病学研究所进行了合作，一同来研发能够对抗这种疟疾的药物。在安静娴和其他专家的仔细研究下，他们通过大量的实验，运用自己渊博的知识和丰富的研究经验，终于从大量的化合物中找到了一种名为"脑疟佳"的新药，这种药物可以很好地抵抗当时的疾病，正当人们为了这件事情感到欣喜万分的时候，却发现之前的大量学术文献显示，这种合成方法中含有剧性毒药，刚开始并不会显现毒性，但一旦注入人体，它的毒性便会慢慢地侵入人体，散发出来，对人来说是致命性的。这给处于欢乐氛围中的众多研发成员重重的一击，那么接下来该怎么办，这样就草草终结了吗？正当人们对于这

---

① 沈阳市人民政府地方志办公室编《沈阳市志－第十七卷－人物》，沈阳出版社，2000，第 160 页。

种药物的毒性感到惊讶犹豫、要放弃时，安静娴却勇敢地站了出来，她还大胆地提出要用自己的身体来试验药的毒性，并以此突破当前研制药物面临的窘境，尽快帮助中国渡过这样一个疟疾肆意横行的难关，尽快帮助广大民众从疟疾的阴影中解脱出来。听到安静娴如此的回应，大家既对这样一个柔弱女人的反应感到吃惊和震撼，更对这位女研究者能有如此胆魄，能够为了药学事业、为了人民健康而勇敢献身的精神感到无比敬佩。经过安静娴的不断试验，终于将之前潜在的毒性基本扫除，能够广泛地推广到人群中去，解决人民的疾苦了。美国传说中最神奇的药物，治不了中国的疟疾，而安静娴和她的团队，却凭借着自己的聪明才智研制出来了一种更加神奇的药品，并且这种药的疗效远远超过了美国的药物。1977 年，驻喀麦隆大使陪同喀麦隆总统访华，得了恶性疟疾，用美国的王牌"氯喹"无效，由于高烧不退，情况十分危险，经过中国相关部门的批准，最终决定用中国的"脑疟佳"来治疗访华友人的疾病，服药后不久，他们的烧便退了，身体也得到了很好的恢复，世界因此而轰动。

再有就是研制头孢菌素系列产品的事情，在团队刚开始研制这个产品的时候，也遇到了很多挫折，研究团队内部意见分歧很大，当时最多的想法就是我们的研究不管多么厉害，也都是从第一代开始，难以超越国外研制多年的、更新换代几次的头孢菌素。面对这样的声音，安静娴对此表示怀疑，她决心要研制出优于国外头孢菌素的产品来，于是她又开始了独自钻研，夜以继日地钻研，终于研制出来了好几种头孢菌素，弥补了国内该药物的空白，安静娴也因此被誉为"中国头孢第一人"。

到了 20 世纪 90 年代，中国的人口老龄化趋势显现，脑血管用药的需求量就增多了，因此安静娴适时地选择了"长春西汀"这个研究课题。对于这个课题的研究少之又少，研究过程中也很少有文献可以参考。经过艰辛的努力之后，安静娴终于不负众望地研发出了与国外药物有同等药效的药物，得到了国家的认可和支持。

1997 年 11 月，安静娴当选了中国工程院院士，成为全国医药企业第一位获得这样嘉奖的科技人员。这样的表彰，不但是对安静娴发明制造的产品的认可，而且是对安静娴本人能力和个人品质的肯定。从 1952 年 7 月安静娴进入东北制药总厂当技术员开始，到 2006 年安静娴退休，这位中国化

学制药企业领域的第一位女院士，用她几乎一生的时间奋斗在药物的研发与制造上，不惜牺牲自己的生命去研制国内乃至国外稀缺的药物，填补了药物领域的空白，她用她一生的实际行动，向世人诠释了一个研究者对于自己事业的热爱以及对于人民和国家的责任感与使命感。2015 年 7 月 10 日，这位对医药领域做出重要贡献的研究者，中国化学制药企业领域的第一位女院士，安详地离开了我们，她对于医药学、对于人民、对于国家的那份赤诚的爱，永远值得人民尊敬和怀念。

编辑：田鹏颖　陈雷雷

李绍奎

李绍奎，1925 年出生，河北省玉田人，1951 年加入中国共产党，是我国著名炼钢能手，全国冶金战线上的老英雄，历任鞍山钢铁公司第一炼钢厂技师、总炉长、厂工会主席，鞍山市总工会主席，鞍山市委书记。

李少奎出生在一个农家，七岁的时候父亲为地主干活时被累死了，家里的主要经济来源一断，母亲就靠编草席维持全家的生活。李绍奎十二岁时，为了减轻家庭负担，也不得不出去干活，他的第一份工作就是给地主干活。十八岁时，他到日本人开的鞍山昭和制铁所当装卸工人。因为极度贫困，他和所有工人一样每天吃橡子面，干的是牛马活。

再加上遇到经常无缘无故克扣工人工钱的账房先生，李绍奎更是苦不堪言。有一次，账房先生又无缘无故克扣工人的工钱，李绍奎非常气愤，就去找账房先生说理。哪知账房先生是蛮横无理之人，李绍奎也是血气方刚之人，二人僵持不下，李绍奎一气之下狠狠扇了账房先生几个耳光。哪知这下可闯了大祸，李绍奎第二天就被开除了。离开制铁所以后，他靠四处打零工才勉强过上了饥一顿饱一顿的日子。鞍山解放以后，他在鞍钢第一炼铁厂再次当了装卸工人。

1949 年，李绍奎调到平炉上去学习炼钢。一位当时留用的工程师问他念过几年书、识多少字。李绍奎说他是个文盲，不识字。那个工程师还讥笑他说："炼钢可不像吃饭，没有中专文化程度，还想学这个！"李绍奎听了十分生气，他暗下决心，一定要学会炼钢，干出个样子来。为了克服不

识字的困难，他用许多符号来代替文字。功夫不负有心人，他很快就掌握了炼钢技术，成为一名出色的炼钢一助手，老工人传授了他许多书本上没有的经验。例如要知道炉顶的温度是多少，全凭眼睛看，很容易烧坏炉顶。李绍奎为了防止这种事发生，常常冒着高温和火焰从炉门喷射口细心观察炉顶变化，掌握炼钢规律。出于这个原因，他的眉毛和头发总是被烧掉。因为他的技术提高很快，又能团结同志，1953 年被提升为八号平炉丙班炉长。

李绍奎担任炉长后，很注意同甲、乙两班的工友搞好协作。每次出完钢，他总是认真地检查炉体，补好炉；去上班的时候，他总是清理炉子后面的壁炉，把工具和补炉材料给下一班准备好，用自己的行动去影响甲、乙两班。甲、乙两班的工人，在李绍奎的影响下，团结一致，树立起了整体观念。这年，八号平炉增产了一万五千多吨优质钢，连续被评为鞍山市的模范平炉，并获得了冶金部赠予的奖旗，成为全国大型平炉的一面红旗，李绍奎在这一年也被评为鞍山市的特等劳动模范。[1]

1958 年，李绍奎正在做继任者的准备工作，突然听到有人喊道："水会把蓄热器淹没"。如果蓄热器被淹没，整个炉膛就无法生产，此时蓄热室的水温在零度以下。李少奎听到叫喊声就跑了过去。首先，他检查了渗漏的原因，他在水中来回穿梭，最后发现渗漏口被堵住了。他把危险抛在身后，跳进水里把脏东西弄出来，而此时的李绍奎已经冻得头发都结了冰。

李绍奎不但是个炼钢能手，而且很善于培养人才。为了培养人才他经常早来晚走，利用空闲时间把青年工人培养成技术全面的炼钢能手，耐心地向青年工人传授技术。为了让青年工人尽快掌握技术，帮助他们尽快提高操作技能，他和几名有经验的老炼钢工人组成了技术表演队，进行快速炼钢表演，解决了难题，增加了 10000 吨以上优质钢材的生产量。他带领工人创造了工厂最高水平的平炉负荷，被冶金部评为"国家红旗炉"。他多次被评为冶金工业劳动模范、辽宁劳动模范、鞍山劳动模范，1956 年和 1959 先后获得先进生产者称号。

编辑：田鹏颖　王艺霖

---

① 高明岐、黄耀道等编著《中国职工劳模列传》，工人出版社，1985。

李凤恩

李凤恩（1917～1993），男，汉族，辽宁省海城人，中共党员，1949年参加工作，先是在鞍山钢铁厂当一名工人，后任武汉钢铁公司炼铁厂总技师。

李凤恩从小家庭条件就不好，祖父和父亲常年给地主当长工。他的父亲因为祖父被地主陷害去衙门告状，反被县官判了诬告罪。父亲因为不服判决，背井离乡，到鞍山当起了抬大筐的工人。

李凤恩上学的时候因为交不起制作校服的钱而被学校开除。1934年李凤恩进入鞍山钢铁厂当一名学徒，刚开始，他每天做的都是抬沙子、搬沥青、抡大锤的体力活。李凤恩为了学习炼铁技术，常常偷偷跑到日本人把守严格的信号台，哪怕是一星半点技术都要牢记在心里。直到东北解放以后，李凤恩才先后当上瓦斯工和信号员，并于1949年加入了中国共产党。

1950年工厂将李凤恩送到技工学校学习，由于文化底子浅，他学习起来相当吃力。但李凤恩凭借他的坚持不懈，成绩不断提高，学习了六个月以后，他的成绩达到了一百分。

学习结束以后，李凤恩被派到二号高炉担任技术员，有一次出了一炉外铁，李凤恩心疼得哭了出来，同事们不理解他，安慰他出外铁是常事，他反驳道，如今我们工人当了国家的主人，多出一炉外铁就多给国家造成一分损失。这次事故以后，李凤恩每天勤学苦记，反复背诵直到记牢铁的各种化学成分和变化原理。

李凤恩在炼钢专家周传典的指导下，为了学到更多的技术，他们制定了极为严格的惩罚制度。五个月后，李凤恩就能独立处理一般的小问题。1952年，李凤恩被提升为炉前技师。1953年，他被派到苏联去学习先进的炼铁技术，回国后被提升为炉前副总技师。这时，他已经能够独立管理十座炼铁炉了。两个月后他被提为总技师。

1957年，李凤恩调到武汉钢铁公司炼铁厂担任总技师。他在很短的一段时间里培养了一批新生工人，对保证钢铁生产起了重要作用。李凤恩发扬了主人翁精神，积极提合理化建议，仅化残铁一项建议就为国家节约了116.4万元。他还带领工人率先使用打口机，既减轻了体力劳动，又节省了时间，过去需要30分钟完成的工作，现在仅用5分钟。过去大闸是用砖砌

成的，每星期换一次，每换一次要五个人在高温环境中工作 2 个多小时，经他改进以后，3 年换一次即可，既节省了人力，又节约了原材料，同时还做到了安全生产。

李凤恩在建造高炉的时候，一天要工作十几个小时，仅用了十四个月零十三天就把一号高炉建了起来。当决定开炉出铁的头一天，为了保证准时开炉点火，李凤恩决定和工人们一起加班加点完成工作，仅用了三个小时就把平时八个小时才能完成的任务完成了，在他的带领下，一号炉提前十七天就流出了第一炉铁水。

武钢二号高炉建成投产以后，技术工人缺乏的问题也随之而来。李凤恩建议领导将工人由三班制改为四班制，在不影响生产的前提下，保证工人脱产学习，然后依次循环。由此，新工人经过不到一年的学习，技术成长飞快，自身能力得到了提升，解决了技术力量不足的关键问题。

二号高炉的人力问题得到解决以后，机器出现了问题，李凤恩临危受命，他立即组织召开会议，调查机器出现故障的原因，很快就查清了问题，是因为工人们平时操作不注意，废弃物堵塞了地沟，他们用了一个星期疏通了地沟，扭转了局面，使一号高炉和二号高炉投入了正常生产。

李凤恩由于出色的工作表现在 1952 年被评为鞍山市（省级）劳动模范，1956 年被授予全国先进生产（工作）者称号，1959 年被评为湖北省劳动模范，并出席武汉市第一、第二次先进生产者代表大会，1960 年、1963 年被授予武汉市先进生产者称号，1964 年获武汉市"五好"职工称号，1975 年、1976 年、1978 年获湖北省工业学大庆先进生产者称号。李凤恩历任鞍山钢铁厂技术员、炼铁总技师，武钢炼铁厂炉前总技师、车间主任、副厂长、党委副书记、工会副主席，湖北省总工会副主席，全国总工会第九届执行委员。李凤恩是第三届全国人民代表大会代表，政协全国第五、第六届委员，政协湖北省第四届常委，中共湖北省第二次党代会代表，武汉市人民代表大会第四、第五届代表。

编辑：田鹏颖　王艺霖

傅景新

傅景新（1916～1989），辽宁复县人，中国共产党员。中华人民共和国成立初期，他在辽宁华铜铜矿工作期间，和几个工人组成企业业余技术革新小组，改革落后的工具和设备，发展矿山生产。他研制出适合我国矿山特点的"华－1型装岩机"，在全国冶金矿山推广使用，并销往海外。1956年和1979年傅景新先后被评为全国先进工作者和全国劳动模范。

1936年，傅景新在沈阳林电机厂当工人，曾任辽宁华铜铜矿技术员、研究所副所长，河北铜矿工人工程师、机研所所长，河北有色金属公司副经理，金厂峪金矿副所长。傅景新从1955年起共研制成功40多种矿山机械设备，其中华－1型装岩机、折叠式天井吊罐等已成为我国定型产品，在全国冶金矿山推广使用，有的机械设备达到国内外先进水平。他为我国矿山机械的发展做出贡献。

中华人民共和国成立初期，伪满和国民党反动派留给华铜铜矿的是一副烂摊子。那时，工人运送矿石全靠人拉肩扛，劳动强度大，生产效率低。饱尝过旧社会苦难的傅景新，在矿党委的号召下，和几位工人一起，组成了全矿第一个业余技术革新小组，从改革落后的工具和设备入手，开展了技术革新活动。

矿山生产中最主要的是凿岩作业，工人们每天抱着沉重的凿岩机打眼穿孔，工作效率极低，而且由于机器震动大，工人的身体容易受到损害。傅景新就创造了一种齿轮气支架，大大降低了工人的劳动强度，提高功效一倍多，并为以后在矿山推行湿式凿岩创造了条件。后来，他仿制成功的小型电簸箕，提高功效六倍。风动凿岩台车、液压凿岩台车的研制成功，又进一步改善了凿岩工人的劳动条件。这些革新成果，不仅在全国冶金矿山广泛推广，还在煤炭、铁路隧道、国防施工中推广应用。

20世纪60年代初期，当一些国家对我们实行经济封锁时，傅景新发扬了中国工人阶级艰苦奋斗、自力更生的革命精神，傅景新为祖国和人民做出了突出贡献，成为我国冶金矿山工人的一面决战决胜的旗帜。

随着凿岩先进工具的出现，凿岩效率大大提高，矿石运输又成了一个突出的问题。傅景新同革新小组一起，决定研制一种装岩机，以提高运输

能力。他和革新小组付出三年努力，进行了一百七十多次试验，终于成功研究出了适合我国矿山特点的"华-1型装岩机"。经国家鉴定，列为定型产品，在全国冶金矿山推广使用，并远销海外。

1965年，傅景新由辽宁华铜铜矿调往河北铜矿。英雄的到来给河北人很大的鼓舞。河北铜矿党委成立了以傅景新为首的矿山机械化研究室。他带领研究室的人，仅用一年时间，就试制并改进了天井吊罐、游动绞车、风动双机、四机凿岩台车、斗式转载列车、电缆车等十多种采掘设备，使井下主要生产环节连成了机械化作业线，完成了一整套天井掘进和平巷掘进机械化作业线，创造了国内纪录。

20世纪70年代，西方工业发达国家冶金矿山机械向着大型化、液压化和无轨化发展。为了了解国外先进的科学技术，尽快赶上和超过他们，1974年，傅景新率领着我国冶金矿山考察团到了瑞典。他在瑞典考察了十个矿山和十一个工厂，开阔了眼界，找到了差距。回国后，他立即着手研制大型内燃无轨设备。在学习和借鉴外国先进经验的基础上，他从我国矿山的实际出发，很快成功研制出了生产效率高、适用范围广的大型蟹爪式装岩机。这种机械同自卸式汽车配套，比当时我国采用的铲斗式装岩机提高效率三至四倍，填补了我国在冶金矿山装岩运输上的空白。

1976年，进入了花甲之年的傅景新，革命精神不减当年，他又率领着一支年轻的矿山科研队伍，向着研制大型内燃无轨采掘装运机械化进军。他改进和成功研制了履带六机台车、自行皮带转载机、前端式铲运机、锚杆采矿掘进三用台车、四机中孔重型凿岩台车、单链扒岩机六种大型无轨采掘装运机械。这些机械，过去我国没有，现在全国都普遍推广使用了。

在加速我国矿山的技术改造方面，傅景新也取得了可喜的成就。他把自己研制成功的履带六机台车等设备和自卸式大汽车配套，组成了一条无轨掘进机械化作业线，进行独巷斜坡道掘进开拓工程，已初见成效。

见过傅景新工作的人，无不为他那种英雄不老、虎虎有生气的精神所感动。可是谁也不曾料想，他是一个患有多种疾病的人。他患有心绞痛等，腰脊椎骨折还没有完全康复。在井下紧张的施工中，他总是咬着牙，顽强拼搏。有一次，他回到家一头就栽倒在床上，老伴给他脱衣服的时候才发现他已经大小便失禁，裤子湿透了。可他一声不吭，第二天又精神抖擞地

出现在人们的面前。当有人问他："是什么力量支持你这样拼命？"他回答："是党，是社会主义，是四个现代化！"1979年，国务院再次授予他全国劳动模范的称号。①

编辑：田鹏颖　王艺霖

唐嗣孝

唐嗣孝（1926～），女，四川南江人，1949年毕业于四川大学化学系，1950年就职于鞍山钢铁公司，担任化工总厂技术员、车间主任等职务。②1952年唐嗣孝加入中国共产党，1957年，她适应形势的需要，西进包头钢铁公司担任焦化厂厂长、总工程师和公司副总工程师。因在焦化领域的突出表现，她曾担任中国金属学会第三届常务理事，全国妇联第三、四届执委。因对工作的严谨与负责，她曾先后三次被授予全国劳动模范、先进生产者的荣誉称号，多次荣获全国"三八红旗手"称号，被选举为中共十二大代表、第六届全国人大代表。唐嗣孝为我国焦化事业贡献了毕生力量。

唐嗣孝自小便有着远大的理想，希望成为像居里夫人那样的科学家，为自己钟爱的事业奉献一生。中华人民共和国成立后不久，恰逢巩固国力、国民经济恢复阶段，国内各项事业均处于百废待兴的状态，急需一大批工科技术能手，来为中华人民共和国的巩固和恢复发展做出贡献。1950年，唐嗣孝响应国家号召，毕业后只身来到鞍山钢铁公司工作，刚来时在鞍钢担任焦炉的调火技术员，唐嗣孝聪颖又勤奋，很快便以优异的成绩闻名于鞍钢。因为出色的表现，唐嗣孝在1953年被选为鞍钢的炼焦车间主任，作为一名女性担任这样的职务，在中国来说还是第一位。

唐嗣孝始终跟着中国共产党，响应党的号召，她不仅天资聪慧，还具有吃苦耐劳、任劳任怨的优秀品质。唐嗣孝在鞍钢干得有声有色的时候，正值国家动员支援建设包钢，为了祖国更好的发展，唐嗣孝决定离开鞍钢进行西进，积极响应党的号召，为包钢的恢复和建设贡献自己的应有之

① 高明岐、黄耀道等编著《中国职工劳模列传》，工人出版社，1985。
② 高明岐、黄耀道等编著《中国职工劳模列传》，工人出版社，1985，第185页。

力。在包钢唐嗣孝担任了工程技术员的职务。包钢发展缓慢的一个重要原因在于，包钢在生产运营的过程中投入使用的煤中绝大多数依靠外省的运输和引入，省内的煤炭资源因为质量难以适应工厂的生产需求，很少得到使用。据了解，内蒙古自己的煤炭之所以无用武之地，与业界一直遵循的炼焦理论有着密切的联系。该理论认为炼焦必须以焦煤为主，各种煤应按照恒定的比例去进行调配，难以更换比例。现实问题迎面而来，内蒙古当地的煤以气煤为主，且质量上存在很大的问题，难以适应包钢炼焦事业发展的需求，因而单单是生产原料上的困难就足以使包钢停滞不前，发展受限。唐嗣孝在对当地的生产流程等多方面有了更为详细的了解之后，亲自投身实践。由于当时的交通条件有限，唐嗣孝便带领着厂子里的一些科技人员骑着骆驼深入当地及周边的众多煤矿进行调查取证，对其藏有的煤矿资源进行了取样和认真仔细的调查研究。在此基础上，唐嗣孝不屈不挠，勇于打破陈规，向已经使用很久、几乎成为黄金法则的炼焦理论发起挑战，对之前一直固守的炼焦中不同煤炭的分配比例进行调整，以期通过改变煤炭的比例来解决包钢炼焦过程中存在的煤炭外运和巨大的成本问题。任何新的尝试在最初都显得不是那么的顺利，唐嗣孝也不例外，在试验的过程中，她遭遇了一次又一次的失败，但是对于知识的渴望以及对于尽快改变包钢发展现状的迫切需求，使唐嗣孝在经历了上百次的失败之后，认识到各个种类的煤之间均存在共性与个性[1]，而这些共性和个性之间有时又是可以相互进行转化的。结合多方面的因素，唐嗣孝终于成功地实现了技术突破，研制出了炼焦所需要煤炭的新配制方案，很好地解决了省外引进和运输成本的问题，对于包钢的恢复发展来说，起到了无可替代的作用。因为在生产和科研上的卓越贡献和表现，唐嗣孝分别于 1956 年和1959 年两次被评选为全国先进生产者，并且在 1979 年还获得了全国劳动模范人物的光荣称号。

1972 年，唐嗣孝所在的包钢装备上遇到了问题，从而导致她所在的公司迎来了挑战性的难题，遭遇了巨大的挫折。唐嗣孝在紧急关头，镇定自若，从容地面对问题，她赶紧联合厂里的工人对出现故障的焦炉进行检修

---

① 　唐嗣孝、周其相：《包钢炼焦配煤研究四十年》，《包钢科技》1994 年第 3 期。

和排查，从根源上发现事故的原因。为了将此次设备故障导致的群众恐慌和焦虑降到最低，唐嗣孝在检查的同时还及时、适时地调整原先的工作计划，对原有的管理制度进行了调整和改进，很快便将之前包钢的利润扭负为正，给包钢的发展带来了极大的帮助。唐嗣孝对于祖国和包钢的热爱，再加上她对学术科研的不懈努力，理论与实践的结合，现实与现实的碰撞，使得她成了一名当之无愧的"炼焦专家"。20世纪90年代，唐嗣孝专注包钢配煤已有四十年的时间，她发表了《包钢炼焦配煤研究四十年》一文，其中她对四十年来包钢所面临的挑战和难题，他们一同攻克难关的过程，以及最后对于煤炭资源的调查和研究的结果进行了详细的分析。这对于包钢乃至整个国内的炼焦业来说，均起到了重要的指导作用。随着时间的推移，再加上唐嗣孝对于炼焦技术的不断突破和创新，包钢在很短的时间内实现了较快的进步和发展。20世纪70年代，包钢不但在经济上实现了正增长，而且在实效上，包钢的四座焦炉在规格和配置上达到了相关行业部门颁布的最佳标准。20世纪80年代，包钢的这四座焦炉还被评为级别较高的"红旗炉"。包钢不仅在生产设备的规格上达到并超过了当时的最佳标准，而且也实现了高效、多产，还在20世纪80年代荣获了"生产立功厂"的光荣称号。

　　唐嗣孝还是一个十分善于总结和展望的好同志。在包钢焦化厂建厂二十年之际，唐嗣孝对包钢焦化厂这些年来的建设、发展、遇到的困难和挑战进行了详细的回顾，分析了焦炉建设、煤源基地建设、焦炉生产过程中的林林总总①，对于煤炭资源的调查分析做了一份清清楚楚、明明白白的回顾和总结。唐嗣孝在做完全面的总结之后，为了使包钢焦化厂能够克服之前发展中存在的问题，减少发展的阻力，她还从技术改造、环保治理等方面对包钢煤焦厂的发展提出了许多宝贵的建议和意见。她结合当时当地国际国内煤焦化产业的发展状况，及时、适时地提出了一些展望和设想，对于当时采取喷吹式大型化高炉与实际可用型煤炭的不足之间的矛盾来说，起到了很好的预防作用。十年后，她又将个人辛辛苦苦钻研了很多年的技术成果以论文的形式发表出来，对该厂从筹建初期到后来发展时期的不同

---

① 唐嗣孝、王兆荣：《回顾与展望》，《包钢科技》1984年第4期。

阶段的煤炭资源进行了调查分析，对于自己如何打破固有理念的束缚成功地研制出新的炼焦配煤方案进行了详细的解答和回顾。她对于发展和革新过程需要引进的其他煤炭也进行了综合考察，同时也清楚地认识到要使包钢、使炼焦发展得更快更好，还需要一代一代人去努力钻研，还需要不断地借鉴西方先进的生产经验，还需要不断地进行科技创新。

唐嗣孝，作为长期奋战在我国炼焦事业上的辛勤员工，她聪明务实、勤奋刻苦、勇于创新，具备了一名优秀科研技术型员工必备的品质，她在炼焦事业上的卓越表现和功绩，对于我国炼焦事业的发展具有突出作用。在人们眼里，唐嗣孝几乎将自己的一生都奉献给了炼焦事业，曾被焦化厂的职工们赞誉为"身不离焦炉、心不离焦炉的好干部"[1]。也因为工作上的优异表现，唐嗣孝曾多次获得全国"三八红旗手"称号，多次被评选为全国人大代表，并且在1979年的时候她还被国务院授予了一枚金质奖章。她多次被党中央领导人亲切接待，这也从另一个方面反映了国家对她的重视和赞扬。在采访唐嗣孝时，从她的言语中，我们看到了她对于党和工作的尊重与热爱，对科技创新的执着追求，也看到了她对几乎奉献一生的包钢以及炼焦事业的关心和牵挂，更看到了一代劳模身上所体现出来的光辉品质。

编辑：田鹏颖　陈雷雷

王延隆

王延隆（1917~2011），男，汉族，山东省沂南县人，中共党员。他曾任轧钢厂车间主任，带领工人开展劳动竞赛，是轧钢领域革新的专家，由于在生产一线上做出了卓越的贡献，他被连续评为沈阳市、辽宁省劳动模范，1956年他还荣获了全国先进生产者称号。

20世纪50年代，沈阳刚刚解放，中华人民共和国成立没多久，各项事业刚刚从战后走了出来，百废待兴，面临着恢复和重建的问题。王延隆所在的轧钢厂也义不容辞地响应了国家恢复经济的号召，作为轧钢厂生产

---

① 苏永生：《炼焦专家唐嗣孝》，《内蒙古日报》（汉）2007年8月16日。

工作一线上的技术骨干，王延隆对待工作兢兢业业，接到上面的任务，便积极带领工友们进行工厂的经济恢复工作。[1] 他组织工友们一起收集破旧的零部件，用这些破旧的部件来组装机器，既节俭又有效，很快帮助工厂走上了经济恢复发展的轨道。正是王延隆这样既有责任心又有积极头脑的技术骨干，使得他所在的轧钢厂在仅仅不到一个月的时间便快速地恢复了生产。20世纪50年代，这是一个中华人民共和国成立后的关键时期，国家各项事业百废待兴，急需恢复和发展；20世纪50年代，这是一个呼唤责任心、集体意识的年代，需要这样的一批人去为了国家的恢复和发展，全心全意地去工作；20世纪50年代，这是一个急需技术性、创新性人才的年代，需要有这样的一批人，为了国家的前途和命运，潜心研究，填补相关领域的技术空白，刷新相关行业的已有纪录，不断地为中华人民共和国成立后的巩固和发展做出贡献；20世纪50年代的东北大地，崛起了这样一批有志青年，他们为了这个时代的需求，响应国家相关政策的号召，分别在各自的工作领域书写、创造了惊人的成绩，获得了人民和国家的嘉奖与肯定。

从创造新纪录运动开始之日起，各厂各部门都加入了这项运动之中，争先创造新纪录，也使得厂子里出现了一种你追我赶、积极向上的工作氛围。王延隆所在的轧钢厂，一直存在一个技术性的问题难以解决，那便是在生产的过程中，原有的二联式压延机无法碾压三四寸的原材料，给生产过程带来了困难和阻碍。面对这样的情形，王延隆积极研究、亲自观察、翻阅书目，最终决定将原有的二联式压延机改造成三联式压延机。经过王延隆在技术上的改进，新改造的三联式压延机克服了原有机器在生产中无法克服的困难，生产效率有了很大的提高，生产的时效性有所提升。为了进一步增进这种氛围，王延隆积极组织工友们开展劳动竞赛活动，鼓励他们形成一种积极向上的竞争劳动风貌，为企业的发展和国家的计划贡献力量。为了使得这一活动更加有效地开展，王延隆一边改善生产组织管理，一边建立生产责任制度，在王延隆的全面组织和领导下，劳动竞赛活动办

---

① 沈阳市人民政府地方志办公室编《沈阳市志－第十七卷－人物》，沈阳出版社，2000，第222页。

得有声有色，也取得了很好的成绩。在这期间，产品的质量和产量呈正向发展，对于王延隆所在的轧钢厂来说，一则增加了工厂的产量，获得了巨大的收益，二则使得轧钢厂顺利完成了国家下达的计划和指示。

王延隆在20世纪50年代轧钢厂急需恢复生产发展的时候挺身而出，组织、带领工友们不断开创技术创新的新纪录，开展劳动竞赛运动，使得轧钢厂恢复了生产，不断得到发展和前进，使他所在的轧钢厂汇聚了一股积极向上的正能量。王延隆在轧钢厂独特而突出的贡献，使得他在工厂恢复生产和发展之后，获得了外出进修的机会。1952年，王延隆被公司选派进行为期三年的脱产学习工作。在这三年的学习时间中，王延隆十分努力地学习专业技能知识，不断地钻研新技术，对于学习一丝不苟，毫不懈怠。经过这几年的锻炼，王延隆技术水平大有提升，技艺也精湛了很多。三年后学成归来，王延隆在轧钢厂担任了车间主任一职。没有问题就没有创新，在轧钢厂生产过程中，之前的生产设备由于年份过长，生产中出现了生产质量和运作情况不佳的问题。面对这样的情形，学成归来的王延隆利用自己的丰富知识和生产经验，再加上和老技术员们的协商讨论，最终商量出了解决对策。在他们对原有旧机器进行加工改进之后，设备的运用率得到了极大的提高。可靠数据显示，轧钢厂改造后设备的运用率提高了11.76%，这对于生产发展来说，无疑意义巨大。本想着对旧机器的改进提高了机器的运用率，应该就没有什么可以阻碍生产的问题了，但是紧接着便出现加热能力不足的问题，王延隆不厌其烦的性格加之渊博的知识储备，面对困难沉着冷静，在和相关人员的沟通协作之下，他们利用红砖来取代之前的镁砖，使得加热炉棚的温度降低。为了进一步杜绝加热炉棚的温度升高，王延隆和他的技术团队决定采取铺炉底的方法进行处理，结果加热炉棚的效率提高了百分之二十。在几个月的时间里，王延隆和他的工友们取得了9项较大的技术革新，不但提高了公司的生产效率、增加了劳动产量，而且帮助公司节省了很大的运作成本，减少了资金不必要的流失，间接促进了公司经济的增长。

在技术创新运动如火如荼地开展过程中，王延隆和他的工友们也创造了一个又一个喜人的成绩，帮助公司和员工们赢得了许多好处和利益。接下来列举几项王延隆在技术创新运动中所做出的突出贡献。第一项是改进

主轨机上绳时间。在 20 世纪 50 年代前，轧钢厂给主轨机上一次大绳需要花费一个小时的时间，王延隆仔细观察后，发现用吊车上也是一样的原理，于是就决定用吊车上大绳来取代之前的方法，这样的方法花费的时间与原来相比减少了一半，极大地提高了生产效率和工作效率。第二项是改进光轨机。在王延隆改进光轨机之前，生产中都是采用光轨机反转的方法进行生产，但是王延隆具有创新意识，他打破常规性方法，将反转改为正转，这样一来，据统计，与原来的生产相比，节省了 12 根大绳，耗电量也下降了百分之三十，这样一笔开销，在当时的那个年代，绝不是一笔小额资金，对于公司的发展来说十分重要，这节省了公司的运作成本，促进了经营资金的流通。第三项是改进冷却场。由于冷却场存在极大的安全隐患，王延隆十分关心工厂职工的工作安全问题，在经过实地考察和与工友们的交流之后，王延隆日夜研究思考，如何才能够降低冷却场的危险指数，最终决定通过降低冷却场的着地距离来完成这项艰巨的任务，使其与地基持平，提高了工人们的工作安全系数。最后一项便是延长大炉的维修时间。在 20 世纪 50 年代之前，王延隆所在的轧钢厂生产中使用的大炉，每隔 3 个月便无法正常支撑工厂的生产，工厂正常的生产进度被打乱，原本当天的任务或者本季度的任务，却因为这个大炉的停工而终止，而找人来修大炉也不是一件容易的事情，这样一来，损失的资金加起来，是一个惊人的数字，给工厂带来了极为不利的影响。

面对这样的状况，王延隆不负众望，利用自己多年的知识储备和精湛的技术水平再加上和工友们的协商讨论，最终决定将光轨由之前的五联式改变为三联式，将之前的两轧转变为三轧，同时在此基础上对坡板进行改进和改造，安装了罗拉道，将之前大炉采用的单层炉旋改造成了双层的。这样一来，大炉的维修时间延长到了每隔半年维修一次，还防止了机器的坍塌现象，极大地提高了工作的安全性。除此之外，改进后的机器效率极大地提高了，也降低了工人们的劳动强度，原本费力的工作现在变得轻松了很多，原本需要许多人一起协作完成的工作现在也减少到了为数几个人就可以完成，解放了一部分劳动力，使得他们能够进行其他的生产工作。这些改进和技术上的创新，使得王延隆所在的轧钢厂业绩节节上升，产量不断提高。因为工作上的优异表现，王延隆连续被评为沈阳市、辽宁省劳

动模范，1956 年他还被评选为全国先进生产者，这也是对他个人成绩的最高赞誉和肯定。

编辑：田鹏颖　陈雷雷

高方启

高方启（1915～1966），原名为高铁夫、高方镍，于 1915 年 2 月 1 日出生在河北深县，1943 年 9 月被天津省立工学院电机工程系录取。1937 年，全面抗战爆发，中华民族面临严峻的民族危机，高方启被迫辍学，回到家乡组织并参加了爱国抗日救亡运动。1937 年 7 月他曾加入抗日游击队，并且担任县抗日政府文书一职，为深县的敌后抗日做出重要贡献。之后，高方启进入晋察冀边区华北联合大学社会科学院进行深入学习，他表现优异，在 1941 年 2 月 25 日光荣地加入了中国共产党，成为一名共产党员。高方启毕业后曾在多处工作，如边区工矿局、张家口铁路工厂、胜利煤矿、东北军区工程部等。1948 年 11 月，高方启跟随解放军入驻辽宁省沈阳市，接收了国民党第九十工厂（后被改为五三厂）枪弹所并且被任命为厂长。高方启在管理企业方面缺乏经验，但是在党和工人群众的信任和支持下，高方启的工作热情得到很大激发，工作干劲儿随之提高，他下定决心，坚决不能辜负党组织和工人的期盼。当时，国民党的狂轰滥炸阻碍生产，但是解放战争又迫切需要枪支弹药，为此，上级领导做出重要决定，将枪弹所搬迁至沈河区惠工街民建四里一号。白天国民党飞机进行狂轰滥炸，晚上高方启与工厂监委莫文祥等领导探讨枪弹所的搬迁方案，条件在当时极为艰苦，但是搬迁很快完成，及时恢复了生产。1949 年 3 月枪弹所全面恢复生产，高方启在搞枪弹复装的同时，积极研究新枪弹的生产，这些均对解放战争的胜利做出了不可磨灭的贡献。1950 年高方启被评为沈阳市劳动模范。

1949～1952 年正值国民经济恢复时期。当时包括五三厂在内的许多工厂在恢复生产之后出现了混乱现象。虽然在国民经济恢复时期对工厂进行了民主改革，建立了工会组织，成立了工厂委员会，实行了民主化的管理，但是，对于产品的成本核算和产品质量等并没有具体可行的标准，更缺乏完善的制度，职工思想保守，生产后劲儿明显不足。针对出现的种种问题，

高方启带动职工和干部，制定出了一整套完备的推动生产改革的措施，对产品的生产标准进行了规定，完善了经济核算制，推行车间成本的核算。开展新纪录运动期间，高方启不仅学习了苏联实行定额、制定日生产计划等先进的方法，并且对于工资制度也做出了有效改进，从原来的超额奖励制度转变为计件工资制度。为了有效地加强生产管理，高方启制定出了关于劳动保护生产安全和技术等一系列规章制度。他还完善了各科室及车间管理组织，对于各项业务的办事细则进一步进行完善，实行了从厂长到直接领导生产的干部三级制。一系列的制度改革使五三厂在生产管理、财务管理和技术管理层面稳步迈向正轨。①

20世纪50年代初，抗美援朝战争爆发，五三厂的生产任务急剧增加。为了进一步提高枪弹的生产速度，更好地支援前线，五三全厂凝聚力量，鼓励职工找窍门、挖潜力，对于提高生产效率提出合理建议。不仅如此，高方启和莫文祥有力配合，积极执行党中央的各项方针政策，动员和依靠广大职工，战胜了诸多困难，逐步完善了计划管理制度，建立健全了各种工作责任制和管理制度。在成本逐步降低的前提下，枪弹的质量和产量得到了显著提高，超额完成了国家规定的任务。与1950年相比，1951年五三厂的各种枪弹产量增加了4倍，有效地支援了抗美援朝战争。

五三枪弹厂是沈阳市兵器工业部重点企业，随着枪弹生产数量的提高，工人的物质生活水平和精神文化生活水平均得到大幅度提升，如子弟学校、托儿所、保健食堂、门诊、业余疗养所等逐步建成，五三厂还购买了全新的苏联大吉士客车作为接送上下班工人的通勤车，给工人们带来了诸多便利。除此之外，五三厂为高温作业的工人购买了冰果机。精神文化福利也随之增加，工厂开办了业余文化学校，有力地提升了职工的政治业务素质。

高方启特别强调党委、工会、行政、青年团的团结统一，并且注意理顺企业内部的党政关系。高方启认为，理顺党政关系是工厂工作的起点，只有党、政、工、团密切配合，才能推动工作顺利前进。高方启在工作中认真负责，任劳任怨，以厂为家，1952年9月，高方启被中央兵工总局授予二等奖状，并发给他3000元奖金。他把所获得的奖金分成三部分，除缴

---

① 沈阳市总工会编《沈阳劳动模范》，中国工人出版社，2016。

纳党费外，剩余的分成两部分，捐献给志愿军和交给工厂办福利事业。五三厂正是在高方启的带领下逐步走上正轨，并且快速发展创造奇迹。1952年 9 月，中华总工会与东北总工会共同总结了五三厂的一整套经验，比如推行计划管理、建立企业正常生产秩序、独立的会计制度等，向全国企业进行推广。五三厂的经验不仅对东北工业的发展具有重要作用，而且对于全国工厂的发展和工业的恢复具有重要贡献。1953 年 1 月，中央人民政府财经委员会和中华全国总工会把五三厂评为模范工厂，中央人民政府副主席朱德为五三厂题词："你们是依靠工人阶级搞好工厂企业的模范"①。高方启被称为全国第一个模范工厂厂长，他对五三工厂的贡献载入了中国工运史册。

由于工作出色和党组织对高方启的信任，1953 年 10 月，他被调任至沈阳飞机厂任厂长一职，对于组织生产炮弹的高方启来说，这是巨大的考验。高方启认识到工作的艰巨性和复杂性。当时，沈阳飞机厂正面临由修理飞机向制造飞机的过程转变，处于制造飞机的关键时期，高方启把人才培养作为沈阳飞机厂的重中之重，注重培养高素质人才以适应新机试制的需要。为此高方启组织举办各种技术培训班和学习班，并建立业余工学院和技工学院，各级领导干部带头参加培训和学习技术知识，走在学习的前列。为了制造飞机，沈阳飞机厂的职工如饥似渴地学习技术知识，全厂形成了热爱学习的良好风气，出现了一大批优秀骨干。高方启的家位于沈阳市内，上下班需要较长的时间。沈阳飞机厂当时生产建设任务较为繁重，每天全厂工人都需要加班加点地完成工作，因此高方启刚到沈阳飞机厂，就给自己立下规矩：只有周六是与亲人团聚的时间，其余的时间则在厂里工作。由于当时生产和工作的需要，必须经常与苏联专家交流和学习，对俄语一窍不通的高方启，硬是逼迫自己利用挤出来的零碎时间，快速并且准确地掌握了这门语言。随着对俄语更加熟练地掌握，高方启能够同苏联专家正常自如地交流并查看俄语资料。任职期间，高方启也在不断给自己"充电"，他在天津省立工学院电机工程系学习，系统地学习航空理论、飞机设计和工艺制造等课程。在实践工作中，他虚心向专业人员学习有关航空工

---

① 李永安主编《中国职工劳模大辞典》，中国工人出版社，1995。

业的知识。1954年1月，国家计委通过讨论批准沈阳飞机厂扩建成为喷气式歼击机制造厂。同年10月，上级发出生产喷气式歼击机的通知，要求用两年的时间试制出第一架歼击机。在新机试制过程中，歼击机所需要的散装件工艺装备和技术资料分别来自苏联的两个不同的工厂，存在许多不协调的问题，高方启为完成任务，每天必须进行高强度的工作。高方启这种精益求精的高强度工作使他的身体严重受损，他的身体状况甚至引起来沈阳飞机厂视察的时任国务院副总理陈毅的重视。陈毅强令他去北京做检查，当时的检查结果是高方启已经患有严重的心脏病。

然而，病情并没有挡住高方启工作的脚步，1966年，他在车间参加生产时，倒在工作岗位上。当时，他身上正穿着爱人亲手织的线衣。在抢救过程中，线衣的前胸部分被剪开了……亲人的呼唤、医生的努力仍然没有留住这位为沈阳飞机厂早期发展立下汗马功劳的厂长，高方启去世时年仅51岁。

编辑：田鹏颖　宋琪琪

第三章　1959年和1960年东北（辽宁）老工业基地全国劳动模范和全国先进工作者

张明云

张明云（1934～），男，汉族，辽宁省营口市人，中共党员。他曾任沈阳航空喷气发动机厂技术革新员①，解决了加工上的诸多难题，帮助工厂提高了工作效率，也提升了公司的知名度。由于工作表现优异，张明云先后被评为"优秀车工"和"技术革新能手"。

20世纪50年代，沈阳刚刚解放不久，在党恢复国民经济建设的号召下，各地各厂开始进行经济建设。此时的张明云年仅22岁，他积极响应国家政策，投身到了国家重点建设的行列，被选派到了沈阳航空喷气发动机厂。由于没有熟练的技术和丰富的工作经验，张明云便利用业余时间，努力学习与这项工作相关的各种知识和技能，并且将平时的积累灵活运用于工作当中。张明云对工作态度严谨，在工作中表现优异，生产创造的成果也令人十分满意，他在几个机种相关部件的生产工作中，也取得了十分出色的成绩。

面对中华人民共和国成立后的新局面，各个阶层的有志青年均加入了中华人民共和国的建设之中，心系祖国，不断地在岗位上奉献自己的力量，勤奋刻苦，勇于创新。张明云正是这样的有志青年，他积极地参加工会组织的各种协作性工作，实现了许多的技术性创新，给工厂增加了效益、节

---

① 李永安主编《中国职工劳模大辞典》，中国工人出版社，1995，第375页。

省了劳力、缩减了成本。在放气带顶杆拉环内外螺纹精细加工工艺的改进上，由于内螺纹刀和零件之间很紧凑，稍有失误，便会使一方受损，从而中断生产。这样一来，一则消耗了人力，二则消耗了原料，三则降低了工作时效、影响了工作进度，不利于工厂的生产发展。面对这样的窘境，张明云和技术人员仔细分析后，决定用钳工攻丝的方法解决这一问题，在他们的努力下，终于解决了之前生产中存在的窘境。在他们的创新改造之后，一则不会造成内螺纹刀和零件之间任何一方的破损，二则降低了失败率、节省了工作成本和原材料的损耗，三则使加工程序更为简便。对于技术能力水平的要求降低，从而使一般的工人也可以从事这项工作，极大地提高了工作量和工作效率。生产出来的产品，在质量检测的过程中，没有出现不合格的情况，极大地提高了生产效率和工厂的经济效益。①

1959 年，张明云还参加了厂优质高产劳动竞赛。在他担任技术革新员期间，曾带领厂里的工作人员一同思考研究，攻克了生产过程中面对的各种技术难题，采取借鉴了许多的新工艺、新技术，厂子的工作效率成倍提高，经济效益增加。1960 年初，张明云所在的工厂要试制一台新型发动机，在研制生产的过程中，遭遇了很多困难，有来自技术本身的，也有来自其他方面的，但是每每遇到困难，张明云总是迎难而上，从未退缩过，总是和工友们一起积极地探讨解决方案。当生产的过程中发现没有专门适用的工具夹时，张明云便和工友们团结在一起，努力钻研讨论解决方案，最终创造出了一种可以用来生产的、简单易操作的工具，促成了生产和创造的顺利进行，保证了工厂工序的顺利开展。

创造发明大多数都是源于生产实践的，在实践中激荡出来的，张明云的创造革新，也离不开实践。正是他们在生产的过程中遇到了困难，才激发了他们去寻求解决问题的方法。1964 年，张明云所在的工厂生产一种新机器，在原本任务量的基础上，又追加了 40 台机器，原本就任务巨大的车间面临着更加繁重的任务。面对此种情况，张明云积极行动，一人身兼几份工种的职责，配合工厂度过紧张而忙碌的时光。但是在生产的过程中，张明云发现即便自己和工友们如此拼命地干下去，也无法很好地完成这个

---

① 沈阳市总工会编《沈阳劳动模范》，中国工人出版社，2016。

任务。因此，张明云停了下来，仔细地思考了一下如何提高效率，如何才能够很好地完成任务。在深思熟虑之后，张明云决定改变传统工艺的加工方法，对加工过程中存在的问题进行合理的分析和调整，并得到了领导的批准，之后他便将自己的技术革新应用到了接下来的生产工作中。在这之后效果十分明显，不但生产效率明显提高，而且工人的工作压力减小，确保了工厂能够按时高质量地完成上面下达的生产任务，也帮助工厂获得了经济效益。张明云的技术革新能力，不仅仅体现在这件事情上，还有很多事情都显示了他独特的创新思维。在张明云的技术革新下，有许多技术难题被攻克，许多生产线上的问题被解决。

对于工作的热爱，使得他觉得自己所具备的专业技能仍然不足以支撑他进一步发展，因此张明云在工作之余，还去工学院学习专业知识，不断地学习科学文化，使自己得到进一步提升，以便在今后的生产工作过程中，面对技术性难题能够更加轻松、游刃有余地解决，以便能够帮助工厂顺利完成工作任务，提高工作效率和经济效益，也为了工厂的工人们能够更加高效地进行生产。20 世纪 50 ~ 60 年代，那个时候的经济状况并不是很好，工厂里用于生产的刀具都是老百姓们精打细算、省吃俭用积攒下来的，这些刀具还只能从国外进口，价格可想而知。因此，张明云便定下目标，干活的时候一定不能浪费工厂的任何工具，一定要小心谨慎，不能浪费了老百姓的心意和工厂的财产。张明云所生产的产品质量很高，并未有不合格的废品出现，帮助工厂节省了很多资源和资金。

作为企业生产一线上的一名技术革新员，张明云恪守职责，心怀祖国，一心了为工厂能够顺利优质完成国家的任务而奋斗；作为一名优质高产标兵，张明云不但提高了产品质量，而且也为企业节省了许多成本，对国家经济建设起到了助推器的作用；作为优秀车工，张明云每每遇到困难和技术难题时，总是积极应对，仔细钻研，从未坐以待毙、得过且过，而是心系工厂，团结工友，不断攻克技术难题，刷新工作纪录，为企业和国家的相关行业技术领域开创新的天地；作为全国先进生产者，张明云并未对自己的现状感到骄傲自满，而是在工作中不断地总结经验，发现自己的不足，及时地予以补充和提升，为自己充电，使自己所掌握的技能足以去面对生产过程中的难题；作为劳动模范，张明云对于自己所在的工厂做出

了巨大的贡献。张明云在技术革新上表现优异，他经常被派往各个公司去参与技术协作，帮助其他公司解决了许多技术上难以突破的桎梏，帮助其他公司顺利地解决了问题、渡过了难关。在张明云所处的那个年代，百废待兴，技术上对于国外存在一定程度的依赖，但国外进口的产品在价格上的确让我国感到了巨大的压力，而且有的机器引进回来之后，关键性部位的零件存在易损坏的状况，一旦关键部位损坏，这个机器就相当于一堆废铁，对于工厂和国家来说无疑是一笔巨大的损失。张明云也看到了这一点，出于对工作的热爱，对于国家的忠诚，张明云主动研究，试图找到零件易损问题的解决方案，帮助国家解除此项顾虑。在张明云的努力下，终于突破了这项技术的封锁线，帮助中国挽回了许多经济损失，同时也使得他所在的工厂一时声名鹊起，中国在相关领域取得了可喜可贺的成绩。

"技术革新能手"，这是对张明云工作能力、技术水平的称赞，这是对张明云不断刷新纪录的肯定，这是对张明云心怀国家的鼓励和支持。张明云所革新的许多技术和产品，在当今社会的工作生产过程中依旧在使用，这也证明了张明云在技术上对于工厂、对于中国工业领域的贡献。

张明云，不论是在工作中对于技术革新上的贡献，还是在学习中对于自身技术局限的填充，都体现了他对于工作的兢兢业业，对技术能力知识的不断追求，对于工厂前途的担忧与牵挂，以及对于国家经济建设事业发展的重视，这反映了作为一名优秀劳模所应该具备的责任感和使命感，值得一代又一代的技术工作者和各行各业的工作者去学习，以此为榜样，不断地激励自己，为实现中国梦而努力奋斗和拼搏。

编辑：金钟哲　陈雷雷

王春香

王春香，1935 年出生于辽宁省锦西县，中共党员。他从小生活在农村，曾担任沈阳鼓风机厂车工、车间副主任、扩建办公室副主任、技协主任。1959 年王春香获得全国先进工作者称号，同年被评为全国劳模。[①]

---

① 沈阳市总工会编《沈阳劳动模范》，中国工人出版社，2016。

王春香，原名王春江，1951年，王春香只有16岁，他只身一人从辽西老家来到沈阳，在亲戚的照看和帮助下，考入了沈阳市鼓风机厂，开始做学徒，鼓风机厂里的会计在做工资表格的时候把王春江写成了王春香，后来他就一直使用这个名字。

中华人民共和国刚成立，王春香从锦州农村来到沈阳四机厂当学徒，第一次进厂，在王春香眼前呈现的是破旧的厂房，王春香说："都是旧的，建厂初期啥也没有，塔轮式的皮带床，那跟现在没法比，挺笨重的。"20世纪50年代的中国，百废待兴，那个时期的工厂虽然破败不堪，但对于十几岁的少年王春香而言，却是个充满希望的新世界，他希望在工厂这片天地里大展身手。王春香曾经说道："每天来先擦床，把床擦好，校好油，师傅来干活就不耽误事，这旮旯说实在当劳模那些事，我根本没那想法，那阵子也不明白，就是得好好干。"

王春香跟着师傅，手里边的钢钳和卡尺在工作期间从不离开，王春香很快出了徒，并且成为厂里的革新能手，在当时，普通的学徒出徒的时间一般需要3年，但是王春香只用了四个月时间，并获得了满分。更让人感到吃惊的是，在出徒的第二年，他就成为厂里的劳模。1954年王春香的技术工级别只有三级水平，但是他生产的产品在数量和质量上均达到了八级技术工的水平。1955~1961年，王春香用6年的时间实现了多项技术的创新。比如弹簧刀、套磁刀及光轴滚刀等技术革新，并且总结出了"快速光轴法""一看二查三结合车削法"等诸多先进经验，达到了加工各类风机主轴13000根无废品的优质高产纪录，刷新了扇风机厂的纪录。1959年，王春香凭借一项在苏联专家眼中能值"列宁勋章"的技术，荣幸地成为厂里第一代全国劳模。

1959年，为了激发中国工人的热情和斗志，全国各地举行了一次"技术大比武"，在比赛中获得优异成绩的技术工被推选到北京，进行进一步比拼。王春香凭借优异的成绩有幸到北京参加群英会。

20世纪60年代，由于王春香出色的工作表现，他出任沈阳鼓风机厂的技协主任。由于工作需要，王春香经常参加沈阳技协组织的各项技术协作活动。在工作过程中，他积极走访各工厂和车间，并且结识了许多出色的技术骨干，为开展工作积累了更多的经验。沈阳鼓风机厂资金短缺，没有

充足的钱购买设备，产能随之减少。王春香为此十分着急。一次偶然的机会，王春香得到一条重要消息，沈阳第一机床厂存在一批报废机床，王春香以最快的速度联系沈阳第一机床厂的两位劳模，用最低的价格，或买或换得到了四十台报废机床。这些报废机床的总成本，在当时的采购价仅仅能买下两台新的机床。在得到这些报废机床之后，王春香带领 5 位优秀的沈阳鼓风机厂的技协员，按照厂里的好机床的标准进行改进，对于报废机床的部分设备和零件进行了修改，并且安装自己的齿轮。短短几个月的时间，王春香带领技协员就完成了 30 台小型机床和 10 台大型机床的组装和改造，与当时厂里使用的机床完全一样。这为鼓风机厂节省了大量的成本，提高了生产水平。

在沈阳鼓风机厂任职期间，王春香总是能想出许多好的点子，主动探究各种先进技术，对于大型电子计算机房滑动式天棚、活动地板和自动灭火装置管路等项目进行了极大的改进。

王春香在学习德国无声铆接机基架的技术后仿制出了先进的无声铆接机。他组织相关部门修建成了焊接高压容器压制机辅机生产线，提高了工厂消化应用引进先进技术的能力，节省了大量资金，提高了生产水平。

1996 年，那是王春香退休的第二年，他收到了来自沈阳工业安装工程股份有限公司第一分公司的邀请，让他担任技术顾问一职。王春香打听后才知道，原来是徒弟小丁听说自己在家"闲不住"，就特意"举荐"了他。王春香想到自己还能回到工厂，心里异常兴奋。他不顾家人的劝阻，毅然决定高龄上班。但是在进入工作岗位时却遇到了阻力，这个公司与沈阳鼓风机厂的工作方法和内容均有所不同，王春香刚刚进入工作岗位时连图纸都不会看。但是对于技术革新的热爱促使 61 岁的王春香决定一切从头开始、一切从零开始，一点一点熟悉每一道工序和每一项业务。即使安装公司的工作与原来的工作有很大差别，隔行如隔山，在全新的工作中会遇到很多困难，但是这并没有打击他热爱技术革新的劲头。

2009 年，七十多岁高龄的王春香依然用饱满的热情继续工作，在去协作企业"走业务"的时候，他观察到工人们在铣套筒这道工序上十分吃力。"铣出一个套筒得用一两个月，太'磨'人了！"王春香记住了工人们的反映。返回到单位后，他就拿出了图纸，反反复复琢磨其中的原理。原来，

套筒这个产品是一个圆柱形金属筒，要在套筒的体内做出三个凹形的键槽，当时的工人得越过套筒"盖"上的"筋"，把脑袋伸到筒内，用手枪电钻"排"出一排眼儿，再用锉刀锉光滑，操作十分不便。①

"干这个活，'洋设备'解决不了，只有'土设备'才好用。"② 王春香琢磨钻研了数日，设计了一套"专用小铣床"，新的设计品为工人节省了时间，提高了效率。这款"小铣床"更方便地将设备伸到套筒里，工人只需要在键槽的位置上面画好线，固定好设备，就可以一边看着一边"铣"。这获得工人们的一致好评，并且一个星期的时间就能铣完一个套筒，工人们的工作效率随之提高了五六倍。

高龄上岗的王春香对待工作不"打折"。如今王春香即将进入八十岁高龄，他的身影依旧忙碌在生产车间第一线。"我是一个农民，能走到现在，当劳模，搞革新，靠的是谁？我不过就是把别人的东西学到手，再用到需要的地方去。"王春香的嘴边经常挂着这句话。1951～2012 年，时代和环境在发生变化，工作的内容也在改变，可他自强不息的劲头从未改变。如今，七十多岁高龄的王春香依然喜欢与机器为伴，乐于从图纸中找乐趣，对此他很满足，也很开心——相信这就是他对"劳模"二字最生动的诠释。

1959 年，24 岁的王春香成为全国劳动模范，并获得全国先进工作者称号。王春香感慨道："过去靠手艺，现在靠设备了，现在的年轻人过去的老设备干不了，现在设备叫咱干也干不了……"王春香还说："你干就有希望，你别叫困难吓倒。咱们的根在这儿，你不能说见到困难自个跑了，我们就是舍不得，舍不得……"③

王春香在生活中把工作中的作风言传身教给自己的子女，作为全国第一代劳模的王春香在工作中开拓创新，这种精神被子女传承和学习。其女王英杰就是最好的诠释。王英杰，工学硕士，高级工程师，担任沈鼓集团技术分公司党委书记、沈鼓设计院副院长，是当年著名的"五朵金花"之一。王英杰性格严肃，不苟言笑，给人们的印象有些许生硬。在她办公桌

---

① 陈阳波：《对话：父女两代劳模解读成功经验》，人民网，http://politics.people.com.cn/GB/8198/47002/47011/3342538.html，最后访问日期：2018 年 9 月 10 日。

② 李永安主编《中国职工劳模大辞典》，中国工人出版社，1995。

③ 《东北工业建设中的劳动模范》，东北工人出版社，1951。

的后面有一幅字——"创新永恒"。"我的许多个性特征，都来自热爱生活的父亲的言传身教。"王英杰提到，父亲当年为沈鼓做出过卓越贡献，作为他的女儿，自己没有理由不要强。

王英杰在工作中辛勤耕耘，开拓创新，搞出过多项技术革新，获得了许多项科技进步奖，她从一名普普通通的设计人员，通过自己的努力，提升为一名高级工程师。她曾多次代表厂方和客户出国与外商谈判、签订协议。如今她已是父亲的骄傲，努力学习，不断创新是父女两代人的共同点。王英杰说："我爸的价值观对我影响特别大，他时时刻刻想着创新，这件事太重要了，为什么，别人会的你也会，那不叫核心。一定要在脑子里有根弦，就是创新，就是在原有基础上，创出与众不同的东西。"属于王春香师傅的时代也许终将过去，但是他在工作岗位中曾经付出的艰辛和努力不会也不应该被人们所遗忘。在铁西区档案馆、中国工业博物馆以及被部分保留的工人村，你还能找到关于铁西，关于那个时代、那一代人，以及许多家庭的记忆。如今，王春香家庭的第三代仍然选择留在铁西的工厂，他们相信，在这片土地上，只要有人在，就有希望。

编辑：金钟哲　宋琪琪

宋学文

宋学文（1911～1983），男，辽宁省辽阳县人①，1950年加入中国共产党。1945年8月，抗日战争胜利后，宋学文进入鞍山钢铁有限公司电修厂做工。1948年2月，鞍山解放后，他积极参加中国共产党领导的护厂斗争，被评为"护厂英雄"。不久之后，在献纳器材运动中，他立功受奖，在电修总厂先后担任技师、工程师、总工程师、副厂长、技术顾问等职务。宋学文曾经通过自学，研发出中华人民共和国第一台大功率电机，为全国各地各大钢厂排除多种电机类重大故障，被誉为"电机华佗"。他先后九次被评为鞍山市劳动模范，五次被评为辽宁省劳动模范，被冶金工业部命名为全国冶金战线劳动模范，两次被评为全国先进生产者。

---

① 鞍山市史志办公室编《鞍山市志》，白山出版社，1999。

宋学文幼时家境贫寒，16岁时进入日本人开办的鞍山制铁所当学徒，之后在"昭和制钢所"和"满洲制铁会社鞍山工厂电气工场"当电工。当时，日本人不让中国人学技术，偷学者被发现，都会遭受毒打，宋学文也为此受过不少罪，挨过不少打。1945年8月，日本帝国主义投降后，宋学文继续留在鞍山钢铁有限公司电修厂工作。

1948年12月19日，鞍山解放，宋学文成为鞍山钢铁有限公司的正式工人。他不仅积极劳动，还参加了工厂的护厂队，积极参加共产党领导的护厂斗争，不分昼夜地保护厂里残留下来的机电设备，曾被评为"护厂英雄"。为了支援全国解放战争，鞍钢需要迅速恢复生产，宋学文在厂里率先开展了献纳器材运动。厂里有一堆不同国家、不同型号、残缺不全的旧马达，在别人看来就是废铜烂铁，可是宋学文却带领工友在这座由上千台残破旧马达堆成的"马达山"中，日夜清理，修复电机。宋学文凭借多年的经验，仅用了半年时间，就清理并修复了数百台电机，为国家节约了上千万元的生产成本，为此，他荣立特等功。1949年8月15日，鞍山市召开纪念"八一五"光复四周年暨鞍钢立功竞赛运动庆功颁奖大会，会上授予宋学文特等功臣的光荣称号。

1950年，宋学文加入了中国共产党。入党之后，他考虑得更为深远，他认为，为了建设社会主义新鞍钢，不能只停留在修电机，必须还得会制造电机。从此，他开始自学数学、电力、制图学、电工学等技术知识，不断提高自己的科学技术水平。1952年，鞍钢化工总厂一台600千瓦的电机被烧坏，给生产造成了极大损失。当时，国内没有技术条件生产这么大功率的电机。宋学文主动承担了制造电机的艰巨任务，经过不懈的努力，终于试制成功中华人民共和国成立以后靠自己设计、自己制造的第一台大功率电机。他还与其他技术人员一起试制冶金用起重电机、高速电机等，都取得了成功。这一年，他被授予鞍山市首批特等劳动模范的光荣称号，同时晋升为技师。

宋学文走上技术领导岗位之后，迎来了我国大规模的社会主义建设高潮，全国开始实行发展国民经济的第一个五年计划。面对新的形势，他开始更加努力、更加全面地学习技术理论知识，用知识武装自己。他能用听、看、摸、闻等方法，准确地判断出电机的故障所在，并快速将其修复，成

为中华人民共和国一流的电机专家。

1959 年 3 月，湖北大冶钢厂一台从德国进口的大型发电机组总是发热，影响生产，大冶钢厂从国内请来许多专家为这台机器"会诊"，但都未能解决问题。德国生产厂家的两位专家来厂里修理了几个月，也不见成效。冶金部派鞍钢的宋学文去检查。他下了飞机直接来到现场，对机电进行了仔细的观察，并且询问了工人们故障发生的经过，一直忙到下午两点多才回到住处，稍做休息后，他又连夜制订出检修方案。第二天清早，他来到现场后，很快做出准确的判断，并立即指挥修理，仅用了两个多小时，就排除了故障，修复了电机。这不仅使国内的专家们敬佩不已，就连国外的专家也对他肃然起敬。

一次夜里，鞍钢一家工厂的电机突然发热，威胁生产。已经休息的宋学文被电话吵醒，在电话里他问清楚故障经过之后，思考片刻，便给出了合理建议。工厂的工人们按照他所说的方法，更换了润滑油之后，电机的温度便恢复了正常。还有一次，山东莱芜钢厂邀请宋学文修理一台出了故障的电机。他到那里之后，用耳朵听了听，用手摸了摸，便在图纸上清晰地标出了故障的部位。工人们打开电机后，在他标出的部位，果然发现有一根定位键震出了五厘米，幸亏处理得及时，保住了电机，避免了损失。①

宋学文虽然生在鞍钢，但是心里却想着全国。他先后为上海、杭州、太原、包头、沈阳、莱芜、哈尔滨等十几家钢铁厂修复过多种电机的重大故障，足迹遍布了大半个中国，也因此被誉为"电机华佗"。

1960 年，宋学文晋升为工程师，三年后又晋升为总工程师。他对鞍钢所属厂矿的一万多台电机进行了调查摸底，进一步熟悉掌握了鞍钢各主体生产厂矿的电机容量、型号、性能、安装地点、运转、故障点等情况。每次各厂矿进行大型电机维修时，宋学文都要亲临现场，细心观察，精心指导，全力保证了鞍钢电气设备的正常运转。一天，轧钢厂电机发热、冒烟、跳闸，被迫停止运行。市委领导人主持了事故分析会，多数人都认为电机已经被烧坏，应该立即拆开进行大型检查和维修。可是，如果这样轧钢生产就会受到影响。宋学文根据经验断定，电机并没有烧坏。在他的建议和

① 沈阳市总工会编《沈阳劳动模范》，中国工人出版社，2016。

指导之下，工人们将电机慢速运转，并且在运转中成功处理了故障，轧钢厂迅速恢复了生产。

20 世纪 70 年代，鞍钢和辽南地区，电力供应不足，严重影响了工农业生产。宋学文为了解决这一难题，决定修复一台弃置不用的废旧电机，并且将其改造为 25 万千瓦的调相机。当时，正处于"文化大革命"时期，他冒着被打成"反动技术权威"的风险，克服重重困难，制造出了调相机的各种零件。1977 年 3 月，在调相机进入组装的关键时刻，宋学文被查出牙龈癌，生命受到严重威胁。厂领导得知后，决定送他去北京接受治疗。临行前，他还跑到工厂，把施工的每个细节都安排得井井有条，然后嘱咐工人们说："如果我能活着回来，咱们就一起干到底；万一我回不来，你们可一定要把它干好啊！"① 在场的工人们都十分感动，深受激励。

在北京他刚做完手术就坚决要求出院。医生给他做了上下牙镶套手术，不能进食，只能靠一根橡皮管输送流质食物维持生命。宋学文回到鞍山调相机安装工地，用笔询问施工情况，用手语进行指挥，并严格检查工程的质量。哪怕发现一根螺丝钉没有拧紧，他都要用白粉笔把螺丝钉圈出来，他要求工程质量必须经得起下一代人的检验。1978 年 7 月，25 万千瓦双水内冷调相机组装完工，正式投入使用。时任水电部部长钱正英陪同法国专家到鞍山视察，看到这台调相机后，激动地对宋学文说："你对电力事业做了一件大好事，我们要感谢你！"调相机投入使用之后，辽南地区电网压力普遍升高，保证了鞍钢厂区的用电质量，每天可为国家创造两万多元的财富。

1982 年，宋学文病情开始恶化，但他仍然放不下手上的技术改造工作。在上海治病期间，他还专程到上海电机厂学习浸漆新工艺，并绘制了工艺图，预备回到鞍钢供大家学习。

1956 年，宋学文受邀出席了全国先进生产者代表大会，被评为先进生产者。1959 年 10 月，在全国工业、交通运输、基本建设、财贸方面社会主义建设先进集体与先进生产者代表大会上宋学文再次被评为全国先进生产者。1964 年，宋学文被中共鞍钢委员会树立为社会主义建设中"鞍钢十面

---

① 高明岐、黄耀道等编著《中国职工劳模列传》，工人出版社，1985。

红旗"之一。1978年，他出席了全国科学技术大会和中华全国总工会第九次代表大会，再次被国务院命名为全国劳动模范。1980年，他在鞍山市第八次人民代表大会上当选为常委会副主任。

1983年10月24日，时任鞍钢电修厂副厂长兼总工程师、工人出身的机电专家宋学文，因牙龈癌医治无效，不幸去世，终年72岁。

编辑：金钟哲　刘晓东

马学礼

马学礼（1931~），男，山东省平度县人，1950年成功考入沈阳第一机床厂，成为该厂的一名工人。1954年马学礼成为一名光荣的共产党员，两年后赴苏联学习先进的管理经验。马学礼学成归国后调任武汉重型机床厂工作，因在技术上屡屡创新，为他所在工厂的机器加工节省了时间，提高了效率，创造了巨大的经济效益，被人们誉为"技术革新的小能手"①。他所研制的胎具还被人们亲切地称为"马学礼胎具"。马学礼对于工作高度认真负责、对于工厂职工遇到的困难也是全心全意地予以帮助，1958年他被授予劳动模范的光荣称号。1960年马学礼进入华中工学院学习深造，之后还因优异的表现出任了党委第二书记等重要职务。

1931年，马学礼出生于山东省平度县的一个贫困家庭，他出生的那年恰逢自然灾害——蝗灾蔓延，粮食极缺，为了能够安全地活下来，马学礼一家在父亲的带领下来到了东北沈阳，经过闯关东的艰难，得以幸存，度过了挨饿的日子。1942年，由于当时东北早已沦为日本人的殖民地，马学礼便在日本人办的一家工厂做小工，可想而知，在日本人的残酷压榨下，马学礼需要忍受多么不堪的工作压力，生活极为艰难。1950年，沈阳得以解放，沈阳人民的生活发生了翻天覆地的变化，同年马学礼被沈阳第一机床厂招为车工，1954年心怀祖国、心怀党的马学礼光荣地加入了中国共产党，成为其中的一员。

由于在工厂的优异表现，1956年马学礼被工厂公派远赴苏联学习先进

---

① 高明岐、黄耀道等编著《中国职工劳模列传》，工人出版社，1985，第196页。

的企业管理经验。学成归国后，马学礼被派入武汉重型机床厂，并且在车间重大件工部担任工长一职。初来武汉重型机床厂的他，作为一名工长，并没有像一般的领导一样成天坐在办公室①，而是经常在工厂、在工人的身边走动，也正是因为这样，马学礼很快就发现了工厂在加工零件的过程中存在的技术上的问题，和厂里工人们面临的工作难题和困惑，他不仅及时发现问题，并且能够及时去解决问题。在国内毫无先例的情况下，自己究竟能否顺利地研制出新的生产工具，加快工厂技术创新，提高生产效率，如果不成功所带来的嘲笑或者言论是否能够承受不得而知。但是马学礼始终心向祖国，始终坚信、贯彻执行党在当时提出的总方针、总路线，于是在左思右想后还是决定一试，不论成功与否都要为工厂的效率提升问题做出身为工长理应做出的贡献。马学礼在苏联学习，目睹了苏联先进的生产技术和经验，回国后面对武汉重型机床厂的问题，借鉴苏联的先进经验，他同厂子里熟练的工人们一起，努力实现技术创新，在他们的一同努力下，马学礼成功地研制了"深孔套料刀、高效率梢胎夹头、高速平螺钉端头法、加工开口螺钉的多位胎具"②等重要的工具和方法。他的这些工具和方法的研制，解决了长期困扰工人的技术难题。马学礼利用现有的新工具，使原先一个工序的所需人数得以缩减，对于工人的操作来说也十分方便和简单。更为重要的是，在马学礼这些新工具和新方法的辅助之下，效率成倍提高，经济效益大大提升，马学礼也被人称为"道具大王""技术革新的一面红旗"。在工作上的突出表现、在技术上的大胆创新，使得马学礼被评选为"全国先进工作者"。③

　　说到马学礼的创新缘由，很大程度上源于马学礼对于祖国的热爱和高度的责任感。发明套料刀之前，马学礼一方面看到厂里工人们在加工此种工具时的复杂程序、辛苦工作的疲惫身影以及抱怨离去的消极情绪，另一方面他发现按现有方法进行生产加工，会有很多钢料因为无法全部掏出而被削成碎屑，给工厂的原料造成了无法避免的浪费。尽管在众人都不看好、

---

① 丛风：《技术创新：马学礼的毕生追求》，《工友》2010 年第 3 期。
② 《技术革新能手马学礼的几项制造》，《制造技术与机床》1959 年第 21 期。
③ 沈阳市总工会编《沈阳劳动模范》，中国工人出版社，2016。

没有什么把握的情况下，马学礼还是坚持进行改造和创新，不顾结果不好所需要面临的各种质疑和挑战，一心为了工厂和国家着想，这种大胆创新的精神是每一个技术革新者所应该具备的优秀品质。

除了对于祖国的热爱、对于技术革新的追求之外，马学礼还是一个十分平易近人、关心员工的好领导。当马学礼还是一个重型机床厂的调整工时，他就开始在平时的工作中帮助其他有困难的同事，把别人的事情看得同自己的事情一样重要。有一次，他看到工人在工厂加工蜗杆零件仍旧使用古老陈旧的生产方法，不但员工自己受累，花费时间较长，更主要的是即使这样的拼命加工也难以在规定的时间内完成工厂下达的生产目标和计划。看到这些工人的苦恼，马学礼并没有熟视无睹，而是主动地参与到他们的工作中，运用自己的学习经验，主动帮助这些工人研制了一种新型的生产工具。工人们在这个工具的帮助下，不但提高了原有的工作效率，更为重要的是他们竟然超额完成了规定的计划和目标。在对这一技术进行反复革新之后，生产效率更是达到十倍数的增长，为企业创造了巨大的经济效益。还有一次，他发现一个全部都是女青年的部门，虽然她们这群人的生产热情度很高，但是生产的效果与她们的投入并不成正比。在这种情况下，马学礼竟然主动请求被调入这个部门，决心帮助她们解决生产加工上所遇到的难题。还有一次，作为全国先进道具推广队一员的马学礼[1]，前去上海重型机器厂，帮助该厂解决了制约发展的关键性问题。这样的深层次、跨领域的技术协作，也凸显了马学礼对于国家和人民的真切热爱和帮助。除了这几次之外，马学礼还有好多次助人为乐的行为，在他的帮助下，这些部门的生产效率迅猛提升，实现了后进变先进的完美转型。

马学礼在技术上的革新方面成为时代浪潮上的领潮人，为国家、为工厂的发展做出了突出的贡献。马学礼在工作和生活上对同事的真切关心，使他获得了大家的认可。以上这些足以证明马学礼是一个十分优秀的劳动模范，但是马学礼的优秀不止于此。在那个年代，在不同的行业，均流传着一句"教会徒弟，饿死师傅"的话，但马学礼并没有因为这样的顾虑就

---

[1] 《耐心教，虚心学——全国先进刀具观摩推广队在上海各厂传授先进思想和先进经验》，《上海机械》1966 年第 5 期。

人云亦云，相反，他在工作之余，还努力地进行教学，将自己学会、了解、掌握了的知识和技术无所保留地传授给一代又一代的年轻人，他希望能够用自己毕生的经历和所学，为国家、为工厂培养出一个个优秀的技术革新人才。正如他所言，"智造大国"我们似乎还远远不能达到，因此需要在这方面多多加以培养和塑造，为了祖国技术革新的进一步发展和转型输送源源不断的可用之才。马学礼这样的做法，并没有因为他的退休而终止，在马学礼退休之后，他依旧没有停止学习和传授的步伐，他还是经常去工厂，和工人们待在一起，他希望能够用自己余下的有限时光，去竭尽全力地帮助祖国和工厂解决一个个技术难题，培养能够在技术革新领域有所建树的精英人才。除了教学之外，马学礼还利用自己的业余时间，到当地的私人工厂继续进行工作，白天进行技术实践，到了晚上，潜心编写相关讲义。

人才，尤其是对于马学礼这样优秀的人才来说，存在两种可能性，一种是危害社会，一种是造福社会。二者的界限划分，便是看这个人才是否具有良好的党性修养，是否始终坚信党的宗旨和发展要求。在马学礼担任武汉重型机床厂工人工程师时发表的一篇名为《坚决彻底摧毁"三家村"黑店》的文章中，我们透过马学礼对于邓拓、吴晗、廖沫沙等人反党反社会的厉声斥责，可以明确地看到，马学礼是一个具有坚定党性修养的可用之才，是我们国家一心找寻的优秀人才，这样的人才能够为祖国的发展做出贡献，能够有效地推动祖国技术革新事业的发展。

马学礼这样的优秀劳模人物，我们国家历来是加以重视和赞扬的。在当代社会，马学礼还曾被"鲁豫有约"五一劳模特别节目邀请，作为典型加以赞扬和宣传。马学礼还在国庆阅兵的方阵彩车上进行游行，这也足以看到当代国家对于劳模人物的高度重视和尊敬，这也在进一步激励着新一代的人们为了祖国的伟大事业不断努力前进，不畏艰难，大胆革新，再续辉煌。

编辑：金钟哲　陈雷雷

王玉良

王玉良（1927 ~ ），男，1948 年他成为一名光荣的共产党员，两年后正值中华人民共和国开始进行大规模的经济建设，王玉良复员加入北票矿务

局南山坑当采煤工人。对工作的热情和乐于助人等优秀品质，使他从最初对新工作的陌生，成功地跨越到了熟练和精通。王玉良因为勤奋和本能的潜力被小班班长看重，调往掌子面支风镐采煤。他熟练业务，为了中华人民共和国能够更好更快地发展，潜心钻研，积极学习交流，开展竞赛，组建了精良团队，不断地促进生产效率的一次次提高，而且超额完成既定目标，为他所在的队伍和国家创造了巨大的经济效益，被人们誉为"北票矿务局风镐采煤能手"。后因工作上的突出表现，王玉良被多次评为先进生产者、生产标兵、劳动模范，1959年他还被授予全国先进生产者的荣誉称号。1971年，王玉良当选中共辽宁省第四次人民代表大会代表。王玉良后因工作调动离开采煤的岗位，但是他为祖国的"一五""二五"时期的采煤事业做出了巨大的贡献，还为中华人民共和国培养、锻造了一支又一支拥有优秀采煤能手的精良部队。①

北票解放之后，王玉良积极参加了中国人民解放军，并听从指挥随军南下，在其间立下了数次功绩。中华人民共和国成立后不久，国家百废待兴，急需进行经济建设以巩固新生的人民政权，一切以党和国家为主。根据上级的指示，王玉良被调往北票矿务局南山坑，开始作为一名采煤工人。在王玉良复员前，部队的指导员曾语重心长地向他阐明了革命与建设之间的关系，耐心地向他道明了什么才是一个合格的好战士。这也是为了使王玉良在新的环境下，不论遇到怎样的困难，都应该铭记，一切都是为了中华人民共和国的发展和强盛做贡献，一切都是身为一个中华人民共和国的好同志应该做到的事情，为了宏伟的目标，一定要不忘初心。面对指导员一番语重心长的告诫，王玉良也展现了身为一名优秀同志所应有的自信和担当，他坚定地向指导员许下了承诺，一定会为了祖国的美好未来而贡献自己的力量。

在王玉良初到北票矿务局南山坑当采煤工人的时候，虽然对于新的环境和新的工作十分陌生，但是王玉良并没有因此而失去对工作的热情和干劲，恰恰相反，王玉良初来乍到，虽然对工作不是很熟悉，但是他凭借着自己对于建设中华人民共和国的一腔热血，勤奋工作，看见什么就干什么，从不偷懒。在一般人一次只推一个煤车的现实状况下，王玉良不怕辛劳，一次竟然

---

① 沈阳市总工会编《沈阳劳动模范》，中国工人出版社，2016。

推两个，步伐飞快，不曾停歇。除此之外，他还积极主动地帮助其他的工人，他的热情和对建设中华人民共和国的干劲，得到了矿区工人们的一致好评。长期以来，王玉良对待工作就是这样的兢兢业业、不怕苦不怕累，功夫不负有心人，王玉良的优秀被小班班长发现，将他调到了掌子面支风镐采煤。[①]

　　一位好同志，就是需要有足足的干劲，有能拼和不服输的精神。王玉良从大巷被调到风镐采煤，这项工作看起来简单，但是实际上并没有想象的那样容易，这是一项力气与技术兼顾的工作，需要具备两项指标，缺一不可。很快，现实中的难题便摆在了王玉良的眼前。掌子面的矮小和狭窄与王玉良身体的高大健硕之间的矛盾，使得王玉良很难施展他的勤奋与干劲，每天虽然付出了艰辛的劳动，但是与收获的成果并不成正比，这一点也使得一向上进的王玉良感到困惑和失意。班长和书记看到王玉良的困惑和无奈的神情，积极主动地跟他去交流，安慰他，告诉他一切都会好起来的，之后还给王玉良找了一个一对一的有经验的老师傅作为指导教师。王玉良在师傅的指导下，也决心要尽快学会、练熟、精通这项技能。于是，一个吃苦耐劳、勤学苦练的实干家出现在了我们的视野中。之后的每天，王玉良都坚持不达成目标不离开掌子面。离开工作岗位的业余时间里，王玉良也不放松对于技能的提升，他还是在仔细认真地琢磨着白天工作时的场景，想着工作中的技巧，思考总结着工作中的规律和煤层的特点，就是这样的勤奋加聪颖，王玉良终于在短期内学会了这项技能。

　　1954 年，全国知名的本溪煤矿风镐手王恒成来北票传授经验，王玉良紧紧抓住了这次难得的机会，一边学习一边展示自己的技能，相互借鉴，取长补短。在各项竞赛活动中，他的青年红旗采煤队战果丰硕，创造了一个又一个奇迹，王玉良也因此而得名为"北票矿务局风镐采煤能手"。四年后，煤炭工业部有幸邀请来了苏联顿巴斯煤矿著名青年风镐手科比利尼夫来辽宁北票矿务局表演，地点就在王玉良的工作地界，由于此次活动影响重大，辽宁周边城市的采煤能手精英也都纷纷前来观摩学习。在目睹了苏联风镐手的精彩表演之后，王玉良也不甘示弱，展现了自己的技能，由于在自己的界面进行比拼，一方面王玉良熟知自己界面煤层的具体情况，本

---

　　①　李永安主编《中国职工劳模大辞典》，中国工人出版社，1995。

身就具有了一定的优势，他能够很好地掌握力度和火候，另一方面王玉良长期对这片地的经验总结，使得他在速度和质量上近乎超越了苏联的"名将"，同样赢得了大家的一致好评和热烈的掌声。借这次演示和观摩学习的东风，在场的各位风镐采煤能手和精英趁机提出建议，号召、动员大家开展一项竞赛活动，旨在提高两个层面的生产工作效率，一则是尽快提高个人采煤生产的工作效率，二则是提高全体成员团队的工作效率，并且对于两个层面的工作效率的提高程度提出了具体明确的量化指标。在如此热烈的竞赛过程中，王玉良所带领的团队，不但在安全的情况下完成了既定目标，还在此基础上进一步超越了之前的目标，超额高效地完成了任务。王玉良不仅仅将这样的成就局限于自己所在的一个小班，他还带着自己的团队结成了一个先进经验的传播团队，经常性地到各个坑口进行风镐采煤的技术性展示，也带动了不同坑口工人技术的改进和提高，从而全面提高了矿务局采煤工人整体的工作时效性，对于矿务局采煤事业的发展起到了巨大的推动作用。

王玉良对于自己的工作没有丝毫懈怠，对于职工更是如此，当王玉良工作转向之后，虽然不用亲历井下工作，但是王玉良还是愿意与工人在一起，体贴工人的生活和工作。在一次煤矿的开采过程中，王玉良亲自下井观摩指导工人，由于这次的井下煤层存在底层薄、有水滴落的情况，工人工作的难度加大，还得忍受水的浸泡和打淋。由于当时井下的工人雨披等装备不全，当地职员看到王玉良下井赶忙为其送上一件雨披，但是王玉良看到还有没有披上雨衣的井下员工，便将自己身上的雨披让给了正在工作的工人，就这样几经反复，直到地下工作的工人都有了雨披之后，王玉良才安心地披上了雨衣。王玉良心系群众，并没有因为自己职务的变更而有所改变，即便改变，也未曾迷失当初自己对工作的那份赤诚之心。王玉良对于工作的热情和坚持，再加上采煤工作环境的制约，导致他常年忍受着关节风湿等由工作带来的"职业病"。当上级部门领导拿着疗养券让王玉良去静养时，王玉良果断地放弃了这样的特殊待遇和福利，在他看来，工人们还在为了既定的目标不辞辛劳地奋斗着，自己怎么能够一个人去独自享受清闲，也正是有这样的一种责任感和对工作一丝不苟的敬业精神，才使得王玉良在自己的工作领域有所建树，也才使得王玉良能够在自己的工作领域内赢得众人的一致赞扬和高度的评价，也才能使得王玉良多次获得先进

分子等各项光荣的称号，这正是对王玉良优秀表现的认可和赞誉。王玉良带领下的队伍，为中华人民共和国的经济恢复、建设和发展做出了巨大的贡献，他对于中国风镐采煤事业的发展也具有举足轻重的建设性意义，值得我们每一个人铭记和敬仰。

编辑：金钟哲　陈雷雷

李默然

李默然（1927～2012），回族，黑龙江尚志人，中国共产党员，中国戏曲和电影表演艺术家，曾任辽宁人民艺术剧院院长、中国戏剧家协会主席、辽宁文联副主席、辽宁戏剧家协会主席。他的表演激情澎湃，他曾演出过很多中外剧目，塑造了影片《甲午风云》中邓世昌等一批著名英雄形象，深受广大观众的欢迎。他的表演统一了自然和性格、生活和艺术等元素。李默然创造了长枪大戟、壮伟刚健的北派艺术风格。1956 年李默然获全国戏剧节二等奖，1986 年他荣获"戏剧表演艺术家"称号，获得"终身荣誉奖"，1996 年辽宁省人民政府授予其"人民表演艺术家"的荣誉称号，2009年中国戏剧家协会授予其终身成就奖。

李默然 1927 年出生于黑龙江省的一个小镇，10 岁时因为家庭贫穷而辍学。他卖过烟卷、打过零工，后来到邮政局当办事员，他还参加了业余剧团。生活的流动使他从社会的摸爬滚打中得到了意想不到的收获。卖烟的地方离不开热闹，他接触过的每一个剧本都能被记住。《王子的灵猫》《铁鸡》《水浒传》《三个王国》《五个山坡》等，他至今仍记忆犹新，这为后来的艺术生涯奠定了基础。对仅上过四年小学的李默然来说，看剧不仅能够提高他的阅读水平，也能帮助他识字。

第一个剧本《血与泪》是在 1947 年完成的。此后，他便在东北文学协会、东北文艺团和东北人民艺术剧院演出。李默然年轻时的经历造就了《甲午风云》，这部电影使李默然在全国声名鹊起。他使民族英雄邓世昌永远留在观众心中，这成为中国银幕上"硬汉子"的独特标本。

1950 年李默然调到辽宁人民艺术剧院，1960 年担任该院副院长。1952年，李默然在苏联话剧《曙光照耀莫斯科》中扮演了党委书记库列聘，显

示了他的表演才能，赢得了最初的舞台声誉，其后二十几年里，他又陆续扮演了《日出》中的李石清、《故乡》中的赵常忠、《红石钟声》中的郭长青、《智取威虎山》中的杨子荣、《第二个春天》中的冯涛等许多重要角色。此外，他在《甲午风云》中扮演的清末海军爱国将领邓世昌，正气凛然，感人肺腑，观众至今不忘，似乎李默然就是邓世昌。他在影片《兵临城下》中扮演的我军联络部姜部长也给观众留下了深刻的印象。粉碎"四人帮"以后，他除了在《走在战争前面》中扮演副司令严河一角之外，在话剧《报春花》中又出色地塑造了厂长兼党委书记李健正确对待个人出身、鲜明地批判"左"的路线的形象，使观众十分振奋。

他在电影《花园街五号》，电视剧《乔导演》《庄园》中的几位干部形象也深入人心，各具特色。1984 年，李默然随《花园街五号》剧组到各地与观众见面。到邯郸矿区演出时，由于长途跋涉，李默然的身体发出了健康警报信号。他感觉心脏不舒服，剧组人员也觉得他脸色不好。可是，矿工的掌声太热烈了，他们要见"邓大人"。李默然热泪盈眶，他捂着胸口，像邓世昌当年要上奏折一样地坚定——"上"！

1986 年莎士比亚戏剧节上，辽宁人民艺术剧院演出《李尔王》。李默然所塑造的李尔王形象清新刚健，既富激情又重理趣，使观众沉入浓烈的戏剧意蕴之中，十分成功。

李尔王是世界上最难的戏之一。不仅是戏剧激动人心，情绪起伏，一般的舞台剧承载不下如此的鸿篇巨制，而且由东方人演西方剧作更是难上加难。李默然当时已经 59 岁，身患高血压、心脏病，而李尔王这个角色的演绎又需要激情和体力，这对年近花甲的李默然来说是一个巨大的挑战，在最后一幕中，李默然的脉搏每分钟跳动 130 次。

演出结束，李默然的表演赢得了观众雷鸣般的掌声。国际莎士比亚学会会长兴奋地对李默然说："你是一个活生生的中国李尔！"大戏剧家严正写道："李默然的表演意境新颖，时代气息浓烈。创造人物可以跳出其他方式，成为原创。"曹禺说："我看到了李尔国王的最佳表现，看到了李尔最好的形象。"

李默然横扫千军的雄风风靡了中国话剧的发祥地上海，李尔形象那样强势的俯瞰，那样精致得如玉雕般的台词，让人难以自已。原定《李尔王》

只有三场，但由于想看的观众呼声高涨，最后《李尔王》加到十场。

《李尔王》充分体现了李派艺术的"气势磅礴、感情奔放、深沉雄浑、挥洒自如"的特点，《李尔王》也使李默然登上了艺术的巅峰。

1995 年 8 月 13 日，纪念纽约抗战胜利的盛大合唱音乐会在林肯表演艺术中心举行，李默然伟岸的形象出现在飞雪音乐厅的舞台上，朗诵词还未出口，就掌声如潮了。

20 世纪 80 年代末，影视界有些人专门拿暴露中国落后、愚昧的作品去讨好国际社会上别有用心的人，从而去猎取所谓的国际奖。对此，李默然非常生气。他说："影视剧的创作决不能把着眼点放在得国际大奖上。假如一个作品，其主要内容或主要内涵是揭露中华民族的落后，揭露中华民族的丑恶形象，这样的作品，即使拿到国际大奖，我也不觉得光荣。"爱国是具体的，不是抽象的。李默然更愿意创作一些积极、健康、向上的东西，多创作一些能够给青年以思想启迪、情操陶冶、美学教育的东西。

李默然的表演艺术才能是多方面的，古今中外，农民、学者各类角色他都能驾驭，而对表演艺术中公认的"难点"，即领导干部形象的塑造尤为擅长。他所塑造的干部形象，既有正气，又和蔼可亲。他的表演是现实主义的，在塑造人物时，总是从生活出发，平易近人，以情感人，真与美为他孜孜以求的艺术理想。在艺术上他讲究台词、动作、造型、节奏的准确、鲜明、强烈。他平素对语言特点和规律揣摩较透，又勤于锻炼，这使他的人物在运用不同的语调、语势，真挚自然地表达内心情感上，有种穿透性的力度。总之，对观众能够在舞台上感受到的一切，他都十分讲究。

2012 年 12 月 8 日，李默然因病在北京去世。半个多世纪的艺术生涯，他参加了 46 部戏剧、7 部电影和 5 部电视剧。长篇剧目只展示了人民艺术家的辉煌成就，而这位不怕困难和终身学习的艺术家的精神更是值得我们学习的。

编辑：金钟哲　王艺霖

第四章 1977 年和 1978 年东北（辽宁）老工业基地全国劳动模范和全国先进工作者

杨洪吉

杨洪吉（1921～1996），男，山东济南人，中共党员，曾担任沈阳重型机器厂工长、车间主任、副厂长。与中国共产党一起出生的杨洪吉，不仅见证了旧社会的腐败与落后，屈辱和伤痛，还亲历了中国共产党领导中国革命、建设取得伟大胜利的历史征程。在杨洪吉的前半生里，他深深体会到了工业落后就要挨打、工业不强就要受屈辱的悲痛境遇，也在心里种下了没有共产党就没有中华人民共和国历史改变的坚定信念；他的后半生里，响应党和国家建设中华人民共和国的号召，与炼钢炉打交道，通过创新奋斗，打破了平炉只能冶炼碳素钢的旧规，开创了用平炉冶炼合金钢的先河；面对新时期的技术难关，他带领团队技术攻关，用平炉冶炼出高锰钢，而且每冶炼一炉高锰钢，可比电炉冶炼同等数量的钢节电 2.5 万度。1956 年、1959 年、1977 年，杨洪吉被评为全国先进生产者，他曾当选中共十大、十一大代表。

杨洪吉一辈子都在和炼钢炉打交道，他像一个父亲爱护儿女一样爱惜与他朝夕相处的炼钢炉。1954 年以前，杨洪吉和沈阳重工炼钢炉还是名不见经传。在杨洪吉担任炼钢炉的炉长前，平炉只能冶炼一般的碳素钢。在当时中华人民共和国恢复建设时期，重型厂产品所需的合金锻造件成为紧缺的生产材料。然而，现实情况是，合金锻造件需要用电炉冶炼，但厂里

就只有两台电炉，产量低，即使加班加点地干，也不能满足社会生产的需要。面对这一情况，杨洪吉不信邪，心里打定主意："一定要打破平炉只能冶炼一般的碳素钢，而不能炼合金钢的传统框框"[①]。

"电炉吃细粮，平炉吃粗粮"，平炉吞下的是矿石，电炉咀嚼的是废钢铁。这一直是钢铁工人们对电炉和平炉生产规律的传统印象。当杨洪吉宣布要用平炉炼合金钢的时候，有人赞成，认为可以试一试，也有人怀疑，认为这是异想天开的事情。还有人嘲讽说，用平炉炼合金钢，就像是盐碱地长出稻子一样，难上加难，根本就是不可能的事情。然而杨洪吉顶住了外人的质疑和责难，凭着自己的经验和技术，认真地分析了两种炉的不同和冶炼合金钢所需要的条件。他组织团队，反复试验、不断改进技术方法，克服技术难题，最终采用氧化铁炼炉底等多种措施，炼出了合金钢。而且，他不仅创出了平炉炼合金钢的新路子，还大大缩短了炼钢、出钢时间，合金钢产量一下子就提高了 20 多倍。人们夸赞杨洪吉说："到底盐碱地还是能长出新稻子啊！"

冷轧辊作为生产破碎机和开展滚切剪生产的核心零部件，在产品生产中处于极端重要的地位，可以说，沈阳重型机器离不开冷轧辊。然而，1962 年前后，由于中苏关系恶化，以前签订合同的产品订单受到了极大的冲击，冷轧辊产品的缺口日渐给工厂造成了重大困难，不久就超过了工厂能够承受的极限。面对快要停摆的生产，杨洪吉老黄牛的犟劲儿又一次涌上心头，"靠别人靠不住，解决困难就得靠自己。"在国家计委下达重型厂要自己试制冷轧辊的指令后，杨洪吉主动接受了任务，他向组织承诺，就是"头拱地，腰累弯"也要坚决完成任务，"为了摆脱对别人的依赖，一定要有我们自己的冷轧辊技术"。

问题的核心还是合金钢的原料问题。而合金钢的原料恰恰是酸性的平炉才能冶炼出来的。为保证正常的生产状态，炼钢炉顶部的耐火镁砖掉下来必须先捡出来，再进行修补。大修也是首先把炉顶掉到炉底的镁砖一块一块捡出来。这一作业杨洪吉不知干了多少次。要知道，平时冶炼钢铁时温度为 1800 摄氏度的炼钢炉，降温大修时也足有 500 摄氏度。杨洪吉穿着

---

① 沈阳市总工会编《沈阳劳动模范》，中国工人出版社，2016。

那身穿了十几年的石棉炼钢服，拿起浸到水中的草袋子披在头上，戴上那副破手套，在鼓风机冷风的掩护下，一个箭步，跳进带火的炉膛。1、2、3、4、5……当数到17的时候，他抱着两块镁砖，冲出炉膛。接着是一个个共产党员、共青团员和工人师傅接连冲进去又冲出来，没有人在炉膛停留的时间能达到17秒。多数人数到4个数时，不管拿没拿到砖，都跑出炉膛了。不要说高温，就是从炉顶掉下来的镁砖，每块就达34斤重。正是凭借着这股舍生忘死的大无畏精神和坚强的意志，杨洪吉带领他的团队，凭借良好的技术经验和攻坚克难的态度，将平炉改造完成。最后对生成钢的技术检测显示，其中的化学成分、物理标准都达到了设计要求。我国从此结束了冷轧辊进口的历史。

时至今日，人们还常把杨洪吉穿着石棉炼钢服，头上披着浸了水的草袋子冲进500摄氏度高温炼钢炉的情景，与铁人王进喜冒着零下40~30摄氏度的严寒，奋不顾身地跳下结着薄冰的泥浆池，用自己的身体搅拌泥浆的感人场面联系在一起。杨洪吉钢铁般的意志和奋不顾身的精神至今仍感染着每一个人。

面对一个又一个困难，杨洪吉都沉着应对，勇于担当；接受的一项又一项任务，杨洪吉都奋勇向前，无私奉献；面对一个又一个技术难关，杨洪吉都带领团队勤奋钻研，攻坚克难，创造了一个又一个的平炉奇迹。1974年，党中央和国家发出来"大打矿山仗"的号召，沈阳重型机器矿山设备订单需求猛增，所需要的耐磨性强的高锰钢铸件也随之增多。然而，高锰钢多是依靠电炉进行冶炼生产的。因为当时生产需求增加，供电不足，工厂每天也就只能冶炼3到4炉高锰钢，远远不能满足生产的需要。在这关键时刻，杨洪吉主动带领团队进行技术攻关，通过几个月的技术钻研和生产试验，最终用平炉生产出了高锰钢，极大地缓解了高锰钢原材料紧张的问题，极大地支援了国家的矿山开采事业。而且，事实证明，用杨洪吉改造过的平炉冶炼高锰钢，每炼出1炉高锰钢，可比电炉冶炼同等数量的钢节电2.5万度，极大地节约了国家的经济资源，创造了又一个平炉奇迹。

1976年，沈阳市支援"辽化"建设，杨洪吉义无反顾地接受组织安排，率领当时沈阳市32个工厂、24个专业队组成的工程队开赴"辽化"建设基地。在杨洪吉的带领下，他们克服重重困难，细心准备，努力工作，按照

当时先进工业国家的工艺标准成功焊接了直径 22.4 米的大型球罐，极大地支援了"辽化"建设，贡献了自己的智慧和力量。1982 年，重型厂要对冷煤气站酚水污染进行治理，这项重担又落在了杨洪吉的肩上。杨洪吉不顾 60 多岁的身体状况，继续挑起了大梁，带领团队通过问题调研、技术攻关，成功研制了隔油设备，完成了污水治理任务。在完成任务的同时，杨洪吉还凭借自己的经验技术，树立了废物循环利用的观念，从下水道中回收废油 90 吨，每年为国家和企业节省排污费 30 万元。他还组织职工利用煤气站的副产品煤焦油代替重油炼钢，每年可节约 50 万元。

1996 年 10 月 12 日，杨洪吉永远地离开了，临终前他还不停念叨着"我要看一眼平炉"。杨洪吉的一生都奉献给了祖国的炼钢事业，他从一名农家子弟逐渐成长为一名中华人民共和国的炼钢工人，通过组织的悉心培养以及自己的辛勤努力，成为独当一面的副厂长，被大家亲切地称为"冶炼大王"。

一生与钢炉结缘的杨洪吉，凭着勤苦钻研、勇于革新技术的创新精神，在平炉炼钢领域创造了一个又一个奇迹。一生与平炉为友、以平炉为伴的杨洪吉，正是凭借艰苦奋斗，"不听邪，压不倒"的惊人意志，克服了一个又一个困难，为国家和人民创造了一笔不小的物质财富和精神财富。杨洪吉一生都坚持作为一名共产党员的坚强意志和坚定信念，将自己个人的人生融入到党和国家的伟大事业中去，将自己的个人利益服从于集体利益，生动诠释了以民族振兴为己任的社会主义国家主人翁精神。一生不忘钢炉缘，心似炉火赤子情，时过二十年，人们还记着那个心比炉火还烫的特殊钢制成的战士。

编辑：金钟哲　刘鑫棣

郑忠文

郑忠文（1936～　），女，汉族，辽宁省沈阳市人，中共党员。曾任沈阳市北市百货商店大楼营业员、副总经理。[1] 她秉承一心一意为顾客办实事、

---

[1]　李永安主编《中国职工劳模大辞典》，中国工人出版社，1995，第 416 页。

替顾客着想的理念，在这样的理念指导下，赢得了广大顾客的认可和赞扬，郑忠文多次获得辽宁省劳动模范和全国劳动模范的荣誉称号。

20 世纪 50 年代，正值计划经济时期，国内物资相对匮乏，各种商品均需要凭票购买，并且还对每个人的购买量作出了规定。在社会主义的中国，各行各业没有地位的区别，有的是各行各业为了工作尽职尽责、在各自的岗位上全力付出的优秀代表，有的是平凡中凸显伟大的劳模精神。

郑忠文，就是一位活跃于平凡岗位上的普通员工，却在平凡的岗位上演绎出了不平凡的一面。刚入职场的郑忠文，刚好听说了自己的师傅艾雨生在不久前因为在岗位上的突出表现，去北京参加了先进工作者会议并且还受到了毛主席的亲切接待和问候，毛主席还和他合影留念。这样的消息在刚入职场的郑忠文心中深深地扎下了根，她从心底对自己的师傅感到敬佩和崇拜。郑忠文从那时起便下定决心，要在自己的工作岗位上尽职尽责、兢兢业业，要像自己的师傅一样出色，要做一个在自己工作岗位上有所贡献的优秀职员，有朝一日也要成为一名光荣的劳动模范。为了尽快实现自己的目标，郑忠文十分认真地学习师傅教给自己的工作方法和基本技能，每每学完之后，她总是反复练习，以达到熟能生巧的效果。正是郑忠文这样的努力，使得她仅仅用了半年的时间就转为了商店的正式员工。因为在岗位上尽职尽责，表现优异，从 1959 年开始，郑忠文便被多次授予先进工作者的光荣称号。

郑忠文是一位心系顾客、时刻为顾客着想的好同志，无论郑忠文被分派到哪里工作，她都在自己的岗位上全心全意地为顾客服务，获得了顾客对她本人以及对于她所在单位和沈阳人民的高度评价，她的优秀事迹不胜枚举。当郑忠文还在布匹销售组工作时，有人前来向她买布想做一条裤子，经过和顾客的仔细沟通、交流之后，郑忠文才明白原来这位顾客没有更多的布票来买布做裤子，十分为难。这时郑忠文并没有因为前来买布的顾客布票不够而对顾客置之不理，而是从顾客的角度出发，时刻为顾客着想。郑忠文心想，既然顾客手中的布票不足以做出一条裤子，那么能否通过精简和改进裁剪布料的工序和方法，在做裤子的过程中能够尽可能少地浪费布料。通过这件事，郑忠文进一步发觉了老百姓真正需要的是什么，也发现了自己需要在这个计划经济、凭票供应物资的年代里，从实际情况出发，

为老百姓真正办实事。因此她和同事们十分努力地去钻研精简、改进裁衣的方法，真正从百姓的生活和实际情况出发，帮助百姓解决问题。

郑忠文在工作中兢兢业业，对待顾客十分真诚。在郑忠文刚刚步入花布组时，她为了能够更加快速、更加精准地量好布料，主动找师傅学习自制尺棍。在量布料的时候，郑忠文做到不差一分一毫，力求精准。在她看来，她所量的不仅仅是布料的尺寸这么简单，她所量出来的，还和老百姓的切身利益息息相关。如果自己的马虎和不认真导致量出来的尺寸缩水，那么这将意味着百姓受到了损失和不公平的待遇。原本想着自己将布量得丝毫不差就可以了，但是在平时卖布的过程中，好多人来买布，但是不清楚自己究竟是买多少才合适，才能够做出适合自己尺寸的衣服。当被问到这些问题时，郑忠文却无法回答，深感力不从心。为此，郑忠文还专门去请教了相关的师傅，仔细钻研这些问题，她很快便学会了相关的技术和经验。在日后，再有顾客来问同样的问题时，郑忠文便如鱼得水，轻松应对，帮助顾客量体裁衣，解决了他们的所有困惑，因此也获得了顾客对她个人的赞誉和肯定，推此及彼，也加深了对她所在单位的喜爱。

郑忠文在工作上的出色表现令顾客十分满意，在那个年代，还不流行什么所谓的售后服务，但是郑忠文却对前来商店买了自行车的顾客承诺说，在这里买了自行车的顾客可以享受一年的免费售后维修，获得了顾客的广泛欢迎。有一次，郑忠文马上就要下班了，这时有一个顾客急匆匆地赶到店里，要买自行车链卡子，但是此刻店里并没有这个商品，当郑忠文告诉了顾客之后，顾客十分失望。经过和顾客的仔细交谈后，才知道这个时间其他地方的修车铺已经关门了，而这位顾客如果没有得到急需的商品，那么将需要推着自行车走很远的路程才能到达家中。听到这里郑忠文心里和顾客一样着急，赶紧就跑到商店的内部修车点，看了看有没有多余的，在她的仔细翻找下，找到了一个旧的车卡，但是对于这位顾客来说已然是"及时雨"了，为了给顾客安好，郑忠文还私下里请求了老师傅，让他帮这位顾客安装上，安好之后顾客十分感激，一直在夸她们的服务周到。也是因为这次，郑忠文发现自己的行为代表的不仅仅是自己一个人，而且还代表了自己所在商店的形象。因此在日后的工作中，郑忠文更加注重自己的

行为以及事先考虑自己的行为会给商店带来怎样的影响。[1]

郑忠文工作仔细认真、善于变通，心系百姓。在凭粮票供应商品的年代，人们的票据是有限的，但是有时候人们需求比较多，仅靠固定的票据无法满足需要。比如说线票，当时的一张只能买一种颜色的线，但是人们对于线的颜色需求并非只有一种。郑忠文也想到了这一点，便和身边的同事商量，把不同颜色的线拆开再组合在一起，这样就能保证一个线圈上能够同时拥有几种不同色彩的线，这样一来，便解决了顾客们的问题。还有就是肥皂和增白皂，当时的人们只想买一块增白皂，但是权衡之后还是无法确定自己到底要不要用一张票来换一块增白皂。后来郑忠文便将肥皂分成两半，还是按照之前的价格兑换比例出售，但是这样一来，便解决了百姓的顾虑，为百姓办了实事。除此之外，郑忠文还在小事上体现了她不平凡的一面，值得我们学习。有一次郑忠文上班期间，来了四个男人，要买一根针，经过询问了解到，这四个人从广州赶来，由于背兜带断了，在旅店借了一根针自己缝，但是出于种种原因借来的针断掉了，他们的背兜带不但没有缝好，还搭上了一根针的成本。郑忠文知道这样的情况之后，再加上是四个大男人，想着他们怎么会干这样的活，便主动要求替他们缝，这四个男人不停地感谢郑忠文，还说沈阳人真好。郑忠文听到后，更加觉得自己的行为早已不是代表自己一个人的形象了。

郑忠文为人善良忠厚，从不拿不属于自己的东西。郑忠文在平时的工作中，若碰到需要帮助的人一定不会袖手旁观，而且对于他人也是照顾有加。当郑忠文听说大娘的子女不在家中，便不放心她的安危，亲自前去家中帮助大娘换暖瓶胆；当有的顾客刚刚生完宝宝不方便前去取布料的时候，郑忠文也主动把布料送到家中。[2] 不仅如此，郑忠文还帮人家的孩子裁剪新衣服；当郑忠文捡到顾客遗失的钱包和其他证件，在得知顾客是外地人时，不辞辛劳地前去火车站寻找顾客，千方百计也要将顾客的私人物品归还；当她捡到了没有贴上邮票的信封，便自己买一张邮票帮着寄送到指定地点。郑忠文就是这样一个在工作岗位上兢兢业业、时刻为顾客着想的好员工，

---

[1]　向德荣主编《劳模精神职工读本》，工人出版社，2016。

[2]　郑忠文：《立足三尺柜台　心里装着群众》，《兰台世界》2003 年第 3 期。

就是这样一位平凡中彰显不平凡的优秀职工，她用自己的亲身经历，向我们展示了平凡中的伟大。

郑忠文还是一个谦虚的好领导。1982 年，郑忠文因为工作表现优异，担任北市百货大楼的副经理。虽然走上领导的岗位，但是郑忠文并没有丝毫的官架子，还是和之前一样，对待顾客十分细心和周到，总是把顾客的事情当成自己的事情一样对待，帮助顾客解决了不少难题。郑忠文之前的工作经验，使她清楚地认识到，一个商店的发展，靠的不仅仅是商品有多么齐全、多么吸引人的眼球，更重要的是一个商店员工的服务态度和质量。[①] 这是一种来自文化层面的力量，作为一种潜移默化但十分重要的因素，对于一个商店的发展来说，具有十分重要和关键的作用。郑忠文在工作上的卓越表现，使得她多次获得劳动模范的称号，这也正是对她工作的肯定和赞誉。

编辑：金钟哲 陈雷雷

李润庭

李润庭（1931～），男，汉族，辽宁省本溪市人，中共党员。他在肛肠病领域享誉盛名，为担得起医生救死扶伤的光荣使命，他通过自己的努力，从大外科成功转型为肛肠病领域的专家。他一切为患者着想，帮助他们摆脱病痛的折磨，多次填补了相关医学领域的技术空白，甚至解决了截至当时国外多年都未曾解决的医学难题，他还编写了几部与痔瘘病有关的专业性书籍。李润庭在工作和科研上的突出表现，使得他最终成为医疗服务业最受瞩目的劳动模范人物。[②]

李润庭曾经是辽宁省沈阳市沈河区的一名普通外科医生。他在长期的工作过程中发现有好多病人因为患上了痔瘘病而得不到彻底治愈，疼痛不堪，当时那个年代的医生们，也因为痔瘘病的医治效果不佳且无法得到好的结果，鲜有人去努力尝试。面对这样的现状，李润庭虽然心有余但力不足，因为他是一个大外科领域的医生，对于痔瘘病没有专门的知识和研究

[①] 艾辅仁、王化忠：《沈阳："劳模服务"商标贴到商品上》，《广告大观》1999 年第 6 期。

[②] 沈阳市总工会编《沈阳劳动模范》，中国工人出版社，2016。

作为理论基础。但是这并没有阻止李润庭帮助医病患者的热情，在他看来，作为一名医生，理应替前来问诊的患者解除病症的折磨和痛苦，帮助他们恢复健康。因此，李润庭决定踏足肛肠疾病领域的研究，力争做一名肛肠领域的专家，帮助更多有这方面疾病的患者摆脱病症的折磨。虽然李润庭决心和目标不小，志向远大，但是在他踏足痔瘘病领域的第一天起，便有一个现实的问题摆在了他的眼前，当时国内外关于治疗肛肠病的资料十分有限，而且自己也没有相关方面的实践经验，要想实现上述目标，难度系数不言而喻。但是李润庭并没有因为这样的困难就停止了对于科学的追求和探索，他始终相信，世上无难事，只怕有心人。从 1956 年开始，李润庭便在自己的工作岗位上努力工作，兢兢业业，与此同时，他还努力学习肛肠学领域的相关专业知识，不断填补自己专业上的缺失和空白。当时肛肠领域的相关资料和书籍不多，而且还有好多书籍是用外文撰写的，这对于本就基础薄弱的李润庭来说更是一个巨大的障碍。如果要学习技术知识，那就得先攻克语言上的障碍，于是李润庭便开始努力学习英国、日本和俄罗斯三国的语言，在短短的时间内竟然惊人地学会了，这对于李润庭的学术进步和技术创新来说，无疑打开了一扇扇明亮的天窗。自从李润庭决心要成为肛肠学领域的专家、为更多的医病患者解决难题时开始，在李润庭的生活中，便没有了所谓的节假日，每一天对于李润庭都是十分宝贵的。到了节假日，李润庭便全身心地投入到肛肠学领域的学习与研究之中，整日都待在图书馆，而且在他的包中，永远塞着一堆与肛肠学研究有关的书籍和资料，每当有空闲时间，他便拿出来仔细阅读、研究，不浪费一分一秒的钻研时间。就这样，李润庭凭借自己在医学上的天赋和个人的努力以及作为一名医生所肩负的对于医病患者的责任和使命，在短短五年的时间里，他自学完成了医科大学相关专业的全部课程，并且对于所学内容基本通透。这为李润庭在日后肛肠科疾病的研究打下了坚实的理论基础。

有了坚实的理论做基础，李润庭于 1957 年春天，在沈河区医院正式挂牌治疗痔瘘疾病，前来医治的病人络绎不绝。由李润庭接诊的第一位痔瘘病患者是一位 70 多岁的老人，李润庭在对老人的病情进行了仔细的研究之后，决定采取这方面疾病的常用疗法——"枯痔法"，李润庭十分精细地为老人治疗后小心翼翼地为其包扎上药，原本以为这样就顺利解决了老人的

问题。可是不曾想到，没过多久，老人便疼痛不堪地返回医院，表情十分痛苦，李润庭由于也是第一次治疗这样的病症，又遇上病人如此痛苦难耐的情形，心中也是十分紧张，急忙帮老人将上午敷上去的药物全部拿下清洗干净。没过多久，老人兴高采烈地跑到李润庭的科室，面色正常地对李润庭说他的病有所好转。听到这样的回答，看到老人的病情的确有所好转，李润庭十分好奇，便十分仔细地询问老人如何恢复的。在询问无果之后，李润庭便前去拜访了一位老中医，在老中医的认真查看和询问后，终于发现了原因所在，原来是因为李润庭所施加药物的量出现了问题，在李润庭所研制的药物中，有一味药剂的量严重超标，而这味药还具有刺激性，这也正是老人在敷药之后会疼痛不堪的原因。知道了问题所在，李润庭急忙回去琢磨药剂的用量问题，究竟多少量才能够达到医治效果，并且还能够让病人抵挡得住刺激性药物所导致的不良反应。知道了问题所在之后，接下来的主要问题便是如何进行试验，如何才能够尽快得知多少分量才比较适合病人病情的恢复和对药物的适应性。李润庭着手做实验，面临的一个问题是不可能拿病人做实验，不能不顾及病人的安危。为了尽快、尽可能好地开展实验，李润庭决定拿自己的大腿做实验，将不同剂量的药物施加在自己的大腿上，亲自体验不同剂量的药物对人体所发挥的作用如何，疼痛度如何。就这样，在实验的过程中，李润庭体会过不同剂量所产生的不同疼痛度，疼痛有时候极其剧烈，有时候则有所减缓，就这样经历着由极其疼痛到渐渐减缓的转变过程。功夫不负有心人，李润庭也因此成功地研究出了对于医病患者来说最为适合的药物剂量。在日后的医治过程中，李润庭对于不同的患者都能够极其灵活地予以治疗，也使得医病患者在医治的过程中不会产生像之前那位老人一样的疼痛感了。

药物剂量的明确，使得李润庭在今后的工作中顺利了很多，但是他并没有因此而停止研究的步伐，渐渐地他发现虽然前来医治的患者都能够在他这里得到及时的医治，消除来之前的巨大痛苦，但是他们的痔瘘病并没有得到根本的医治，就是所谓的"治标不治本"。通过对病人病情的观察以及医疗过程中的反思，李润庭发现现有的医疗制度和医疗技术并不是十分完善，这也是这个病无法得到根治的原因。因此，如果要提高医疗效果，必须尽快改进医疗技术和医疗制度。当时在国内外普遍运用的一种医疗技

术相当有效，但是李润庭发现，这种技术在实际的医疗过程中并非都能十分有效地医治患者的疾病，对于较小的痔瘘来说十分有效，但是一旦痔瘘较大时，这种方法便显露出了它的弊端和不足之处。发现问题之后，李润庭便耐不住性子，急切地想要解决这个问题。李润庭每天晚上熬夜苦读，在翻阅相关医疗技术专业书籍的过程中，借鉴了书籍中记载的蜘蛛丝捻成线的作用，成功地创造出了"胶圈套扎法"。在李润庭的苦心研究和不断探索下，直到1978年，已有五千多例医疗患者得到了救治，且治愈率达到了95%以上①，效果显著。

身为医生，理应为病人着想，为病人解决他们的病症，这一直都是李润庭作为医生所坚守的职责和使命，只要医病患者有问题，李润庭都想要帮助他们解决。在20世纪70年代，结肠息肉的患者都面临着开腹医治的情况，但是有好多患者因为害怕开腹流血而迟迟不肯医治，也因此错失了医治的最佳时机。有一次，一个患者来找李润庭，对他说是否能够不要开腹而是从肛门进行手术，让自己少流一些血，李润庭虽然十分理解病人的苦恼，但是当时的他也没有办法。之后他便开始翻阅书籍，几番努力之后，李润庭终于发现了"珊瑚痔用线结扎自然脱落"的记载，但是也存在一个现实的问题，息肉一般距离肛门二十厘米左右，一般的医疗器械均无法完成结扎的任务，急需研制出一个能够完成结扎的器械。李润庭翻阅了许多书籍资料，但是最终都无法找到对应的治疗工具。善于发现的李润庭于一次偶然的机会，在一幅国画中发现了套马杆，并且深受启发，他想如果能够有一个东西伸进病人的肠腔中将息肉套住进行结扎，这样岂不是很方便。虽然这样的设想很好，但实际进行研制却不是一件容易的事情，李润庭也经历了很多次的研制才得以成功。

鉴于当时人们对于痔瘘病的医治方法鲜有研究，李润庭决定撰写关于这方面的书籍②，为了医学界能够更好地发展，李润庭更是呕心沥血、不断书写着医学事业的辉煌。李润庭在医学界的突出贡献，使得他在国内外肛

---

① 李永安主编《中国职工劳模大辞典》，中国工人出版社，1995，第335页。
② 沈阳市人民政府地方志办公室编《沈阳市志–第十七卷–人物》，沈阳出版社，2000，第258页。

肠病医学领域都有着很高的名气和声望，他还被评为全国劳动模范，这也正是国家对于李润庭工作的充分肯定和赞誉。

编辑：金钟哲　刘晓东

阎德义

阎德义（1929～1989），男，汉族，天津市人，中共党员，曾任黎明机械公司焊工、工程师。他在焊接领域做出了巨大贡献，刷新焊接领域的纪录，被誉为"焊接大王"，他在工作上表现突出，被评选为劳动模范和人大代表，1989 年因病去世，享年 60 岁。

1942 年，阎德义 13 岁，当时正值日军侵华时期，日伪统治下的人民穷困潦倒，被迫为奴，忍受着来自资本家的剥削和压迫，整日过着食不果腹的生活，毫无尊严可言。阎德义便是从那时起，整日受着来自西方资本家的盘剥和压榨，在无偿地为资本家打铁、烧焊①，一旦行动缓慢，便会遭到资本家监工的谩骂毒打，基本的生活都无法实现和满足。1949 年中华人民共和国成立后，侵略势力基本被扫除，人民当家做了主人，阎德义作为人民中的一员，也摆脱了被资本主义殖民奴役、被资本家剥削压迫的生活，生活能够得到基本满足。自从资本帝国主义被基本打跑以后到中华人民共和国成立之初这段时间里，阎德义得知国家空军工程部东北总厂第三厂冲焊厂 23 车间急需焊工若干名，便积极响应国家号召，成为冲焊厂 23 车间的一名普通焊工。他在日后的工作中表现优异，光荣地加入了中国共产党。

阎德义是一个善于思考、敢于创新的好同志。20 世纪 50 年代初期，中华人民共和国成立后开始恢复和发展国民经济，为了巩固和加强国家的地位，各行各业积极响应国家号召，投身于恢复和发展国民经济的浪潮之中，阎德义所在的黎明机械厂当然也义不容辞地加入了这个浪潮之中。当时，阎德义所在的工厂试制涡喷 5 发动机，在试制的过程中出现了困难，那便是焊接火焰需要在零部件尾部的凸出位置堆焊一个硬质合金块。按照苏联下

---

① 沈阳市人民政府地方志办公室编《沈阳市志－第十七卷－人物》，沈阳出版社，2000，第 208 页。

达的指示和标准，他们在试制发动机时，需要经过很多道程序才可以完成，但是这样的工序不但耗时而且还耗力，严重影响了工厂的工作效率。为了解决这样的难题，阎德义大胆创新，将之前规定的众多程序缩减为一道，直接采用一层堆焊技术。经过阎德义大胆的创新，生产工序较之从前简化了不少，而且降低了劳动强度，提高了工作效率。更为关键的是，在这样的情况下，生产出来的产品完全符合苏联下达的指示和标准，工厂很好地完成了任务，还节省了许多成本。① 在这之后，阎德义更是有所作为，继续发挥着自己在技术上的优秀能力，帮助工厂解决了航空发动机众多特种材料的焊接难题，填补了焊接领域的技术空白。20 世纪 60 年代，苏联停止了对中国供应航空材料，焊接用的氩气也需要中国自己购买，一瓶价格高达360 元，对于中国来说，不失为一笔巨大的外汇开支。面对这样的情形，阎德义决定用自己的努力研制出中国自己的氩气，不再依靠国外的技术。这之后，阎德义十分努力地搞研究，决定用电炉加温的方法来提取纯氩气，在他的几番努力试验下，终于研制成功了中国人自己的氩气，这一技术性的突破，使得中国减少了十分巨大的外汇开支。1971 年之前，生产加工所用的气膜火焰筒，在生产的过程中，使用几十个小时便出现了掉块、掉漆和裂纹的问题，严重影响了工厂的加工需求，此时的阎德义身体状况十分不好，但是听说了此种情形后，便不顾自己的身体状况，带病攻克难关，在仔细斟酌之后，决定采取全气膜火焰筒的方法来取代之前的方法，经过这样的改造，工厂在生产的过程中，之前存在的问题全部得到了解决。1979年，国家试制新型歼击机发动机，在试制过程中，钛合金机匣的焊接环节总是出现氧化、裂纹和变形等问题，经过仔细的研究发现，加工钛合金机匣需要在真空室或者其他特殊的环境下进行焊接，但是这样的环境很难具备。阎德义听说后并没有畏首畏尾，而是主动承担了这样艰巨的任务。面对难题，阎德义从容淡定，用自己敏锐的洞察力和大胆的创新精神去进行试验，面对一次次的失败，阎德义并没有心灰意冷而放弃研究，相反，他在一次次的失败中总结经验，最终试制成功了。他最终是决定采取在大气层中焊接的方法来进行加工和焊接的，也只有敢于创新的能工巧匠才能想

---

① 李永安主编《中国职工劳模大辞典》，中国工人出版社，1995。

得出来。阎德义具有大胆的创新思维和强大的技术能力，才能够在短短时间内迅速突破技术局限，顺利地解决了工厂所面临的难题，而且在阎德义的改造和试验之下，新研制的发动机的使用寿命达到了 200 小时，这无形之中减少了工厂设备的支出成本。

20 世纪 80 年代，阎德义所在的工厂承担起了试制新机的任务，在试验的过程中出现了明显的技术难题，那便是环形焊接技术的运用。向来善于思考、大胆创新的阎德义，当然不会轻易退缩，他知难而进，运用自己在焊接上的突出才能，利用通气夹具，并辅之一定的保护手段，成功地保证了新机试制过程中所需要的环境和技术性要求。面对很多技术员在生产过程中经常将零件焊接损坏的现象，阎德义绞尽脑汁，研制出了一台无级变速焊接转具，成功地避免了之前生产中存在的对于零件的损耗问题以及焊接过程中存在的焊接质量不均的问题，避免了不必要的损失和浪费，在一定意义上讲，这也间接地帮助工厂和国家节省了开支和人力上的消耗。在技术上的出色表现，使得阎德义愈发得喜欢技术创新和竞赛等活动。他应邀参加了辽化工程举办的会战，带领着自己的技术团队，在认真钻研、仔细探索之后，和他的团队一起完成了大型的金属罐焊接任务，并且一次检测合格，这样的技术能力使国外的专家们拍手称赞。[①] 1981 年，辽化急着用一批波纹管，但是他们面临着一个尴尬的局面，那便是在没有任何技术和资料做支撑的前提下，如何能够在短时间内完成技术革新和成品的加工试制，阎德义在这样的前提下，连续五个昼夜，通宵达旦，一心钻研，最终研制出了新的方法和技术，及时地生产出了一大批合格的产品，满足了辽化的需求。

阎德义为了工作不惜晕倒在工厂。1984 年，阎德义所在的工厂和一家企业签订了合同，需要他们负责国外进口的化纤成套设备中的两个关键性设备的生产和加工，合同金额巨大，十分诱人。当然了，完成这个订单的技术难度和产品的赶制时间也是十分考验人的。阎德义在反复思考之下决定主动承担起这两类产品零件的焊接工作。他利用了不同的技术方法，简化了生产的程序和工序，大大降低了工作强度，提高了工作效率，还成功

---

① 沈阳市人民政府地方志办公室编《沈阳市志 - 第十七卷 - 人物》，沈阳出版社，2000，第 209 页。

地完成了该零件的生产和加工任务。但是由于在工作中十分投入和专注，并在极高温度的工作环境下，阎德义最终晕倒在了焊件前，这样一种为了工作而忘我的精神，这样一种努力钻研试制成功的决心，这样一种令人敬佩的敬业精神，这样一个勇于担当的榜样标兵，源于他对工作的热爱，源于他对知识的渴求，源于他对创新的深沉，源于他对祖国明天的真切期许。

除了对技术、对自己所在工厂的热爱之外，阎德义还对其他兄弟单位予以帮助。他先后参加了许多省份的攻关会战和技术协作活动。每当兄弟单位遇到技术难题和发展桎梏时，阎德义总是能够及时赶到，并予以帮助和解答，使兄弟企业能够顺利地渡过难关。在阎德义的帮助下，其他的兄弟企业完成了许多技术革新，创造出了相当大的经济效益，阎德义也因为这样的贡献被称为"焊接大王"。

在生活上，阎德义个人朴实无华，不追求功名利禄，做人做事踏实诚恳，即便在自己衣食温饱都没有解决的情况下，还是心系国家，无私奉献，值得我们每个人去学习。在工作中，阎德义热爱工作，仔细钻研，毫不畏惧退缩。他一心为了工厂的发展好，为国家的经济能够走上新的发展轨道着想，为国家能够在焊接技术上不再依靠国外着想。对于自己的高超技术，阎德义也毫无保留地向前来请教的人传授，摒弃了过去传统老师傅的保守思想，受到了工人们的爱戴和尊敬。作为人大代表，阎德义更是深知这份职责的巨大，深知自己代表了广大人民的心声和利益诉求，因此阎德义在平时积极听取他人的意见和建议，将人们的利益诉求进行统计汇总，不会浪费每一次人大会议上自己作为代表的责任和义务。他还是十分关心职工的生活，积极为职工办实事，帮助不同层次不同生活水平的工人解决各自不同的问题，并且从来不会因为自己的工作和对工友们的关照而刻意地去要求什么、去索取什么。这样无私奉献的精神，值得每一个人去学习，也深深地感染着身边的每一个人。

由于工作上的突出表现和贡献，阎德义多次被授予劳动模范的光荣称号，1989 年他因病去世，为了纪念这样一位劳动模范，这样一位无私奉献的人，沈阳市总工会还特意做了半身塑像，表达对阎德义的尊敬和怀念。

编辑：金钟哲　陈雷雷

陈火金

陈火金（1934 ~ ），生于福建惠安，曾任大连造船厂高级工程师，是我国著名的爆炸加工技术专家。1951 年陈火金初中毕业后，加入了中国人民解放军。1952 年，他到长春汽车制造学校学习，1955 年，被分配到大连造船厂担任锻压工艺技术员。

陈火金从 20 世纪 60 年代初期开始研究爆炸加工新工艺，1962 年 12 月，他参加大型合金钢封头锻压生产能力的调查小组，亲眼看到我国造船工业的板金冲击压件是单件小批生产的，不能适应生产需要。他认为大型板金水压机因投资大，今后发展也未必经济实惠，他就考虑能不能有别的方法可以采用。他查阅了许多资料，一份美国机械师写的关于爆炸成型的文章引起了他的关注，从此以后，他就到处搜集有关爆炸成型的材料。

陈火金是搞锻压的中专毕业生，搞爆炸加工必须具有高深的爆炸力学理论，他一切都是从头学起。陈火金怀着"国家需要什么我就学什么"的强烈责任感，开始向探索爆炸奥秘的高峰进军。

爆炸加工是以炸药（或火药和可燃气体）为能源把金属毛坯加工成型或焊接在一起的工艺。爆炸加工过程是炸药化学转化为机械能的过程。操作时，将要成型的板料装进模具，板料上面用临时容器装好水，水中放炸药，炸药一爆炸，零件就成型了。这种加工工艺最大的优点是不必用水压机，特别适用于大型和复杂零件的成型。为了探索研究这种新型技术，他去求教大连理工学院的钱令希教授，钱令希教授是中国计算力学工程结构优化设计的开拓者。他在结构力学、板壳理论、结构优化设计等方面有深入研究和重要成果。[①] 他在桥梁、水坝、港工和国防等工程中发挥了力学研究的作用。但是钱令希教授面对陈火金提出的一系列问题感到为难，因为结构力学和爆炸力学是两个领域，他对爆炸力学的知识并不是很了解。可是他佩服这个青年人的求知精神，便把他介绍给中国科学院力学所研究员郑哲敏。可是那时陈火金没有条件专程去北京，只好回去继续进行艰苦的

———————————

① 《钱令希小传》，《今日科苑》2016 年第 12 期。

试验。经过一段时间的努力，他提出了一份有根据、有措施的爆炸成型的试验报告，得到了上级的肯定。就在这时他终于有了去北京的机会，全国第一届高能成型会议在北京召开，大会邀请他列席会议。在这次会议上，他认识了郑哲敏，并向他汇报了自己的研究成果。在此之后的爆炸成型训练班上，他又结识了北京航空学院的常荣福教授。陈火金勇于探险的精神立刻吸引了常荣福教授，两人结成了忘年之交。常荣福教授带领陈火金进入了爆炸力学的大门。

从 1964 年 5 月起，经过一年的筹备工作，陈火金同几位同事找来一台废锅炉埋入一块空地下面当爆炸井，并购置一台旧真空泵，由此开始了简陋的爆炸成型研究。在那些日子里，他几乎每天都要研究、学习到深夜，紧张的脑力劳动加上繁重的体力劳动，使他已经治好多年的肺结核复发了。有一天，他在工地研究试制滑油箱封头时，突然觉得嗓子发痒，这时他才意识到可能要吐血。为了不让大家发现，他想把血强咽回去，但为时已晚，一口鲜血从喉腔里喷出来。他身边的人都十分惊讶，要马上送他去医院，可是他又舍不得离开实验，于是喝了一碗盐水就继续干活。经过几十次的失败后，他终于成功地用机械通风帽、滑油箱封头、仪表底板及防波板四种小型产品，迈出了艰难的一步。

1966 年，毛主席亲自批准的一项国防工程开始建造。国务院有关部门把一种叫双金属"封头"爆炸成型的任务，交给了陈火金和他的爆炸试验小组。但是这种封头的成型材料——双金属复合板，原承担生产的单位有困难，不能交货。在人们焦急万分的时候，陈火金提出了一个大胆的方案，用爆炸焊接的方法制造复合板。他的方案获得了专家和设计部门的支持，他们立即开始了试验。可是试验正好赶上了"文化大革命"，实验小组支离破碎，有的成员被"专攻"了，有的被抽走了，陈火金意识到这种命运也有可能会落到他的头上。可是在试验和生死面前，陈火金毅然决然地选择了前者，他把生死置之度外，和留下的几个人坚持试验下去，一个人顶两个人干，努力把时间抢在前面。

1968 年 8 月 31 日，陈火金和他的工作伙伴终于如愿地把我国第一块白铜和高强度钢的双金属复合板焊接成功，他们又向下一个目标双金属封头进发。

不幸的是，陈火金日夜担心的事终于还是发生了。一天他在工地干活，

正式试验到了关键时刻，这时一群"专攻队员"闯进工地，把陈火金以"反革命分子"的罪名逮捕了。但他依然时刻惦记着试验、惦记着国防工程，便在借口去换衣服的时候，趁机将记载着爆炸成型方案和各种数据的笔记本塞给同伴周家良。陈火金被关在"牛棚"里半年以后，因"查无实据"释放了。他出了"牛棚"，连家都没回，直奔工地。当周家良告诉他，封头爆炸已试验成功，他才松了一口气。

1969 年 6 月，国家将批准的建设爆炸加工基地项目交给了陈火金所在的工厂。陈火金干劲倍增，更加忘我地投入工作。陈火金在对雷管逐个进行检查时，一支雷管突然爆炸，他的脸上和身上炸伤了二十多处。他在医院里住了一个星期，胸部和胳膊内还有五块铜皮没有取出来，就回到了工地继续工作。

二十多年来，他先后试验成功了有模成型、无模成型、拉环成型、爆炸成型、双金属平板爆炸焊接和双金属内孔爆炸焊接等四十多种爆炸加工新工艺、新技术；生产出了上千件产品，为我国的造船、航空、石油、化工工业解决了一批重大技术问题，节省了白铜、黄铜、不锈钢等大量稀有贵重金属，每年为国家节约上百万元的资金，从而创出一条适合我国条件的爆炸加工新路。同时，陈火金和他的同伴们还撰写出十多篇颇有价值的学术论文，在爆炸焊接理论方面有重大突破，得到专家的高度评价。

1978 年，陈火金出席了全国科学大会。他研究成功的爆炸成型和无模爆炸成型双获奖，他本人获全国先进科技工作者称号，1979 年又获全国劳动模范称号。

1981 年 4 月，贝尔法斯特女皇大学副校长克洛斯兰教授来我国进行学术交流，他是国际有名的爆炸焊接专家、英国皇家学会会员，他对陈火金创造的"吸能块保护法"新技术评价极高。他说，在西方国家从来没有见过这种新技术的巧妙。他表示过去对中国爆炸加工不了解是一件大憾事。他邀请陈火金出席当年在英国召开的第七届国际高纯率加工会议。会上，陈火金用一口流利的英语宣读他那精湛的论文时，全场为之震撼，静悄悄地听他发言。发言完毕后，陈火金一边放幻灯片一边用英语详细地回答了专家们的提问。当国内外的专家伸出不同肤色的手递上名片，要求得到论文资料时，我们俨然已经能够看到，中国在爆炸加工这一领域，已经进入

国际先进行列。

编辑：金钟哲　王艺霖

聂秉举

聂秉举（1918～2002），辽宁盖县人，1949年加入中国共产党，1934～1948年先后在营口、鞍山、沈阳、长春等地当工人。1948年，聂秉举进入沈阳第三机器厂，历任厂工会主席、沈阳市总工会副主席、省总工会副主席等职务。[①] 在担任工厂工会主席期间，他培养了赵国有等先进典型，率先提出并积极推动了创造生产新纪录运动，组织签订集体合同和联系合同，发动全厂工人制定生产计划，不仅能够超额完成生产任务，同时也保证了生产质量。1950年他出席了全国工农兵劳动模范代表会议，获得全国劳动模范荣誉称号。被工人们亲切地称为"职工的贴心人"的聂秉举同志，是一位懂技术、有能力的工会干部。

从16岁开始，聂秉举辗转营口全顺永铁工厂、鞍山制钢所、沈阳铸造十二厂等多所工厂，做学徒、当车工，干的都是最基层的工作。沈阳解放后，聂秉举被安排到沈阳市总工会组织的第一期职工训练班学习，1949年2月结业后，他来到沈阳第三机器厂任职。聂秉举思想进步、工作积极，又能理解职工疾苦，很快就成为工会依靠的骨干力量，并被推选为厂工会主席，由于深得民心，他在这个职位上一干就是三任。

1949年5月，工厂正式投入生产。由于刚刚投入生产，一部分工人思想意识还不够高，生产热情低落，生产一个塔轮需要十六个小时，这比伪满时期的生产效率还要低，这种情况可急坏了聂秉举。同年6月，沈阳第四机器厂工人荣雨亭加工一个塔轮只用了5个小时，这个消息传来，三厂的工人们都不相信，聂秉举便组织生产积极分子和一部分不相信的工人到四厂参观学习。亲眼所见之后，工友们既表示不敢相信又觉得不服气，厂里开工不比四厂晚，设备不比四厂差，大家的技术水平也不比四厂工人的技术水平低，为啥人家能做到的，自己却做不到。

[①]　李永安主编《中国职工劳模大辞典》，中国工人出版社，1995，第331页。

回到工厂后，聂秉举同工长杜连元商量，要趁热打铁，发动全厂的工友们开展追赶四厂的创新纪录运动，连夜召开了动员大会，号召大家超过 5 小时的纪录。受到外部刺激的工人们都积极响应，信誓旦旦地表示一定要赶超四厂，特别是有着十二年工龄的生产积极分子赵国有，他心想，虽然自己不是做塔轮的，但是全厂要是不能突破这关，生产运动就很难取得突破。想到这里，他主动表态要挑战四厂。

聂秉举是识才、爱才的伯乐，赵国有和张尚举就是他发现并推举出来的"千里马"。在聂秉举的关心和支持下，划线小组组长、共产党员张尚举和车工、生产积极分子赵国有形成了既竞争又合作的关系。两个人一拍即合，你追我赶，张尚举将个人划线成绩从原来的七小时缩到两个半小时，赵国有也将车塔轮的时间由原来的七个小时缩短到两个小时二十分钟，生产效率提高了三倍，创造了一个又一个生产新纪录。聂秉举向全厂工友报告了赵国有和张尚举的事迹和成绩，并将他们的事迹登上了光荣榜，鼓励大家向他们学习，并继续推进创生产新纪录运动。在运动过程中，厂里出现了过于追求速度而忽视质量的问题，生产出来的车床合格率低影响正常使用。聂秉举召开厂工大会，严肃地强调，生产的机床"质量不好，是三厂工会与全体职工的耻辱[①]"。会后，聂秉举领导开展了创质量新纪录运动，发动积极分子组织质量突击队，制定质量目标，并制定了一系列的质量规范条例。他深入车间，向工人们了解具体情况以后，建立了责任制，要求将导致机床质量不好的生产环节各个击破。其中，铣工班落实责任制的情况不好，严重影响了整个生产过程，聂秉举就入驻铣工班，亲自指导，直到该车间达到质量目标为止。事实证明，聂秉举发动的创质量新纪录运动成效显著，产品的合格率大幅提升。在他的不断鼓励下，赵国有也终于创造了车一个塔轮仅用 50 分钟的奇迹。三厂月月能超额完成任务，聂秉举功不可没。沈阳市总工会及时总结了创新纪录运动的经验并进行推广，此后，创新纪录运动在全市、全省乃至全国开展起来。

随着三厂生产效率的提高，工薪实习团来厂"定标"。当时，大部分工人对"定标"工作不太了解，特别是一些老职工，他们认为工薪实习团肯

---

① 沈阳市总工会编《沈阳劳动模范》，中国工人出版社，2016，第 37 页。

定会按照最高的生产纪录给大家下定额，完不成的就要扣工资，这就要求工人们必须争分夺秒地干，简直比旧社会还严重。聂秉举在了解了大家的消极情绪之后，单独找了一些老工友做思想工作，耐心地给他们解释了"定标"的目的，说明了与伪满洲国时候压榨工人的不同，并保证会制定合理的标准，使工人们逐渐接受了"定标"。同时，他还把工人们的担心和顾虑反映给工薪实习团，建议制定合理的生产目标。职工们一看工会没有骗人，还奖励按时完成和超额完成生产任务的工人，大家都铆足了劲儿搞生产，因此三厂工人又刷新了大批的生产纪录。为了鼓励工人们积极生产，聂秉举主持工人们签订了集体合同；为了避免因追求速度而出现各车间衔接不连贯问题，保证相互之间按质、按量、按期完成任务，他还组织工人们签订了联系合同。无论是集体合同还是联系合同，都是沈阳乃至全国的首创，这种方法取得了明显的效果，全厂月月能完成生产任务，生产效率也大大提高。

聂秉举不仅在工作方面支持工人们搞创新，在生活方面也特别关心大家。工厂一部工人吴耀祯生病了，聂秉举放心不下，买了蛋糕亲自去看望他。铸工厂工人纪维良因工烫伤，聂秉举也立马去慰问。工厂有这样的工会主席，老工人们都感动地说："共产党对工人们真好呐！"铸工厂的徒工李恩兴家里困难，年迈的父亲和瘫痪在床的母亲等着他养活，还有两个妹妹不得已乞讨为生，他是家里唯一的支柱。聂秉举听说以后，决定发动厂里的工友们捐款捐物帮助李恩兴，大家凑了300元钱，买了1000斤高粱米，聂秉举还从行政部门要了300斤米，亲自送到他家，李恩兴一家人都很感激他。聂秉举深入工人之中，留心观察他们的日常生活，他发现工厂的独身工人数量庞大，如何把他们组织调动起来是个大问题。晚上下班后，聂秉举经常来到独身宿舍，与工人们交流，给他们讲政治课，引导他们树立正确的劳动观和价值观。为了解决独身职工的寝室卫生问题，清洁竞赛成为聂秉举的又一创举。① 每个星期六，他都会组织工人们进行大扫除，并且评选出优秀宿舍，颁发流动红旗和一些奖品。聂秉举还发动工人们自己动手建造了公共洗衣池和一所公共厕所，方便了工人们洗衣服，也保证了公共

---

① 《东北工业建设中的劳动模范》，东北工人出版社，1951。

卫生。经过一番苦心组织，寝室卫生问题得到了有效的解决。聂秉举是个很细心的人，在食堂吃饭时，他发现山东籍的工人们吃不惯东北的高粱米，他就马上嘱咐伙房做一些大饼子，保证生产一线的工人们都能吃饱饭，才有力气干活。他深知工人们都是干力气活，还天天争分夺秒加班加点，必须保证伙食，他总是向上级争取福利或者搞一些副业来补贴伙食费。他还专门找了一个会养猪的人，养了三头老母猪，把老母猪下的小猪卖了钱给工人们改善伙食。工厂表彰时给养猪的伙夫也争取了荣誉，提高了伙夫的积极性，也保证了工人们的伙食质量。受到聂秉举的鼓励和关心，工人们争着抢着干活，越干越带劲，越来越多的工人被评为生产积极分子。工人们都称赞聂秉举，夸他是"职工的贴心人。"

1950 年，聂秉举获得沈阳市劳动模范的荣誉称号，同年被评为全国劳动模范。他曾当选为辽宁省第一届、第三届人大代表，1951 年 5 月调任中国机械工会沈阳市委员会主席。[①] 1951 年聂秉举当选为沈阳市总工会副主席，1977 年 9 月他调任辽宁省总工会副主席，1985 年 3 月离休。这是一位从工厂走出来的工会干部，是一位为工人们服务了一辈子的工会干部。

编辑：田鹏颖 刘晓东

赵国有

赵国有（1924~），男，辽宁辽阳人，1949 年 11 月加入中国共产党[②]，1946 年，进入沈阳第三机器厂当工人。中华人民共和国成立后，他历任中华全国总工会生产部副部长、四川德阳重型机器厂（中国第二重型机械集团公司）设备处副处长。沈阳解放后，在恢复和发展生产的艰难时期，赵国有改造铣刀和操作法，创造了 50 分钟做一个塔轮的全国纪录。同年东北工业部、东北总工会号召全体职工向赵国有学习，开展"新纪录运动"。赵国有 1950 年获全国劳动模范称号，出席了全国工农兵劳动模范会议。他曾当选第一届全国人大代表。

---

① 沈阳市人民政府地方志办公室编《沈阳市志》，沈阳出版社，2000，第 203 页。
② 沈阳市人民政府地方志办公室编《沈阳市志》，沈阳出版社，2000，第 198 页。

1948 年 11 月 2 日沈阳解放。面对遭到惨重破坏几近成为废墟的铁西工业区，军管会派来接管领导，指挥和组织工人们回厂参加生产。工人们首先对厂区进行了大规模的清理，检修设备，并积极主动地将自己珍藏的生产器材捐献出来，希望能够尽早恢复生产。工人们在党的领导和帮助下，主人翁意识迅速增强，劳动热情空前高涨。

1949 年 6 月 16 日，沈阳第四机器厂（现鼓风机厂）桥梁部的工人荣雨亭加工一个塔轮所用时间达到了伪满时期 5 个小时的最高标准。消息传到沈阳第三机器厂，工友们都不相信。大家认为，伪满时期，是日本资本家为了刁难工人、克扣工资，故意抬高生产标准，根本无法实现，现在竟然有人做到了，实在不可想象。工会主任聂秉举针对工友们的态度，组织厂里的生产积极分子和一些不相信的工人到四厂参观，其中共青团员、车工赵国有也在此列。事实教育了大家，他们亲眼看到四厂荣师傅在同等的生产条件下只用了 5 个小时就加工出了一个塔轮。回到厂里，有些人就开始加班加点地生产，结果最快也仍然需要 6 个小时才能做出。经过研究和改进，生产速度逐渐加快到 5 个小时。

这时，参加过沈阳市总工会第一期职工培训班、有着较高思想觉悟的生产积极分子赵国有十分着急，他想："突破不了塔轮生产这一关，全厂的生产运动就很难向前发展，我是一个有着十一二年工龄的老工人了，论技术应该比别的共青团员强，这该是我起带头作用的时候了"[1]。于是，他主动请战，多次试验，先是争分夺秒打时间战，上厕所都是跑着去，把铺盖卷搬到车间加班加点地"连轴转"。好不容易把生产塔轮的单位时间缩短到了 3 小时，可是没过几天，又传来了兄弟厂打破了赵国有创造的新纪录的消息。

这时，在一次青年团会议上，领导号召青年团员们注重"发明创造，改革工具"，通过创新提高生产效率。赵国有听后很受启发，光靠卖力气不行，还要从技术上改进。他开始反复琢磨设备的工作原理，并虚心地向老前辈们和自己的竞争对手们请教，自己画图，自己做模型，终于创新出一种车、铣相结合的工作方法：在加工内孔时加大加粗刀杆以增强力度，改

---

[1] 《东北工业建设中的劳动模范》，东北工人出版社，1951，第 2 页。

用铣子铣；加工外圆时，把尖刀改为样板刀以加大车刀。这样即便是车的转速加快也能保证不晃动，而且一刀一个台，生产效率大大提高。经过反复的试验，再加上赵国有熟练的操作方法，他终于将一个塔轮的生产时间缩短到了 2 个小时 20 分钟，生产效率明显提升，创下了新的生产纪录。面对成功，他并没有止步，再接再厉，更加注重改进生产设备，在二十多天的时间里，把生产纪录又缩短了 1 个小时。在赵国有和他的竞赛对手张尚举的带动下，全厂的创生产新纪录运动开展得如火如荼，新的生产纪录一次一次被创造，又一次一次被打破，大家都你追我赶地创造生产奇迹。

当党中央筹备召开中国人民政治协商会议、中华人民共和国即将诞生的消息传来时，工人们的劳动热情更是空前高涨，立志要用自己勤劳的双手创造出丰硕的成果，为中华人民共和国献礼。赵国有不仅自己身先士卒带头干，也主动地团结其他工友改进设备、改善技术，帮助他们也创造出生产新纪录。赵国有成为工人阶级主人翁意识和创造精神的突出代表。东北总工会和沈阳市总工会作出决定，在全市开展学习赵国有创造新纪录的群众运动。1949 年 10 月到 11 月，《东北日报》连续发表了 7 篇关于生产革命的文章，《人民日报》也以"燎原的火焰——创造纪录运动的烈火是怎么点燃起来的"为题，报道了创造新纪录运动，并号召全国人民向东北学习。时任东北人民政府副主席的李春富曾经高度评价创造新纪录运动，他说，创造新纪录运动"政治上巩固了人民民主专政，经济上推动了生产建设高潮，文化上提高了科学管理技术水平"[①]。赵国有没有停留在原有的纪录上，继续钻研技术，改进操作方法，把车塔轮的内孔和外圆都改成了样板刀，这样就可以保证都是一刀成型，把加工时间大大缩短，仅用 50 分钟就能完成一个塔轮。赵国有 50 分钟车一个塔轮的消息震惊了全厂。中共中央东北局、东北人民政府和东北总工会总结推广了以赵国有为代表的沈阳全市创造生产新纪录运动的经验，联合发出开展此项运动的决定。此后，创造新纪录运动在东北大地上蓬勃展开，并迅速发展到全国各地，在中华人民共和国经济恢复和发展时期的工业发展史上写下了浓重的一笔。

赵国有在沈阳解放后掀起了全东北数十万工人群众参与其中的创造生

---

① 沈阳市人民政府地方志办公室编《沈阳市志》，沈阳出版社，2000，第 198 页。

产新纪录运动，并在国家工业建设中取得了卓越的成绩，党组织于 1949 年 11 月吸收赵国有为中共党员，广大人民群众选举他为代表参加了沈阳市人民代表会议、职工代表大会和东北人民代表会议。1950 年 4 月，他以中国工人阶级优秀代表的身份，作为中华全国总工会代表团的一员，到苏联参加"五一"国际劳动节庆祝活动。赵国有十分珍惜这次难得的机会，不仅参加了红场的阅兵仪式，还参观了许多工厂，会见了很多优秀的斯达哈诺夫工作者，他虚心地向这些优秀的工作者请教问题，接受建议，收获颇多。9 月，代表团回国后，赵国有被邀请列席参加中国人民政协全国委员会第二次会议，会议期间他受到了毛主席的接见，并同毛主席合影留念。

从北京回到沈阳，赵国有一下火车就直奔工厂，他迫不及待地向厂长和工友们汇报自己在苏联、在北京学到的先进生产经验和操作技术，他倡议以自己所在车间为试点进行"建设模范车间"试点工作，通过试点总结推广更高效的生产计划和管理制度。这一提议受到领导的大力支持和工友们的全力配合。在试点过程中，他根据苏联的先进生产经验，科学地组织劳动力，根据工人们技术高低和熟练程度的不同，将他们分别安排到"车荒""挑扣""光稍"三道程序上，形成了正式的流水作业，再加上对机器设备的改进，不仅提高了生产效率，还大大提高了产品的合格率。

1950 年 9 月，赵国有被评为沈阳市第一届劳动模范，并受邀出席了全国工农兵劳动模范大会，获得了全国劳动模范的荣誉称号。会上，他代表全体英雄模范向大会致辞。1951 年以后，赵国有历任全国总工会生产部副部长、政策研究室副主任、全国机械工会劳保部部长。1958 年，他响应国家号召，调任四川德阳重型机器厂先后担任技师、处长等职，大力支援了西南地区的工业发展，于 1984 年离休。

赵国有将自己的一生都贡献给了中国的工业发展，就像他自己所说："我绝不辜负党和人民对我的教育和期待，我是工人阶级，是光荣的共产党员，一定用我全部的智慧和劳动，建设我们的伟大祖国，牢固我们的神圣事业！"①

编辑：田鹏颖　刘晓东

---

① 《东北工业建设中的劳动模范》，东北工人出版社，1951，第 8 页。

马恒昌

马恒昌（1906～1985），男，汉族，辽宁辽阳人，中共党员，1948 年进入沈阳第五机器厂当工人。中华人民共和国成立后，他历任齐齐哈尔市第一机床厂车间主任、总机械师、党委副书记、顾问等职务。马恒昌领导的工作小组被命名为"马恒昌小组"，小组不断创造新的生产纪录，创新班组民主管理模式。1950 年，他被评为全国劳动模范，"马恒昌小组"被评为全国劳动模范小组。马恒昌曾任第一、二、三、六届全国人大代表，第四、五届人大常委。1985 年 7 月 18 日，马恒昌因病逝世，终年 78 岁。

1948 年 11 月 2 日，沈阳全境解放。马恒昌响应党的号召，回到沈阳第五机器厂，从一名普通车工做起。在工厂里，领导们和老工人们平起平坐，一同交流学习。马恒昌受到了在旧社会从未有过的尊重，他坚信共产党是真正为人民着想的党，只有坚持共产党的领导才能实现人民当家做主的愿望。从此，他一心扑在工作上决心用实际行动来回报党。

工厂刚刚恢复生产，各种器材十分匮乏。在旧社会的兵工厂做了 25 年工的马恒昌，省吃俭用、卖裤子当袄换来一把千分尺。在那个年月，这是一种稀缺珍贵的量具，一把千分尺可以换一家四五口人好几个月的口粮，母亲在病危的关键时刻都不肯让他把这把尺子卖掉救命。现在，为了帮助工厂尽快恢复生产，无私奉献的马恒昌主动捐献出千分尺。他见老伴儿不舍得，就给老伴儿讲共产党帮助人民翻身做主人的道理，最终说服了老伴儿，他还拿着尺子在母亲的坟前跪了很久，希望母亲可以谅解。第二天，马恒昌把千分尺捐献给了厂里。这把尺子震动了全厂，在他的带动下，工友们纷纷捐献器材，把厂子里能用上的东西都捐了出来，在大家的共同努力下，厂子机器很快运转了起来。

由于马恒昌生产经验丰富，为人正直公道，大家一致推选他为组长。1949 年初，厂里上上下下都展开了如火如荼的"红五月"劳动竞赛，马恒昌也带领小组成员积极生产，他要求小组成员不仅讲求速度，更重要的是保证质量，减少浪费。为达到这一标准，大家都严格按照图纸进行操作，避免误差，遇到不懂的问题及时提出，勤练、勤记、勤总结。马恒昌带领车工一组利用中午读报时间召开"技术研究会"，还成立了"三人技术互助

组"，与成员共同探讨学习，相互进步。马恒昌用深入浅出的方法把自己所学毫无保留地分享给大家，鼓励组员勤动脑筋，注重实践。就连吃午饭的时候，马恒昌都不忘记工作，他一手拿着饭盒，一手拿着图纸还在研究，下班路上，他也常常是一边走一边和组员们讨论问题，形成了一股积极上进、钻研创新的好风气。他和小组工友每天坚持提前上岗，一天能赶出两天的活，而且产品质量件件过关，在当时是非常了不起的事情。最后，在迎接"红五月"劳动竞赛的37天中，车工一组改进了十多种工具，建立起了产品质量保障制度，没有生产一件废品，工作效率提高了两倍多，成为厂里争相学习的楷模。在厂里的竞赛总结表彰大会上，马恒昌所领导的车工一组被正式命名为"马恒昌小组"，并颁发了"生产竞赛模范班"的红旗。

马恒昌小组之所以能取得好的成绩、形成好的竞争风气，与马恒昌的民主管理方式有很大关系。他认为一定要打破旧社会"教会徒弟，饿死师傅"的谬论。他以身作则，把自己的手艺毫无保留地传授给其他人，不厌其烦地讲解、示范并操作。他无时无刻不在琢磨怎么才能提高效率，保证质量，不仅教别人还总是向别人请教、学习，在他的带动下，工友们学习技术的热情越来越高涨。他曾经说过："大家选我当组长，咱得实心实意地依靠大家，团结大家，齐心协力地把生产搞好。最关键的是，组里的事不能只靠我一个人说了算，得想办法把全组的人都鼓动起来。"① 他提倡人人平等、相互管理、相互监督、共同进步。于是，马恒昌根据每个组员的特长进行分工，设立了学习干事、卫生干事、工具保管干事、文教干事、安全干事。这一举措充分调动了每个成员的工作积极性，提升了大家的主人翁意识，增强了集体观念。再后来，马恒昌小组形成了"六大员"（政治宣传员、技术质量员、经济核算员、工具管理员、设备安全员和生活服务员）的民主管理模式。

马恒昌和"马恒昌小组"在第五机器厂"出名"后，他们的事迹在辽宁的各大报纸上刊登出来。《机关报》《沈阳日报》等多家报纸都发出向马恒昌、向"马恒昌小组"学习的号召。1950年5月初，东北新华书店出版

---

① 沈阳市总工会编《沈阳劳动模范》，中国工人出版社，2016，第11页。

发行了《生产小组的好样子》丛书。书中用通俗易懂的语言，生动地介绍了马恒昌及其小组的先进生产过程，为广大工人阶级树立起鲜明的榜样形象。之后，由于贡献突出，他连续获得"沈阳市机械局特等劳动模范""沈阳市特等劳动模范""东北机械工业部特等劳动模范"等荣誉称号。尽管满身荣誉，但是他仍然坚持在一线工作，与工友们同吃同住同奋斗。

1950 年 9 月，马恒昌作为辽宁省劳动模范代表，受邀到北京来参加全国工农兵劳动模范、战斗英雄代表大会。在会上，马恒昌被评为全国劳动模范，成为中华人民共和国成立后第一批劳模代表，"马恒昌小组"被评为全国劳动模范小组——"生产战线上的模范"，是中华人民共和国成立以来，第一个以个人姓名命名的先进模范班组。更让马恒昌做梦也想不到的是，在党中央和政务院举行的盛大国庆招待会上，他被安排作为工人阶级代表向毛主席敬酒。在宴会上，马恒昌怀着激动又忐忑的心情，一直目不转睛地看着他所敬佩又爱戴的毛主席，直到毛主席微笑着走到他身旁，还亲切地说："马恒昌，我知道的，我知道你"。马恒昌恭敬地端起酒杯，说："我代表工人阶级向您敬酒，为您的健康干杯！"毛主席也举杯示意，掷地有声地说："为工人阶级幸福干杯！"之后同他热情握手。这一刻，对马恒昌来说，永生难忘。直至退休，马恒昌又先后受到国家重要领导人多达十几次的接见。每一次受到接见，马恒昌都感到无比荣耀，都将其视为人生中最幸福的时刻。

马恒昌和马恒昌小组不仅在解放战争期间和中华人民共和国成立初期积极配合生产，在抗美援朝之际，更是响应国家号召，参加完北京的劳模表彰大会回到沈阳后，马恒昌就带领他的小组第一批报名迁往齐齐哈尔，建立齐齐哈尔第二机床厂。大规模的搬迁，对于那些土生土长的工人们来说是一个很难的抉择，再加上当时的齐齐哈尔确实是荒无人烟的"北大荒"，交通也不是很便利，想再回到家乡确实很难，很多人并不愿意背井离乡。马恒昌意识到，无论是出发前还是到达后，这次北迁对小组都是一个重大的考验，想要顺利实现北迁，大家必须团结一致，同心协力。于是，他利用休息时间，给有思想负担的工友们讲道理，摆利弊。终于，在他的耐心开导下，工友们放下了思想包袱，纷纷表示愿意到"北大荒"去开创新天地。到了齐齐哈尔之后，马恒昌和他的小组也一直发挥着模范带头作

用，克服各种困难，经受各种考验，在抗美援朝时期，他们为前线输送了大量的军用机械设备，为抗美援朝战争的胜利做出了不可磨灭的贡献。

1985 年 7 月 18 日，马恒昌因病去世，享年 78 岁。他的一生在平凡的岗位上带领全组成员创造了不平凡的成绩，他无私奉献、认真负责、钻研创新、团结互助、积极进取的精神一直鼓舞和影响着一代又一代的工人们，"马恒昌精神"值得我们世世代代传承下去。

编辑：金钟哲　刘晓东

张子富

张子富（1915～1990），男，汉族，山东莒县人，1949 年加入中国共产党。[①] 张子富 1937 年参加山东抗日游击队，历任战士、班长，1941 年 2 月在执行任务时被日军俘虏，越狱逃出后，到大连的码头当苦力。由于他不屈服把头的欺压，被赶出码头。1945 年 8 月张子富到抚顺矿务局西露天矿当工人，1949 年带头创造全国第一个突击组、突击队，曾任突击队长、矿区工会副主席、矿工会副主席、西露天矿区长、厂长等职。1948 年，抚顺解放，露天煤矿回到人民的怀抱，从此张子富心里想的都是如何把生产搞上去。1949 年 2 月，由于表现突出，张子富当上了生产组长，并且成为一名共产党员。1950 年，张子富当选全国劳动模范，被誉为"旋风"突击队队长，1982 年离休，1990 年 8 月 1 日病逝。

抚顺西露天煤矿位于抚顺煤田的西部，东西长 6.6 公里，南北宽 2 公里，南依千台山，西傍古城河。矿内储藏着世界罕见的特厚煤层，是优质的工业动力煤。煤顶层的油母页岩煤含油率很高，是炼制石油的原料。西露天矿的开采，对支援我国社会主义建设具有重要作用。

1948 年 11 月 1 日，抚顺解放，矿山回到人民怀抱。在中国共产党的领导下，广大矿工迅速开展了矿山恢复和建设工作。中华人民共和国成立以后，党和国家对抚顺煤矿的建设和发展高度重视，多次拨巨资支持抚顺煤矿的改扩建和技术改造。在恢复期间，全矿产量持续上升，煤炭产量由 1949 年的

---

① 李永安主编《中国职工劳模大辞典》，中国工人出版社，1995，第 332 页。

121.72 万吨提高到 1952 年的 207.12 万吨[①]，产量提高了近一倍。1953 年，我国开始执行国民经济发展的第一个五年计划，国家投资六千余万元对西露天煤矿的生产技术、工艺、劳动组织、管理机构等各方面进行了总体改造。通过宣传执行国家"一五"计划的重大意义，广大矿工认识到，煤炭是工业的粮食，石油是工业的血液，加速发展生产，多出煤炭和油母页岩支援国家经济建设是西露天煤矿的光荣任务。一大批劳动模范、生产能手在这个过程中涌现出来。

中华人民共和国成立初期，矿上的工人对于共产党和人民政府缺乏了解，加上一些敌人的造谣破坏，工人们情绪不稳定，工作态度消极，工作效率低下。"干不干，二十万，苞米馇子小米饭"是在西露天煤矿部分工人中广泛流传的一句话。当时，张子富心里十分着急，他过去参加过由共产党领导的游击队，懂得一些革命道理，明白人民翻身做主人后是为自己、为人民、为国家工作，主动向矿里提出成立一个生产突击小组，哪里活最苦最难，就到哪里去，以实际行动影响和带动大家，掀起生产热潮，矿领导当即批准了他的请求。组建突击小组的消息传开，工人们不但不响应，还有人说是张子富出风头。面对冷言冷语，张子富斩钉截铁地说："这个风头我出定了！"经过反复动员，终于有 5 个人愿意加入小组，这也就是抚顺出现的第一个生产突击小组。[②]

在张子富的带领下，突击小组首先在东大巷（坑下到坑上的主要运输道）掀起了突破生产定额的示范活动。以前，工人们每天八点上班，磨蹭到九点才下坑，到坑底后也是烤烤火、聊聊天，十点多才开始干活，一点钟就开始收拾工具上坑了，说是八小时工作制，实际上只工作两个多小时，每人每天只能装 3.3 吨煤，也就是每人每天只能装 1 车煤。张子富第一天带领突击小组，六点之前就下坑开始干活，到下午两点收工的时候，平均每人装煤 3.7 车，后来达到 5.5 车。这一突击生产行动，影响和带动了东大巷的蔡长智小组，组长蔡长智鼓励工友们积极生产，第二天小组成员也达到

---

① 辽宁省政协文化和文史资料委员会编《辽宁老工业基地建设纪实》，辽宁人民出版社，2014，第 193 页。

② 《中华劳模大典》编委会编《中华劳模大辞典》，中国统计出版社，1997。

了每天装 3 车。随后，在先锋作用的激励下，整个东大巷的工人们都被带动起来，产量大大提高。

这时，张子富小组发展到 8 名组员，鉴于突击小组战绩辉煌，矿党委命名他们为"张子富突击队"，并让突击队到西大巷开展突击活动。西大巷人听说张子富要来，想出难题为难他，让他们装"白泥"，这是最吃力最难干的活。张子富却说："装白泥，我们也要和你们竞赛！"他没有挑拣、没有退缩。第一天竞赛装车张子富小组平均每人装一车，对方装了一车半。第二天，张子富小组每人装了两车，对方仍然是一车半。到了第三天，对方干劲十足，装了两车，张子富突击队装到了 2.8 车。一个月过去了，突击队胜利了。在张子富的影响下，西大巷的劳动热情十分高涨，装煤车每人每天达到六车，装白泥达到了一车半，生产效率不断提高。后来，有人问张子富："你这样拼命干，也不多得一分钱，图个啥？"张子富说："我就图个心情舒畅。过去咱们给日本人和国民党干，挨打受骂受尽屈辱，心里憋气，现在，咱们给共产党干活，给自己干活，心里舒坦。"后来，张子富率领突击队把所有露天掘大坑的工区突击了一圈，整个矿区都掀起了生产热潮，一批批突击队涌现出来。①

矿里还有些地方士气不高，张子富向矿领导提出：要像刮旋风一样，扩大突击队的活动和影响范围。矿领导对这个提法非常支持，明确指出，张子富可以在全矿任何地方组织生产突击活动。这时，西下盘有两个放炮班，共 24 名工人，人浮于事，窝工严重，矿里搞按工定员，这两个班不肯减员。面对这种情况，张子富找来 5 个放炮能手，组成一个放炮突击队，一连干了 3 天，突击队每天干的活比原来 24 个人干的还多两倍，在不争的事实面前，两个放炮班主动减去 10 人，劳动态度也改变了不少。

张子富突击队"旋风"刮到哪里，哪里就会呈现增产节约的好局面。一次，张子富在刘山洗煤班，看见洗煤溜子里有许多煤块白白流掉，很心疼。于是，他决定组织一支洗煤突击队。洗煤班的人听到消息都说："张子富又到我们这刮旋风来了。"张子富说："我不是来刮旋风，而是来淘金的，大家看，这么多煤炭白白流掉，多可惜，这是国家的财富啊。"说着，他就

---

① 沈阳市总工会编《沈阳劳动模范》，中国工人出版社，2016。

带领突击队员们大干起来。张子富用自己的行动，带动了在场的工人群众，洗煤班由过去每人每天洗五六百公斤煤，提高到一吨多，每月能给国家节约一千六百多吨煤。

张子富当选为劳动模范以后，眼界更加宽阔了。他不仅在生产上开展丰富多彩的突击活动，还用工人阶级的先进思想教育后进工人。当时，西下盘有一个远近闻名的"调皮班"，班里有不少后进工人，为了改变这个班的落后面貌，张子富主动和他们交朋友。班里有个姓杨的工人，因打架斗殴被法院判劳教了一个多月，劳教回来后，谁都不愿要。张子富便把他带在身边言传身教，渐渐地这个工人成了生产积极分子，全班面貌也焕然一新，"调皮班"变成了"模范班"。刘山洗煤工人纪宝全，伪满和国民党时期是洗煤班的小头头，养成了好吃懒做的恶习。张子富主动接近他，热情帮助他，带动影响他，他成了张子富的得力助手，在生产建设上屡建功绩，被评为劳动模范。

1950 年 9 月，张子富光荣地参加了全国第一次劳动模范代表大会，并受到了毛主席及党和国家领导人的亲切接见。张子富用自己的模范行动，为十里煤海的矿工树立了光辉榜样，他的先进事迹至今在矿区传颂。张子富就是以他对党和人民的忠诚和勇克生产难关的先锋模范行动，在西露天煤矿乃至全煤城人们心里筑起了不朽的丰碑。

编辑：金钟哲 刘晓东

尉凤英

尉凤英（1933～），女，汉族，辽宁抚顺人，中共党员。1953 年，尉凤英在东北机械厂当工人，后任工人工程师、国营新阳机械厂工会主席，1954年加入中国共产党。[①] 1953～1959 年，8 年间尉凤英革新技术 107 项，多次提前完成生产任务，1956 年、1959 年连续两次被授予全国先进生产者称号，13 次被毛泽东主席接见，当选中共第九、十、十一大代表，中共第九届、十届中央委员和十一届中央候补委员，第二、三届全国人大代表。至今，

---

① 李永安主编《中国职工劳模大辞典》，中国工人出版社，1995。

这位 80 多岁高龄的老劳模仍然坚持为振兴东北老工业基地贡献着力量，传承着劳模精神。

"一生别总想'我'字，想多了，这个人就完了"①，简单的一句话，没有什么华丽的辞藻，却道出了人生的最高境界，这就是中国产业工人的楷模——尉凤英。

尉凤英出生在辽宁抚顺的煤矿工人家庭，父亲去世早，母亲带着三个孩子艰难度日，在艰苦的生活环境中，她从来没奢望过什么辉煌和荣耀。二十岁时，尉凤英进入东北机器制造厂当上了学徒，上班第一天，她就兴冲冲地向师傅保证："您分配我干啥都行，我有力气，不怕脏，不怕累"②。

事实证明，尉凤英确实吃苦耐劳，总是来得早走得晚，加班加点，她每天天不亮就来到车间，做好一系列生产前的准备工作。她踏实好学，勤奋工作，师傅操作的时候总是在一旁细心观察，不懂就问，进厂不久就能独立上岗了。当时正处于抗美援朝战争的最后阶段，全国人民团结一致，上前线促生产争取战争的胜利。东北机械厂是一家大型的军工企业，在非常时期更是担负起重要的支援前线的生产任务。尉凤英每天起早贪黑，争分夺秒地搞生产。

尉凤英不仅勤快，还有一股钻研创新的精神。她在生产实践中发现，改进生产方式比一味地延长生产时间要有效得多，因此她开始琢磨提高工作效率的方法。为了追赶工作进度，她开始钻研"小窍门"，尝试进行技术革新。以前工厂生产都是手动送料，有一次，冲床的工友急于完成生产任务，在送料时压断了一根手指，尉凤英就想发明一个自动送料器，既可以防止工人受伤，又可以提高效率。于是，她就开始日日想，夜夜想。正值中秋节，家里煮猪蹄，她看着打着弯的猪蹄突然联想到可以尝试将弹簧加在送料器上。于是，她扔下筷子，跑回工厂，开始验证自己的想法。一次失败，两次失败……不知不觉已经是深夜了，她仍然在进行第十次实验。送料器有两节钢丝绳，使用细的，只开动几下，就被拉断了，换用粗的，

① 孙建冰、马萱：《老劳模新风采——访"毛主席的好工人"——尉凤英》，《共产党员》2014 年第 12 期。

② 苏开：《尉凤英：挥之不去的"蓝领"情绪》，《党史纵横》2002 年第 7 期。

钢丝绳虽然不断了，可是送料器上的送料板又被拉完了。[①] 她并没有灰心，决定再尝试一次，换上一根车链子，加上两根弹簧。再次开动机器，实验终于成功了。自动送料器投入生产，女工们仅用 21 天的时间就完成了全年的生产任务。尉凤英的汗水和心思也总算没有白费。

自动送料器的成功发明使尉凤英和工友们感受到了技术革新的重要性，从此便特别注重机器设备的改进和技术的革新。军工厂生产任务重，为了保证完成任务，机床刀片经常被打折，刀折了活儿也就废了。为了解决这种问题，尉凤英不停地想方法、做模型。她经常走路想，睡觉想，吃饭时还一手端着碗一手用筷子蘸着菜汤在桌子上写写画画。终于，受农民用簸箕簸黄豆和建筑工人用筛子筛沙子原理的启发，尉凤英做出了模型。她白天忙生产，晚上在车间搞实验，快天亮的时候才搬块砖头在车床旁边睡一会儿。不久，"在技术人员的帮助下，半自动搬把和自动分离器研制成功，生产效率提高了 80%，她 118 天完成了 1953 年全年的生产任务"[②]。尉凤英注意观察生活中的小细节，经常把一些不起眼的原理运用到改进技术设备上，比如"为了研制自动送料机，她就跑到铁道旁，蹲趴着观察火车的轮拐转动，被机车喷出的雾气弄得全身潮湿；梳头时，她拿着木梳出神，联想到车床单刀切削，由此研究出了四刀切削法……"[③] 如此等等，不胜枚举，尉凤英对于创新几近到了痴迷的地步。此后，这个仅在夜校里学了些文化的女工，以提高生产效率、节约原材料为目的，1953～1965 年，实现技术革新 177 项，其中重大技术革新 58 项。凭着她无私奉献的主人翁精神，提前 434 天完成了第一个五年计划的任务，又用短短四个月的时间完成了第二个五年计划的全部生产任务。1964 年，她被命名为工人工程师，被大家敬佩地称呼为"总在跑的铁姑娘"。

为了迎接"二五"计划的到来，尉凤英和同厂技术员卢其昌把结婚的日子选在了 1958 年 1 月 1 日，这一天成为她一生中极具重要意义的一天。结婚以后，尉凤英生育了两个女儿。她怀孕的时候担心领导知道了会照顾

① 沈阳市总工会编《沈阳劳动模范》，中国工人出版社，2016。
② 顾威：《尉凤英：永远当一名"好工人"》，《老年教育》2014 年第 3 期。
③ 刘一力：《中国产业工人的楷模——尉凤英》，《共产党员》2011 年第 12 期。

她，减少她的工作任务，特意穿了一件又肥又大的衣服，以防被工友和领导察觉。通过精心"伪装"，在孩子出生之前，她都每天坚持上岗。直到医院给车间打来电话，大家还惊奇地开玩笑说她是"先生孩子，后怀孕"。工厂规定的产假是56天，可是孩子一满月她便又回到工作岗位。即使是在产假期间，她也没闲着，把平时没时间、没思绪的生产问题统统罗列出来，一一解决，提出了6项技术革新。其中有一项是将原来的机械加工改进成自动化加工，仅这一项技术就将生产效率提高了8倍。小孩需要吃奶，工厂原本也给女性职工喂奶时间，可是尉凤英一算，一天少工作两小时，一年就少干两个月，这是绝对不行的。于是，她就和婆婆商量，让婆婆给孩子喂牛奶，她的两个孩子都是喝牛奶长大的。她把全部的精力都投入到生产和技术革新中，简直到了如痴如醉的程度。

1965年，党中央命名尉凤英为"毛主席的好工人"，20世纪50～60年代的工人都知道自己队伍里有个尉凤英。她曾经作为工人代表，先后13次受到毛主席的接见，邓小平、江泽民、温家宝等党和国家领导人也都多次接见了她。1955年9月28日下午3时，尉凤英作为全国青年建设积极分子代表，生平第一次受到了毛主席的接见，这一刻成为她永生难忘的记忆。当时，北京召开全国社会主义建设积极分子大会，大会头一天就通知毛主席第二天要接见会议代表。得知这个消息后，尉凤英激动地一夜没睡，把牙缸装上热水当熨斗把衣服裤子熨了好多遍，就是希望明天见到毛主席能够精神一点。第二天，来到中南海，她从地上捡起一片树叶，特别有心地将它夹到笔记本中留作纪念。在怀仁堂，她终于见到了万分崇敬的毛主席。毛主席亲切地与她握手，简单询问情况后说："工人阶级是领导阶级，你是工人阶级的先进分子，要好好学习，努力工作"。这质朴的话更加成为尉凤英努力工作、革新技术的强大动力，激励她不断创造出令人瞩目的好成绩。

1993年，60岁的尉凤英从工厂退休，褪去崇高的社会荣誉和政治地位的她，仍然发挥着余热，奉献着自己。她经常受邀到各大企业、机关、部队和学校作报告，还担任了几十所大中小学的校外辅导员、德育教师和名誉校长。她曾说，要将"艰苦奋斗、无私奉献的光荣传统传播给更多的人

和年轻一代，努力为改革开放、振兴东北老工业基地做贡献"①。

"一个人美不美，不在于他穿的什么，戴的什么，而在于他想的是什么，做的是什么"②，这是尉凤英老劳模的经典语录，一颗感恩质朴的心，一种刻苦钻研、创新进取的精神，成就了老劳模一生的辉煌和荣耀，也为奋战在一线的产业工人和社会各行各业的劳动人民留下了宝贵的精神财富。

编辑：田鹏颖　刘晓东

王凤恩

王凤恩（1942～1999），男，辽宁省本溪人，中共党员，曾任沈阳变压器厂车间工段长，参与主持完成了变压器的制造，打开了中国自行研制变压器的大门，实现了由修理到制造的飞跃。因心怀工厂、心系职工，他在工作中表现优异，多次被评选为沈阳市劳动模范。1959 年，王凤恩还以全国先进工作者的身份参加了全国群英会，被誉为"全国工业战线生产建设十面旗帜"之一。③ 1999 年 2 月 12 日，王凤恩因病去世，享年 58 岁。

中华人民共和国成立前后，工业基础十分薄弱，各项事业均需靠国外的先进技术和财力的支撑才能得以顺利发展。王凤恩所在的沈阳变压器厂也不例外，工人们仅仅能够对购买来的变压器进行维护和修理，但是谈到制造却无能为力。在当时的条件下，不要说缺乏制造变压器的核心技术和外援指导，就连王凤恩所在的变压器厂的硬件设施也无法得到满足，摆在眼前的只有几间破旧的厂房和屈指可数的几件旧机床。就是在这样的状况下，王凤恩和他的同事们接受了国家下达的重要任务——制造一台中国的 5000 千伏安的大型变压器。作为变压器厂的车间工段长，王凤恩感到任务十分艰巨，责任十分重大。正如前所述，当时的综合条件并不具备，想要完成这样一项充满挑战性的任务谈何容易。任务下达后，王凤恩和厂子里的职工们一同开动脑筋想主意，在这条史无前例的道路上努力摸索。

---

① 顾威：《尉凤英：永远当一名"好工人"》，《老年教育》2014 年第 3 期。
② 《1969 年 尉凤英 工人就是要报国家的恩》，《当代劳模》2011 年第 7 期。
③ 李永安主编《中国职工劳模大辞典》，中国工人出版社，1995。

变压器厂的职工们劲头很足，想法也有了，但万事开头难，刚刚进行研制，就遇到了困难和挫折。在进行变压器研制的第一道工序——绝缘筒的制造时，工人们就倍感吃力，因为没有前人经验的积累，所以工人们需要用大把的时间和原料进行试验，虽然生产出来了，但是质量不过关，表面还有褶皱。这不仅浪费了大量原料，而且也挫伤了工人们的生产积极性，作为一名车间工段长，王凤恩更是心急如焚，日夜苦思冥想，如何才能顺利地试制成功绝缘筒。在突破制造绝缘筒的瓶颈与百思不得其解的现实之间产生了巨大的碰撞，王凤恩沮丧地回到家中，看到正在拿熨斗熨衣服的妻子，突然间有了灵感，像着了魔一样地走向妻子夺走熨斗就朝着车间的方向跑去。到了车间之后，王凤恩拿着带电的熨斗在之前褶皱的绝缘筒面板上压了压，惊喜地发现原本解决不了的褶皱问题得到了解决，王凤恩欣喜若狂。工人们得知这样的消息，也瞬间充满了力量，继续奋斗在探索大型变压器的研制道路上。工人们努力工作、夜以继日地搞研发，大家团结成一股力量，造出了卷筒机、卷线机等设备，并且终于在1953年成功地研制出了中国的第一台5000千伏大型变压器，完成了国家下达给他们的任务，也为中国自行研制变压器打开了一扇崭新的大门。王凤恩在工作中展现出来的吃苦耐劳、积极奋进、善于观察和发现等优秀品质，对于工厂的职工来说既是一种行为的示范，又是一种榜样的力量。

勤劳、敏锐、机智等这些优秀的品质和标签，正是沈阳变压器厂职工们眼里的王凤恩。有一次，王凤恩和厂子里的职工因为解决不了机器动力方面的问题而苦恼，王凤恩作为车间工段长更是倍感压力，思绪整日漫游在如何提升机器动力的问题上，甚至吃住都在车间。由于时间较长，他的徒弟也感到王凤恩过于劳累，冒着被他责骂的风险去劝王凤恩回家休息，这才劝得王凤恩决定回家，王凤恩刚刚坐上自行车，灵感来了。原来王凤恩是在脚踏车蹬子的一瞬间被车链子所产生的动力所震撼，深受启发。于是王凤恩迅速地将车链子拆了下来，跑进车间继续进行研究，很快便解决了变压器厂机器动力不足的问题。之后王凤恩高高兴兴地走回家中，妻子看见后询问原因，才知丈夫把自行车链子拆掉走回来了，告诉他这下去工厂得步行，耗时很长，王凤恩激动地说："不会的，我感觉比我平时骑自行车还要快"。从王凤恩的言行举止中，都可以看到他对科技创新的痴迷、对

他所从事工作的热爱。对于创新过程中问题的解决，给他带来了无比的喜悦和动力。这也再一次验证了王凤恩具有敏锐的观察力和创新力。[①]

除此之外，王凤恩还是一个善于生活、关心职工健康的好车间工段长。在绝缘车间有一项工作，专门负责裁剪工厂生产所需的胶纸。在裁剪胶纸的过程中，存在一个问题，那便是胶纸上存在一种名为酚醛的物质，这种物质中有很大一部分成分就是众所周知的甲醛，对于人体的危害极大。在裁剪的过程中，如果废屑散落在人体的皮肤上，皮肤将会感到不适。但是长时间地进行胶纸的裁剪工作，残屑散落、接触到皮肤也实属再正常不过的事情，难以避免，也因此给职工带来了伤害和困惑。王凤恩早就关注到了裁剪部门工人的身体健康问题，他想着能否研制出一种机器来代替职工工作，这样就可以有效地避免飞屑散落给工人身体带来的伤害。1958 年，国家的生产计划增加，对于人员的需求随之增加，这也就意味着需要更多的人参与到胶纸的裁剪过程中，或者说之前职工需要付出更多的劳动力。在多种因素综合作用下，王凤恩和自己的团队一起积极奋进，在较短的时间内研制出了能够满足他们需要的机器设备，有效地解决了厂里从事相关工序工人的健康问题，尤其是厂子里的女员工，得知生产出了一台能够替代她们承受废屑危害的机器设备之后，十分开心。

随着工厂接受任务的增加，王凤恩对工厂现有自动化机器设备的供应量并不满意，试图通过他和工友的一同努力，研制出更多的自动化设备。在这之前，工厂自动化程度只有百分之三十，生产效率低下，劳动力束缚过于严重，极大地阻碍了工厂进行生产加工的进度和效率。在王凤恩和工友多年的潜心研制下，他们制造出了三十多台自动化机器，极大地解放了生产力，提高了工作的时效性。

1960 年开始，国家经济出现暂时的困难，王凤恩和其他劳动模范一样，积极投身于技术攻关的活动中去，哪里有困难就去哪里。在王凤恩的帮助下，沈阳以及周边地区的厂子出现的技术性难题都得到了解决。与此同时，王凤恩还积极地搞研究试验，配合教授进行新技术、新方法的推广和应用，取得了丰厚的成果。

[①]　沈阳市总工会编《沈阳劳动模范》，中国工人出版社，2016。

为工厂奉献了半辈子的王凤恩，在人生弥留之际依旧心系工厂，牵挂国家发展，着实令人为之敬仰和感动。他在生命的最后一刻对自己的女儿说，他感到最大的遗憾就是不能再继续为工厂服务了，不能再帮着工厂干些活了。言语间还是牵挂着自己的工作，牵挂着祖国的发展和未来，中华人民共和国也正是因为有像王凤恩这样心系国家、心系工厂、心系人民的员工，才得以在成立之初恢复、建设和发展经济的过程中较为顺利。王凤恩作为一名尽职尽责的劳动模范所具备的优秀品质和他对党、对人民虔诚奉献的光辉形象，值得我们每一个人赞扬和敬仰。

编辑：田鹏颖　陈雷雷

龚畿道

龚畿道（1912~2007），男，汉族，江苏省海门县长乐乡人，中共党员。龚畿道曾任沈阳农学院教授，赴苏联莫斯科季米利亚杰夫农学院学习考察，回国后从实际出发，将理论与实践相结合，成功试验、培育许多品种，在科研和教学领域均具有突出的贡献。[1]

龚畿道1912年出生于江苏省海门县，1925年开始，他先后在海门县启秀初级中学、江苏省立上海中学就读，在1931年9月以优异的成绩考入了浙江大学农学院农艺系，经过名校四年的学习生涯，龚畿道最终获得了农学学位。毕业后，他先后在浙江杭州棉业试验场、湖北武昌棉业试验总场、四川省农改所、成都管理中英庚款委员会担任技术员、技师、技士和协助研究员。多年的工作经验，使得龚畿道对于之前大学所学内容更加熟练于心，灵活运用。除了科研方面的工作之外，龚畿道于1940年起，先后在国立西康技艺专科学校、复旦大学农学院农学系工作，在教学事业上也有很丰富的经验。

1952年10月，复旦大学农学院三个系将要集体迁至沈阳，身为复旦大学农学院的一名资深教授，龚畿道并没有因为东北路途遥远、环境恶劣望而却步。相反，他积极响应国家政策的号召，带领着一家人从上海前往大

---

① 李永安主编《中国职工劳模大辞典》，中国工人出版社，1995。

东北，他多年来在教学和科研上的丰富经验，对于沈阳农学院的建设发展起到了奠基性作用。由于工作上表现突出，龚畿道被国家公派到苏联莫斯科季米利亚杰夫农学院学习、考察，在苏联的这两年里，龚畿道潜心学习科学文化知识，努力学习苏联的先进技术，为了能够更好地服务祖国而努力。两年后学成归国，龚畿道将自己在苏联的所见所闻，学习到的先进技术和经验，全部融入了国内相关教材之中。他还从实际出发，根据国内不同地区植物、农作物的不同自然生长环境，因地制宜，将自己的所学与当地的实际情况相结合。龚畿道亲自到田间搞研究、进行试验，他踏遍了辽宁省百分之九十的县和乡级地域。

龚畿道被人们称为"沈阳农业教学事业的拓荒者"。首先，龚畿道在复旦大学农学院集体迁往沈阳农学院时毅然决然地带领一家入住东北，积极响应国家政策号召，在沈阳农学院初建之时，发挥了自己在农学领域技术的优势，帮助沈阳农学院的顺利建校与学科的初步建立。龚畿道的到来以及他在学科领域的建树，对于初步建校的沈阳农学院来说具有基础性、奠基性的作用。其次，便是龚畿道对于学术的钻研和娴熟的专业技能知识。在教学上，龚畿道总是兢兢业业地对待学术上的每一个环节，从未有所懈怠，他对于学生和青年教师在学术上存在的困惑总是悉心地予以指导。凭借多年的工作经验以及大学期间对于专业知识的掌握，龚畿道在遗传学等课程方面十分擅长，在学校专门开设了本科生和研究生的遗传学、受精生物学等课程，编写了总计 97 万字的课程教材。对于平时上课的课前准备工作，龚畿道也从未懈怠，尽管龚畿道在白天的时候工作事务比较多，但他并未因此而不注重课前的备课环节，到了晚上，龚畿道还在为了第二天能够给同学们上一堂精彩的课程而认真备课，经常是熬夜到凌晨时分。除此之外，龚畿道还积极组织学院进行学术研讨会、学术报告等多种学术氛围浓厚的会议，自己带头做学术报告，在学院形成了一股认真、踏实、进取向上的学术环境，有力地促进了学院的学科建设和发展。他对于学术的钻研精神、对于课程教学的认真、对于学生的负责态度，感染了很多的老师和学生，在学校形成了一股积极向上的正能量，为身边的老师和学生树立了一个很好的榜样。

龚畿道除了被人誉为"沈阳农业教学事业的拓荒者"之外，还被誉为

"沈阳农业科研事业的拓荒者"。龚畿道在遗传育种方面具有独特钻研，在科学研究的基础上，加之自己亲身下田搞培育的丰富经验，龚畿道成功地研制、培育出了诸如"遗字6281""遗字6507"等新型高产的农作物。由于东北特殊的气候和土壤等自然环境的影响，东北地区种植春小麦总是面临很大的难题，在这样的情形下，善于敢于接受难题的龚畿道迎难而上，主动踏入田间，将理论与实践紧密地结合在一起，培育成功了能够在东北地区广泛种植、推广的春小麦，对于当时和现在来说都具有十分重要的作用。龚畿道所处的那个年代，粮食紧缺，物资匮乏，他对东北春小麦的成功研究、培育，极大地满足了人们对于粮食的需求和渴望，极大地解决了人们基本需求问题。1960年，龚畿道采取常规的育种方法，先后育种成功优质的春小麦品种，使得这一成果在东三省广泛推广。在科研创新的同时，龚畿道还发表了《分枝大红穗的生物学特性和栽培特点》①《蚕豆自然异交的研究》②《辽宁高粱新品种——分枝大红穗》③ 等学术性极高的论文，将自己对于科学的理解，在田野中亲身实践探索出来的成果和总结出来的丰富经验以书面的形式呈现给世人，使得科学界和理论界能够相互借鉴，共同成长。

在教学事业上，龚畿道兢兢业业、恪守本分，认真搞教学工作，不断进修充实自己，还利用自己的研究填补教材空白，对于农学学科的建设、发展起到了巨大的推动作用。对于学术的热爱，使得龚畿道主动搭建师生学术交流的平台，第一个带头在全院做学术报告，激发院内师生浓郁的学术氛围。在科研事业上，踏实、勤奋，再加上他个人强大的学术理论功底，龚畿道在学术科研上屡获佳绩，也赢得了国家对他的认可和支持。

从龚畿道个人来说，他为人亲和，从未因为自己在学术科研上的丰硕成果而骄傲自大，十分谦虚。同时他也善于学习，善于发现自己的不足，并且及时地对自己学术知识的空白和欠缺之处进行补充，为了科学事业矢志不渝。他对于名誉、利益这些东西看得很淡，这也使得龚畿道能够全身

---

① 龚畿道、张凤桐：《分枝大红穗的生物学特性和栽培特点》，《辽宁农业科学》1964年第6期。
② 龚畿道、冯福锦、宋嘉声：《蚕豆自然异交的研究》，《上海农学院学报》1985年第3期。
③ 龚畿道、张凤桐：《辽宁高粱新品种——分枝大红穗》，《辽宁农业科学》1964年第6期。

心地投身于科研，不断地开创学术空白、刷新学术纪录。龚畿道对于学术的痴狂以及大胆搞科研的决心，使得他每每遇到国家学院建设紧缺人才却无人理会的情况，能够快速地做出决定，不管路途是否遥远，也不管任务是否艰巨，在他的心中，只要是对于国家的学科建设事业有帮助，对于国内学术科研发展有帮助，那便是他全心全意去奋斗的动力和目标。

为了对龚畿道在科研和教学事业上的突出表现表示赞扬和认可，也是为了进一步激发各界的学术热情，党和国家决定给予龚畿道同志以荣誉称号，以此来表达对龚畿道本人的尊敬和敬仰。1956 年，因为龚畿道在工作上的优异表现，被国家评选为劳动模范，并且作为代表参加了第一届全国劳动模范和先进生产者代表大会，这对他个人来说是无比的光荣和骄傲；之后又被沈阳市、辽宁省评选为当地的优秀生产工作者和劳动模范，并且参加了全国文教群英会；之后多次被评选为沈阳劳动模范和沈阳市人民代表；1965 年由于对毛主席著作的阅读和研究，被评选为积极分子；1966 年，因为各方面都得到了大家的认可，被评选为沈阳市"五好"标兵，声名在外；毛泽东去世之后，龚畿道还享受过特殊津贴的福利待遇。

上海农学院创校初期，人才奇缺，急需要学术储备丰富的学科带头人来起到奠基性作用。此时的龚畿道虽然年事已高，但是对于学术的热情和学科建设的期望丝毫没有减少，他不顾自己的身体状况，前往上海农学院进行指导，由于长期艰辛工作，龚畿道患上了心脏病。当身体状况再也无法支撑他继续搞科研的时候，在同病魔奋战的日子里，虽然十分痛苦，但是龚畿道对于生活的热爱，使得他不断地以积极的态度全力配合医生的治疗，但最终因为突发性因素抢救无效，他永远地离开了我们。龚畿道一生都致力于教学和科研，这样的精神值得我们每一个人学习和尊重。

编辑：田鹏颖　陈雷雷

卢盛和

卢盛和，工人工程师，1930 年 4 月生于大连市新金县子坦镇，家境贫寒，原为一家铁匠铺的学徒。1951～1977 年，卢盛和在大连工矿车辆厂工作，从钳工做起，最终成为一名工程师。1953 年卢盛和加入中国共产党，

是20世纪50~60年代的工人革新家。卢盛和多次获得荣誉，1952~1979年，他一直荣获大连市和辽宁省劳动模范称号，1958年获得全国青年建设积极分子称号，并于1956年、1959年、1977年获得全国劳动模范称号，5次受到老一辈革命家和领导人毛泽东、周恩来、邓小平等的接见。1960年，卢盛和被中国科学院特邀为研究员，1975年担任旅大市技术协作委员会主任。1978年4月，卢盛和在旅大市总工会第九届代表大会上被选举为总工会主席，1984年4月，他被选为大连市人大常委会副主任。工作期间，卢盛和认真钻研技术，积极开展技术革新和发明创造，曾研制成功"插瓦机""连接铣床""半自动铣方工具"等革新产品，发明新设备、新工具共644项，他发明的设备中有多项提高工效达几十倍，在全国得到推广，有两项被国家授予"优秀技术革新奖和发明奖"。卢盛和被称为"工人革新家"，于1994年退休。①

1952年，卢盛和刚到工厂工作不久，看到工人们在工作时用手工刮研车轴瓦体，当时正值国民经济恢复和发展时期，工厂和工人们的任务增多，生产却依然以手工为主，工人们拼尽全力，每天的工作产量最多为每人刮四十块钢瓦，生产的需要难以满足。卢盛和为了提高生产效率，在师傅的帮助和引导下，他把日伪时期留下来的手工铲轴瓦工艺改进为机械化生产，研制成了插瓦机，用新产品代替手工劳作，提高工作效率高达十五倍。卢盛和也被称为"走在时间前面的人"。首次技术革新的成功，激发了卢盛和极大的工作热情，下班的路途中，由于考虑技术的创新，他曾摔倒在土坑里还把脚扭伤了。卢盛和生病期间仍然不忘工作，在休息的一周时间里，他手和脚均不闲着，把饭碗当作圆规，用木条作尺，把技术革新的图纸设计了出来。1952年，卢盛和获得光荣称号的荣誉高达15次。1953~1959年上半年，七年半的时间里卢盛和共完成11年的工作任务，1958~1959年，卢盛和革新和发明技术工具达到125项，有的项目使工作效率提高四十倍，完成了当时迫切的工作任务，生产速度大大加快。②

20世纪60年代初，"大跃进"和"人民公社化"的后劲仍在持续，三

---

① 普兰店市史志办公室：《普兰店年鉴》，辽宁民族出版社，2003。
② 刘功成主编《大连市工会志（1923~1990）》，大连出版社，1993。

年严重困难更使得人民生活困难。全身浮肿的卢盛和在疗养院仍然不忘工具的技术改进，认真钻研农用喷雾器的螺旋嘴的改进工作，星期天在农村进行试验，获得很大成功。他与大连市的多名能工巧匠如钳工刘义强、染料厂电工王际坤等联合在全市开展技术协作的工作，工厂在遇到技术方面的难题时，他们就主动去解决。大连市的酿造厂计划在制造酒精时用土茯苓来代替粮食，但是土茯苓的粉碎问题不能解决。卢盛和经过反复的研究，画图直至半夜，设计出了一种圆盘式粉碎机，在工友的帮助下，不到一个月的时间，成功研制出了土茯苓粉碎机，节约了 200 多吨粮食，为国家的粮食保障做出了贡献。1961 年经卢盛和倡导，大连市成立了技术协作委员会，1962 年技术协作委员会积极分子人数达到 2000 多人，协助 84 家企业解决了一百多项技术关键问题。[1]

1963 年，卢盛和任工厂工艺科副科长一职，而后他主动给厂党委写信，要求把他安排在最关键的机床和生产班组工作来发挥自己的作用，厂党委接受了他的请求，安排他在二金工车间镗床组。为了有效提高镗床组的生产效率、改变工人不团结的落后情况，卢盛和首先包揽了脏活和累活，并且关心照顾员工，在生产上为了激发工人的生产积极性，他带动全组开展劳动竞赛。面对竞争对手，卢盛和依然帮助他们完成生产任务，自己的小组提前收工完成生产任务后，他会帮助接班的小组做好生产准备，面对徒弟的困惑，卢盛和却说："我们应该欢迎别人比自己先进，大家都先进，一同向前进，社会主义建设不就加快了吗？"在生产竞赛中，卢盛和带动全组成员互相帮助，卢盛和来到镗床组三个月，从未上过光荣榜的小组被评为先进小组。1965 年，镗床组加工内燃机车变速箱体，质量要求非常严格且工件复杂，三个班合作才能加工一台，卢盛和与小组成员商量，提倡大家利用业余时间，进行技术探索革新，完成一台专用四孔镗床，让每个班能够生产一台变速箱体，而且质量合格。卢盛和与小组成员钻研的那段时光，吃住均在厂里，技术难关终于攻克，把成绩写上大家的名字，工人们深受感动。

"文化大革命"期间，卢盛和被红卫兵贴上"不问政治的黑标兵"的标

---

[1] 《敢想、敢说、敢做、敢创造的新青年》，中国青年出版社，1958。

签，扣上了"技术第一的黑样板"的帽子。卢盛和并没有就此一蹶不振、怨天尤人，他仍然在技术革新的领域施展自己的本领。他认为，不干活闹革命，人民的生活水平不能提高，"只能喝西北风"。在交通受阻和武斗盛行的时候，他仍然坚持上班，做自己机床的活儿，任务完成后，他会到其他的机床干活儿，大工件需要吊车的时候，他会爬上吊车自己开吊车。这期间，卢盛和仍然不忘技术革新，制造出自动伞凿轮开坯机，使我国伞凿轮的加工有了专用的辅助机器，国内伞凿轮加工的技术问题得到了解决，得到国内技协专家的一致好评。工厂在"文化大革命"期间，被迫停止生产，卢盛和与一些职工仍然坚守工作岗位，在停产的不到一年时间里，他与工人们联合做出了轧钢设备，研制了创齿机，加工多种不同的齿轮，效率提高两倍多。

1977年，卢盛和被任命为大连市科委副主任，1979年他当选为大连市总工会主席。1951～1977年，卢盛和自从走上工作岗位，就把技术革新和发明创造当作自己的历史使命，二十多年来，他研制成功技术革新项目达六百多项，强力切削、多卡活胎具等多项在全国同行业居于前列。剪垫床设备不仅解决了自己厂内的生产问题，而且支援了全国的其他工厂，在全国产生了很大的影响。

卢盛和参加工作四十多年来，对党的工作任劳任怨。他是工人专家和技术革新能手。卢盛和连续14年被评为旅大市特等劳动模范，先后三次被评为全国劳动模范，并当选中共第十届全国人大代表。[①]

编辑：金钟哲　宋琪琪

张桂兰

张桂兰（1934～　），女，满族，辽宁省岫岩县人，中共党员，曾任辽宁省沈阳市太原街第一储蓄所储蓄员、主任。在职期间，张桂兰亲创"五个不"和"六个一样"等为人民服务的方法。她在工作上表现出色，荣获劳

---

① 刘功成主编《大连市工会志（1923～1990）》，大连出版社，1993。

动模范的光荣称号。①

　　20 世纪 60 年代，那是一个改革开放之前、各项事业均没有十分成熟和完善的年代，那是一个科技条件还不到位、一些常规性事务也需要人员亲力亲为的年代。张桂兰就曾工作在这样的一个年代。作为一名储蓄银行的储蓄员，张桂兰对工作兢兢业业，对储户热情周到，平凡而伟大。在那个年代，张桂兰已经在金融岗位上工作了十几年，有丰富的工作经验，也总结出了一套属于自己的工作方法，并且将这套成熟的理念向该行的其他职员灌输，这套理念简言之为"五个不"和"六个一样"。即规定员工在工作时间不能擅离职守，不能闲谈、不能吸烟，不能做与工作无关的事情，不能在柜台接待亲友，不能以权谋私；领导在不在都一样、存储的金额大小都一样、生人熟人都一样、开门关门都一样、大人小孩都一样、节假日都一样。这些理念都是从工作中的一点一滴中得出来的经验。这是为了促使职员们能够在工作期间严于律己、笑对储户，给储户一种宾至如归的亲切感，同时也是对于职工们工作责任心和职业道德的一种成文性规定。到了20 世纪 70 年代，张桂兰又率先提出了"主动热情、文明礼貌、诚恳朴实、亲切周到、办事迅速、又准又好"的文明服务用语②，这从工作态度和工作质量上对员工的工作予以了进一步的规定和规范。这还被印成了小册子在全市金融系统广泛推广开来，得到了全行业对她这个工作理念的认可和肯定，而且对于现今的金融业也具有很深的影响。③

　　说张桂兰是一个平凡而伟大的人，一点也不夸张，因为张桂兰平时工作中的点点滴滴，都是在为每一个前来储蓄的储户着想，热心周到，即便是十分琐碎的事情，她也不厌其烦地坚持高效率地进行着，并不会因为工作事务的琐碎而将情绪波及旁人。张桂兰还十分有耐心，没有高姿态和敷衍了事的心态。当被银行派出去做外勤工作的时候，她毫无怨言，经常在工矿企业和居民街道宣传银行储蓄，帮助银行增加收益，也是为了让更多的人了解储蓄，加入银行储蓄的浪潮之中。为了更好地做好服务，张桂兰

---

①　沈阳市总工会编《沈阳劳动模范》，中国工人出版社，2016。

②　沈阳市人民政府地方志办公室编《沈阳市志 - 第十七卷 - 人物》，沈阳出版社，2000，第181 页。

③　李永安主编《中国职工劳模大辞典》，中国工人出版社，1995。

做到了以下几点。第一，张桂兰在宣传储蓄的办公地点准备好了各项服务设施，夏天天热，她就在储蓄宣传办公地点准备了扇子，让前来办储蓄的储户能够在热的时候拿扇子避一下暑，冬天天冷了，张桂兰就在她们的办公地点放置了热水和碗，让前来办储蓄的储户能够喝一碗热水驱驱寒。[①]这些人性化的服务还不仅如此，张桂兰还考虑到了年老眼花的群体，在柜台前面增设了老花镜，能够让他们在储蓄过程中更加方便地看到自己的信息，而且当她看到有些储户出于身体原因行动实在不便的时候，还主动从柜台后面走出来，帮助这类人去办理业务，省去了他们的劳累，赢得了许多储户的赞扬和信赖。第二，张桂兰对一起工作的同事吩咐，一定要做到尽可能让储户满意的服务，对于前来的储户应该主动地当起他们的参谋来，做到"多说一句、先说一句"，能够提前为储户着想，帮助储户想得更加周全，对于储户的问题和疑惑，也应该予以最为清晰和全面耐心的解答。当有前来办储蓄的储户问张桂兰，死期存款怎么存，并且对此心有顾虑的时候，张桂兰耐心地跟这些储户讲明白了死期存款并不是不能随时取出来，以及与此有关的其他一系列事项后，彻底打消了储户的顾虑和疑惑，也使得更多的人愿意来存钱，张桂兰获得了更多人对她工作的认可和支持。张桂兰服务周到耐心，使得一些储户不顾距离遥远，舍近求远地来张桂兰所在的银行进行储蓄。曾有一个盲人储户不辞辛劳地舍弃了离自己较近的好几家银行，专程前往张桂兰所在的银行储蓄。这样的行为，不但是对张桂兰个人的认可，也是对张桂兰所在的整个银行服务态度和质量的肯定。第三，上门服务、嘴勤脚勤。由于好多储户为老弱病残者，行动很是不方便，考虑到这一点，张桂兰便积极主动地前去上门拜访[②]，不嫌辛劳，一家一家地拜访。不管天气状况如何，她都始终如一，就这样，张桂兰获得了众多储户的信赖和支持，拉到了很多业务，帮助她所在的储蓄银行超额完成了全年的计划。第四，提前工作时间，进一步方便储户。当时各行各业的开业时间都定在早上八点半，这个时间点对于储户的正常生活

---

① 《储蓄所的好当家——张桂兰》，《中国金融》1981 年第 11 期。
② 沈阳市人民政府地方志办公室编《沈阳市志 - 第十七卷 - 人物》，沈阳出版社，2000，第 181 页。

来说显得有些不够合理，不能更为方便地及时处理其他事情。考虑到这样的问题，张桂兰便做了一个决定，将她所在银行的工作时间提前到八点，这样储户们便可以尽早取到钱，节省下来更多的时间去从事想要从事的活动，也因此赢得了更多的储户前来储蓄和办理业务。这样一来，不但增加了银行的营业额，而且还使得银行获得了众多储户的支持和信赖。

除此之外，张桂兰在工作中还是一个善于思考、举一反三、善于创新的好员工。在长期的工作中，张桂兰也遭遇过令她头疼的事情。在太原街有一所拥有五万多储户的银行，储户经常因为丢失存折前来挂失，或者是因为忘记账号而前来询问。从我们现在的角度来看，这样的问题并不是什么大问题，但是我们应该将目光放到当时那个年代。那个电子科技并未普及、广泛运用到各行各业之中的年代，那个并没有所谓的数据库的年代。一旦储户忘记账号或是遗失了存折，将会给银行的工作人员带来很大的工作量，一旦有人前来挂失或者询问，银行的工作人员便需要在五万多储户中进行查找，十分耗时费力。张桂兰也注意到了这一点，对此感到头疼，但是一次偶然的机会，张桂兰在图书馆看书，无意间发现图书馆的藏书比起自己的储户来说多了很多，但是图书馆的馆长和管理员竟然能够很轻松快捷地找到每本书所对应的位置，她由此得知了图书馆使用的是图书索引法。当得知这一点之后，张桂兰很快便想到可以将这样一种方法运用到银行储户的信息查询和挂失查找等事务上来。她赶紧赶回银行，和同事们商量了自己的想法，于是她们尽快编写了储户索引卡，一张张卡片都是由她们亲自填写上去的。这样一来，各大银行系统人员头疼的问题便得到了轻松的解决，张桂兰也因此得到了行业的肯定和赞扬。

伟大出自平凡，张桂兰正是这样一位在岗位上尽职尽责、平凡工作的伟人。她从未因为家里的事情而请过一天假。有一年，张桂兰的丈夫因为患了骨质增生而住院，手术需要三个小时，得知这样的情况，张桂兰并没有放下手头的工作而全身心地去陪自己的丈夫，而是考虑到如果银行三个小时没有自己在，会有多么忙，于是她决定前往银行。在这三个小时的时间里，张桂兰仔细认真地工作，丝毫没有出于个人原因耽误了工作质量和效率，但是对于张桂兰本人来说，在丈夫手术时未能及时照顾和陪伴，她感到了自己作为一个妻子的失职。手术后，张桂兰面临着需要花更多的时间去照顾丈夫

的责任，但是就是这样，张桂兰也没有向银行请过一天假。她离开丈夫去工作前，总是将一切打理好、吩咐好，回来了再收拾家里的残局。后来张桂兰的丈夫又因为老毛病突发了几次，刚好赶上了银行业务繁忙的那些天，张桂兰的老家有人打过来了好几通电话，张桂兰都没有离开过自己的工作岗位，也不曾和同事们提起，一直坚持到了银行最忙的那段时间结束，在这段时间里，张桂兰也总是来得最早、走得最晚的那一个。

对工作的热爱、对储户的周到服务，使得张桂兰获得了众多储户的支持和信赖；对于银行服务制度的建议和改进，使得张桂兰所在的银行获得了更多的储户资源；善于发现、勇于借鉴和创新，使得张桂兰解决了银行的信息查询系统问题，极大地提高了银行的工作效率，降低了工作人员的劳动强度，使得银行业能够更加快速、高效地为储户服务。张桂兰在工作上的突出表现，使得她所在的银行被评选为省级文明单位，张桂兰本人也用自己工作中的每一件平凡的事情，勾勒出了一个伟大劳动模范的形象，值得每一个人去学习。

编辑：田鹏颖　陈雷雷

附录　辽宁荣获全国劳动模范和全国先进工作者荣誉称号人物

1950 年辽宁荣获全国劳动模范荣誉称号人物

赵国有	马恒昌	马德有	卢兴文	王兆达	郭英忱	张文翰	杨明远
张秀英	曲福明	聂忠义	朱国华	赵德惠	刘献廷	朱永凤	聂秉举
王兆瑞	孟　泰	方枕流	柳国喜	施玉海	赵桂兰	张子富	田桂英
王维本	王绍增	赵　岚					

1956 年辽宁荣获全国先进工作者荣誉称号人物

孟　泰	柳国喜	李育泉	张锡久	王文山	李文化	陶仁贵	王景福
郭玉芬	潘绍周	王金元	张甲禄	任广良	刘玉庆	李湘君	陈玉言
徐连贵	邢文先	王世斌	宋绍臣	王振东	肇希儒	王保正	丁立有
董朗泉	陆焕卿	黄元浦	柳瑞森	赵宝祥	杨顺山	钱天根	赵奎元
杨　憧	刁秀山	马素梅	吴承祖	张凤莲	吴洪发	陈田田	刘炳江
王文华	苏润芝	陈阿玉	鸣　戈	王凤英	徐菊华	姚敏之	王炳志
郑心田	马金花	张德生	蔡正英	梁家友	李永江	蔡世敏	沈明智
刘治先	姜枫春	胡国栋	陈文志	杨振为	侯玉凤	王怀武	王兴南
赵成满	刘德贵	王克山	朱吉臣	王选顺	李福森	吕学孟	刘同恩
白长顺	朱葆琳	姜吉庆	孙德英	潘俊明	马祥珍	王际坤	竺宝珍
崔兆南	都桂英	刘好福	马文鑫	张连德	陈万玉	李靖文	顾金泉
周传礼	王玉吉	吴连石	王信泰	孔宪任	王正福	程秀英	刘振堂
韩仁义	张文政	吴庆智	马殿选	王进忠	赵文普	张文先	任百忱
凌玉秀	单政文	王国富	李福才	李柏源	孟宪武	李凤彦	李竞平

李忠臣　刘承枯　郭学道　姜俊华　王凌好　徐连甲　李袁辉　王文治
王振清　何云义　何淑云　赵　英　陈发清　金福臣　杨继兴　谢景云
高复明　孙宝林　李　源　夏　坤　王衍香　张增堂　往振悦　张玉清
方宝武　王秉衡　张振华　苏化成　季发成　周广瑞　吕德珍　孔庆吉
黄宗灏　张德仁　王凤武　王瑞昌　万景普　王　和　李书铭　张传志
解树仁　张名棋　李宝福　许东昶　杨春贵　孙福友　王成义　李庆振
孙世才　庄发庆　朴顺芬　苏发成　张云卿　吕昌奎　杨玉清　刘万海
李福生　刘富儒　齐钟禄　杨德仲　单文雨　王日新　张景弼　哈柏成
佟文和　康玉林　万宝成　张素范　王连群　姜清发　郭俊祥　衣永彬
邵明先　李淑珍　黄以昌　赵素英　孟广山　冯树桐　张善忠　李宝书
郭　和　沈继升　王克敬　刘玉泽　郎庚芳　孙纪来　陈崇信　周杰英
徐　林　李广善　郑素琴　张文富　孙贵宝　张宝贵　张　荣　武国卿
唐明义　高昌荣　崔淑琴　孟庆兰　黄盛江　岳全廷　赵海山　刘巫振
胡荣久　陆　玺　李树田　芦宗贤　张效敏　王　卓　谌　艾　刘培琪
宁殿厚　董殿阁　胡金玲　杨育超　李高田　杨巨忠　刘巨才　孙芳蒲
张民政　王润久　兰秀章　耿玉成　尉凤英　吴家柱　孙华喜　詹水晶
李绍奎　张明山　林国山　梁金声　齐长源　许平融　庞观祥　尹广珍
李焕明　王树堂　王国仲　尚占山　杨慧药　曹太保　杨洪吉　卢盛和
安静娴（药）　　　　于雅娟　王延隆　龚畿道（农）

1959 年辽宁荣获全国先进工作者荣誉称号人物

孟　泰　柳国喜　张甲禄　张连德　李树田　尉凤英　吴家柱　詹水晶
李绍奎　林国山　梁金声　李文全　张　明　杨德林　王桂芝　李裕民
王希春　李成坤　刘永奎　崔博华　孔庆堂　李景长　李素文　纪辅义
梁占元　于文江　王凤恩　钟季卿　牛书林　何锡有　孙文元　王春德
沈淑娟　刘作民　程俊生　关国栋　贺宝忠　张明云　孙忠义　朱玉瑶
张宪武　葛庆林　何庆忠　爱素芬　马荣明　关长禄　李文儒　王春香
马惠英　石玉永　王玉英　齐长源　王喜财　万景水　邹积平　苏承林
李桂兰　曲振柱　李建中　古长盛　边履正　迟忠义　杜学本　孙寿君
许运山　袁宝万　王文田　鞠淑英　鲍静枝　邵长有　吕凤文　侯长江

孙同礼	王安忠	宋吉永	董万成	赵明仁	方秀贞	许平融	常志凤
王吉修	孙德胜	曹福库	詹建功	郑全成	赵振恩	孟庆春	隋德斌
王广文	李乃信	钊作江	曾肇祥	刘兴全	苏宝成	时庆瑞	魏庆余
钟振庆	李恩发	李连春	王庆奎	丁立文	陈其翔	刘志奇	张广发
刘乃武	庞观祥	尹广珍	修桂月	高松山	季世重	李长寿	孙绪山
胡达明	于世范	吴广洲	刘庆库	刘明光	闻其祥	陈书财	孔祥瑞
范圣河	刘桂兰	吴玉金	冯殿富	朴寅顺	李焕明	翟秀荣	冯国英
孙守仁	崔长贵	孙本茂	陈广礼	詹忠林	周学全	王巫荣	付恩义
王福增	高文德	包吉祥	张启龙	王树堂	刘洪福	刘元乐	姜连海
田玉金	房玉生	张玉合	姜德义	卢秉成	郝运福	高全立	王国仲
李瑞才	胡秀峰	张玉兰	王岐山	刘 富	汤素芝	杨加生	李桐勋
刘振良	李素兰	仲秀兰	古凤仪	张福臣	金朝渭	潘玉祥	潘金生
高云升	邵万宝	尚占山	刘殿臣	王玉武	胡延林	孙佐臣	王绍增
黄秀台	苏景耀	迟广启	王守义	张永安	张希贤	杨作先	李 华
王进启	王玉良	胡合顺	傅振东	杨慧药	曹太保	查孝忠	赵巫烈
金玉田	廖森林	刘 政	李春福	王福义	苏宝珍	宋学文	袁兰娣
金贞淑	杨洪吉	崔福高	卢盛和	程芙润	崔传华		

1960 年辽宁荣获全国先进工作者荣誉称号人物

金贞淑	刘洪波	王作兴	金济霖	俞德秀	管韵华	王其慧	白永铎
侯毓汾	佟凤兰	黎 明	徐振宽	董惠兰	兰心田	于成文	金成来
陈庆瑚	黄兴柜	朱世兰	吴英鹏	官述言	宋玉珍	康丽荣	金熙甲
赵汝范	董玉兰	赵天敏	郑元女	富春安	吕凤先	焦笑琴	王金荣
程素云	刘龙章	唐贝文	张玉祯	张 权	赵香谷	荣淑缓	汤 沐
刘素珠	刘庆廷	李默然（艺）		于雅娟			

1977 年辽宁荣获全国先进工作者荣誉称号人物

王绍增	杨洪吉	崔福高	郭锡维	卢盛和	王君绍	曹传金	于开武
刘树生	宋文娥	李振家	赵作成	王振河	葛行德	王同顺	

1978 年辽宁荣获全国劳动模范荣誉称号人物

程芙润	高秀莲	张静波	李锡本	刘忠信	王爱华	于素梅	高敬党

张淑莲　　赵彩云

1978 年辽宁荣获全国先进工作者荣誉称号人物

张少铭（农药）　　王德明　　孙玉秀　　王海峰　　金作鹏　　吴殿家

李润庭（医）　　　张桂兰（银）　　　徐桂芳　　宋学文　　安静娴

孙德新　　谭振洲　　王渤洋　　孙祖良　　李福贵　　王赞平　　宁汝济

李秉钧　　李铁林　　王长荣　　韩吉善　　钱令希　　张嗣瀛（东大）

李　薰（科）　　　吴振文　　刘鼎环　　阎德义　　陈火金　　郑忠文（商）

参考文献

《中国工会运动史料全书》总编辑委员会编《中国工会运动史料全书·辽宁卷》（上册），辽宁人民出版社，1993。

《中华创业功臣大典》编委会主编《中华创业功臣辞典》，中国统计出版社，2000。

《中华劳模大典》编委会编《中华劳模大辞典》，中国统计出版社，1997。

艾辅仁、王化忠：《沈阳："劳模服务"商标贴到商品上》，《广告大观》1999年第6期。

安静娴：《创新激情源于崇高的使命感和强烈的责任心》，《科技进步与对策》2001年第4期。

鞍山市人民政府地方志办公室编《鞍山市地方志》，沈阳出版社，1994。

鞍山市史志办公室编《鞍山市志》，白山出版社，1999。

《储蓄所的好当家——张桂兰》，《中国金融》1981年第11期。

丛风：《技术创新：马学礼的毕生追求》，《工友》2010年第3期。

《大连劳模 1949－1999》，大连市史志办公室，1999。

《东北工业建设中的劳动模范》，东北工人出版社，1951。

高明岐、黄耀道等编著《中国职工劳模列传》，工人出版社，1985。

龚畿道、冯福锦、宋嘉声：《蚕豆自然异交的研究》，《上海农学院学报》1985年第3期。

龚畿道、张凤桐：《分枝大红穗的生物学特性和栽培特点》，《辽宁农业科学》1964年第6期。

龚畿道、张凤桐：《辽宁高粱新品种——分枝大红穗》，《辽宁农业科学》

1964 年第 6 期。

龚畿道：《蚕豆育种工作的几点体会》，《作物杂志》1989 年第 3 期。

顾威：《尉凤英：永远当一名"好工人"》，《老年教育》2014 年第 3 期。

关捷：《人民艺术家李默然》，辽宁人民出版社，2011。

李方诗主编《中国人物年鉴》，华艺出版社，1989。

李珂：《中国劳模口述史》，社会科学文献出版社，2018。

李永安主编《中国职工劳模大辞典》，中国工人出版社，1995。

梁长山主编《奉献与辉煌：辽宁劳动模范风采录》，辽宁人民出版社，2009。

辽宁省档案馆编研展处：《"全国红旗炉"旗手——李绍奎》，《兰台世界》
　　2015 年第 7 期。

辽宁省政协文化和文史资料委员会编《辽宁老工业基地建设纪实》，辽宁人
　　民出版社，2014。

辽宁英模编写组编《辽宁英模》，辽宁人民出版社，2011。

刘功成主编《大连市工会志（1923~1990）》，大连出版社，1993。

刘文：《走近劳模》，上海人民出版社，2017。

刘一力：《中国产业工人的楷模——尉凤英》，《共产党员》2011 年第 12 期。

普兰店市史志办公室：《普兰店年鉴》，辽宁民族出版社，2003。

《钱令希小传》，《今日科苑》2016 年第 12 期。

汝信：《中国工人阶级大百科》，中国国际广播出版社，1992。

沈阳市人民政府地方志办公室编《沈阳市志－第十七卷－人物》，沈阳出版
　　社，2000。

沈阳市总工会编《沈阳劳动模范》，中国工人出版社，2016。

生宝俊等主编《普兰店人物录》，中共普兰店市委组织部、普兰店市史志办
　　公室，2001。

寿孝鹤等主编《中华人民共和国资料手册（1949~1985）》，社会科学文献
　　出版社，1986。

苏永生：《炼焦专家唐嗣孝》，《内蒙古日报》（汉）2007 年 8 月 16 日。

孙建冰、马萱：《老劳模新风采——访"毛主席的好工人"——尉凤英》，
　　《共产党员》2014 年第 12 期。

唐嗣孝、王兆荣：《回顾与展望》，《包钢科技》1984 年第 4 期。

唐嗣孝、周其相：《包钢炼焦配煤研究四十年》，《包钢科技》1994 年第 3 期。

田田：《赵奎元——被称为"老英雄"的大国工匠》，《工会信息》2017 年第 12 期。

吴佳：《人民的艺术家　舞台的"常青树"》，《沈阳晚报》2015 年 5 月 8 日。

向德荣主编《劳模精神职工读本》，工人出版社，2016。

艳华、永亮等：《新中国劳动楷模——工农劳模卷》，团结出版社，2013。

叶开沅、郑锡坤：《"超轴、五百公里作业法"的研究》，《物理通报》1953 年第 2 期。

营口市人民政府地方志办公室：《营口市志》（第六卷），当代世界出版社，2003。

《在付出中享受工作的快乐——徐强》，沈阳市总工会，2014。

郑忠文：《立足三尺柜台　心里装着群众》，《兰台世界》2003 年第 3 期。

《敢想、敢说、敢做、敢创造的新青年》，中国青年出版社，1958。

东北老工业基地劳模文化研究丛书

东北老工业基地
劳模人物传
（辽宁卷）

〖下　册〗

BIOGRAPHY OF MODEL WORKERS IN
NORTHEAST OLD INDUSTRIAL BASE (LIAONING)

田鹏颖　金钟哲／编著

社会科学文献出版社
SOCIAL SCIENCES ACADEMIC PRESS (CHINA)

目　录

东北（辽宁）老工业基地劳模
人物史料研究概述

　　"劳动模范""先进生产者"这样的名称可以说是中国近现代史上的专有词语，具有特殊的历史意义。国内在劳模人物的产生背景和含义、地域特点、时代特征、社会效应等方面形成了众多的研究成果。史料是研究问题的依据。通过图书借阅，查阅国家图书馆、各省市地方志、中国知网等官方网站，以及实地走访等形式，对国内1949～2017年能力范围内搜集到的相关文献史料、实物史料和口述史料进行整合、梳理、研读，旨在对已有研究成果进行概述和总结，以期为深化研究提供理论依据。

　　中华人民共和国成立后，辽宁担负着重要的生产建设任务，被誉为"共和国长子"。在经济恢复和发展的过程中，辽宁省涌现出诸多享誉全国的劳动模范，例如工业战线的老英雄孟泰、"毛主席的好工人"尉凤英、新纪录运动的发起者赵国有、中华人民共和国第一位女火车司机田桂英等。党和国家对这些劳动模范的树立和宣传形成了独具特色的东北（辽宁）老工业基地劳模文化现象，这是当前我们弘扬劳模精神、劳动精神最重要的资源。不仅中华全国总工会，即便是地方政府和地方工会，都会对英雄模范人物进行记叙性的宣传和政论性的评述，甚至为其出书立传。各级报社和杂志社也对英雄模范人物进行不遗余力的宣传，劳模人物的作用也反映到文艺领域，不仅出现了诸多描绘劳模形象的文学作品，还有许多影视作品问世。这些传记、文学作品及相关的著作和文章，为本书的写作提供了重要的资料来源和思想基础。

一　东北（辽宁）老工业基地劳模人物史料研究概况

劳动模范是社会主义国家先进生产力和先进思想的优秀代表，是社会经济生活和社会历史发展的先驱。他们是劳动群众的杰出代表，是最美丽的劳动者。中华人民共和国成立以来，在党中央、国务院的领导下，中华全国总工会为主要组织者，协助党和政府成功地组织召开了十五次全国劳模大会，并组织开展了多次全国劳模表彰活动，共计表彰全国劳模三万余人次，辽宁省接受表彰的全国劳模达 1400 多人次。

1950 年 9 月 25 日至 10 月 2 日，全国战斗英雄代表会议和全国工农兵劳动模范代表会议在北京联合举行。辽宁地区孟泰等 23 人获得全国劳动模范荣誉称号。1956 年 4 月 30 日至 5 月 10 日，在全国先进生产者代表会议上，辽宁省共 256 人获得全国先进生产者荣誉称号。1959 年 10 月 26 日至 11 月 8 日，全国工业、交通运输、基本建设、财贸方面社会主义建设先进集体和先进生产者代表大会上，辽宁省获得全国先进生产者荣誉称号的有 196 人。1960 年 6 月，全国教育和文化卫生、体育、新闻方面社会主义建设先进单位和先进工作者代表大会在北京召开，辽宁省 183 个先进单位、125 名先进工作者和 15 名特邀代表参加了会议。

1978 年 3 月 18 日至 31 日，全国科学大会在北京举行，辽宁省被命名为先进科技工作者的有 46 人。1978 年 6 月 20 日至 7 月 9 日，全国财贸学大庆、学大寨会议在北京召开，辽宁省出席大会的"双学"先进代表有 175 人，被命名为劳动模范的有 20 人，先进生产者有 13 人。1979 年 9 月 28 日，国务院在全国人民大会堂举行授奖仪式，嘉奖公交、基建战线全国先进企业和全国劳动模范。辽宁省受到嘉奖的全国先进企业有鞍山钢铁公司、国营五三工厂等 6 个单位，受奖的全国劳动模范有陈金火、张成哲等 15 人。1979 年 12 月 28 日，国务院在人民大会堂举行第二次授奖仪式，嘉奖农业、财贸、教育、卫生、科研战线的全国先进单位和全国劳动模范。辽宁省受奖的全国先进单位有营口高坎公社等 15 个，受奖的劳动模范有王兴亚、郑忠文、钱令希等 14 人。1985 年 5 月 1 日，中华全国总工会颁发"五一劳动奖章"，辽宁省获得奖章的劳动模范有 63 人。1989 年 9 月，全国劳动模范

和先进工作者表彰大会在北京举行。国务院授予全国劳动模范和全国先进工作者称号的有2790人，其中辽宁省122人。

1995年4月开始，全国劳动模范和先进工作者表彰逐渐规范化、制度化，表彰大会每五年在北京召开一次。1995年，辽宁省全国劳模和先进生产者有137人，2000年有141人，2005年有137人，2010年有141人，2015年有141人。

辽宁老工业基地是劳模的重要发源地之一，中华人民共和国成立初期辽宁地区的工业发展具有全国性和代表性。作为工业领域的突出代表，孟泰、尉凤英、马恒昌等著名劳动模范都曾是工业战线的一面旗帜。在振兴东北老工业基地的过程中，辽宁又涌现出张成哲、蒋新松、刘积仁等新一代科学技术型劳模，带领辽宁广大人民群众改革创新，发展经济。对这些劳模的树立、宣传、学习形成了独具特色的辽宁老工业基地劳模文化现象，也为后人留下了丰富的史料。史料可以分为文献史料、实物史料和口述史料。

第一，第一手的文献史料主要包括地方志和相关期刊、报纸、政治文献、会议文献、档案材料等资料。一方面，全国性资料汇编中辽宁卷部分有不少内容涉及劳模人物。《中国工会运动史料全书（辽宁卷）》（上册）介绍了辽宁省各个阶段工会的主要工作和众多劳动模范的先进事迹，为劳模人物研究提供了宝贵的第一手史料。[1]《中华人民共和国资料手册（1949～1985）》等书还收录了中华人民共和国成立以来有关全国劳模评选大会的系列文件、讲话，为劳模研究提供了材料支撑。[2] 一些较具权威性的全国劳模辞典，包括《中国职工劳模大辞典》[3]《中华劳模大典》[4]《中华创业功臣大典》[5]《让世纪更辉煌——中华纺织劳模大典（1950～2000）》[6] 等，这些辞典体系完整、人物介绍简明，为我们开展研究提供了良好的资料基础。《人

[1]《中国工会运动史料全书》总编辑委员会、《中国工会运动史料全书（辽宁卷）》编委会编《中国工会运动史料全书（辽宁卷）》（上册），辽宁人民出版社，1993。

[2] 寿孝鹤等主编《中华人民共和国资料手册（1949～1985）》，社会科学文献出版社，1986。

[3] 李永安主编《中国职工劳模大辞典》，中国工人出版社，1995。

[4]《中华劳模大典》编委会编《中华劳模大典》，中国统计出版社，1997。

[5]《中华创业功臣大典》编委会主编《中华创业功臣大典》，中国统计出版社，2000。

[6] 杜钰洲、徐坤元等：《让世纪更辉煌——中华纺织劳模大典（1950～2000）》，中国纺织工业协会，2001。

民日报》《工人日报》曾多次发表文章宣传辽宁省全国劳模孟泰、尉凤英、马恒昌等人，号召人民群众向他们学习，这些文章也成为研究人物的珍贵史料。另一方面，辽宁省和辽宁各市区编写的诸多地方志也涉及了许多关于工业发展和劳模人物的内容。辽宁省志中的大事记卷①记录了辽宁在中华人民共和国成立以来政治、经济、文化、社会等各个方面的史实，为研究劳模人物提供了重要的支撑材料。《劳动志》记录了中华人民共和国成立以后，党和政府为保护工人利益，促进经济发展，制定的一系列有关劳动就业、职工工资、福利、劳动保险、劳动保护等方面的政策法规，为劳模的研究提供了不可或缺的背景材料。辽宁省志中的工会卷②主要介绍了辽宁省各级劳模的表彰、宣传工作，着重记录了1949～1985年的社会主义劳动竞赛、合理化建议与技术革新和技术协作运动中涌现出的劳模人物和先进事迹，是研究辽宁省各级劳动模范的珍贵史料。沈阳、鞍山、大连等各市市志中的人物卷、工会志也都涉及对当地劳模的记录。《东北日报》《辽宁日报》《沈阳日报》《鞍山日报》《安东日报》等多家地方报刊曾登载了当时劳模大会的会刊，对各个时期相应的劳模大会、突出劳模人物及事迹进行了宣传，对研究劳模人物有一定参考作用，也可提供部分研究所需史料。

第二，实物史料是历史的见证和历史信息的可靠来源，它既能比较真实地反映历史，又具有形象直观性，因此，实物史料也是研究辽宁劳模人物的重要一手资料。辽宁省工业发展起步早，全国知名劳模人数多，党和政府特别重视劳模的相关问题。中国首个工业博物馆——中国工业博物馆位于辽宁省沈阳市，通史馆、机床馆、机电馆、重装馆等展馆陈列了众多的"工业之最"，其中工人村生活馆和工人藏品馆区收录了劳动模范和工人们的照片、实物、影像等资料文物。沈阳市劳模纪念馆是全国规模最大的劳模纪念馆，它以劳模贡献与沈阳发展为主题，采用史料图片、实物陈列、雕塑、场景复原、微缩景观、绘画及声、光、电等多种表现方式和科技手段，全景式地展现了各个不同历史时期沈阳劳动模范的先进事迹，从中也折射出沈阳老工业基地波澜壮阔的发展历程。沈阳市铁西区劳动公园内有

---

① 辽宁省地方志编纂委员会办公室主编《辽宁省志·大事记》，辽海出版社，2006。
② 辽宁省地方志编纂委员会办公室主编《辽宁省志·工会》，辽宁民族出版社，2004，第3页。

一面长十余米的红墙，上面记载着从中华人民共和国成立至今，沈阳市400余名全国劳模的名字，此外，还有雷锋纪念馆、铁人纪念馆、王海班陈设室、鞍山孟泰公园、大连劳模公园等。东北（辽宁）老工业基地劳模人物相关的、不含文字或含微量文字的实物遗存，如劳模的遗物、遗迹、劳模纪念馆、博物馆、纪念碑、劳模墙、雕塑等实物史料十分丰富，有待充分开发和利用。

第三，影像史料。在劳模人物大量涌现的同时，本着为政治服务的目的，大力动员广大劳动群众、塑造劳模形象也成为文艺创作的重要主体。文艺界将目光聚焦于劳模人物，既是国家意识形态引导的结果，也是文艺界的内在自觉。传记文学作品的繁荣也衍生了大量劳模人物传记电影。纪录片"国家记忆——永不过时的劳模精神"和中央新闻纪录电影制片厂拍摄的"第十个春天"以及"劳模孟泰的故事"等影像作品，形象而生动地展现了孟泰的工作和生活情景；电影"马恒昌的名言"中"喊破嗓子不如做出样子"的名言朴实无华但掷地有声，马恒昌的实干精神影响了一代又一代的中国人；纪录片"中国机器人之父——蒋新松"着重介绍了蒋新松院士在我国自动化领域所做出的突出贡献，还有他作为一名共产党员的责任心和使命感，为广大科研工作者和党员树立了榜样，鼓励广大科研工作者为祖国的科技事业砥砺前行。影像史料是一份真实准确的国家史志，无可替代，它直观地呈现了那些我们从未亲身经历过的历史时代和现场，最大限度地展示了历史事件的原始状态。整理和搜集与劳模人物相关的影像史料对于劳模人物史料研究十分重要。

第四，口述史料。以采访、新闻报道为主，试图通过这种更为真实和近距离的方式与劳动模范人物进行沟通，让人们对劳动模范人物的事迹和经历有进一步全面的了解。诸如《辽宁老工业基地建设纪实》①《访苏日记(1950年)》②《神清气定徐有泮》③《沈阳实施"老劳模中风康复行动"》④等，均是通过采访或者新闻报道的方式向人们展示了真实全面的辽宁劳动

---

① 辽宁省政协文化和文史资料委员会编《辽宁老工业基地建设纪实》，辽宁人民出版社，2014。

② 赵国有：《访苏日记（1950年）》，新华书店东北总分店，1950。

③ 顾威：《神清气定徐有泮》，《工人日报》2004年4月11日。

④ 顾威、刘旭：《沈阳实施"老劳模中风康复行动"》，《工人日报》2013年7月8日。

模范应有的风采。

二 东北（辽宁）老工业基地劳模人物理论研究状况

改革开放以前，人们大多把劳模人物和劳模群体视为一种政治现象，往往从政治宣传、思想教育等角度对其进行认识。同时，由于受到特殊时代背景和政治环境的限制，在高度统一和绝对化导向的社会文化氛围中，人们倾向于也习惯于选择整齐划一的、近似于标准化的思维和生活模式。这就导致劳模形象和特征显得高度一致和绝对化，所有劳模人物无一不是高、大、全，并非是学术理性的产物。改革开放以后，对劳模人物的研究，开始大多集中于单体劳模的研究。关于东北（辽宁）老工业基地劳模人物的理论研究主要集中在两方面：一类是传记文学，另一类是学术论文。

传记文学是最早研究劳模人物的作品，它们往往真实而可信地记录了劳模人物的生平事迹，并集中阐发了劳模人物所独有的精神品质和时代意义，具有较高的史料价值。劳模人物传记的书写主要从中华人民共和国成立后开始。中华人民共和国成立初期，在新的时代和政治意志的感召下，许多作家以极大的热情，整理和挖掘了为中华人民共和国成立做出伟大贡献的劳模人物，出版了许多劳模传记。其中，丛书类比较著名的有《为建设工业化基地而斗争的东北工人》①《东北工业建设中的劳动模范》②，单人传记有《赵国有改造新纪录的故事》③《老孟泰的故事》④《马恒昌小组的传家宝》⑤《毛主席的好工人——尉凤英》⑥ 等，在此不一一列举。这些人物传记大多突出时代背景，政治色彩鲜明，以大量史实细节和典型事迹，记录了中华人民共和国成立初期劳动模范们爱岗敬业、爱国奉献、艰苦奋斗的历程。

---

① 东北总工会文教部：《为建设工业化基地而斗争的东北工人》，东北新华书店，1950。
② 《东北工业建设中的劳动模范》，东北工人出版社，1951。
③ 王鸿作：《赵国有改造新纪录的故事》，工人出版社，1950。
④ 于敏：《老孟泰的故事》，春风文艺出版社，1960。
⑤ 聂兆昌：《马恒昌小组的传家宝》，工人出版社，1966。
⑥ 《毛主席的好工人——尉凤英》，上海人民出版社，1966。

"文化大革命"时期，劳模形象及其精神遭到异化，劳模人物遭到打击，人们难以接触到真正的劳模传记。改革开放以后，劳模群体重新受到尊重，劳模传记再次蓬勃发展。《中国职工劳模列传》①《新中国劳动楷模——工农劳模卷》②《共和国劳模故事丛书》③ 等都是全国性传记丛书的优秀代表。地方发行的劳模传记丛书包括《奉献与辉煌：辽宁劳动模范风采录》④《辽宁英模》⑤《沈阳劳动模范》⑥ 等；单人传记除了孟泰、马恒昌、尉凤英等老一代劳模的新作品，同时也有越来越多的关于新一代劳模的作品，如《雷锋传人——郭明义》⑦《钱令希略传》⑧《蒋新松传》⑨ 等也成为研究劳模人物的参考资料。

自中华人民共和国成立以后，随着各行各业劳模人物的不断涌现，学者也开始对其进行持续的关注和研究，除了上述诸多传记和著作，也形成了不少研究性论文。虽然这些成果多是以全国范围内的国家级劳模人物或劳模群体为主要研究对象的，以辽宁地区的全国劳模为研究对象的成果并不多见，但仍然为辽宁省的劳模研究提供了重要的资料来源和思想基础。从目前收集到的资料看，关于东北（辽宁）老工业基地劳模人物史料的系统整理与综合还不多见，但已经有一些国内学者开始对我国其他地区或女性劳模进行类似的研究。对于中华人民共和国成立以来劳模群体的研究，目前可见的多为期刊论文和硕博学位论文，且多是对全国劳模的研究。其中，《1949 - 1978：共和国英模人物群体研究》⑩ 一文，分三个时期对劳模群体产生的背景及群体特征和思想特征进行了分析，进而从国家意识的层面对其进行了相应解读，并论证了劳模群体的"劳动价值"意义和"泛政

---

① 高明岐、黄耀道等编著《中国职工劳模列传》，工人出版社，1985。
② 艳华、永亮等：《新中国劳动楷模——工农劳模卷》，团结出版社，2013。
③ 李庆堂等：《共和国劳模故事丛书》，工人出版社，2015。
④ 梁长山主编《奉献与辉煌：辽宁劳动模范风采录》，辽宁人民出版社，2009。
⑤ 辽宁英模编写组编《辽宁英模》，辽宁人民出版社，2011。
⑥ 沈阳市总工会编《沈阳劳动模范》，中国工人出版社，2016。
⑦ 中共中央宣传部宣传教育局编《雷锋传人——郭明义》，学习出版社，2011。
⑧ 周建新：《钱令希略传》，大连理工大学出版社，2013。
⑨ 徐光荣：《蒋新松传》，航空工业出版社，2016。
⑩ 张明师：《1949 - 1978：共和国英模人物群体研究》，博士学位论文，华中师范大学，2012，第3页。

治化"效果。此外，《全国劳模及历史作用研究（1950~1980）》① 一文，以"政治符号"为视角，从其孕育环境、具体运作、形象变迁等方面，研究了这一时期劳模的塑造问题和相应社会作用，也提出了其中的诸多不足之处。相对其他研究，以上两篇文章的考察较为全面，涉及劳模群体、劳模典型和相关的政治构建等问题，也提出了当时的诸多负面因素和现实思考，对于东北（辽宁）老工业基地劳模人物的研究具有重要的借鉴价值。徐大慰以《影像、性别与革命意识形态——大跃进时期上海女劳模研究》为题撰写了博士学位论文，在该文中她尝试对上海女劳模及其电影进行研究，论证了国家按照革命意识形态需要创作女劳模电影和塑造女劳模形象，并利用女劳模形象的规范作用和精神感召力向普通群众进行革命意识形态教育。② 陈新汉博士则从社会评价理论和符号权利理论的视角分析了我国当代树立典型的活动。张洁以辽宁英模为例，论述了英模精神与中国传统文化之间的关系，即英模文化传承了精忠报国、无私奉献、勇毅力行的民族精神和自强不息、自主创新、开拓进取的时代精神。③ 张洁认为，辽宁英模所创造的业绩和体现的精神，足以使英模文化成为辽宁地域文化的一个特色品牌，建立学习英模的长效机制等措施有利于打造辽宁英模文化新品牌。④ 张志元提出，劳模文化为东北老工业基地的全面振兴提供了不竭的精神生产力，并探析了劳模精神助力辽宁省全面振兴的对策建议。⑤ 段炼等则着重探索了劳模精神与东北全面振兴的深度融合，提出两者的融合既是社会主义核心价值观的东北篇章，更是稳步推进东北新一轮振兴的精神动力。⑥ 顾威《"劳模精神"成为"铁西奇迹"之魂》⑦ 一文认为沈阳铁西区的劳模群体是时代的领跑者，他们带领着广大职工，艰苦奋斗，开拓创新，

① 田罗银：《全国劳模及历史作用研究（1950~1980）》，硕士学位论文，上海交通大学，2013。
② 徐大慰：《影像、性别与革命意识形态——大跃进时期上海女劳模研究》，博士学位论文，华东师范大学，2009。
③ 张洁：《略论英模精神与中华传统文化——以辽宁英模为例》，《经济研究导刊》2010年第24期。
④ 张洁：《建立学习英模长效机制 打造辽宁文化新品牌》，《沈阳干部学刊》2012年第5期。
⑤ 张志元：《劳模文化助推东北老工业基地全面振兴》，《党政干部学刊》2017年第9期。
⑥ 段炼、袁艺：《劳模精神与东北老工业基地全面振兴》，《沈阳干部学刊》2017年第1期。
⑦ 顾威：《"劳模精神"成为"铁西奇迹"之魂》，《工人日报》2012年7月12日。

一步步将铁西引向了辉煌。

三 东北（辽宁）老工业基地劳模人物研究状况评价

中华人民共和国成立后，国内的一切均处于百废待兴的状态，一个经历了漫长战争且最终取得胜利的国家，正面临着战后各项事业的恢复、巩固和发展。东北老工业基地的建立和发展，对于恢复和巩固新生政权的国家而言，无疑是一股十分强劲的力量。东北老工业基地的建设和发展，以及取得的重要成果和经济价值，都离不开在东北这片沃土上辛勤劳动的人民，他们在各自的工作岗位上扮演着各自的角色，并且对于自己的工作全心全意、兢兢业业，堪称楷模，抑或称为劳动模范。党和国家以及地方政府对于劳动模范的表彰和大力宣传，也引起了国内学者对于劳动模范的关注和研究。本书选取东北（辽宁）老工业基地劳模人物为研究对象，借助史料学的研究方法，从档案类史料、实物类史料、传记类史料、影像类史料以及研究性成果等方面，对有关东北（辽宁）老工业基地劳模人物的资料进行了全方位、多层次的搜集、整理和分析，并且对于东北（辽宁）老工业基地劳模人物研究的状况有了进一步的了解和掌握。现将具体情况做以下汇总和说明。

首先，关于东北（辽宁）老工业基地劳模人物研究中史料的搜集和整理问题。就目前的研究结果显示，与东北（辽宁）老工业基地劳模人物有关的史料中，传记类史料、新闻类史料明显多于影像类和访谈类史料，口述类史料的扩充和发掘有待进一步的提升，加强口述类史料的引进和运用，对于研究东北（辽宁）老工业基地劳模人物而言意义非凡。学术研究性史料远远多于其他类史料。实物类史料的维护和管理、相关工作人员的培训和相关制度的约束性和规范性应该得到进一步的落实。在相关史料的搜集和整理过程中，研究者应该更加注重田野调查，更多地通过亲身走访现存劳动模范人物进行了解，或者走访已逝劳模的亲属、朋友、邻居进行采访和间接性的了解和认知。

其次，东北（辽宁）老工业基地劳模人物研究中存在的学术性研究倾向问题。在众多的学术研究性史料中，也存在一些需要进一步拓展的方面，

综观现有的学术研究性史料，大多数研究者在研究和分析劳动模范人物时，所采用的研究方法和选择的侧重点近乎一致，劳模人物的个性化特征以及行业性特征没有得到充分的展现，更多的则是倾向于整体划一的单一性，在分析劳动模范品质以及他们所在行业特色的过程中，还应该做到实事求是、具体精准、全面客观。在研究的范围上，大多数研究成果集中于个案（单个人物）的研究，对于东北（辽宁）老工业基地劳模人物群体的关注和研究有待进一步加强。东北（辽宁）老工业基地劳模人物群体的分析和综述对于全面阐述、深度凝练东北（辽宁）老工业基地劳模人物的整体风貌和精神特征有着至关重要的理论价值和现实意义。

最后，关于东北（辽宁）老工业基地劳模人物研究中方法的选择性问题。在这个问题上，研究者有的是从史学研究的角度进行梳理和汇编，有的是从现实的层面进行解读，但是很少有将二者结合在一起加以研究的。因此，在东北（辽宁）老工业基地劳模人物研究的方法上，研究者们应该尽量将以上两种方法进行融合，并且辅之以其他的对研究有重要作用的研究方法，从史学研究的角度为该课题的研究奠定更加坚实的史学基础，从马克思主义理论的角度为该课题注入更为科学和理性的学理基础，再结合其他对研究有积极作用的方法和理论，不断为研究该课题提供持久的研究动力，以期更好地发挥东北（辽宁）劳模人物及其精神在振兴东北老工业基地建设中的作用。

第一章 1978～1989年东北（辽宁）老工业基地全国劳动模范

张少铭

张少铭，原名张应泰，1908年5月生于山东省高密县，1929年留学日本并就读于东京工业大学，1935年他又考取了研究生。1937年卢沟桥事变后，张少铭愤然回国，中断了研究生的学习。抗日战争胜利后，张少铭曾担任青岛啤酒厂技术股长、青岛维新化工厂工务科长及代理厂长。青岛解放后，张少铭任青岛国营染料厂第一任厂长，并被评为正教授级工程师。张少铭担任中国植物保护学会第一届理事，中国化工学会农药协会理事，1955年任沈阳化工研究院实验厂厂长、农药研究室主任、院技术咨询委员会主任，1957年加入中国共产党。张少铭1977年获得沈阳市劳动模范和先进工作者称号，1978年荣获沈阳市劳动模范称号和全国先进工作者称号，并荣获化工部授予的学铁人标兵称号。1984年，张少铭获得全国科学大会的重大科研成果奖，1990年获得化工部命名的"为化工工业做出贡献的老专家"的称号。20世纪80年代起，张少铭担任研究生导师，培养的学生成为所在单位的技术骨干和领导。他还当选青岛市第一届、第二届人大代表及辽宁省三届人大代表，全国政协第五届、第六届委员。1997年，张少铭因病逝世，享年89岁。

1937年全面抗战开始，张少铭毅然从日本返回祖国，日伪势力了解张少铭精通日语，学历高，专业能力强，对日本国情了解，抗战期间多次请他为自己做事，甚至以给予张少铭中将的军衔为筹码，张少铭依然不为所

动，"不与豺狼共舞"是张少铭回国之后的坚定信念。

青岛在解放前夕，张少铭领导了护厂运动。1949年5月，青岛处于解放的关键时期，国民党命令染料厂将染料全部都运至上海，张少铭时任代理厂长，坚决维护人民的利益，保护人民的财产，他率领全厂的工人坚决抵制这种行为，理由就是工人的工资没有着落。他与国民党反动派斗智斗勇，同工人们一起生活吃住在厂里，他说"只要我在这里当厂长，就一定要把一个完好的工厂交到人民的手中"。最终等到青岛解放，他把完整的工厂交给了人民，实现了自己的诺言。青岛解放初期，为支援前线的战争，需要大量的汽车轮胎，但是帝国主义国家的封锁包围，汽车轮胎所需要的材料，即硫促进剂原料没有办法进口，导致青岛橡胶厂的生产数量不足。张少铭通过做实验，运用青岛染料厂所积累的萘，经过化学的实验和作用，获得了质量合格的产品，并且及时用于投产，橡胶厂及时获得了原料，生产出了质量优异的国产轮胎，这对于解放战争的胜利具有重要的推动作用。

中华人民共和国成立之初，张少铭积极参加党课培训，认真上党课，学习党的基础知识和共产主义知识，并且把私有的财产即在青岛的酱园和三处房产无条件交工，人民政府没有答应他的请求，原因为个人私有财产受法律保护。1955年张少铭调任到沈阳化工部工作，又提出要求把房产交工，政府部门决定为他代管，离开青岛时，他说"从此我可以轻装上阵，更好地为社会主义贡献毕生精力了"。1959年，北京历史博物馆处于筹建阶段，他又献出了家藏的四件历史文物，分别是两件西周青铜器、汉石洛候黄金印、金朝山东东路铜钞板，北京历史博物馆的领导十分感谢张少铭的贡献，1960年，张少铭获得国务院颁发的文化部部长沈雁冰署名的奖状。1970年，张少铭将收藏的729册图书、65件铜器、29副字画、135方印章、21件玉器、1409枚古币无偿捐献至辽宁省博物馆和辽宁省图书馆，其捐献价值高，为此，1980年4月28日，《辽宁日报》第一版进行了题目为"化学家张少铭捐献大批珍贵图书文物受奖"特别报道。

1955年，张少铭被调任国家化工部沈阳化工研究院实验厂技术副厂长一职，主要负责研究院的原料、农药、中间体的新产品试生产工作，而后担任研究院办公室主任，并且有力地协助副院长的技术工作。在研究院工作期间，张少铭曾前往波兰、苏联等国家进行技术考察，主要在煤焦油综

合利用方面进行学习。

20 世纪 50 年代，农药中的成分机汞制剂容易引发汞中毒，被国家强调停止使用。此后植物的病害日益严重，新型农药的研究成为农业领域发展的重大难题。中国是农业大国，农药研制与人民生活息息相关。张少铭对农药中的无毒体的开发利用进行了深入研究，利用无毒体碱性水解制五氯酚钠，利用水溶法获得成功，这种方法在全国得到推广，五氯酚钠因此成为全国生产量最高的除草剂，同时被应用于处理铁路防腐枕木中，直至目前影响依然广泛，是杀灭血吸虫宿主钉螺的主要成分。

1970 年，时任化工室主任的张少铭，已经年过花甲，从外国的报纸上看到一种叫"苯莱特"的农药，其性质是内吸性广谱杀菌。内吸性给了张少铭很大的启示，他认为，病菌既然在植物的体内，就应该找到能够吸入植物根茎内部的一种杀菌剂，这样效果才能达到。如何做到仿制苯莱特是重点。根据张少铭的实践和理论经验，苯莱特的合成路线长，而且国内尚不能生产所需要的一种原料，仿制的难度较大。张少铭进一步分析苯莱特的构造，并且查阅大量有关农药内吸的资料，发现苯莱特的内部中间成分与嘌呤有相似的结构，但是有许多同志提出外国人没有尝试，对可行性有极大的怀疑。张少铭认为，国外的技术经验可以提供良好的指导，但是不能成为束缚国内研究的"金科玉律"，科学的认识应当是不断向前发展的，经过几个月的实验，筛选出了效果良好的多菌灵一号和多菌灵二号，编号为四十四的新药最终合成。盆栽的棉花实验证明了新合成药物的内吸杀菌的性能，并在室内实验取得良好的效果，生产得到很快的推广，这种方法相比较国外的苯莱特，成本低，生产过程简单，很快得到大量生产。多菌灵一号 1971 年完成中试，1973 年投产，比 BASF 公司至少早两年。多菌灵一号作为一种优良杀菌剂，内吸性极强，早期主要针对黄萎病和棉花枯。之后发现该药可以广泛应用，可以防治多种农作物的病害，对于油菜、果树、花生等作物仍有良好的效果。[①] 1974 年经化工部鉴定，取得了良好的社会效益和经济效益，被国家称为农药方面的重大创新科研成果。正值当时

① 尹仪民：《我国现代农药工业起步和发展的几个关键时期——为庆祝建国六十周年》，《化学工业》2009 年第 7 期。

江苏地区的小麦赤霉病发生面积广泛，多菌灵在当地进行使用，仅仅一季，就挽回了十五万公斤的小麦损失。这种农药深受当地农民的欢迎。该农药不仅在学术方面有重要价值，而且是我国生产量最大的农药除草剂，国外需求量同样很大，为我国创造了大量的外汇，被《辽宁日报》《人民日报》《光明日报》等相继详细报道。

柞蚕是一种北方生长的经济昆虫，柞蚕丝作为我国的特产，是质量优异的纺织品原料。但是柞蚕的体内经常寄生大量线虫，容易引起蚕的死亡，对柞蚕丝的生产发展有重要影响。当时多种农药包括多菌灵一号都无济于事，要么杀不死线虫，要么把柞蚕一同消灭。[1] 为此，张少铭同丹东科技研究所人员合作，运用多灵菌二号来对柞蚕体内的线虫进行消除和防治，通过让柞蚕食用带有多灵菌二号的蚕叶，杀死柞蚕体内的线虫并且对柞蚕无害。1982年多灵菌获得国家发明三等奖。

农药的更新速度快，张少铭为了使我国的农药研制紧跟时代的步伐，高度重视人才的培养，大力培植年轻一代。担任沈阳化工研究院总工程师期间，张少铭曾推荐两名优秀的科技人员前往加拿大和联邦德国学习和深造，他们后来成为沈阳化工研究院的技术带头人，在农药技术方面做出重要贡献。张少铭对祖国倾注了无限的热爱，年过八旬仍然每天坚持指导研究生学习专业知识，阅读文献资料，编写专业相关知识。他指导培养的技术人才在工作岗位上均发挥了重要作用。

1997年2月21日，张少铭因病逝世，享年89岁。

编辑：田鹏颖　宋琪琪

赵成顺

赵成顺，1939年出生于辽宁省营口县，1957年于鞍山第一钢铁工业学校电气化专业毕业，并被分配到鞍钢半连轧厂工作。1960年，赵成顺走上工作岗位不久，组织带领工厂工人研究万能轧机自动化课题。当时此课题在国外都属于空白领域，赵成顺同工人师傅们连续工作四个多月，完成了

---

[1]　胡笑形：《中国农药工业年鉴》，中国农药工业协会，2007。

万能轧机前后推床和主轧自动化的任务，赵成顺因此也被称为"革新闯将"。

1961 年 2 月，赵成顺经历了人生中的一次重大转折。万能轧钢机牌坊出现了某种故障，这时赵成顺心急如焚地爬了上去，与工人们共同抢修。突然电气指针盘接地，电线飞速旋转缠绕在赵成顺的胳膊上，顿时血肉模糊。从此赵成顺失去了四分之三的左臂。为了自己能够像健康人一样正常生活，赵成顺便每天练习工作的内容，首先在制图桌子上摆出废旧的图纸，然后俯下身用残臂用力压住三角板，终于将刚开始左扭右拐的曲线画成直线。第二关就是操作关，先用手把住扳子，卡住螺栓六角头，然后下颌与残肢配合压住扳子的手柄，右手再取另外的扳子，对准螺帽旋转，然后再卸下来，如此反复。赵成顺还注重练习闯爬高关。缺少左肢的赵成顺身体平衡力较差，他用小梯子练习，用右手和双脚攀缘，最终，他背负着十几斤重的电气检修工具到达了悬在十三米高的高空吊车。长期的练习使得他近乎同一般人一样正常工作。

1963 年，他同时考取了辽宁函授学院和鞍钢夜大自动控制系，由于"文化大革命"被迫辍学，但是他仍然节约时间阅读书籍，一边工作一边学习，系统地学习了《数学分析》《微分方程》《复变函数》《概率与信息》《可控硅自动控制》《脉冲与数字电路》《程序控制》《逻辑设计》《电子计算机》等，理论知识的扩充为赵成顺后来的技术革新和技术改造铺平了道路。知识的进一步扩充，为他的研究和制作提供了良好的指引，横切自动退磁薄板电控装置、可控硅装置研制成功，并获得辽宁省科技成果奖，赵成顺成为鞍钢最年轻的工程师之一。20 世纪 60 年代以来，赵成顺对半轧电气设备和控制系统进行重大技术革新，其中 15 个重大项目解决了可控硅应用方面的高难度技术问题，为国家创造近 1.9 亿元的价值。

20 世纪 80 年代，由于半连轧厂生产力的提升，原先与之相匹配的主电机被迫形成了"小马拉大车"的局面。有关部门提议停产两个月，投资两千多万元更换主电机。赵成顺经过调查研究，提出可以利用原电机的外壳，改造其中绝缘体的级别，来达到增容的目的。很多人感到不可思议。为了证明自己观点的可行性，赵成顺用半个月的时间精算出结果，让同行们钦佩其技术的高超。

1982 年，赵成顺提出了改造卷板机的想法，1985 年提出了要实现年产

230 万吨卷板的建议和措施。赵成顺原本在电气方面相当杰出，卷板机的改造属于机械方面，不过遇到技术改造方面的工作时，赵成顺积极地去做。他的妻子说："一遇到攻关的事，他的脑门都在攻关"。然而，对于卷板机的改造并不容易，卷板机改造主要扩大卷板机的窗口，就像一间很小的房子，需要安装一台大的机器，门很小进不去，就需要把墙推掉一些，这项改造难度大，而且需要对机器的大部分零件进行改造，如果不成功，则会出现停产的情况。有一部分人并不赞同赵成顺的做法。赵成顺在这段时间吃住都在厂里解决，与其他的技术人员和工人夜以继日、昼夜奋战，用"见缝插针、分段实施"的方法，运用设备小修停轧时间，利用五个月的时间，最终把项目完成，厂里的年产量提高五十万吨，提前一年完成了"六五"规划年产 230 万吨的任务。①

赵成顺所工作的半连轧厂，每年需要上缴国家大量的利润，约占鞍钢公司总利润的四分之一。经过多年改造，半连轧厂的年产量由每年 80 万吨提升至 230 万吨。但是又出现另外一种尴尬的境况，该厂设计的连轧主电动机与年产量生产 80 万吨的机器相匹配，产量增至 230 万吨之后，经常出现"小马拉大车"的情况，甚至阻碍全厂的长远发展。为了解决这种困难，上级领导提议全部更换设备，从国外引进六台五千千瓦主电机。赵成顺在看了这些方案计算了成本后，需要耗费 1800 万元的外汇，并且需要更换近千万元的减速机，厂里需要停产将近两个月，损失利润近 7000 万元。赵成顺在计算之后，根据自己的实践经验，提出了一个相反的方案，即只对原主电机装配耐热好的新型绝缘体材料来进行局部的改造，最终得以成功，为国家节约了大量资金。

改革开放后，赵成顺面对日新月异的高新技术，心里常常有被淘汰的担忧，担心跟不上科技发展的大势，他强迫自己对陌生的科技领域进行研究。1983 年，企业制度改革的浪潮日渐高涨，鞍钢公司为了加快企业技术改造的节奏，经讨论，半连轧厂决定从联邦德国西门子公司引进一套先进的技术，并且用 25 天的时间完成了联邦德国西门子公司需用五十多天才能

---

① 陆薇伊：《云南财经大学数学与应用数学专业毕业生就业难原因剖析与应对策略》，《现代物业（中旬刊）》2012 年第 5 期。

完成的一项重大技术改造项目，创造了用最短时间完成技术改造的世界纪录，这震动了世界冶金行业。鞍钢公司需要引进联邦德国的钢板轧制厚度自动调节装置来提高半连轧厂的卷板质量。谈判开始阶段，按照德国的要求，对于卷板机成型的开度的直线和曲线问题，应该首先搞明白，否则会影响对方的总设计。德国人的工作效率较高，向国内索要资料已经不可能，赵成顺在异国开始了自己的设计，他把牙齿、嘴巴、残肢、腿等调动起来，像正常的技术工程师一样，凭着扎实的功底，用两个晚上和一个白天的时间，绘制出了密密麻麻的草图，随后扩展成为大图，在没有丁字尺的情况下，就地取材，把做工精巧的长凳翻转过来用凳代尺，通过向德方多次展示图纸，最终对方认可直线方案。德方的设计专家库比切夫连连夸赞赵成顺"水平真高"。

赵成顺在生活中仍然不忘学习，知识的扩张和补充，使得赵成顺在与外国人打交道的过程中赢得了主动权，也赢得了外国人的信任。在第二次与联邦德国的谈判中，按照德方的设计要求，引进他们的装置后，需要停产近五十天的时间。五十天停产将会给半连轧厂造成近五千万元的损失。赵成顺在设备引进一年之前就在考虑，能否把时间缩短一些，赵成顺在长达一年的时间里，通过查阅多种资料和图纸，进行多次勘测和现场测试，并请教百位技术人员和工人，得出可以缩短时间的方案。当他将方案同德方工作人员进行交流时，德国专家全部震惊了，甚至怀疑翻译搞错了。德国西门子公司设计联络总负责人海兰根甚至挖苦赵成顺说："赵先生，如果是二十五天的话，我看你们不用开轧钢厂了，倒是可以在世界上搞个技术改造承包队，那是可以发大财的。"赵成顺礼貌地说："海兰根先生，我们经过周密调查计算和科学分析，二十五天的工期可以兑现。"海兰根仍然坚持自己的观点，认为赵成顺提出的方案没有可实施性。赵成顺对于他的怀疑，说出了自己的观点："中国有中国的国情，鞍钢有鞍钢的厂情，我们要走的就是一条中国式的技术改造路子，这就是不停产或少停产，力求投资少，时间短，见效快。"海兰根最终被说服："好，一言为定，你 25 天干完，我保证你第 26 天开机轧钢。"双方在具有中国特色的技术改造方案上签字，赵成顺的压力剧增，他明白这是一项繁重的工作，他和技术人员每天在生产现场进行仪表测试，寻找最佳的程序。1986 年 10 月 8 日，赵成顺

同五百多名领导干部及外国专家围在改造完毕的连轧机前面进行试轧，试验圆满成功，海兰根随即发来贺电，连连称赞赵成顺的杰出工作。在他的带领和亲自参与下，25天的工期如期完成，为国家创造直接财富四千多万元，震惊了世界冶金界。

在建设中国特色社会主义的征程中，赵成顺以伤残之躯不懈斗争，被鞍钢称赞为"八十年代的新孟泰"，他还获得国家级有突出贡献的专家称号。

编辑：田鹏颖　宋琪琪

沈延刚

沈延刚（1935～），男，辽宁丹东人，中国共产党党员。1951年，沈延刚进入沈阳玻璃厂当学徒钳工，后因表现优异晋升为一名复合型高级技工。因为对知识的渴望与对现有技术条件下职工工作状况的不满意，沈延刚奋发图强、锐意进取，解决了玻璃厂在生产过程中遇到的技术难题，取得了众多领先的技术成果，为企业节省了大量的生产和加工成本。他研制的掰切玻璃自动化技术，不但降低了工人的劳动强度，还填补了当时国内生产上的技术空白。1995年他因在工作上表现突出、在技术研发上具有卓越贡献，被沈阳玻璃厂返聘回厂。[1]他曾经荣获全国"五一劳动奖章"、全国劳动模范、辽宁省重大科技成果和沈阳市技术革新一等奖的优异成绩。退休后的沈延刚因为长期奋斗在工作上，患上了与工作有关的一些疾病，后得到沈阳市"爱心助劳模"等项目的支持和帮助，生活上得到了一定的保障，这也体现了沈阳市对劳动模范的关心与重视。

1935年，沈延刚出生于一个贫寒的家庭，出于经济上的原因，沈延刚很早就不再求学了，在努力考试之后进入了沈阳玻璃厂工作，从学徒钳工做起。可以说非常幸运，自打沈延刚进入沈阳玻璃厂的第一天起，便跟随了一个技术较为精湛的师傅学习，他也下定决心，立志要成为一个像师傅一样，甚至比师傅技术还要好的复合型技师，沈延刚也是将这个伟大的目

---

[1]　《复合型技术工人——沈延刚》，《兰台世界》2015年第34期。

标落实到了实处，他每天白天努力、认真、仔细地跟着师傅学习相应的技术，到了晚上拼命地看书，而且还去上了夜校，弥补自己对于相关领域知识点的空缺。他为了尽快学会技术和知识，充分利用业余时间：当人们休息时间闲聊的时候，他在拼命地看书；当别人晚上放松的时候，他也在不停地学习和补课；当别人白天在工作的时候，他比别人还要更加努力地工作，保持着百分之二百甚至是百分之三百的热情度。按照以往的经验，学徒转正需要一年的时间，但是由于沈延刚对于知识的渴望与对梦想的追求，他竟然在短短的半年时间里，顺利通过了学徒期的考验，进入了技工的行列。

　　沈延刚所在的沈阳玻璃厂，是建立在之前老厂的基础之上的①，而且对于原厂的技术也没有发生实质性的变革，仍旧沿用了之前的旧技术，这种技术下的生产效率和工人的生产安全性都难以得到保障。夏天，工人们需要顶着炎热的太阳在灼热的玻璃板上进行工作；冬天，工人们又需要冒着严寒接触冰冷的玻璃板面。在工作的过程中，经常有工人因为抵挡不了气候变化造成的极差，而在中途晕厥，这严重影响了工人的身体健康和工作效率。年少的沈延刚目睹了这一切，之后决心要变革生产技术，还工人以健康，提升工人的生产效率，为沈阳玻璃厂乃至全国各个玻璃厂的技术变革做出贡献，为提升工人的工作效率做贡献。此时的沈延刚虽说已经是一名技师，对于生产的一些技术也有所掌握，但是毕竟缺乏早期的教育基础。这一点在进行技术革新的过程中沈延刚深有体会。经过进厂几年来的训练，虽然对于一些生产加工的技术有所了解和掌握，但是具体到实际操作上，就需要动用以往上学期间学习的诸如算数和科学技术等方法和技巧。比如对于辦切玻璃的强度、缓冲值以及它的临界点的计算和把握，对于该项技术的革新和发展至关重要。但是这个是可以得以弥补和克服的。沈延刚最大的优点也是最难能可贵的优点便是他对于理想的执着和对困难的无所畏惧。这也是沈延刚能够成为日后的"机械发明大王"②的一个重要原因。可想而知，要在毫无前人经验可以借鉴的基础上进行技术革新，进行自动化

---

① 沈阳市人民政府地方志办公室编《沈阳市志 – 第十七卷 – 人物》，沈阳出版社，2000。
② 沈阳市人民政府地方志办公室编《沈阳市志 – 第十七卷 – 人物》，沈阳出版社，2000。

切割技术的研发，是一件多么艰难的事情。就像爱迪生发明灯泡一样，需要经历无数次的失败和尝试，这其间的心路历程又怎是一般人所能承受的。也正是因为沈延刚具备以上重要的优秀品质，他抵挡住了多次的失败，在失败中努力探索和学习，凭借自己对于梦想的执着以及对于知识的努力探索，终于研制成功了自动化掰切技术。这一技术初面世，其先进性令沈延刚所在玻璃厂的员工们赞不绝口，同时解除了之前出于技术原因给工人们造成的工作负荷和身体危害，极大地提高了工厂的工作效率，节省了劳动成本，给工厂带来了巨大的经济效益。

沈延刚对于自动化掰切技术的革新和发明给沈阳玻璃厂带来巨大的经济效益这件事情很快就被报刊和媒体进行了报道和宣传。沈延刚这个人和他的自动化掰切技术也享誉全国。全国各大玻璃厂的优秀代表都纷纷来到沈延刚所在的沈阳玻璃厂进行观摩和学习。沈延刚看到前来的同行们，十分亲切，他并没有因为自己的突出表现就沾沾自喜、傲慢自大。相反，他对前来的人都和和气气地予以交流和指导，并且耐心地接受大家的提问且予以对方较为满意的答复。在讲解玻璃自动化掰切技术的过程中，不难看到沈延刚对于工作的热爱以及对于技术交流的愉悦感。正是沈延刚这种踏实肯干的精神，使得他很快从一名普通的技师晋升为玻璃厂领域的技术大拿，变为一名高级的工程师。

对于复合型技师的远大目标，使得沈延刚在技术革新的道路上热情不减。他继续不断地学习相关方面的技术和知识，并且通过自己的努力和坚持，试制成功了滚筒分格式纯碱喂料机和小料预混机，大大提高了玻璃调和料的均匀程度。这项技术的攻克，也带动了其他相关领域的生产效率的提高和技术发展，扩大了相关领域的生产规模，增加了经济效益，解决了长期以来玻璃厂在生产和技术上的难题。努力的人总会有好的运气，有一份关于技术上的日文资料被沈延刚发掘，他在认真研读之后，借鉴了其中的宝贵经验和技术层面的指导，再加上对于技术革新的天赋和热爱，以及坚持不懈的努力，他终于研制成功了燃烧器，这个燃烧器可谓是当时世界上最先进的一项机器中的关键性构成要素，沈延刚也因此荣获了辽宁省"五小"成果一等奖。除了这些之外，沈延刚还获得了大大小小许多奖项和荣誉。

　　沈延刚不但在技术革新上有突出的表现，而且在做人上也是十分正派。由于沈延刚在技术上的不断革新和进步，他的名气也在不断提升，但是他并没有因此而走起官派作风，并没有高高在上。对于前来请教问题的同行们，他从来没有颐指气使，从来没有给人高人一等的感觉和姿态。他做了好事从来没有要求过回报，从来不搞拉关系、宴请之类的不良作风，而且他还将自己的核心技术转让给同行，并没有因为自己技术的先进而不传给其他人，这种精神和气魄值得我们去敬仰和称颂。当人们问沈延刚为何能够获得如此之多的发明和技术革新时，他自信地说，只要努力干，再难的技术问题也是可以得到解决的。1989年，沈延刚获得了全国劳动模范的荣誉称号。

　　沈阳市是一个十分注重劳动模范的城市，这种重视不仅仅体现在对于劳动模范光荣事迹的报道和宣传上，而且还体现在对于退休劳模生活的关心和重视上。2013年，79岁高龄的沈延刚参加了一个名为中风康复的讲座，原来这是由沈阳市开展的"老劳模爱心中风康复行动"① 的活动，主要针对退休后的老劳模的身体状况进行专门的检查和关怀，给予在健康上有问题的老劳模以适当的照顾和优惠减免政策。

　　沈延刚一生致力于玻璃厂相关技术的革新和创造，并且为了这项伟大的使命奋斗到了退休仍旧未曾放弃对于技术革新的热爱与向往。沈延刚的身体也因为长期从事相关方面的工作而出现了大大小小的毛病，如糖尿病、腿动脉硬化等。退休老劳模的工资待遇较低，再加上他们由年老所致的多项疾病加于一身，难以承担起对于他们来说沉重的医疗费用，他们除了身体上的疾病之外，还有精神上的空虚。为此，沈阳市总工会联合爱心慈善机构一同在职工文化体育活动中心举行了"爱心助劳模"项目②，向这些需要帮助和关怀的老劳模送上了特殊的精神关怀以及相应的物质帮助，体现着沈阳市对于老劳模群体的关心与呵护。

编辑：田鹏颖　陈雷雷

---

① 顾威、刘旭：《沈阳实施"老劳模中风康复行动"》，《工人日报》2013年7月8日。
② 毕玉才、刘勇：《沈阳启动"爱心助劳模"项目》，《光明日报》2013年4月30日。

徐有泮

徐有泮（1933~），男，山东栖霞人，1952年加入中国共产党。[①] 1951年，徐有泮进入沈阳电缆厂当工人，先后出任过沈阳电缆厂车间党支部副书记、书记、车间主任、厂长。1984年起，徐有泮凭借着国外实习经验和勇于革新的精神，对该厂的内部机制和外部运营结构进行了体制变革，改善了劳资关系、变革了分配制度，为企业带来了巨大的生产效益。徐有泮所创建的"划小核算单位"和"目标责任制"等先进的管理模式被推广到了全国。徐有泮也因对工人的关心和对工厂的卓越贡献，以及自身具备的清正廉洁、吃苦耐劳的优秀品质，被评为沈阳市特等劳动模范、辽宁省劳动模范和全国劳动模范。

"我不能从总理兜中掏钱，却要把钱装进总理的兜中去。"[②] 这是徐有泮本人发自肺腑的言论，这句话不仅仅是一句空话，更是贯穿到了徐有泮的工作和生活中去，他这一无私奉献、有所担当的优秀品质，被人所称赞，他的这句话也成为当时好多企业家的座右铭，激励着他们砥砺前行。1951年，徐有泮顺利考入了沈阳电缆厂，由于工作积极努力，不久便被派往国外学习，回国后又因出色的表现和能力，荣升为沈阳电缆厂的厂长。但是对于徐有泮来讲，这不仅仅是一个称号和职务，更是一个艰巨的任务和使命。他接手的沈阳电缆厂，设备存在严重老化的问题，与此相伴的便是生产效率和经济效益不乐观。

面对厂里出现的现实问题，徐有泮镇定自若。凭借着自己在国外学习到的各种新技术和经验，再结合当时国内市场的实际情况，徐有泮认为解决这一问题首先应该进行机器的改进和更新。他采取了外引和内造相结合的方式，解决了沈阳电缆厂机器设备老化所致的发展后劲不足的难题，同时还帮厂子节省了许多购买成本，外引内造，使得厂子多了一批懂得组装和搭建设备的能手，对厂子的发展具有重要的作用。后来，徐有泮发现仅仅靠技术革新还是无法解决提升生产效率和经济效益的问题，因此徐有泮

---

① 徐有泮：《做一名政治上合格的厂长》，《党建研究》1991年第1期。
② 韩宝英、姜涛：《盛京有位徐老板》，《中国经济体制改革》1988年第6期。

大胆地提出"要搞好搞活大中型企业，要注重企业内部机制的变革和创新"。

在徐有泮看来，要搞好一个企业，除了要有过硬的产品和较好的加工设备之外，还离不开一个强有力的领导班子，这个领导班子应该是能对企业的发展提出至关重要的建设性意见和建议的班子。[①] 搞好企业需要领导班子能够通过改革现有制度和机制来不断提升促进企业发展的内在动力，协调好国家、企业和职工三者的关系。对于改善制约企业发展的内部机制问题，徐有泮提出了三个"大不一样"[②]。首先是划不划大不一样，徐有泮认为应该改革企业生产车间原有的内部构成，将原先的 8 个车间划分为 16 个，各个车间各司其职，分别划定其各自需要承担的生产任务和计划指标，并且增设了相应的奖惩制度。这样一来，同样的任务就着实落到了每一个职工的头上，对于无法完成任务的需要承担相应的惩罚，对于效率高的还予以相应的奖励。同时为了让职工能够高效地进行生产工作，徐有泮还将原先的倒班时限大大缩减，改成了一班倒的模式。如此这般，大大调动了职工们的积极性，提高了他们的工作效率，相应地也就对工厂的经济效益具有促进作用。其次是包不包大不一样，徐有泮认为需要在划不划大不一样的基础上实现不同类型的承包形式，将总厂与分厂、不同层级职工之间进行一个有机的联结，并运用责任分担、奖惩有别的方式，以期来提高效率、增加收益。最后是大锅饭开不开大不一样，徐有泮从职工更为关心的利益分配的角度进行了革新，将奖金分配拉开档次，将目标激励和制度奖励相结合，将分配落实到全厂的各个部门和各个岗位。这样一来，厂子里的职工更是干劲十足，全心全意地为沈阳电缆厂服务和奉献。

徐有泮在沈阳电缆厂的改革着实见到了显著的成效，为沈阳电缆厂的发展带来了持续而强劲的动力，这是作为一名厂长他所具备的技术和管理上的突出才华的彰显。除此之外，作为一名厂长，还应该具有长远的目光、坚定不移的政治方向和大胆机智的决断力。徐有泮在任期间便遇到了几件令一般人不得不为之钦佩的抉择。一次是恰逢国家改革经济体制，实行利税同工资总额挂钩的事情。当时是以前年生产效益为基准进行改革的，面

---

① 徐有泮：《搞好大中型企业之我见》，《党政干部学刊》1992 年第 2 期。
② 徐有泮：《坚持改革企业充满生机和活力》，《经济工作通讯》1987 年第 14 期。

对这样的情形，有人劝徐有泮不要继续干下去了，将这个成绩留到下一年，如果不这样做，企业在进行折合后将会损失掉40万元，但徐有泮在仔细思量之后，还是决定继续干，而且动员厂里的职工们应该更加有干劲地进行工作，为企业生产和创造巨大的效益。在他看来，国家正值改革时期，一心向往改革，希望国家繁荣昌盛的目标很快就能达成，自己怎么能够因为私心而阻碍了国家的改革进程，这种舍小家为大家的精神值得我们为之"点赞"。另一次是上海电缆厂和沈阳电缆厂争夺"国优奖"的事情。当时的政策是，如果谁拿到了国优奖谁将会在一定期限内获得国家给出的各种优惠政策，对于企业的发展具有重要的作用。当时与沈阳电缆厂具有竞争的便是上海电缆厂，而恰巧上海电缆厂在生产的过程中缺少一种材料，这种材料只有沈阳电缆厂有，上海电缆厂派人前来购买。面对这样的情况，徐有泮也没有选择不卖，而是在他现有的存货中挑选了最好的一些给上海电缆厂，因为在他看来，只有公平竞争下取胜才是正确的选择。最后一件具有代表性的事情是，有一年厂里在缴纳完各项税后还剩一百多万元，有人建议并写好了详细的策划，让徐有泮将钱发给职工们，还可以得到职工们的称赞。但是徐有泮拒绝了，因为在他看来，他希望从更加长远的角度去思考，他不希望自己卸任之后给下一任厂长留下不好的局面，因此他还是保留了这一笔收益。从这三件事情，我们不难看出徐有泮作为一名厂长身上所具备的优秀品质。徐有泮在工作中兢兢业业，不仅如此，他还十分善于总结和发现问题、解决问题。在晋京500千伏输电线路导线断股事故[1]发生之后，徐有泮和一些专家前往现场，进行了仔细的勘探和调查，对于这场事故发生的原因进行了详尽的排查，将事故原因进行了梳理和总结，并且及时准确地找到了解决问题的有效办法，还提出了一些防范措施和建设性的意见和建议。徐有泮还从施工单位的角度给予该单位一些要求和建议，我们不仅能看到徐有泮技术的娴熟，也看到了他对待工作的仔细和负责任的态度，这值得每一个人学习。

退休后的徐有泮，除了和其他老人一样生活之外，还是不忘学习，表

---

① 张景国、徐有泮、韩绍思、陶学礼：《晋京500千伏输电线路导线断股事故分析》，《电线电缆》1984年第6期。

现出了平凡人中不平凡的一面。在退休之后，徐有泮接受了沈阳银基发展公司顾问一职①，在他本人看来，他虽然名义上是一名顾问，但是他觉得自己是一名学徒，对于新市场经济情形下的一些管理制度和方式，一些工作理念和发展模式，他都不是十分了解。他在退休后担任顾问期间，学到了许多的新鲜词语和全新的生产模式。诸如资本运作，诸如如何实现公司上市，在这样一家相对先进的公司里当了七年之久的顾问，徐有泮接触到了在国有企业从未遇到过的新鲜的事情、新鲜的管理模式以及全新的经营理念和用人制度，对于小小一个公司竟然能够快速收购一个企业并且使自己上市，这是徐有泮想都不敢想的一件事情，也是在他看来异想天开的事情。但是就是这些在他看来不可能的事情——实现之后，刷新了徐有泮的传统性思维。对于公司的用人制度，能者多劳，能者上，不能者去，这样的制度也让徐有泮看到了实际运行中的诸多利处，不得不让他为这样一个有别于传统的沈阳电缆厂的运作模式进行反思和考量。善于发现问题和总结经验的徐有泮又一次发挥了自己的优势。他在沈阳银基发展公司工作七年的经验，以及他退休前在沈阳电缆厂的多年工作经验，让他对于传统企业在新的环境下步履维艰的现状进行了重新思考，并且结合退休后对新公司的打量，他给传统企业的发展提出了许多建设性的建议和意见，帮助传统企业不断地发展和进步。徐有泮也因自己的才华和技术，获得过诸如全国劳动模范之类的光荣称号，也曾当选为人大代表。他对于国家的贡献和人民的关心，得到了国家和人民应有的回应和嘉奖。

编辑：田鹏颖　陈雷雷

赵希友

赵希友（1934～），男，辽宁凌源人②，中国共产党党员。1952 年，他进入沈阳矿业总厂当工人，而后又从事过其他许多职业。1984 年，赵希友创建了沈阳汽车工业公司，而后在此基础上改制成立了沈阳金杯汽车股份

---

① 顾威：《神清气定徐有泮》，《工人日报》2004 年 4 月 11 日。

② 朱宝昌：《金杯汽车股份有限公司董事长兼总裁赵希友》，《社会科学辑刊》1993 年第 5 期。

有限公司。赵希友先后担任过沈阳汽车工业董事长兼总经理、金杯公司董事长兼总经理等职务。他锐意进取、勇于革新，荣获过振兴沈阳奖、全国思想政治工作创新奖①，在企业股份制改革的道路上更是开辟了新的道路，为探索社会主义市场经济发挥了至关重要的示范带动作用，也为沈阳汽车工业的发展做出了巨大贡献。因工作上的突出表现，赵希友先后获得了全国"五一劳动奖章"、全国劳动模范等荣耀，还光荣地当选上了全国人大代表。

1934 年，赵希友出生于辽宁省凌源市一个贫苦的工人家庭，在他幼年时期父亲就不幸离世，使原本就拮据的家庭变得更加无力维持生计。赵希友也因此无法继续初中的学业，于是他前往沈阳，开始了漫长了求职之路。1952 年，赵希友来到沈阳矿业总厂工作，后来又从事过会计员、代厂长之类的工作。赵希友在工作上踏实肯干、兢兢业业，不仅如此，他还是一个十分热爱学习的人，家庭原因使赵希友很早就离开了学校，走上了工作的道路，但是现在的赵希友可以通过夜校的方式进行学习。② 加入夜校的学习之后，他十分刻苦、勤学善思，在短短几年的时间里，就将自己初中和高中落下的课程全部学习完毕，而且还顺利地考上了辽宁大学的中文系和中国人民大学的工业经济系。这段时间学术理论的熏陶和培养，也为赵希友日后的革新打下了坚实的理论基础。

改革开放之后，人们对于外面的世界开始从不知到知，从知之甚少到知之较多，逐渐对国外的一些事情有了了解的渠道，并且通过这一渠道，获得了较为全面而精准的信息。赵希友便是其中的受益人之一。赵希友搭上改革开放的"东风"，到国外知名的汽车公司，诸如通用、福特等进行实地考察③，目睹了国外汽车公司的运作机制和管理模式，了解到了国外汽车公司一年的生产和销售总额。他将其与当时国内沈阳全部的汽车生产总额进行对比，感到巨大的差距和挑战。在被国外知名汽车公司的产量和业绩震惊之余，赵希友也将国内或者再具体一点讲，那便是沈阳汽车公司的生产模式和管理方式进行了分析，从中发现一个最为关键的问题，那便是汽

① 吴宪春、朱宝昌：《惟廉可以服众——记全国劳动模范、金杯汽车股份有限公司总经理赵希友》，《经济工作通讯》1990 年第 8 期。
② 单复：《赵希友》，《当代作家评论》1991 年第 1 期。
③ 刘欣欣：《"金杯"得主——赵希友》，《瞭望周刊》1990 年第 8 期。

车制造这类作业，需要的是社会化大生产的运行模式，而靠成百上千的小作坊单独运行是无法实现的。回国之后，赵希友将自己的所见所闻所感，全部用文字的形式呈现给了领导，希望可以改变国内至少是沈阳的汽车生产模式，实现无数小型作坊的大联合，实现由松散到集中的飞跃。这样一来，原本分散经营所导致的产量和质量无法得到突飞猛进增长的难题便迎刃而解。在相关部门领导的仔细斟酌之后，通过了赵希友关于汽车公司联合生产的建议，并于 1984 年联合组建了沈阳汽车工业公司，赵希友肩负起该公司董事长兼总经理的重要职务和使命。在沈阳的小作坊实现大联合之后，果真起到了预计的作用。一向善于改革求变的赵希友，又有了实现汽车租赁①的想法，为了减少风险，同时也是为了更有效地大规模推行，赵希友便对两个小型企业进行了租赁的试验，以此为试点，在见到成效之后，这样的形式便在沈阳市内广泛地推行开来，这样的成功也引起了国务院的关注，赵希友还受邀前去介绍他的成功经验，政府也于此后颁布、推行了相应的企业法草案，承认和肯定了租赁制连同其他一些形式的改革措施。

为了搞活企业，使企业能够更好地发展，赵希友决定改组原先的沈阳汽车工业公司，实行股份制经营，于 1988 年成立了沈阳金杯汽车股份有限公司。这样的改动，在当时一个刚刚对外开放不久的国度而言，人们还并未真正深刻地认识到资本主义和社会主义之间的本质不同，一些质疑赵希友走资本主义道路的言论铺天盖地，但是赵希友还是坚定自己的选择，认为这并不是搞资本主义，而是在社会主义集资、实现政企分开的一种有效途径和模式罢了。② 当然，他也并不否定这种制度存在一些缺陷，但是不得不肯定的是，这样的制度，对于管理和发展国有经济来说，意义重大。金杯汽车股份有限公司成立之后，赵希友便开始对外公开发行股票，在赵希友看来，要使一个工人真正感受到自己是一个企业的主人，仅仅依靠政治上的肯定是不够的，如果能从经济上让工人感到自己也是企业的主人，那样的效果无疑是最好的，那么对外发行股票的方法，便可以解决上述所有

---

①　赵希友：《小型工业企业租赁经营若干问题的探讨》，《辽宁大学学报》（哲学社会科学版）1986 年第 3 期。

②　赵希友：《小型工业企业租赁经营若干问题的探讨》，《辽宁大学学报》（哲学社会科学版）1986 年第 3 期。

的难题，而且这样一种集资的方式，也符合社会主义的原则。后来，赵希友更是竭力促成了金杯汽车股份有限公司的上市，他和他的企业，以及他的一系列经营模式和管理经验也在全国得到了肯定和推广。赵希友之后还在国内首次推行破产倒闭的试验，他的每一次革新，都是对国内原有桎梏的变革和改造，对于中国企业的发展进步做出了卓越的贡献。

在工作上，赵希友总是给人一种积极向上、大胆创新、勇往直前的冲劲。在学习上，赵希友总是给人一种勤奋刻苦、渴望知识、渴望进步的动力。而在生活中的赵希友或者在行政上的赵希友又给人留下怎样的一种印象值得思考。在金杯汽车股份有限公司成立并取得辉煌的成绩之后，赵希友也还是稳坐董事长兼总经理的高位，他对人对己都十分严格，并不会因公济私。为了能够让公司员工有拼劲和闯劲，他也制定了许多规定，有一条便是公司处级以上的职工家属，不许进入公司热门岗位就职。规定实施后不久，恰逢公司热门岗位急需人才，赵希友的儿子恰好专业对口，而且从业资格都符合，部门人员看还是赵希友的儿子就予以录用了，得知此事后赵希友前往该部门，对其再次申明公司出台的规定，即便是自己的儿子，也是一样的，不能有所例外，① 自己需要对此做出优先示范作用，他的儿子见状也就不再前去求职，全力支持父亲的决定。同样的事情也发生在赵希友的女儿身上，赵希友有一家公司不论是从地理位置还是从工资待遇来说，都十分优越，他的女儿因此希望父亲能够将其调往该公司上班，赵希友却对女儿说："不论你的资格是否符合，只因公司已出台规定，如果因你破例，那我今后对待公司犯有同样错误的人就不能那样理直气壮地予以批评了"② 那之后赵希友的女儿再也未曾提及调换工作的事情。这是赵希友公事公办的表现，并未因公济私，体现了一个领导说一不二的带头示范精神。

为人正直，做官清正廉洁，这是赵希友在职期间留给人们的又一大宝贵的精神财富。在当时的社会环境下，不少领导干部在自己的岗位上小心

---

① 吴宪春、朱宝昌：《惟廉可以服众——记全国劳动模范、金杯汽车股份有限公司总经理赵希友》，《经济工作通讯》1990年第8期。

② 吴宪春、朱宝昌：《惟廉可以服众——记全国劳动模范、金杯汽车股份有限公司总经理赵希友》，《经济工作通讯》1990年第8期。

翼翼地扮演着一个清正廉洁的角色，有的在职期间不幸暴露本性，有的则在退休离职之时尽显贪婪本色，伸手向厂里索要不合理的福利和待遇，在职期间给人们留下的清正形象一扫而光。赵希友看到这样的干部行为，看到听到职工们对于这些领导干部前后不一致表现的评价和鄙视之后，决心使自己成为一个正直向上向善的领导干部。在职期间，赵希友本可以和其他领导干部一样坐着汽车上班，因为他的年纪坐汽车上班也说得过去，但是赵希友坚决不坐汽车，他还因为坐汽车的事情责骂过其他年轻领导干部。在他看来，那些年迈的工人在恶劣的环境下还是骑着自行车前往工厂上班，他们却坐着汽车，于心何忍。说到赵希友的家境，其实并不是非常富裕，他上有老下有小，正是需要用钱的时候，而且赵希友的工资也并不高，勉强可以维持一个家庭的生计，就是这样一种状况，赵希友还为了支持公司的建设几次进行捐赠。再有就是搬往新职工宿舍、安热水器的事情。赵希友坚决不搞特殊化，硬是在其他领导和员工都已住入新宿舍后勉强入住，硬是在专门为他安好热水器后强行将其拆卸充公。这样的赵希友获得了大家一致的好评。他在工作、学习、生活等诸多方面表现出来的优秀品质，被人们所称赞，也终因这样的品质享誉一生。

编辑：田鹏颖　陈雷雷

史继文

史继文（1943~），男，辽宁盘锦人，中国共产党员。1963年，史继文进入沈阳鼓风机厂，1977年担任沈阳鼓风机厂技术革新小组组长，他在工作中发掘出自己在机械设备制造和革新上的突出才能，而后在企业领导的帮助和支持下，组建了辽宁省数显技术服务中心且出任经理一职。正值事业高峰期的史继文被神经纤维恶性肿瘤几度缠身，险些丢掉生命，但是在顽强抵抗下，他战胜了病魔，被誉为新时期的"铁人"。他对于工作的激情感染着生产战线上的每一个人，他参加过全国劳模报告团的演讲，并且担任过两届的人大代表，1989年被评选为全国劳动模范。[1]

---

①　沈阳市人民政府地方志办公室编《沈阳市志－第十七卷－人物》，沈阳出版社，2000。

1943 年，史继文出生于辽宁省盘锦市的一个工人家庭，20 岁时考入了沈阳鼓风机厂。在正确价值观的指引下，史继文看到了实现自己的人生理想与现实之间的差距。于是史继文下定决心，要为了梦想奋力拼搏。在工作中，史继文总是一丝不苟、兢兢业业地埋头苦干，毫无怨言；在业余时间，史继文更是看到了自己的差距，他将与自己工作相关的书籍都借过来仔细研读，作以抄录，并且还对其中的重要性话语择其精华作为读书笔记。在长期努力下，他先后学习了三百多本专业书籍，抄录了将近二十万字，读书笔记也多达十三本。在不断地熏陶之下，史继文对于相关领域的专业知识熟练于心，并且及时地将前期所学运用到了实际的生产和工作之中，他个人卓越的技术能力和对于沈阳鼓风机厂的实际贡献，赢得了厂内每一个职工和领导的钦佩和赞扬。

20 世纪 70 年代后期，正值改革开放前后，国内外信息的联系日益紧密，生产技术上的联系也不例外。史继文所在的沈阳鼓风机厂顺势所需，也积极组建了革新小组，因为之前种种的优异表现，史继文很自然地被推选为革新小组的组长。身为组长的他，集责任心、智慧、勤奋、踏实、仔细等优点于一身，毫无疑问地肩负起了带领沈阳鼓风机厂革新小组在工作中取得喜人成绩的使命。在当时，他们厂里引进了德国制造的一种设备，但是入冬后不久，这台设备总是不时地发出令人诧异的声音，不仅如此，还会突然停止运作。由于是从外国引进的，大家对此也不知如何是好，但对于这种莫名的声响还是感到不明的紧张和疑惑。引进这台设备也是考虑到了这台设备所承载的经济价值和具有提高实际生产效率的功效。但是实际情况摆在了工厂每一个人的眼前，这台机器的确没有说得那样好，的确没有起到应有的巨大作用。善于思考和钻研问题的史继文并没有仅仅局限于观望，而是前去研究、端详，并且对可能对该机器运行造成影响的一切外在原因进行了排查，最终他发现了一个问题，那便是温度造成了该机器的异常运行，而这种问题的直接原因便是厂里大门反复开合造成的温度变化。所以，只要能够尽可能地减少因为大门开合造成的室内温度过低的影响，机器就可以减少温度带来的阻碍，实现预期的运作，产生相应客观的工作效率和经济效益。发现问题就要立刻解决问题，这样才是一个勇于革新者所应该具有的重要品质，史继文就是这样的一个人，他在有了通过实

现开关大门的自动化的想法之后，立刻调动所学，将精力集中在大门开合自动化的目标上。为了更好地完成这个目标，史继文索性将行李带进了工厂，决心要研制出这样一种机器，在他的努力之下，符合要求的设备终于研制成功了。这一发明的成功，震惊了沈阳鼓风机厂的每一个人，他们被这种完全自动化的设备所震撼。这一设备不仅可以实现无人操纵，还减少了之前开关门的时间，也就意味着室内温度可以而得到改善，之前出于温度原因异常运行的进口机器也就正常运行了，一切都走上了顺利的轨道。

难题和挑战，永远都是激发一个创造革新者前进的动力。史继文自打成功地解决了德国设备出于温度原因无法正常运行的问题之后，不但名声大噪，也激发了他对于技术革新更加浓厚的热情。无独有偶，像德国设备这样的问题是过去了，但是更为棘手的问题又摆在了史继文的眼前。史继文所在的沈阳鼓风机厂，使用的加工设备和机器都较为陈旧，机床的精度也极差，所以用这样规格的设备和机器生产出来的产品也自然不佳，产品的报废率达到了百分之二十。每生产出一件不合格的产品，将会给厂子带来几万元的损失。史继文作为一名勇于大胆革新的能手，不但拥有别人无可比拟的胆识和技术，而且还具有一颗心怀国家、心系工厂的责任心。他看到自己所在的沈阳鼓风机厂出于这样的原因每年损失巨额款项，决心要解决这一难题，帮助沈阳鼓风机厂降低生产产品中出现的较高报废率问题，帮助工厂减少不必要的损失。因此，史继文开始仔细钻研，如何才能解决沈阳鼓风机厂机器设备陈旧和机床老化带来的严重问题，如何去有效地降低工厂产品报废率，如何尽可能快地发现解决问题最好的切入点。实践出真知，在史继文多次的失败经历之后，诸如改进刀具之类的方法，都毫无例外地被史继文排除在解决问题的考虑范围之外。经过对国外一些先进技术的了解，史继文找到了当时唯一的也是最有效的方式，那便是应用微电子技术来解决目前厂里面临的关键问题。但是这样的技术在工厂之前不是没有运用到，沈阳鼓风机厂曾经还高价买回了四块数显表，但是没过多久，这种设备并没有起到应有的作用，也就自然而然被工厂废弃了。得知这样的消息之后，史继文便急忙去报废品中找回了那四块被废弃的数显表。史继文视其为珍宝，对它们仔细端详，认真分析，并结合自己之前所学，对原有机器进行了适当的改进和加工，绘制了新的设备图纸，在他的改进之

下，原本废弃的四块数显表，发挥了巨大的作用，车床的废品率问题也得到了很大的改观。对技术的不断革新，又激发了史继文的革新灵感，他成功地将数显表的开关进行了改造，实现了一表两用的神奇功能。这样的技术不仅得到了沈阳鼓风机厂全体员工和领导的赞扬，而且轰动了整个业界，他的名声越来越大，他改造成功这件事情也被越来越多的同行所知晓。这样的连锁反应，也让史继文对自己技术带来的巨大效应感到了震惊，也更加坚定了他对于技术革新和改造的决心和信心。

史继文在沈阳鼓风机厂经过努力的工作和研究，帮助沈阳鼓风机厂解决了许多技术难题和制约该厂发展的关键性问题，帮助沈阳鼓风机厂降低了成本，提高了经济效益。该厂的领导也对史继文深信不疑，并且对于他技术革新的事情十分鼓励和支持。为了更好地钻研数显技术，该厂的负责领导支持成立数显站，这个重要的职位还是交给了史继文。对于技术革新的诸多成就，使得全国各地的同行前来问津求教，史继文一时声名鹊起，还接到了众多企业的邀请，希望他可以在技术上予以讲解和传授。除此之外，史继文还善于将自己的科研成果转化成理论成果，并且还对感应同步器接定尺的两种方法①进行了纯理论层面的解读，实现长定尺向移动式短定尺的转化，实现用切换式开关接定尺来操纵双滑尺接尺。史继文通过学术性的语言将实际操作的步骤和要诀以文字的形式呈现于人们的眼前，有效地传播了理论和方法，也使自己的理论为更多的同行带来福利和方便，他的理论和方法获得了无数好评与赞扬。

史继文事业如日中天的时刻，病魔正向他一步步地靠近，严重影响到了他的工作，甚至险些威胁到他的生命。在得知史继文的身体出现问题之后，沈阳市政府的领导们也着实为此感到担忧。在大家的劝说下史继文决定前去就医，但是结果却是当地医院无法解决史继文所遭受的病痛，史继文病情成因复杂，医生建议他前往其他医院救治。在他尝试了各种的药物治疗无果之后，便决定和妻子一同前往北京就医。经过救治后的史继文原本应该注意休养，但是他对于技术革新的渴望无法劝说自己暂时放弃，他

---

① 史继文：《感应同步器接定尺的两种方法》，《机械工人·冷加工》1980 年第 7 期。

还曾以生命不息、奋斗不止的誓言来激励自己。战胜病魔之后的他，更是激情四射，不但在技术上更加精湛，而且还用出色的演讲唤起了更多人对于技术革新的热情和探索。史继文不但是全国劳动模范，而且是新时代的"铁人"，他的精神值得每一个人去学习和传承。

编辑：田鹏颖　陈雷雷

第二章 1990～2009 年东北（辽宁）老工业基地全国劳动模范

李 熏

李熏（1913～1983），男，汉族，湖南省邵阳市人，中共党员，曾远赴英国留学，获得谢菲尔德大学冶金学博士学位。之后他克服万难回归祖国故土，加入了中国科学院建立的金属研究所，担任所长一职，带领团队为祖国的金属研究领域做出了巨大的贡献。他因工作表现突出，被评为全国先进科技工作者，连续四次当选全国人大代表。①

李熏自小学习优秀，成绩名列前茅，1936 年毕业于湖南大学，1950 年获得了谢菲尔德大学冶金学博士学位，他当时因为在学术领域已有一定的造诣，获得了相关行业领域内专家的高度认可和评价。这样的能力和影响力使得李熏在英国成名，在当时还有人预言说李熏必定成为英国大地上一颗最为璀璨的明星，将给英国带来无上荣光。英国国内的同行也一再向李熏示好，表示如果李熏能够加入英国国籍，那么凭借着他的出色才能，必将在英国这样一个拥有良好科研环境和物质生活条件的国度里大显身手。但是令众人始料未及的是，李熏虽长期身在国外，但是心怀祖国，关心祖国的发展建设，一心想要为国效力，早就想在毕业后回归祖国怀抱，将自己的所学贡献给伟大的祖国，他心中始终认为，他是一个中国人，并且

---

① 李永安主编《中国职工劳模大辞典》，中国工人出版社，1995，第 412 页。

永远都是中国人。李熏在获得博士学位之后，一心想回到日思夜想的祖国，心想何时自己才能够回到自己的故土家乡。不久，李熏收到了远在大洋彼岸的祖国来信，这封信是当时担任中国科学院院长的郭沫若寄来的，在信中郭沫若表达了自己对李熏本人才能的肯定，诚心邀请李熏能够回国，一同组建金属研究所。收到远在大洋彼岸的祖国的来信，李熏更是抑制不住自己对祖国深沉的爱与思念，不禁泪流满面。但是由于当时朝鲜战争早已打响，中英两国成为对立方，英国政府更加不愿意放李熏回国，对李熏需要回国的手续迟迟不予办理。李熏内心十分着急，三番五次地去寻找英国相关部门予以批准，始终无效。但是李熏并未放弃回国的念头，一心想着如何才能实现回国的目的和愿望。他在英国一边寻找机会回归祖国，一边联络和他一样身在英国的中国科学家和留学生，一同商量回国的相关事宜。在被英国政府相关部门拖延了几个月之后，他终于想到了一个借口，可以让他们顺利地回归祖国怀抱。那时的香港还未回归，依旧是英国在管治，因此李熏便设法向英国政府请求前往香港旅行，在几番努力之下，终于获得了英国政府相关部门的批准。

1951年秋天，这个离开祖国怀抱足足14年之久的李熏，终于回到了日思夜想的祖国，总算有机会为祖国的美好前途而贡献自己的一分力量。李熏一回国，便接到中国科学院决定组建金属研究所的消息，而且这个即将组建的金属研究所将选派李熏来担任筹备处主任，并于1953年任命其为金属研究所处长。身居此职，李熏深知这份责任的重大，对于新建的金属研究所究竟应该遵循怎样的一种工作方针，李熏思前想后，认为这个金属研究所的筹备和发展都是由国家出资，那么他们的研究所所进行的活动，也应该是出于对国家的考虑，出于对解决当时祖国面临的关键问题的考量。李熏坚持认为，作为中国金属研究所的一员，应该始终记得，他们的金属研究所以及他们每一个人所担任的职责，都不是一个毫无实际用途的花瓶摆设，而是应该成为一个发挥实际作用的机构。

正是出于这样的原则和指导思想，李熏对于国家的每一步发展都十分关注和重视。20世纪50年代，正值国家进行国民经济的恢复、发展和建设的阶段，对于钢铁的需求十分迫切，这也是那个时期全国人民心中的奋斗目标和祖国的发展宏图。面对此情此景，李熏决定将金属研究所的研究重

点和方向主要放在冶炼、燃料和耐火材料的研制当中，并且对于金属研究所的选址问题进行了十分详尽的分析和考察，最终决定将金属研究所的位置定在东北沈阳地界，认为这个位置是最为合适。1951年冬天，李熏等人一同前往沈阳南郊，经过几年的努力建设，终于建成了中国科学院金属研究所。与此同时，李熏还广泛地为金属研究所搜罗人才，邀请了留学英美的众多优秀杰出的学者，诚邀他们作为金属研究所的研究员。事实证明，这些受邀前来的学者，在今后的工作研究中，的确展示了自己卓越的能力，并且刷新了自己研究领域的纪录，为金属研究所的发展和壮大做出了不可估量的贡献。

为了使金属研究所的每一位成员都能够明确自己的责任和方向，也为了使人们更加清楚研究所的工作宗旨，李熏在金属研究所成立之初，便强调了基本的指导方针和主抓的工作对象和内容。具体如下：首先是接受国家下达的命令和认真执行任务；其次是悉心指导耐火材料室；最后是研究如何提高钢铁的质量，开拓冶金过程的物理化学研究。为了进一步落实，李熏带领着金属研究所与大连钢厂、鞍钢等企业进行了合作，在合作的过程中，实现了国内首次成功进行电炉氧气炼钢的研究，实现了从压力加工到热处理的研究，实现了对钢板和钢轨的质量变革与改进。

20世纪50年代，正值国家进行国民经济的恢复和发展时期，对于钢铁和材料的需求较多，李熏审时度势，立足国家发展的急迫需求，对于金属研究所的研究方向作出了适当合理的调整，将原先的方向转到了高温合金和高强度材料的研究上来。方向刚发生转变，李熏便迅速组建了相关方向的研究小组。为支持我国核技术的发展，李熏还成立了铀合金研究组，随着这些研究小组的发展壮大，它们逐步演变成了一个个独立的研究室。在这些研究室的共同努力下，研究所的任务完成得十分出色，为国家的发展做出了巨大的贡献。[1] 中国第一颗原子弹的爆炸成功、第一架超音速喷气机的成功研制等成就，均与李熏所在的金属研究所有着千丝万缕的联系。在该金属研究所的努力下，中国在金属领域取得了巨大的成就，帮助中国开了许多技术上的先河，填补了技术领域的空白和缺失，并且打破了国外某

---

① 李永安主编《中国职工劳模大辞典》，中国工人出版社，1995。

些领域的技术垄断，帮助中国节省了大笔进口开支。

李熏对于工作的热爱一定程度上也是源于他对祖国无限深沉的爱。他希望能够通过自己所学的技术和具备的能力，帮助中华人民共和国尽快巩固和发展壮大，为此他不辞辛劳地努力进行技术研究。在那个年代，物资匮乏，从事科学研究的条件和环境十分落后，根本无法与国外的水平相提并论，正是在这样一种条件极为严苛的环境下，李熏和他的整个团队，埋头苦干，无怨无悔，在科研的道路上经历了失败的苦涩，也尝到过成功的喜悦。在这样日复一日、年复一年的研究过程中，再加上满足生活的基本物质的匮乏，李熏变得面色憔悴，双鬓斑白，即便如此，他也毫不在意，依旧和研究所里的每一位成员共同奋战在技术研究的海洋之中，为了中国的美好前景而不断地贡献着自己的力量。功夫不负苦心人，在历经几年的艰苦奋斗之后，他们终于完成了国家下达给他们的研究任务。他们不但达到了苏联的工艺要求，而且部分还超过了苏联对于工艺的标准值，赢得了国家对于他们研究成果的肯定和国外对于他们技术水平的检测和认可。每当国家的技术取得突破和进展，检测试验成功时，李熏都会感到无比喜悦和激动。

李熏在工作中表现出对工作的无比热爱，也从侧面体现出了他对祖国的忠诚和眷恋。不仅如此，他还是一个为了保护科学技术人才不惜受到牵连的人。在"文化大革命"时期，李熏曾两次被卷入"反革命"的浪潮之中，虽然已是自身难保，但是李熏看到研究所其他成员遭到如此对待之时，还是极力保护，避免人才流失，即便自己再次被戴上各种各样的"帽子"。1972年，李熏赴巴黎参加国际会议，回国之后感触颇深，立即将自己的所见所闻化为实际行动，虽然这样的行为难免遭到当时国内政治运动的影响和牵连，但是李熏一心为了祖国科技事业和前途着想，早已将自己的安危放在一边，充分体现了一个对祖国无比忠诚的科技创新研究者的伟大精神。

由于在工作上的突出表现，李熏被评选为全国科技工作者，之前的乱扣帽子的事件也得到了平反。他作为金属研究所的所长、中国科学院沈阳分院院长，为了祖国科技事业能够得到更好的发展，破格提拔了蒋新松等刚刚被摘掉"右派分子"帽子的技术者。李熏对于工作和科技事业的贡献，

使他获得了国家的赞誉和肯定。1983 年，李熏在工作途中因病不幸离世，享年 70 岁。

编辑：田鹏颖　陈雷雷

崔殿镇

崔殿镇于 1949 年出生，1968 年初中毕业后参加工作，中共党员，大连造船厂工程师。崔殿镇坚持一边工作、一边学习，自学成才。他技术高超精湛，荣获日本无线电等三大株式会社颁发的现代通信、雷达及导航系统等调试专业技术和维修技术代理许可证，作为日商和德国帝贝克公司委托代理人，攻克技术难关近百次。1990 年以来，崔殿镇先后荣获市特等劳动模范、省特等劳动模范称号。[①] 厂长评价他为"三个高工也不换的大船骄子"，工人们称他为"令洋专家折服的电气大拿"，1996 年他获得全国"五一劳动奖章"。

1968 年，年仅 18 岁的崔殿镇在初中毕业之后就来到船厂电装车间做起了无线电工的工作。在车间当学徒的过程中，他既看不懂电路图，也不懂电器件，只能帮助师傅做点粗活儿和简单的活儿。师傅面对这个不好好学习的徒弟一通教训："你给我做一个报务员训练盒，明天拿不出图纸来，就不要再跟我干了。"崔殿镇在当天下班之后，就去图书馆借了一本如何识别线路图和电器件的书，他边看边画把图纸完成。师傅对崔殿镇说，"干我们这行的，不能老跟着别人转，要自己钻研"，师傅的话让他深受启发，因此，他决定要自学。密密麻麻的电线连接着上万个电器元件，技术资料更是难懂，因此崔殿镇虚心学艺，在闲暇时间跑到图书馆，成了图书馆的常客，在晶体管收音机、黑白电视机等方面都有所成就。每一代的更新产品他都竭力掌握。为了克服语言的障碍，崔殿镇还进入英语学习班，成为班上唯一的高龄学员。面对枯燥乏味的英语，崔殿镇几次想要放弃，但是想到为了调试工作需要，就恒心坚持，用磁带和英语书反复训练，在疗养过程中仍不忘英语的学习。他用极低的工资买电气书籍。持续不断的学习加

---

① 李延清：《本钢年鉴》，辽宁人民出版社，1995。

之实践能力的提升，他的业务能力快速提高。不久，他在同等的学员中可以独立作业，组织对他的成长具有重要作用。车间领导让崔殿镇在工学院学习，并于 1985 年去日本学习。他凭借优异的成绩获得日本无线电、东京机械、古野电器三大公司船舶电器调试服务代理证书。日本专家称他为"最优秀的学员"。崔殿镇干学结合，边干边学，先后获得了成人高中毕业证、大连市教育局颁发的自学成才证、基础英语证书、中级英语口语证书、晶体管知识证书，指挥仪系统、电子战系统、微机及微机控制系统等专业技术证书，能胜任许多高难度的船舶电气调配设备工作，成为船舶业的全国技术能手。崔殿镇做事专一，进入工作状态往往忘了其他一切。有一次在做技术活时，他竟然顺手拿着正在焊活的电烙铁在后背挠痒，结果至今在他的背上都有被烫伤的痕迹。

进入 20 世纪 80 年代，大连造船厂也进入了造船业的新时代。十多年间，大连造船厂造出了出口船二十多艘，但是其船舶试器的调试由外国人完成，这让崔殿镇清醒地认识到了自己的不足。外国人在作业的同时，崔殿镇尽量争取一切机会学习，并把重要内容记在本子上。1985 年 7 月，他主动请战与新加坡的代理商签订合同，挣得了外汇 12600 马克。

1986 年，船厂承建两艘油轮，崔殿镇作为日方的调试代理，不仅顺利完成了任务，而且为国家创汇 1680 美元。由于对船厂的特殊贡献，同年，他被党组织吸纳，并荣获船厂标兵的荣誉。他凭借精湛的技艺一次又一次让外国专家钦佩。

1988 年深圳的一家公司邀请崔殿镇管理自动化流水线，薪资较高，达到 500～600 元，是当时他的工资的三倍之多，并且开出在大连购买住房的条件，面对高薪优厚的待遇和朝夕相处的船厂，崔殿镇处于矛盾之中。但是他想到自己的一切成绩都是从船厂这个根基起来的，从很小的学徒成为造船业的精英，都是从船厂这个土地出来的。因此他放弃了优厚的待遇，决定继续留在船厂。

1989 年，船厂为比利时建造 7000 吨滚装船，12 月 29 日晚，距离签字交工仅仅有两天的时间，但是挪威的服务商却迟迟不来履行在合同中的调试服务，理由是中国 1989 年的政治风波。日本的服务商要价很高，必须先付 14000 美元。但是大船如果不能按时交工，则面临违约担负巨额罚款的后

果。崔殿镇和员工此时心急如焚，决定自行调试从国外来的宽带放大器功率管，但是如果出现大的问题，按照合同的规定，需要负较大责任。厂长于世春的一番话让崔殿镇吃了定心丸。厂长说："小崔，你就大胆地调度吧，干坏了是我的，干好了是你的。"崔殿镇用两个昼夜的时间调试好，但是突然发现电报机的重要部件即频率振荡器意外损坏，重新在国外订货最快都需要一周时间，离交船交工只有半天的时间，时间短，任务重，崔殿镇争取一分一秒，在火柴盒大小的晶体恒温槽里面，用手逐个测试上千个电子元件。国外厂家是在恒温实验台进行更新或修理，他的调试方法在国外没有先例，比利时的船长此时极度怀疑，车间领导也火急火燎。距离交船只有三十分钟时，崔殿镇的试验成功，比利时的船长竟然把崔殿镇抱起来，嘴里还说着中国工人好样的。此时的崔殿镇却困得睁不开眼睛了。

崔殿镇多次用技术征服外国人，34000吨的1号船卫星通信逆变器出现故障，外国服务商却束手无策，无能为力地说"我是来调试的，设备损坏应该由日本厂家负责，没有原理图纸，我也无法解决"，联系日本厂家和香港厂家时，他们并没有解决问题，当时船正处于试航阶段，如果问题得不到解决，将会影响交船和工厂全年生产的任务。这时崔殿镇主动提出解决问题的办法，他在灯光下对照元件并把电路板画成电路原理图，经过认真精细的分析，认为稳压管被损坏，经香港商家和日本厂家确认，崔殿镇分析合理，同意用国产件进行替换，问题解决后，外商极度感激，并说道"谢谢你帮我一个大忙，以你的技术和能力，完全可以进行先进技术代理服务，下一艘船我们可以不派人来了"。

为了船厂的发展，崔殿镇在遇到生产的困难时总是拼尽全力。1987年崔殿镇完成了T250船的调试任务从巴基斯坦回到大连时，晚上刚到达大连，车间主任早已经在车站等候崔殿镇，主任又一次分配任务，要求崔殿镇马上前往天津新港船厂，帮助完成35000吨船的进口电气设备调试的任务，并且把火车票递到崔殿镇的手中，他二话没说，接过了主任的车票，第二天赶往天津新港船厂，和工友们一起攻克进口设备的调试任务，为船厂节省数万美元的调试代理费。

1990年，船厂在建造3艘新型导弹驱逐舰时，仅仅订购了两艘半的进口电缆，无法满足船舰的需要，他反复在船上测绘，改变原先的电缆走向，

用两艘半的电缆来完成三艘驱逐舰的任务，为船厂节省了 4 万美元。

据不完全统计，他参与的调试舰船达上百艘，调试的主要设备达上千套，攻克技术难关上百项，为船厂贡献直接经济利益高达 15 万美元，间接的经济利益难以计算。崔殿镇通过自学的方式，牢固地掌握全面的专业知识，成为船厂的技术骨干，他因此被称为"船舶电气调试大师"。在今天需要像崔殿镇这样谦虚踏实的工人阶级，他把全部技术奉献给了船厂和中国造船业，时代呼唤崔殿镇这样的中国青年。

编辑：田鹏颖　宋琪琪

王春霞

王春霞，1958 年出生于吉林省双辽县，中共党员。1979 年王春霞经招工进入沈阳市第三建筑公司成为一名油工。王春霞的勤奋与好学，在几年之后她获得沈阳市建筑系统的油工状元的称号。20 世纪 90 年代，国有企业进行改革面临转制重组的任务，大批职工面临着下岗的局面，许多职工下岗分流。王春霞在公司属于技术骨干，除非自己提出来下岗，不然她不被考虑在下岗的范围。1994 年 4 月，沈阳市第三建筑公司第五分公司宣布召开企业职工大会，大会宣布抹灰班与油工班放长假，油工班班长王春霞可以另行安排工作。散会之后，油工班的工友们围住了王春霞，有的女工甚至痛哭流涕。王春霞看到这种场景，心里很不是滋味，工友们难过的场景连续好几天在王春霞脑袋里挥之不去。她心里在想："我自己有班上，可是班里的其他人怎么办呢？"王春霞一连好几天都在考虑这个问题，她想到自己是共产党员后坚定了"不能让大家下岗的决心"①。王春霞立即把油工班的工友们召集在一起，联合大家开会："企业改革、职工下岗分流是大的趋势，我愿意下岗带大家一起干，去市场上找饭碗，有我的饭吃，一定有大家的饭吃"。听到王春霞这番坚定的话，油工班的工友们纷纷报名加入王春霞组织的"油工专业队"。14 人组成的油工专业队进入市场，14 人中只有王春霞是油工科班出身，面向市场必须依靠过硬的技术才能站稳脚跟。离

---

① 沈阳市总工会编《沈阳劳动模范》，中国工人出版社，2016。

开原先企业的铁饭碗，每个人只有掌握真本事和真技术才能向前发展。王春霞为了让工友们在短时间内掌握技术，主动自费买来专业书籍和大量工具组织工友进行学习，并且让大家抓紧时间进行技术练习。王春霞手把手教给大家油漆技术，正当此时，王春霞的亲戚家里回迁，家里的家具正好需要刷油漆。因此王春霞亲戚的家具成为工友练手的工具。王春霞组织大家每个人从基础做起，手拿家具板，从蹭砂纸和打腻子学起，让他们在板子上刷油，练习到位之后再往家具上刷油。部分工友尽管练习多次，但是在刷油的过程中仍然存在许多问题，反复刷四五次才能勉强完成任务。在练习的过程中大家学到了许多技术。王春霞带领的团队大多是没有技术专长的职工，经过她的训练后都有了技术专长，经过王春霞带领大家进行理论学习和实际操作，工友们很快重新上岗，有人甚至成为企业生产骨干。这支"杂牌军"因此也成为专业技术很强的施工团队。

面向市场，揽活儿是第一道程序，找到活儿是基础和根本，也是最难完成的任务。王春霞深知万事开头难，她带领大家从蹲"马路市场"开始，在马路市场承接各种零散的活儿，而后承接粉刷新竣工的住宅的活儿，诸多的住宅区都留下了工友们忙碌的身影。在承揽各种任务的过程中，王春霞最先把目光紧盯在新建的小区上。为了让大家有更多的活儿可做，王春霞风雨无阻地在马路市场找活儿，王春霞听到和平区的民富小区回迁后，立即把"沈阳三建油工专业"的牌子建立在该小区内，抽取了 5 名专业技术较强的工友上阵。[①] 在施工开始前，王春霞亲自为施工团队进行调料，操作过程中她为团队率先刷出样板，之后让大家按照她的样板来完成任务。任务完成得精益求精，王春霞的团队名声也一炮打响。

有一次，王春霞听说某企业的宿舍楼需要装修，宿舍楼面积达到 6800 平方米，她先后四次来到该企业拜访厂长，想与厂长洽谈装修业务，但数次都没有见到该厂长。王春霞并没有放弃，她找到厂长的家里，从下午五点一直等到晚上九点。厂长的妻子不仅不为王春霞开门，而且对她说蔑视和嘲讽的语言。王春霞回到家里，倒在床上放声大哭，丈夫劝她："咱家的日子能过得下去，你就别干了。"但是她并没有因遇到委屈和蔑视而放手不

---

① 《东北工业建设中的劳动模范》，东北工人出版社，1951。

做。王春霞心里想了很多，市场经济时代，听难听的话在所难免，但是不能因为这些就打退堂鼓，还应该带领职工闯市场。第二天，王春霞继续前往厂长的家门口等，饥饿难耐的时候就买一个面包，由于等待时间较长，王春霞竟然在厂长家门口睡着了。回家的厂长看到手拿面包酣睡的王春霞，深受触动，立刻把王春霞请入家中，厂长对王春霞说："就凭你这股韧劲，工程交给你我也放心"①。

组织员工再就业并不容易，但也充满很多希望。王春霞在给客户油漆房间的过程中总结出很多经验。她发现前面的工序会给后面的工序带来重要影响，前道工序材质的选择会对后续刷油质量带来影响。王春霞萌发了重要的想法，把用户的装修工程完全包下来，给客户一条龙的服务应该效果会更好，这不仅会保证工程的质量，而且可以为更多的下岗职工提供工作岗位。她把有限的资金用来扩大企业的生产规模，为企业购买了一大批机械设备。经过半年的筹划和准备，1998 年，春霞装饰有限公司成立，在宣传公司品牌方面，王春霞依靠专业技术和真诚态度赢得顾客信赖，作出承诺"上门装修一次，终身免费维修"。她带领油工团队依靠高质量和优质的服务赢得了一大批市场。春霞装饰有限公司在沈阳市成为小有名气的企业，之前是王春霞帮助工友揽活儿，现在则是顾客主动找春霞装饰有限公司。春霞装饰有限公司已经由原先只有单一的油漆粉刷业务的公司发展成为综合施工能力完善的装修公司。

在市场经济的大力发展下，王春霞带领油漆团队摸爬滚打，先后完成了将近百项建筑的装修工程，油工的收入与下岗前相比翻了一番。2000 年，王春霞获得全国劳动模范称号，王春霞没有因荣誉而沾沾自喜，而是感觉自己的压力和责任进一步加大。她深知，作为一名劳模要处处做表率，事事做模范，用行动影响周围的人。辽宁省图书馆工程在收尾阶段，图书馆大厅周围的大理石地面上布满了污渍和脏物，很多人看到这种情况都主张花钱雇用一些小工来处理，王春霞却不同意，她自己找来一些工具，蹲在地上打磨地面上的污迹，工友们在看到王春霞的举动后，学着她的样子也相继动起来。

---

① 李永安主编《中国职工劳模大辞典》，中国工人出版社，1995。

王春霞团队成立初期仅仅有十几人，春霞装饰有限公司成立后最多达到 120 人，解决了大量下岗职工的再就业问题，安置员工的年收入均在万元以上，王春霞也成为带领下岗职工创业的主心骨。如今王春霞已经退休在家，但是再次提起带领工友的那一段经历时仍然激动。

编辑：田鹏颖　宋琪琪

梁鸿义

梁鸿义，1951 年出生于辽宁省沈阳市，1973 年接替父亲的班，工作安排在大东区市政工程公司，1986 年加入中国共产党。梁鸿义的本职工作是一名汽车司机，但是自从参加工作以来，他身兼多个工种，如木匠、焊工、水暖工、电工、勤杂工等，在做每项工作时都留下了闪光的足迹。梁鸿义1997 年被评为沈阳市特等劳模，并荣获第三届全国职工职业道德十佳标兵，1999 年被评为辽宁省劳动模范，2000 年被评为全国劳动模范。梁鸿义干一行爱一行，在公司中只要看到能上手的活，他不在乎时间的付出，总是尽心竭力地完成，不考虑报酬的给予。[①]

1995 年，沈阳市正值"创建卫生城迎接国检"的关键时刻，市政公司负责的铺路任务异常繁重，但是公司的一台压路机出现故障，送去修理厂修理耽误时间长，且费用高，对施工进度造成严重影响。要想彻底修复难度很大，为了抢时间维修投入到正常的施工中，梁鸿义凭借自学的"焊接技师"的手艺，主动找到领导说："这活交给我，保证一天完成任务"。梁鸿义采用穿透螺丝固定法把底座和变速箱穿起来，当时吊车等专用设备不健全，梁鸿义钻在车底下面面朝天，用焊枪设备来处理，焊花落在他的脸上灼烧成水泡，梁鸿义也全然不顾，只为把压路机修好。维修压路机仅仅用了半天，焊花落在脸上烧起的水泡成了抹不去的伤痕。1992 年秋天，沈阳市市政的沥青炉断开，如果停下来修理就需要使整炉的沥青冷却，造成停产的问题。当时梁鸿义正在发高烧，听到停产的消息后立刻赶到公司并且决定不停炉维修。他把毛巾在水里浸湿顶在头上，把全身的衣服用水淋

---

① 沈阳市总工会编《沈阳劳动模范》，中国工人出版社，2016。

湿，钻在沥青炉的底部进行维修，炉下温度高且熔化的沥青会产生有害气
体，容易使人透不过气，工人们多次把梁鸿义从炉里拽出来让他短暂的休
息，他拒绝工人的好意，依然顶着高温和沥青的熏烤，坚持把沥青炉修好。
由于劳累过度且发烧，当工人们把他从炉子里拽出来时候，梁鸿义晕倒在
地上，这件事情被工人们所钦佩。1996 年入冬前，市政公司原来的采暖炉
由于使用时间长报废，需要更换成两台新的燃油锅炉，购买新锅炉的厂家
仅仅负责新锅炉的安全问题，其他项目一概不负责。为了使公司不花费额
外的资金，梁鸿义则主动请战，承担旧锅炉的拆除、锅炉房的维修、配电
盘的检查、1300 平方米的暖气管线路的维修等任务。梁鸿义在暖气沟处一
处一处地仔细检查，很早就开始把维修工具放在手上，直到晚上才离开。
没日没夜的工作使得梁鸿义身体消瘦，维修任务持续了整整一个月，暖气
管的维修任务高质量地完成，使得公司在采暖期得以正常供暖，为公司节
省额外资金约 20000 元。①

　　春节前几天，梁鸿义由于倒班正在家中睡觉，晚上 10 点多突然接到公
司的电话，公司不明原因停电造成锅炉无法运转，大家顿时不知道该如何
是好，梁鸿义二话不说就起床打车前往单位，赶到单位后立即检查得出结
论，即公司外线路电柱变压器烧坏导致公司停电，由于只有电业局的专业
人员才有资格维修外线路，梁鸿义心里异常着急，如果等到第二天再维修，
公司 1300 米的暖气和管线会冻裂，给公司带来较大损失。情急之下，梁鸿
义把水焊打开，把已经被冻的管线用水焊烤，从晚上到第二天早晨直到等
到电业局的工作人员维修。锅炉得以正常运转，为公司避免了损失。

　　梁鸿义在市政公司工作认真负责，由于所在工作单位经济萧条，工作
任务时有时无，工人们情绪较为低落，面对这种情况，梁鸿义主动为大家
排忧解难，不仅为大家积极寻找活源，而且主动做职工的思想工作，带领
大家共渡难关，告诫大家应当接受各种工作考验。由于梁鸿义专业技术精
湛、工作责任心强，在单位属于工作多面手，许多单位聘请他担任水暖焊
接技师，诸多个体户曾请他开大客车，薪酬相对丰厚，但都被他婉拒。梁
鸿义说："人活着不能往钱眼里钻，如果只顾自己就不能形成凝聚力，作为

---

①　李永安主编《中国职工劳模大辞典》，中国工人出版社，1995。

一名党员，只有踏踏实实地为企业干活，与企业同甘苦共患难，才能对得起培育我的市政公司，才能对得起培育我的党。"

梁鸿义被广大职工称赞为"一团火"，虽然是一个兵却在每时每刻都发挥光和热；他被工友们称为"一面旗"，虽然身处平凡的工作岗位，却仍然发挥时代旗帜的作用；工友们把他赞美成"一棵松"，虽然普通但始终保持着坚韧不拔的劳模品质。

1995年之后，梁鸿义被授予诸多荣誉称号，被评为辽宁省优秀共产党员、辽宁省劳动模范，获得全国"五一劳动奖章"，1997年荣获全国职工职业道德十佳标兵，并且获得全国劳动模范称号，曾担任第九届、第十届全国人大代表。梁鸿义作为一名普通的中国共产党员，在工作岗位上没有惊天动地的举动，没有立下多少豪言壮语，难能可贵的是在平凡的工作岗位上用自己最朴实的行动在践行中国共产党的理想信念，用大公无私的奉献精神展示共产党员应当具有的品质。

编辑：田鹏颖　宋琪琪

董文明

董文明，1965年出生，男，辽宁沈阳人。1984年，他进入煤气公司抢救中心当工人，现任沈阳市煤气总公司管网输配分公司抢修中心副主任，人称"拼命三郎"。他在抢修实践中创造了"抽水缸头部装置快速抢修法"等施工工艺，2005年获得全国劳动模范称号，曾被评为沈阳市"百岗技能带头人"和"十大能工巧匠"。

1984年，年仅19岁的董文明被分配到煤气公司，从事现场抢修工作。做这个工作需要注意力高度集中，而现场带气作业的环境比较恶劣，董文明经常被熏得头痛欲裂，却依然坚持完成任务。按他的话说，就是每完成一个抢修任务的成就感激励着他不断前行。

1995年6月，和平北大街的一处建筑工地由于一场暴雨而出现塌方，在距建筑工地6米处，埋有中、低两条煤气管线，其中的低管线由于塌方挤压而断裂，导致大量煤气泄漏。随着塌方中水位不断上升，如果还不采取措施，中管线一旦发生断裂，后果将十分严重。这时，董文明一头扎进积

满水的大坑中，用了20多分钟将绳子拴在管线上，最终用沙袋将断裂的管线封死。也是因为这一场大事故的顺利解决，董文明从此多了个"拼命三郎"的美名。

1998年1月，太原街附近的一条煤气管线断裂而引发大火，董文明接到报警后迅速赶到现场。现场的情况十分复杂，地下管线纵横交错，煤气管线由于下方的排水管线断裂而导致悬空最后断裂，冒出的煤气遇到明火后燃起熊熊火焰，如果不及时遏制，后果不堪设想。董文明按照规定要求先止气后灭火，将管线的两端掐断止气，并将断裂的管道换上新的，最终恢复了供气。

董文明和他的队友们没来得及休息，就奔赴铁西区北三路解决煤气管线起火问题。现场的景象令所有人都震惊了，眼前一片火海，消防车严阵以待，主要单位领导人全都到达现场。起火的管道是一条20世纪50年代铺设的中压管线，因为年久失修、腐蚀严重而自然断裂，抢修作业按照先止气后灭火的原则，关闭阀门后，在管线两端止气。但是当时正值冬季，冻土层给施工带来很大困难，董文明一直坚持在现场和大家一起干，感到难受就从坑里出来喝口水换换空气，就这样一直到了第二天上午才将管线恢复。

长期超负荷无规律的工作，使得董文明身体大不如从前，他总是哪里难受就吃点药顶顶。公司领导给他办住院手续送他进医院，然而董文明想到：沈阳现在40%的管线都是20世纪70年代铺设的，管线年久失修，极易发生漏气。于是他硬是在扎完点滴后跑回到工地上，继续工作。

董文明不仅吃苦耐劳，而且善于动脑子。过去，寻找漏点一直是用探测器探测，哪里的煤气浓度最大就为漏气点。但是由于管线埋在土中，泄漏的煤气就有可能向各个方向渗透，这就使得这种探测方法精确度不高。董文明创造出"双菱形"打眼找漏点法，这种探测方法覆盖面大又接近漏点，使得精确度提高了50%。

董文明还发明了"抽水缸头部装置快速抢修法"。这一研究大大节省了人力物力，原先需要停止供气来扩抽水缸基坑，使压力平衡器全部露出后才能更换。现在免去了扩坑步骤，仅需40分钟就能完成过去10多个小时的活儿，大大缩短了工作时间，保障了市民正常用气。

2002 年，董文明参与胜利大街改造工作，公司原定计划要求董文明在 20 天内完成 600 米管线铺装工作，这 600 米听起来很短，但是由于胜利大街地下管线十分复杂，这 600 米的管线铺起来比平时 6000 米的管线还要费时、费力。但是董文明却吃住在现场，仅用了 15 天就完成了任务。

2005 年 2 月，正值冬季，铁西区北二路一路口发生燃气泄漏。当时董文明正在休假，但是接到公司打来的电话时，他义无反顾地决定加入作业现场，并跳进刺骨的冰水中连续作业 8 个小时，最终为居民的家中送去燃气。

编辑：田鹏颖　王艺霖

王　亮

王亮（1970~），男，辽宁大连人，中共党员，大连重工·起重集团有限公司电工、高级工人技师，主持或指导大型设备及电气控制系统的设计与制造，为集团创造直接经济效益超过 2000 万元。由王亮负责调试的设备，在出口时可以获得免检的待遇，这其中还存在填补国家空白的 13 种重要技术装备。

王亮被誉为新时期高素质劳动者的代表，连续多年被授予全国、省、市和企业劳动模范、特等劳动模范等多项荣誉称号，2005 年荣获国家劳动模范称号。2012 年，王亮被大连重工·起重集团有限公司聘为机电安装工程公司副总经理。王亮靠自学修完高等院校电气专业的全部课程，紧跟世界电气技术的潮流，努力用现代科学知识武装自己，由一名普通的电气安装工人迅速成长为技术骨干。

王亮的成才之路并非一帆风顺，他初中的时候梦想当一名电气工程师，1988 年的高考给了他一次打击，这并没有扼杀王亮的工程师梦想。他重振士气，选择进入职高，埋头苦学电气专业的知识，最终以优秀的毕业成绩来到大连重工工作。

工作了以后，王亮没有抛弃学习，每天除了工作就是捧着本书看，晚上，为了不影响别人的休息，他做了一个照明器材。在三年的时间里他不仅学习了理论知识，将清华、哈工大等高校的过程控制与自动化领域学习

资料自学完毕，还能熟练地进行电工操作。在干中学，在学中干，王亮凭着自己的努力迅速成长为一名栋梁之材。

1993 年，全国装备制造业进入了困难的调整期，大连重工亏损达 2900 多万元。其主要电气控制系统为当时国内首次采用的自动化控制设备，然而该设备在调试阶段被外地一家公司高薪挖走了，当时公司人员都肩负着重任，而这项工程又十分重要，关键时刻，领导拍板把这个重任交给了王亮。为了完成这项任务，王亮把宿舍搬到了工厂，每顿只吃方便面，不分昼夜，刻苦钻研。在闭关半个多月，经过上百次反复调整和修改后，王亮最终能够在预定时间内完成自动化控制的调试。当喜讯传回大连以后，整个集团为之振奋。王亮在行业内也开始小有名气，他不断学习外国技术，学习的热情更加高涨了。①

1995 年，在秦皇岛港煤炭码头四期工程和日本合作的项目中，集团决定让王亮成为项目的主要负责人。但是国外的专家见王亮年轻，又不会英语，便要求换成工程师担任主要负责人。集团情急之下任命王亮为电气工程师，继续做这个项目的负责人。王亮因为这个，下定决心苦学英语，经过几个月的努力，王亮不仅能阅读英语技术资料，还能直接与外国专家进行英语交流。

一次调试出了问题，国外专家花了几天的时间，怎么也找不出问题所在，时间就是金钱，工程耽误不起，情急之下他们找到了王亮。王亮认为是日方的图纸设计错误导致的，对方不相信王亮的判断力，但王亮以严谨的科学分析和实际操作能力完成了自己的素描修改，确保了调试的成功。王亮也因此出了名，这使日本人钦佩，并下令王亮负责的电气建设将免于检查。

2000～2001 年，大连重工和英国方面安装和调试了两套大型双车翻车机。翻车机发生了最危险的动作——脱轨。英方派本国与中国专家共同参与攻关，也没有解决问题。王亮利用控制器，用了 40 多个小时来观察程序扫描与结果不相符的严重错误。王亮拿着测试结果，进入了调试操作台。仅十分钟就解决了困扰大家一个月的问题。从那时起，英国专家已经主动

---

① 刘佳：《王亮——中国的王牌工人》，《辽宁日报》2009 年 10 月 27 日。

地将安装和调试的位置与王亮更换。王亮病了，不能工作，就宣布调试暂停，等王亮回来后继续。

王亮屡建奇功、才华横溢，在国际工业自动化控制高新技术领域，他创造了电气设备调试工作的很多传奇神话，形成了"打铁就要比铁硬""敢立潮头争高下""勇于突破闯新路""燃烧自己为企业"的"王亮精神"。他一年中有 300 天的时间在祖国各地安装施工，但仍然挤出时间来学习。他先后参与了百余台重大机械装备的安装调试，解决了诸多棘手的技术难题。他拒绝了国外企业的高薪聘请，只为把知识、技能奉献给自己的祖国。他一直在带徒弟，编制相关的检修手册，把电气、机械、液压等知识和工作经验记录下来作为培训教材，目前已培养出多名"技术＋管理"的复合型人才。①

国内外很多企业想要拿高薪聘请王亮，面对金钱的诱惑，王亮不为所动，在他心中，栽培和成就了他的企业，才是他值得用一生去回报的。王亮的事迹被报道以后，社会上涌现了许多"王亮式"的职工，多个媒体和记者对他进行了采访，他表示："多年来，党和政府给了我许多荣誉。荣誉不仅仅属于我个人，荣誉属于教育、培养我的大连重工·起重集团，属于支持和帮助我的师徒们。昨天已成历史，未来需要登攀。作为国家重点装备制造业骨干企业的职工，我知道还有很长的路要走。我会更加努力，为祖国争光彩，为企业添美誉。"

编辑：田鹏颖　王艺霖

刘成金

刘成金（1953～），男，辽宁锦州人，曾历任原解放军驻锦某部企业管理局副局长，锦州老兵义务电影放映队队长，锦州市人大常委会委员，现任辽宁省锦州老兵天龙印刷文化有限公司总经理。② 刘成金带领老兵义务放

① 《新中国 60 年大连英模谱：优秀技术工人——王亮》，中广网，http://dl. cnr. cn/dlrw/200911/t20091106_505585182_1. html，最后访问日期：2018 年 9 月 17 日。
② 吕双伟、赵阳、徐光远：《大山里，有支老兵放映队》，《中国人才》2013 年第 1 期。

映队遍布辽西大地，不仅为贫困地区送去了电影，也为贫困山区师生与福利院送去学习和生活用品。2005 年，刘成金获得全国劳动模范称号。2003 年，由刘成金带领的老兵义务电影放映队被中宣部、中央文明办、解放军总政治部、共青团中央授予"全国学习雷锋、志愿服务先进集体"的光荣称号。①

刘成金出生于黑龙江双城县一个偏僻的小村庄，刘成金的父亲在抗日战争期间曾担任担架队长，母亲和叔父也曾毫无畏惧地和日本人斗争，最后都壮烈牺牲，这些令人感到寒冷和饥饿的记忆充斥着刘成金的童年，也磨炼了他勇往直前的信念和坚忍不拔的意志。

一年春天，一支电影放映队进入了刘成金的村庄，也闯入了他今后的生活中。放映队在村庄里忙着将电影设备用竹竿高高架起，荧幕下聚集着村民，灯光一关，电影便开始了，放映的不仅是电影，也是一扇通向现代文明的窗口。人们的思绪全部被这个窗口牵引，他们恨不得钻进电影中去感受当中的喜怒哀乐。也正是因为这一年的电影放映，电影成了刘成金人生中的一种精神寄托。

刘成金跟着电影队转遍了十里八村，一部电影看上十几遍，台词甚至都能倒背如流。冬天，在一次电影放映的途中，他走迷路陷入了雪坑中，险些丢了性命。但是他依然不改初心，发誓要弄明白电影放映的原理，还请求放映班的成员教他如何放映，可是人家不肯搭理他，认为他年轻没有经验。这些都没有打消刘成金的积极性，他发誓要等学够了相关的知识再回来给乡亲们放电影。

1968 年，刘成金应征来到部队当起了一名电影放映员，后来提干，他仍对电影恋恋不舍。1996 年，刘成金在看电视，一位山区老太太背着残疾儿子去看电影的镜头打动了他。老太太说她的两个孩子 20 多岁了，还没有看过电影，这句话像一把熊熊燃烧的烈火，点燃了他内心堆积了许久的干柴，于是他当即决定为老百姓放免费电影。他首先去距城区 100 多公里的村庄向村支书了解村民的日常生活，又跑去问另一个村的妇女主任每天都做些什么，了解到这些基本情况后，他找到以前的 7 位老战友，说明了自己要

---

① 魏宇：《锦州 8 个老兵的 14 载公益放映路》，《社会与公益》2010 年第 3 期。

组建一支志愿放映队的想法，大家一拍即合，并推举刘成金当放映队队长。

他们放映第一场电影的地方是在车程四个多小时的村庄，村民们一开始都不相信会有免费的电影观看，以为他们是骗子，但是刘成金和他的放映团队用行动证明了他们的理想信念，当放映队收起装备准备离开的时候，村民们依依不舍地和他们告别，并嘱咐他们下次定要再来。

在一个冬天，刘成金和其放映团来到大榆树堡村放电影时，本以为恶劣的天气不会有人来看电影，但是等他们抵达村庄的时候，全村老老小小已有上千人在村口守候，老兵们也不禁流下了眼泪。在去温家沟村放映电影时，刘成金不仅为村民送去了电影，也为当地的"希望小学"送去了一面五星红旗。在五星红旗面前，孩子们用他们的小拳头和眼中的泪水来表达他们激动的心情。也正是因为这场电影，刘成金在陡峭的山路中驱车行驶上百公里，车抛锚了，队员就赤着脚跳进冰水里推车，大家都冻得下半身麻木，浑身发颤。回城后8名队员全部病倒，其中韩国玺因感冒引发心脏病，抢救无效死亡。直到现在，每次出发列队点名，韩国玺的名字总是有人答到，老兵们执着的精神也感动了最初不理解他们的家属和周围的人。

刘成金从1996年起加入到志愿活动中去，累计参加志愿服务时数达1.8万小时。锦州老兵义务电影放映队自筹资金100余万元，用于购买放映设备、图书资料，先后深入230多个偏僻山村及社区、企业、部队、学校，行程15万余公里，足迹遍布辽西大地。十几年来，电影队义务放映电影3000多场次，观众200余万人次，受到了群众的欢迎和各界的高度赞誉。在放电影的过程中，他们还资助农村贫困学生、孤儿200多人。2008~2010年，电影队三次入川，义务为灾区群众放映电影50多场。①

编辑：田鹏颖　王艺霖

苏永强

苏永强（1953~），男，河北昌黎人，高级工程师，工商管理硕士，1998年毕业于辽宁大学工商管理学院，曾任辽宁省政协经济委员会副主任、

① 吕双伟、赵阳、徐光远：《大山里，有支老兵放映队》，《中国人才》2013年第1期。

沈阳鼓风机厂厂长。他是沈阳鼓风机集团股份有限公司董事长、总经理，沈阳市第二、第三位优秀专家，辽宁第四大杰出专家。近年来，苏永强被评为沈阳市劳动模范、沈阳优秀企业家、沈阳优秀共产党员。2001 年，苏永强荣获沈阳科技工作最高奖——沈阳科技振兴奖，2005 年被评为全国劳动模范。1995 年，苏永强同志主要从事"沈阳鼓风机计算机集成制造系统"，1995 年获机械部科技进步专项奖励。

说起苏永强，也许人们还不熟悉。但提起沈阳鼓风机集团的"五朵金花"却没有人不知道。苏永强领导的沈阳鼓风机集团这个人才的摇篮，培养了誉满全国的"五朵金花"。

苏永强以他的才干、卓越的经营领导才能、超群的智慧，成为中国首批"机械工业企业高级职业经理人"，是中国风机行业的领军人物。他坚持创建学习型企业，倡导创新技术，创新管理，武装先进的思想文化体系，造就了一支特别有战斗力的工人队伍。近年来，在企业职工技术素质普遍大幅度提高的同时，培养出一大批新时期的能工巧匠。在各级技术竞赛中，1 人在中国东北三个省中获得第一名，1 人在辽宁技能大赛焊工组获得第一名，7 人在沈阳技术竞赛中获得第一名，职工计算机应用比赛获得辽宁省和沈阳市团体第一名。

沈阳鼓风机集团股份有限公司是一家大型国有企业，始建于 1934 年，国家于 1952 年将其进行了扩建改造，成为全国第一家专业工厂，2004 年 5 月，根据振兴东北老工业基地的战略，中国成立了沈阳鼓风集团。

沈阳鼓风集团主要从事风机产品、泵产品和往复式压缩机的研发、设计、制造和运行，并广泛应用于各个领域。沈阳鼓风集团生产规模最大，技术力量雄厚，工艺设备优良，产品质量最好，竞争力强，操作效率高，设计制造技术始终处于同行业领先地位，且接近国际先进水平，拥有先进的设备制造水平。

2006 年底，沈阳鼓风集团采用了自己的专利技术，提供了 1850 台大型离心压缩机、1059 台大型泵和 885 台大型往复式压缩机等国家重大技术装备。长期以来，它在许多技术领域打破了外国公司在国内市场的垄断地位，使主要的技术装备国产化，为国民经济的发展做出了重要的贡献。在国务院关于加快装备制造业振兴的 16 大技术装备中，国务院需要沈阳鼓风集团

8 项产品配套的大力支持。①

沈阳鼓风集团始终坚持"宽领域"的科技发展战略和"单元技术"的"高精度"发展战略。随着国际先进技术的发展，以每年 5% 的销售收入投入到技术开发中。2000 年，沈阳鼓风集团成立了国家企业技术中心，在大连理工大学、西安交通大学、东北大学和浙江大学设立了 4 个国家技术副中心，参与其研发工作。沈阳鼓风集团还建立了辽宁省第一个博士后科研工作站，并发布重大科研项目，使企业形成了多层次、跨区域的技术创新体系。

1998 年以来，苏永强所领导的沈阳鼓风集团先后为大庆石化、金山石化、扬子乙烯、华鲁恒升等国家重点建设项目提供的压缩机新产品填补了国内空白，树立了民族工业的丰碑。中国的石油、化工、冶金、国防、电力等部门和用户十分信赖沈阳鼓风集团。中国石油化工股份有限公司在全国 2 万多个企业中，确定 18 家为"中国石化战略供应商"，将沈阳鼓风集团列为"优秀供应商"之一。苏永强重视充分发挥职工代表大会的作用，集体合同遵守率达到 100%，在民主评议中，群众满意率在 98% 以上。

1995 年起，沈阳鼓风集团通过国家环保总局颁发的 ISO9001 质量管理体系认证，通过华新技术检测公司的 ISO14000 环境管理体系认证，通过 GLB/Z9001 国家军用 RY 标准质量体系认证，并获得由国家安全局颁发的 300～1000MW 压力堆核电站的用泵设计及制造许可证，得到挪威船级社 ISO9001 质量保证体系及海军装备部质量管理体系第二方认证。

沈阳鼓风集团已被认定为国家"863"工程 CIMS 重点示范企业、应用龙头企业，辽宁省科技领先企业，辽宁省首家博士后科研工作站。2003 年，沈阳鼓风集团荣获"全国劳动奖章"和"机械工业现代管理企业"称号（全国仅有 8 家）。2004 年 8 月，中国名牌战略推进委员会和国家质量检验检疫总局把离心压缩机评为名牌产品，48 万吨乙烯裂解压缩机组被评为国家科技进步二等奖。2005 年苏永强被评为全国劳动模范。

编辑：田鹏颖　王艺霖

---

① 张艳：《国企旗舰舵手苏永强》，中华劳模网，http://www.sjlmw.com/html/liaoning/20051118/1075.html，最后访问日期：2018 年 9 月 17 日。

李方勇

李方勇（1963~），男，辽宁海城人，1985 年毕业于北京航空航天大学，同年参加工作，1993 年加入中国共产党。历任沈阳飞机工业公司工艺科科长、沈阳飞机工业（集团）有限公司（以下可简称"沈飞集团"或"沈飞"）董事长、中国航空工业第一集团公司副总经理、中国航空工业集团副总经理、中国长安汽车集团股份有限公司副董事长，现任中国航空发动机集团有限公司董事、总经理、党组副书记。[①] 李方勇先后参与了歼-8系列飞机的研制与生产工作，协调处理了 MD-90 干线飞机项目技术问题，由他主持的 MD-90-30 飞机尾段制造技术获得 1999 年部级科技进步奖。在李方勇的带领下，我国几个重点型号飞机实现了首飞，推动了我国航空领域的发展。沈飞集团在他的领导下，科研能力连年提升，企业也实现了稳定、快速的发展。李方勇 2005 年获全国劳动模范称号。

李方勇上任以来，一直以激情不断进取，践行着航空报国梦，从党和国家利益出发，带领沈飞员工走上快速发展的道路，不断创造新奇迹。

李方勇为了国家利益、沈飞荣誉和企业效益，采取了一系列措施，旨在保证研制任务顺利完成，提高研制效率。他从组织管理入手，先后建立和完善了行政指挥系统、现场指挥部、总工程师系统、总质量师系统等管理机构，形成了横纵协调、权责清晰、运行高效的管理体制。他从三个方面入手解决问题：①组织多个联合工作队，采取快捷途径保进度，加快协调处理问题的速度，极大地缩短了技术协调周期；②从确保节点入手，打破常规，将各关键生产环节的进度计划以"军令状"的方式与相关单位签订，有效地保证了重点型号研制任务的完成；③从调动员工激情入手，采取超常手段抢进度，在零件生产的关键环节实行特殊政策，争取用灵活机制打通，保证全面完成任务。

2000~2004 年，李方勇带领沈飞集团以超乎寻常的胆识和拼搏精神，不断创造新的奇迹，销售收入连年提高，尤其是在 2003 年，销售收入比上

---

① 国防科学技术工业委员会编《时代楷模：国防科技工业系统 2005 年全国劳动模范和先进工作者事迹汇编》，北京航空航天大学出版社，2005。

年增长了 106%，奠定了我国航空事业装备现代化的进程，使沈飞无论是在产品还是技术上，都迈入了一个新的发展阶段，实现了跨越式发展。2004年，也是沈飞关键的一年，这一年销售收入比上年增长 32.3%，工业总产值增长 43.9%，这一年，沈飞提前一年完成了"十一五"计划，从此进入了发展的快车道。

李方勇在确立企业发展战略时，深知我国航空事业起步晚，需要不断增强核心竞争力，于是制定了"主业突出，寓军于民"的航空工业振兴之路。一方面，李方勇从战略的高度统筹全局，把军用航空产品的生产放在航空产品制造的首位，但是多年来沈飞的"产、学、研"高度交叉，导致生产任务极其繁重，李方勇推出了四项举措：一是改善均衡生产；二是在企业内部建立市场机制；三是建立供应商体系，培育战略合作伙伴；四是把非航空产品调整为以资本运营为主。这四项举措大大推动了军机生产的高效运转，从生产环节到销售环节，层层把关，优胜劣汰，突出航空主业，为国家的武器装备能力和国防建设提供强大的物质支持。另一方面，沈飞以军工产业的发展带动民用技术和产业的发展，再通过民用技术来进一步促进军工产业的发展，旨在推动军机、民机两机协调、共进发展。

李方勇以他独有的改革思路，秉承着改革的三原则，在企业管理与创新上不断推动沈飞的改革，在人事运用上，他建立职务评聘分离制度，转变员工的观念，极大地调动了员工的积极性；在企业管理上，2004 年底，沈飞完成了改制工作，成为国内首家改制单位。

编辑：田鹏颖　王艺霖

蒋　凡

蒋凡，1963 年出生于上海，中共党员，毕业于大连理工大学管理科学与工程专业，是教授级高级工程师；曾任中国石油大连石化分公司总经理、中国石油天然气股份有限公司董事。蒋凡在任期间，不断推陈出新，实现了中国石化公司的技术和管理双提升。2003 年以来，蒋凡连续被评为省劳动模范、特等劳动模范，2004 年获得全国"五一劳动奖章"，2005 年荣获全国劳动模范称号。

蒋凡出生于一个高级知识分子家庭，父亲是全国知名的膜技术专家，全国"五一劳动奖章"获得者；母亲是从事炼油相关工作的高级工程师，大连市劳动模范。劳动模范的言传身教，高级知识分子的耳濡目染，使蒋凡从小就形成了勤于钻研、肯于吃苦、永不言败、永争第一的性格。1985年大学毕业后，蒋凡毅然放弃了进研究机构工作的大好机会，而是选择到生产一线，在实践中进一步磨砺自己。他的成长是从担任大连石化80万吨/年重油催化裂化装置筹建组技术员开始的。在工作中，他十分尊敬老同志，总是虚心向老同志请教，学习各种相关知识。[①] 他有着别人所没有的勤奋，有着强烈的责任感和事业心，一心扑在工作上，其间父母身体不好，但他为了工作，也没请假回家照顾，终于在1988年80万吨/年重油催化裂化装置一次开车成功，1989年，蒋凡被中国石化总公司评为"催化专家"。

1993年，蒋凡担任了140万吨/年重油催化裂化装置筹建组负责人，开始向新的挑战冲击。1996年12月，33岁的蒋凡被任命为公司副经理，主管经营和财务工作。后来他又主管过设备、工程、基建和技术工作，并担任2000万吨/年加工含硫原油技术改造项目的总指挥。2002年38岁的蒋凡出任公司总经理、党委书记。

多年的基层磨炼、扎实的技术功底、丰富的工作经历，形成了蒋凡严谨细致、科学务实、敢于攻坚、永争第一的风格。这种风格与现代企业制度中的经营管理理念不断融合，迸发出蓬勃的生机和活力，推动着大连石化迎来快速发展的崭新时期。被誉为"经营管理之神"的松下幸之助说："成功者都能敏锐地观察世界的变化，不断产生新的理念和方法。"蒋凡就是这样，他能够将企业发展的新形势与新任务紧密结合起来，从创新思维和转变观念入手，引领公司员工踏上了建设国际一流炼化企业的新征程。他以"国内争排头，国际创一流"为目标，努力埋头苦干。2002年是公司完成"十五"计划第一阶段任务的关键之年。要把大连石化分公司的原油加工能力扩大到2000万吨每年，建成中国石油规模最大、收益最好、市场竞争力最强、拥有世界先进水平的炼油基地，这是一个里程碑式的决策。蒋凡经过深思熟虑之后，认为要想更进一步发展，必须冲击传统的思维模

---

① 王羽潇、侯静：《王家胜：志上九天揽日月》，《科技日报》2006年第8期。

式，树立新的战略意识。2002年，大连石化以"最短的时间、最快的速度、最省的投资"创造了石化行业建设发展的奇迹，使公司一跃成为中国石油集团第一个千万吨级炼油厂。2002年、2003年、2004年连续三年，公司实现了持续有效快速协调发展，产品加工量增长了一倍，销售收入增长了1.5倍，增幅达到了198亿元，为保证国内成品油市场稳定和推动大连经济的快速发展做出了突出贡献。

他大胆创新，从转变管理观念、实行科学管理、提高员工素质入手，积极引进国际先进的管理思路和模式，改造公司内部管理环境，先后通过ISO9000、ISO14000两个国际标准管理体系以及中国石油集团QHSE管理体系的认证。他在规划计划管理、工程建设管理结构扁平化等方面的经验先后被中国石油集团表彰和推行。他十分重视决策的集体化和管理的民主化，积极支持工会工作，建立互助基金，改善员工工作环境，积极履行社会义务，扶贫帮困，在公司上下形成了"创新和谐、永争第一"的企业文化氛围，被职工广泛赞誉。

由于他的努力工作，大连石化分公司连续多年保持全市纳税大户第一名，先后被评为大连市、辽宁省乃至全国诚信纳税的先进单位，在社会上享有美誉。取得如此大的成就后，难能可贵的是，在激烈的市场竞争中，蒋凡始终保持低调不张扬、谦虚谨慎的态度，潜心致力于企业的发展，努力打造国际一流的炼化企业，受到各级领导和广大职工的好评。

但是，2010～2011年，中石油大连石化分公司连发四次火情。这几次起火，虽然均未造成人员伤亡，但还是产生了不小的损失，尤其是导致部分原油泄漏入海，给附近海域造成极大污染。总公司决定成立事故调查组进驻大连石化，在安监总局指导下，调查几次火灾事故的原因和经过。经过进一步查证之后，调查组认为大连石化在一年内连续发生安全事故，与其安全管理、基础工作和队伍作风等方面存在的问题有极大的关系，所以决定免除总经理蒋凡的职务，调大庆炼化公司总经理冷胜军任大连石化分公司总经理。

尽管蒋凡因为此次事件被免职，但是不可因此否认他对公司及社会所做出的贡献。他对工作刻苦钻研、认真负责、兢兢业业的态度，对企业管理的科学方式以及努力营造的"创新和谐、永争第一"的企业文化氛围都

值得我们不断学习。

编辑：田鹏颖　李彦儒

李进巅

　　李进巅，1946 年出生于辽宁丹东，汉族，中共党员，高级经济师，北京师范大学工商管理学硕士，现为辽宁曙光汽车集团股份有限公司董事长。在进行企业管理的三十多年来，他多次参与国内重要学术会议，并且发表了多篇重要文章，获得一众好评。此外李进巅多次荣获省、市劳动模范称号，并于 2005 年被评为全国劳动模范，同时作为第十届、第十一届全国人大代表出席会议并提出议案。其率领的企业也曾多次被国家、省、市授予"先进单位""利税大户"等称号。

　　李进巅出生在一个手推车工人家庭，家庭生活的困境曾迫使他两度退学，过早地承担起家庭的重担，与父亲一样成为一名手推车工人。然而，生活的困境并没有压倒他的志气和激情。无论是贫穷的童年、艰苦的青年，或者是起伏的中年，李进巅都没有被困难打倒。20 世纪 80 年代初，李进巅在辽宁省丹东市的政府机关工作，很有发展前途。后来领导换届，新上任的领导把李进巅调到工厂，让他负责计划和统计工作。"我感觉人生一下子失去了目标，不能这样庸庸碌碌地活着，应该干点事。当时中国的民营企业正处在萌芽阶段，就这样，我带领着当时下岗的一些伙伴开始了商海生涯。"[1] 1984 年底，李进巅率领 10 人，集资 7 万元，租用一间 22 平方米的厂房，起步创业，主要产品是轻型车桥和汽车零部件，由此组建了辽宁曙光汽车集团的前身，也就是丹东市曙光机动车配件厂。他开始了创业生涯。

　　曙光成立之初，既没有多余的资本，也没有先进的设备和人才，技术也非常落后，根本没有任何与同行竞争的优势，靠这样的曙光很难打开辽宁市场，必须另寻他径。李进巅决定率先开辟较为偏远的地区的市场，就这样他一路啃着冷馒头到达新疆，精诚所至，打开了新疆的市场。1997 年，曙光车桥年产量已经达到 7.3 万，一跃成为全国同行业之首。接下来，在不

---

　　① 金超：《李进巅：从"车桥大王"到"整车之王"》，《东北之窗》2007 年第 17 期。

到 3 年的时间里，李进巅成功组建了 6 个子公司，并初步完成了全国汽车零部件市场的布局。2000 年 12 月，曙光公司在上海证券交易所挂牌上市，募集到 3 亿多元的资金。此后，曙光一直是全国轻型车桥生产企业的领跑者。2002 年，李进巅决定收购有 50 年历史的老牌国有企业——辽宁黄海汽车（集团）（以下简称"黄海集团"）。黄海客车品牌是中国民族工业的著名品牌，但改革开放之后，它的位次由原来的全国老大逐年后移，改革的步伐非常缓慢。在黄海集团寻求重组的时候，李进巅来了一次主动出击，引起整个社会的关注。老黄海集团的债务和 2003 年的非典成为重组黄海集团的阻力，但李进巅接任总经理之后，成功重组黄海集团，并高调进入了中国客车行业，从生产配件到生产整车，且一度有进入行业前三名的趋势。现在的辽宁曙光汽车集团股份有限公司，已经成为"国家汽车整车出口基地企业"。

李进巅作为一个民营企业家，能够取得如此大的成就，与他个人的思想和采取的措施有着极大的关系，他始终坚持用最小的成本，生产出质量最好的产品，充分利用自己企业的优势，取长补短。1993 年，独立悬架车桥技术被曙光集团成功开发，中国轻型车桥领域掀起了一次技术革命；1996 年，曙光集团又开发出了具有当时国际先进水平的前驱动式的独立悬架车桥，再度填补了我国关于此类技术的空白。随着我国经济的迅猛发展，微型卡车的需求量急速增长。曙光又不失时机地推出一款大柴神的皮卡，目标主要针对农村市场。该车采用的是柴油发动机，车内空间很大，坐起来很舒适，排放量满足标准要求。车型也引起了另一轮冲击波，为曙光扩大市场需求创造了条件。2007 年曙光集团已成为资金丰厚、员工众多、子公司遍布多个发达国家的大型企业。曙光集团将其所得回报社会，累计向国家缴纳税金 7 亿多元，为社会公益、福利事业捐赠 1000 多万元。李进巅也被评为 2005 年全国劳动模范，获得了"汽车零部件十大风云人物"等多项荣誉称号。"创造效益，造福社会"是曙光的企业使命，"领时代潮流，创百年曙光"是曙光人的企业目标。多年来，李进巅和曙光员工们无论经过多少艰难险阻，都始终秉承这一理念，不断发展壮大，2010 年实现了销售收入 112 亿元，成为丹东市首家实现百亿元收入的企业，是科学发展的"排头兵"。

李进巅还十分重视企业党建工作。由创业时的 4 名党员的小作坊，发展

到之后的大型企业党组织，李进巅付出了巨大的努力，积累了成功的经验。李进巅从抓党风建设入手，把那些党性强、懂得经营管理、善于出谋划策的党员骨干按照各自的能力分配到各级管理团队中，让他们发挥中层党员干部的带动作用，直接参与公司生产经营重大问题的决策，使党建工作融入公司的方方面面。李进巅还从抓创新入手，在创先争优活动中，开展了由党委带动支部、支部带动党员，再由党员带动职工的"三带"活动和"党建促工建、党建促团建"的"两促"活动，并取得了良好的成效。同时，李进巅还从抓典型和企业文化入手，树立党员标杆，发挥党员模范作用，丰富党员文化生活，陶冶员工道德情操，着力打造"和谐曙光"。

除关注自身公司和员工发展之外，李进巅始终不渝地肩负着"创造效益，造福社会"的历史使命，在自身不断发展壮大的同时，秉承着"小富小善，大富大善"的原则，积极投身于社会公益事业，从协助村办小学捐款助学、帮助贫困农民，到向可可西里国家级自然保护区管理局捐赠"翱龙CUV""傲羚皮卡"等代表公司乘用车产品最新技术实力的全系列车型，为反盗猎行动提供了性能优越的交通工具。曙光集团从未停止过回报社会的脚步，从拥军优属、捐资助学、送温暖工程、抗洪救灾、环境建设、保护文物，直到抗击非典，曙光集团每每慷慨解囊，得到了社会各界的好评和拥护，获得多项慈善界殊荣。

作为全国人大代表，李进巅也积极行使自己的权力，履行义务，为了经济发展建言献策。在2011年"两会"召开期间，李进巅提出了关于"环保"与"民生"的议案，在充分分析节能与新能源汽车发展形势及交通拥堵与交通安全的基础上，就各种低碳环保节能车辆的各个方面提出了多项科学发展建议，体现出一个汽车企业所必须具备的社会责任感。

使命因艰巨而光荣，人生因奋斗而精彩，李进巅和他所带领的曙光人有决心把曙光集团打造成中国乃至世界级的经典品牌，成就百年曙光伟业，铸就中国民族产业的辉煌。李进巅董事长和他所带领的企业在创造自身财富的同时，努力升华自己的价值观、人生观，实现自我，他是我们时代的骄傲，值得我们尊敬和爱戴。

编辑：田鹏颖　李彦儒

孙荫环

孙荫环，1949 年出生于辽宁大连，汉族，中共党员，亿达集团有限公司董事会主席和秘书长。他曾担任第十二届全国政协委员、中国企业联合会副主席，多次被评为辽宁省劳动模范和特等劳动模范，并被评为 2005 年全国劳动模范、中国十大慈善人物等。其名下的亿达集团也获得了中国最具社会责任感的企业、中国经济十大主导企业等称号。孙荫环在中国的企业慈善界有着很高的地位，为祖国的和谐发展做出了杰出的贡献。

1949 年的冬天，孙荫环出生在大连的一个小镇上。他小学毕业，在镇里完成了高中学业。那时候，国家的发展牵动着每个人的思想与未来，孙荫环就是其中之一。1969 年，当他 20 岁的时候，他决定参加工作并进入生产团队。在十年漫长的生产队伍中，他不断地提高自己的管理水平和技术水平。在他的身体上，也逐渐表现出一种领导气质，得到了大家的支持。同时他也萌发了一种新的理想，渴望带领村民们建设自己的家乡，使所有的邻居都能安居乐业，过上安宁幸福的生活。十多年的工作生活也造就了孙荫环坚强的性格，加之他从小生活在海边的海滩上，习惯了大风和大浪，对面临的挑战不仅无所畏惧，而且想要与之抗争。这也使得孙荫环在接下来的关键时刻取得成功，从而实现了他后来的辉煌。

改革开放初期，大连是首批开放城市之一。一方面，城市的工业正在加速发展，越来越多的人涌向城市，对房屋的需求急剧增加；另一方面，城市的规模正在扩大，从中心延伸到郊区，延伸到村镇，大量的耕地也用于城市建设。1984 年，孙荫环领导着 50 多名刚刚从农民转变过来的建筑工人搞建设。这期间他处处亲临一线，身先士卒。最后，在年底结算时，人们惊讶地发现，这个小村庄建设团队竟然赚了 350 万元。在这一成功之后，有了最初的亿达公司。刚开始时，亿达只是一家拥有 50 多名员工的小公司。为了让更多的人知道，为了得到更多的生意，孙荫环不辞辛苦地进行研究，每天都穿梭于各个企事业单位、办公室，从市中心到郊区，从早到晚，基本不停歇，这样终于找到了一个好机会。大连的豪华酒店——占地 6074 平方米的景山酒店正在寻找一个可靠的建筑公司负责装修。孙荫环抓住机会，以诚恳打动负责人，以实力碾压其他竞争对手，争取到了这个项目。继而

他亲自制定了装修计划，根据宾馆的实际情况做了充足的准备。在准备装修材料时，孙荫环聘请了大连最优秀的工人，邀请了大连建筑设计院的优秀专家，并特别派人到北京、上海、广州、深圳和日本学习。一个月内，先进的建筑装饰技术已逐步到位。此后，孙荫环几乎每天都在建筑工地上度过，与工人们同吃同穿，共同商议和奋斗。经过十个月的不懈努力，景山饭店的装修工作提前结束，质量和风格也得到了很好的评价。孙荫环收获的不仅仅是收入，而且是"质量卓越，持续时间短，价格低，消耗低"的行业声誉。经过这次的实践操作，亿达公司已经成熟，开了大连建筑装饰市场的先河。接下来的两三年时间里，之前规模很小的亿达公司逐渐发展成为一个集工程建设、建筑装修和工程装饰于一体的建筑集团，成为大连最为强大的本土建筑企业。

在取得如此大的成功后，孙荫环并不自满，而是为之后的发展做好准备。他想到了一些他从未想到的事情：在苏联盖房子。1988 年，孙荫环决定进入苏联远东建筑装饰市场。不久，亿达集团已成为全国第一家获得海外建设资格的乡镇企业。为了形成一支技术精湛的"远征军"，孙荫环做了充分的准备。他邀请相关专家，并从银行找到担保人，最后获得数百万美元的贷款用以购买挖掘机、塔式起重机等机器，以及运输车辆和装饰材料等必要的东西。1989 年 7 月，他率领 200 人的"远征军"从大连出发进入西伯利亚。不久之后，他承包了远东渔业公司的两栋占地两万平方米的住宅楼的装修工程。这两个独特的瓷砖建筑在该地区产生了轰动效应，给之后公司的发展奠定了坚实的基础。彼时拥有将近 100 年历史的凡尔赛酒店想要翻新和改建，正在寻找世界各地的建筑伙伴。最后，在竞标会议上，亿达公司以 380 万美元击败了其他国家的著名公司，一举中标该项目。两年后，新凡尔赛酒店竣工并受到高度赞扬。经过这次飞跃式的发展，亿达公司成为建筑业的"远东巨人"。①

20 世纪 90 年代，随着中国经济的发展和市场的开放，许多之前无法涉足的领域都已经开始接受私营企业，孙荫环由此看到了商机。他深信科技的力量，于是瞄准了高科技产业，创建了渤海机床厂，生产组合机床，引

---

① 王澜：《开拓者之歌：健康成长的辽宁乡镇企业家》，辽宁人民出版社，1996。

发了国内外广泛关注的"两机风波"。他还承包了大连高科技园区的产业化基地的建设，使亿达公司成为中国乡镇企业中进入房地产开发行业最早的企业之一。1987 年以来，孙荫环推出了大连房地产史上规模最大的"城市建设运动"，总开发面积约 300 万平方米。在征服了房地产业之后，1998年，他又以最快的速度操持起了大连软件园的建设。为此，大连市政府出台了一系列有利于高新技术产业发展的政策。通过大连软件园的投资运营管理，亿达集团已发展成为全国规模最大、世界 500 强企业数量最多、最典型的集成化国家级软件园。在这里有超过 600 家软件公司，其中 50 家是世界 500 强的公司，近 10 万名工作人员在这里受雇。这使得大连软件销售收入超过 1000 亿元，使软件信息产业成为大连的支柱产业，进而促进了中国的创新能力提升，加快了中国经济发展的速度。

孙荫环能够取得如此大的成就，除了其独到的眼光和思想外，最重要的是，他十分注重企业文化。他曾发表一篇文章，认为企业文化应以责任为核心。亿达公司经过几十年的积累和传承，逐步形成了责任心、实用主义、奋斗精神、积极团结、学习创新、诚信、开放、透明、合作的企业文化，探索出了"以人为本，以责任为核心"的企业文化建设的有效途径。在发展企业的过程中，孙荫环始终把"企业为社会而生存"作为核心价值理念，引导亿达集团积极发展企业公民建设，努力投身于各项慈善事业中。2008 年，亿达集团为汶川地震捐款 3400 万元、赞助金鸡百花电影节、设立了额度为 3000 万元的"亿达教育慈善发展基金"、如期为大连市民举办"亿达之声"新年音乐会。亿达集团用行动诠释"优秀企业公民"的深刻内涵。孙荫环多年来热情投入社会公益事业。2005 年，他被评为中国首届慈善人物；2006 年，他开始担任大连慈善协会副会长；2007 年 11 月，他获得"中国最具社会责任感的企业家"的荣誉称号，亿达集团也被授予"中国优秀企业"称号；2008 年 11 月，孙荫环当选为中国企业公民委员会副主席，同时，亿达集团也成为 2008 届"中国企业公民特别奖"的唯一赢家；2008年 12 月，孙荫环受到时任中共中央总书记、国家主席胡锦涛的亲切接见；2012 年和 2013 年，他还获得了"最有爱心的个人捐赠"奖。可以说孙荫环做到了普通的商人所做不到的，就是始终想着用自己的努力为社会服务。

孙荫环一直在努力创造另一个商业奇迹，这必定有助于我们祖国的经济发展。同时，他又不断地将所得财富用于社会，不断地促进社会主义和谐社会的发展。他说："只有以服务社会为目标，以社会进步为发展方向，企业才会生存，才能得到社会的支持，才会发展。"这也是无数劳动模范值得我们不断学习的品质。

编辑：田鹏颖 李彦儒

柴天佑

柴天佑，1947 年出生于甘肃兰州，中共党员，中国工程院院士。1985 年，柴天佑从东北大学获得工学博士学位后，一直留校任教，现为学校自动化研究中心主任，国家冶金自动化工程技术研究中心主任，博士生导师。他带领着一批科研人员研究开发出具有自主知识产权的多变量智能解耦技术，改变了冶金、电力等行业，创造经济效益数亿元，获得了无数奖项和荣誉称号，并且在 2005 年被评为全国劳动模范。

柴天佑的学术生涯是极其辉煌的，拥有无数的身份和数不尽的奖项。他是 IFAC 技术局的成员，是国家 "863" 计划自动化中心副主任、国家 "973" 计划项目首席科学家、第一届中国人工智能会士。2010 年、2011 年又分别获得英国和日本相关领域重大奖项。同时在任教期间他发表了多篇文章，其中 400 多篇都被收录于国内甚至国际知名期刊中，并且多次被邀请参加国际著名会议，另外还出版有两本专著。他对待学生竭尽全力，先后培养出了 200 多名优秀的学生，如今这些学生都已成为工业自动化科研及应用领域的领军人物，真正体现了 "名师出高徒" 的含义。

1985 年，柴天佑首先在国际上提出多变量自适应解耦控制的研究理论，提出通过自动化控制解决所有影响工业生产过程中的不定性因素，把这些因素的相互作用降到最低，能提高工业产量、产品质量和产品效益。凭此，他获得了东北大学的工学博士学位并得以留校任教。此后，他带领课题组将自适应解耦控制方法与其他两种技术相结合，研发了新的技术系统，并应用国产制粉系统与进口的机炉相协调，解决了能耗高污染重这一重大关键技术难题，取得了显著的经济效益和社会效益。

1988 年，柴天佑到澳大利亚国立大学进行高级研修。研修结束之后，他的导师曾希望他留下，他却为了填补我国在这个领域内的空白而毅然回国。1992 年，在学校的积极支持下，由他牵头的东北大学自动化研究中心成立。6 年后，经过他的不懈努力，研究中心晋升为国家级冶金自动化研究中心。之后，柴天佑把他的下一个奋斗目标定在了将自动化技术转化为工业产品上。他率领课题组南北奔波地忘我工作，多次赴大西北进行研究开发，赴大西南参观指导我国最大的风洞的自动控制系统工程，到鞍钢指导自动控制工程，以致父亲胃癌手术也没有回家照顾，最终提出了以综合生产指标为目标的复杂工业生产过程优化控制方法。

之后，他带领项目组针对中国矿山资源品位低，采矿和冶炼生产工艺极其复杂，主要技术数据难以在线连续测量，工作条件多变，运行环境恶劣，生产过程的优化控制难以实现等问题，提出了选矿过程的优化控制技术和企业的综合自动化。作为一种适应性极其广泛的解决方案，该系统已经开发成功，并且成功应用到了一些企业，也取得了显著的经济效益和社会效益。因此，这两项技术分别荣获了 1999 年国家经贸委黄金科技进步特等奖和 2002 年国家科技进步二等奖。柴天佑针对被控对象在所有控制周期、强非线性等复杂工业过程中，很难实现自动控制的问题，通过将智能控制与自适应控制相结合，创造性地提出了 20 种控制算法，并对其稳定性和收敛性进行了分析、重建，提出了适合复杂工业过程的自适应控制技术，由此获得了 2000 年中国高校科技进步一等奖。

此外，在担任国家 "863" 计划自动化中心副主任期间，柴天佑还高屋建瓴地规划了科研项目，严谨缜密地进行着科研实践，主持完成了 30 余项国家重大科研项目并取得了创新性的喜人成果。柴天佑的杰出成就，受到英国、美国、澳大利亚、日本等国著名专家的高度评价，称他为 "来自中国的控制领域研究第一人"[1]。多年来，柴天佑不畏艰难，瞄准国际前沿，紧密围绕国家目标和国民经济建设与发展的重大关键理论和技术问题开展研究，创造了极大的经济和社会效益。

---

① 翟厚宗：《工业自动化领域的领军者——记中国工程院院士、东北大学教授柴天佑》，《中国高校师资研究》2009 年第 6 期。

当选为中国工程院院士后，柴院士应邀到北京、上海、南京、济南等地的数十所高校作学术与人生报告。每到一地，他都介绍自动化研究的进展和发展趋势，以自己的成长历程和学术成果引导学子们茁壮成长，受到各地学子们的热烈欢迎。无论拥有多么高的成就和地位，他都没有忘记自己人民教师的身份，他始终在思考如何培养具有创新能力的卓越工程师，为中国的创新发展提供人才支撑。因此对于每一个进入实验室的研究生，柴天佑做的第一件事就是谈心，看似随意的闲聊，他总能精准地抓住学生的专业兴趣爱好与特别之处，指导学生确定最能发挥自身优势和潜能的研究方向。柴天佑经常这样教育自己的学生："要在工程科学技术领域有所作为、取得重大成果，必须培养以工程为背景的基础研究与应用研究相结合的学风，勇于实践自觉提高自身知识生产力和以工程实际为背景进行学术研究的能力。""在战争中学习战争"，这是柴天佑院士时刻提醒学生的话，成为每一位在实验室学习过的学生的座右铭。

柴天佑不仅思路清晰，视野广阔，而且看问题的观点和视角都超乎常人，几乎没有人能跟上他的思路。他办公室书架上的书占据了整个一面墙壁，他经常告诫自己的学生，学习不要只局限于本专业，要涉猎广泛，能够做到触类旁通、举一反三，才能从中获得更大的启发，从而开拓自己的眼界，更好地进行科学研究。同时，他社会兼职很多，社会工作和社会活动频繁，在他的日历里，从来没有节假日和休息日，出差更是司空见惯的事。然而，他对科研和教学工作却一刻也没有放松。他的日程总是排得满满的，每次出差回来，他都要拖着行李箱到实验室，安排实验室的各项工作，听取学生的科研进展汇报，与实验室师生一起探讨学术问题，从不知疲倦。柴天佑院士用执着的科学追求和创造性的科研成就践行科技工作者的誓言。他是德高望重的谦卑长者，更是深受学生爱戴的教学名师，他用严谨的治学态度和甘为人梯的崇高品德诠释着师德的全部内涵。

在探索科学、发现世界奥秘的道路上，从来就没有平坦的大路和捷径可以走，只有在崎岖不平的小路上不断努力、不辞辛苦的人们，才有登上高峰、到达科学顶点的机会。柴天佑正是这些在科学高峰上勇敢前行的攀登者中的一员。多年来，他攻坚克难，执着攀登科学高峰；他追求卓越，努力将"中国制造"推向最优化的快车道；他因材施教，不拘一格培养人才；他高瞻远瞩，致力于中国教育改革和发展；他学高为师，践行身正为范的人生追求。他就是东北大学教授、中国工程院院士柴天佑，他值得我们永远学习。

编辑：田鹏颖　李彦儒

第三章 2010～2014 年东北（辽宁）老工业基地全国劳动模范和全国道德模范

徐 强

徐强（1970～），男，辽宁大连人，汉族，大专学历，中共党员，现任沈阳鼓风机集团齿轮压缩机有限公司副总经理，兼任辽宁省总工会副主席。2010 年徐强获全国劳动模范称号，他还曾当选中国共产党第十七次全国代表大会代表，并连续当选第十一、十二届全国人大代表。徐强的成绩赢得了社会的认可，被评为沈阳市劳动模范、辽宁省特等劳动模范，成为"中国青年五四奖章"、全国机械工业技术能手、中华技能大奖、全国"五一劳动奖章"等多项荣誉的获得者。

徐强出生于 1970 年 11 月，自小聪明好学。勤勉刻苦的他也曾经因为在高考中失利而一度精神消沉。高中毕业，全班多数同学都考上了理想的大学，自己却成为落榜生中的一员。不过很快消极的情绪就被一扫而散，沈阳鼓风机集团招收数控大专生的好消息传来。这对于从小就爱好鼓弄机械零件的徐强来说，真是千载难逢的好机会。

1990 年，徐强考上了沈阳鼓风机集团（以下简称"沈鼓"）技校数控大专班。通过三年的刻苦学习，他不仅掌握了基础的技术理论知识，还把所学理论知识运用到了实践过程中。与此同时，三年的学习生活也使徐强对沈鼓产生了浓厚的感情，在此基础上对沈鼓也有了深刻的认识和了解。

沈鼓的产品生产过程严格执行国际标准，无论是设计、加工、检查还是装配都能达到行业顶级水平。在国家的基础支柱产业中，沈鼓生产的鼓风机、压缩机被广泛应用，各种型号应有尽有。能在这里学习徐强深感骄傲，同时要强的徐强给自己定下了目标，要努力成为这样优秀企业的一员，他对前途也充满了憧憬。

俗话说，失败是成功之母。徐强在工作中取得的好成绩，与曾经一次小失误脱不开关系。徐强走上生产岗位之初，得到当时厂内磨齿技术最好的技师马永思师傅的指导。徐强知道这是自己莫大的幸运，所以暗下决心一定把师傅的技术学到手。按规定，学徒的期限是一年，刻苦努力的徐强半年就学成了。厂里领导十分高兴，让徐强操作一台瑞士进口马格32X磨齿机。但是，由于徐强没有接触过进口机器，还是按照国产机器的操作方法进行操作，不料操作失误，机器变成了一个废品。这件事，让他非常受震动，心里十分自责。他在心里偷偷发誓，绝不能让类似的错误出现第二次。从那以后，徐强近乎苛刻地要求自己，给自己定下目标，励志成为技术娴熟的工人，不再马虎出错。他抓住一切机会，虚心向书本学习，向同事学习，向师傅学习。因为知道西方发达国家技术先进，他就专门买来外语书自学，研读、翻译外国相关专业的书籍，自行看书掌握了外国的先进技术，充实了业余生活，不到一年时间，徐强就掌握了机床操作技术。功夫不负有心人，几年后，徐强在技术上有了质的飞跃，成为一名复合型技术工人，在企业内、行业内也享有了盛名。1994年，厂里举行技术竞赛，徐强报名参赛。在众多参与者中，徐强凭着平日里积累的知识和技术经验脱颖而出，获得理论知识竞赛第一、实际操作第二的好成绩。

2001年3月，公司派徐强验收一台从德国引进的数控立式成型磨齿机。这是我国进口的第一台最尖端的磨齿设备，仅这一台设备造价就是1280万元。当时参加验收的都是公司的工程技术人员，只有徐强一人是普通工人。这台设备的操作者只能是徐强。果然，他接到了参加设备验收的任务。30岁出头的徐强心里忐忑不安，尽管他掌握数控磨齿机的操作方法，但是面对世界上最先进的磨齿机，他仍然有些不知所措，但是他很快克服了心里的紧张和害怕。到了德国这家公司，德国方面出示了一本厚厚的英文资料又提出了各种规定，其中包括未经同意不能随意走动、不能未经允许参观其他设备等。在那里，徐强丝毫没有体会到西方人所说的"用户就是上帝"。不仅不允许参观，甚至是对他们要买的这台设备出现的一些技术问题也不可以多问，德方根本不屑于回答。徐强自知使命重大，深知技术问题搞不明白，回国后就没办法同企业和信任他们的人交代，他暗下决心一定不负使命。这一次，关于精度误差问题，德方专家认定误差在允许范围内，但看过说明书后，徐强立刻提出：为什么不打入全程，多测几个点？德方接受了徐强的提议，找来专家进行测量，误差竟然真的超标了。徐强告诉德国方面，说明书中也有两处错误，如果设备达不到要求，我方绝不验收，设备质量问题影响了加工精度，我方会依法申请索赔。徐强专业、强硬的表述让德国方面改变了高傲的态度，他们当场表示要对设备进行调整。一次，在程序编制过程中，徐强对德方一个关键数据产生疑问，但德方不以为然。经验丰富的徐强意识到这是一个严重的技术问题，严厉地告诉这位德国专家与德国公司联系。最后，这位德国专家终于承认输错了数据，并感谢徐强及时指出，避免了一次大失误。

2004 年，一个加工齿轮的客户要生产一个大型齿轮，要求精度是 5 级，难度十分大。为了避免失误，以免丢掉企业的信誉，徐强努力做到细心再细心，最后他加工的齿轮居然超出客户要求，达到了 4 级精度，创造了全国大型齿轮加工的精度之最，在世界上也是顶尖水平。徐强创下的这一纪录被称为"徐强精度"。这个精度也为企业创造了每年 4000 多万元的价值，徐强创造了奇迹。

2006 年，在磨削齿轮时，ZP 20 数控立式成型磨齿机出现失误，相关部门决定将此齿轮报废。徐强了解情况后，决定"死马当活马医"，重新试磨这个大齿轮。徐强经过近 30 个小时、20 多个磨削循环的加工，最终确保了齿轮完全符合设计要求，为公司避免了 15.6 万元的经济损失。

徐强不仅自己优秀，还起到了模范应有的带头作用，带出了"徐强班组"。在班组的管理过程中，徐强常常把"需要帮忙吗"挂在嘴边，让班组的工人感到十分温暖。自从担任齿轮压缩机有限公司齿轮加工组的组长，徐强承担起二十多人的技术指导工作以及人员的管理工作。在温暖和谐的工作氛围里，班组内的生产任务一切都按照进度平稳有序地进行。徐强深知中国的装备制造业还无法与发达国家相较量。东北老工业基地要振兴，沈阳工业必须跟上去，这样才不会给国家的工业拖后腿。徐强日复一日和各种工业器具打交道，冰冷的零件在他的手里竟也组装成了件件"艺术品"。徐强的努力和付出得到了社会的认可，他荣获全国劳动模范称号，还当选了中国共产党第十七次全国代表大会代表，并连续当选第十一、十二届全国人大代表。

对徐强而言，工作不是索然无味，是享乐。他说，努力工作是一种乐趣，在工作中可以学到很多知识，经过消化、吸收，再付诸工作中，不断成长，不断进步，从而展示自己的才华，实现自身价值，这就是享受工作，徐强向我们展示了当代劳模的风采。

编辑：金钟哲　刘鑫棣

曹佰库

曹佰库（1959～），男，辽宁沈阳人，中国共产党党员。[①] 现在担任北方重工集团有限公司盾构机分公司装配车间主任，高级技师。

从 2005 年接受装配大型盾构机的任务至今，曹佰库及其带领的团队填补了我国在"大型盾构机"领域的空白，同时，他不断突破自我、勇于创新，创造了我国 1 年装配 15 台盾构机的纪录以及在世界上 27 天装配 1 台大型盾构机的纪录。他先后被评为沈阳市劳动模范、辽宁省特等劳动模范、全国机械工业劳动模范。2009 年，他的团队被沈阳市总工会授予"工人先锋号"的锦旗。2010 年曹佰库获全国劳动模范称号。

曹佰库出生于工人家庭，受父亲影响，他自小就渴望掌握一门技术进而成就一番事业。初中毕业后，曹佰库毅然去部队参军。1982 年，曹佰库转业来到沈阳重型机器厂当装配工人。从做钳工的基本技术学起，一学就是两年。在一个人数约为 3 万人的大厂里，几乎没有人会注意到他。但他沉浸在自己的喜悦里默默无闻地钻研技术。能在国有工厂工作，为祖国建设做出贡献，他感到十分荣幸。荣幸之余，他也会刻苦努力，最令他羡慕的时刻就是师傅们把几十吨的重物轻松调转于股掌之间的时候，每一次跟在

---

① 李珂：《中国劳模口述史》，社会科学文献出版社，2018。

师傅们身后，他都目不转睛地学习。只有初中文化知识的曹佰库每天下班后不回家，选择继续跟在师傅身后学技术。业余时间，他没有选择坐下来喝茶而是跑到图书馆，刻苦地学习装配、起重和制图知识。随着经验和知识的增长，他也开始接工厂的任务，每接到一个任务，他都先耐心琢磨图纸，任务完成后，再拿着图纸认真比对，总结经验教训。不仅如此，曹佰库先是研究自己负责的任务，后来又把全班的任务都对照图纸过了一遍，寻找出最优的装配点。功夫不负有心人，他的刻苦钻研很快使他从工友们中脱颖而出，成为班长。

1997 年 5 月，某班组装的辊子一经检查竟然没有一个合格。技术人员鼓弄了好一阵子，也没有搞明白。曹佰库眯着眼睛看了半小时图纸，立刻调整火候，接连装了 60 个辊子，全部合格。

2002 年，集团为宝钢制造 5 米宽的厚板轧钢热板铰直机，但板体两瓣却由于块大无法拼到一起。外国请来的专家研究了一个礼拜也没有办法，车间主任十分着急。这时，曹佰库提出一个想法，在板体两侧分别设 4 个吊眼，终于，不到半个小时，两个板体就顺利拼在了一起。工友们和外国专家都纷纷向他竖起了大拇指。

2003 年，曹佰库的事业有了重要的转折点。同时，北方重工沈重集团也迎来了一个历史性的转折点。振兴东北老工业基地的战略被提上日程，作为我国装备制造业骨干的北方重工沈重集团，把视野放宽到全世界，抓住时机，顺势而上，实行市场结构和产品结构的调整，瞄准了世界级的重大新产品——盾构机，立下志向把它变成中国制造。

2005 年，曹佰库团队接到任务——制造装配大型盾构机。刚接到任务的曹佰库都不知道什么是盾构机。通过技术人员的指导，才了解到盾构机是目前全世界最先进的隧道施工设备，由上万个部件组成，类似一座地下工厂，无论盾构机的结构还是体积对于曹佰库及其团队而言都是一种挑战。曹佰库打起精神，赶紧找来与盾构机相关的资料及图纸，钻研并熟悉其结构、原理，终于掌握了盾构机的研发设计方法。但是，紧接着另一个难点出现了，那就是装配。由于盾构机有极高的装配精度要求，拥有技术核心的法国 NFM 公司根本不相信中国能够制造出一台达标的盾构机。法国方面对核心技术进行保密，只提供盾构机设计图，不提供装配的方法。1000 多张图纸，摞到一起，有一米多高，为了全身心研究图纸，曹佰库熬得两眼圈乌黑，走路直打晃。但他暗下决心，外国不相信就偏要制造出来给他们看，给世界看。于是，他全身心投入工作，看过数千张图纸，分析过上万个部件，他的制造装配思路逐渐清晰，终于琢磨出思路。他立刻召集班组成员，向大家讲解图纸、分配工作任务，讨论并最终敲定了完整的制造装配方案。制造完成后，盾构机进入装配阶段，更大的困难也随之而来。这台盾构机的前盾部分是由两瓣组成的，重量达 156 吨，按照相关规程要借助起重机吊起来，但吊车的起重能力只有 150 吨，装配无法在空中运作。法国专家提出，添置两台吊车来解决问题，但是，这样会增加投入上千万元，并且必定会影响交货工期。曹佰库思前想后，决定不买设备和工装，改动盾体吊耳的位置从而使盾体的中心向前移动，倾斜的角度支撑在地上，改空中装配为半空中装配。曹佰库团队齐心协力，节省投入，克服困难，最终大型盾构机装配成功。曹佰库做到了，中国人做到了！法国专家不得不承认："中国人真聪明！"曹佰库团队装配的盾构机经受住了长江江底高水压等极其复杂的地质条件的考验，在 60 米深的长江江底运行 475 天，成功把长江隧道贯通。

2006 年，曹佰库不骄不躁，踏实勤恳地工作，带领他的团队一共装配了 4 台盾构机，为以后更具挑战性的制造装配积累了宝贵的经验。

2007 年，曹佰库班组接到任务——一个月内装配一台直径为 11.38 米的泥水盾构机。法国专家考察场地后，结论是至少 4 个月才能完成。当时冬末春初的沈阳天气忽冷忽热，集团新建厂房的门都还没来得及安装，窗户、玻璃也没有安上，更别想能有暖气，每到晚上寒冷的空气令人难受。面对这样艰难的挑战，面对这样艰巨的任务，曹佰库立刻振奋起来，克服道道难关。曹佰库和他的团队就在这样寒冷的车间架起了十几张床，24 小时不停地工作，如果谁特别累了、特别困了就到床上休息一会儿。就是这么神奇，仅仅用了 27 天，这台预期 4 个月才能完成装配的泥水盾构机便顺利交付投入使用。所有的成就离不开曹佰库的带领，团结力量大，他们的成功也离不开团队的合作。

2009 年 3 月，北方重工集团重装车间正在同一时间装配 9 台盾构机。已经在实践中积累很多经验的曹佰库有条不紊地指挥着装配进行，他沉稳熟练地发出一个个装配指令，107 名工友在曹佰库的指挥下信心百倍地工作。载重量为 150 吨的大吊车吊起几十吨的盾体，在空中翻动，工装架上多台盾构机和几十节拖车正在运作，一个个重量为好几十吨的刀盘和近百只刀具马不停蹄地安装。一位外国客户看得不敢眨眼睛，他竖起大拇指说："曹先生，整个盾构机上万个零件都在你心中，你是盾构机装配大师！"

从 2005 年第一次接触并制造装配盾构机到 2009 年，曹佰库和他的团队在技术上的创新成果达上百项，自己制造工装卡具也有百余套，一共装配了 28 台大型盾构机。他的团队不断突破自己，创造了一个个纪录，成为世界上唯一可以同时装配大型泥水平衡、土压平衡和硬岩三种盾构机的优秀团队。2009 年 3 月 12 日，沈阳市总工会把曹佰库的团队正式命名为"曹佰库团队"，并授予其"工人先锋号"的荣誉称号。多年来，踏实勤恳、刻苦钻研技术的曹佰库积累了丰富的经验，只要一看到图纸，他的脑海里就立即闪过一幅幅实体立体图像，就连成百上千个装配零件的位置在他的脑海里也呈现得清清楚楚。所以，曹佰库工作效率非常高，是普通工友的两三倍。曹佰库所在车间的原主任李建明评价他："曹佰库是解决问题的高手，他对机器有着常人无法比拟的天赋。"

曹佰库曾说："我们有志气、更有能力攻下盾构机装配这个难题，这既是为企业发展做贡献，更是为国家争光，为民族工业争气"。曹佰库及其带领的团队为东北老工业基地的全面振兴做出了重要贡献，他用实际行动向我们展示了当代劳模为国争光的风采。

编辑：金钟哲　刘鑫棣

陈新海

陈新海（1962~），山东省成武县人，中共党员。现在担任沈阳机床（集团）有限责任公司齿轮分公司维修钳工，高级技师。他刻苦钻研，掌握了多种维修进口高端设备的过硬本领，创造性地总结了多种设备故障诊断方法，取得技术创新成果多达 150 项，尤其在部分设备核心部件国产化上取得了重大突破，被业内誉为能为"洋设备"治病的"中国医生"。2010 年，陈新海被评为全国劳动模范。

　　陈新海出生在一个普通工人家庭，1982年，刚满20岁的他从技工学校一毕业就分配到沈阳机床厂工作。凭借着勤奋好学、吃苦耐劳、敢闯敢钻的劲头，陈新海不到一年的时间就能独立维修机器设备了。年轻的陈新海对于维修工作总是充满热情，对于机械技术的知识总是求知若渴。他不仅自学了机械本科的大部分课程，还如饥似渴地跟着技艺高超的老师傅学习。一般每名新员工都有1位师傅，他却自己认了7位师傅。他跟着师傅们的指点，认真学习和实践，每天比别人多问一些问题，多看一些书，多修理几台机器，技术本领得到了很大的提升。在师傅们眼里，这个勤学好问、善于动脑筋、乐于吃苦的小伙儿，是维修设备的"一把好手"，常常称他是"青出于蓝胜于蓝"。

　　在维修工作中，善于发现问题的陈新海注意到，进口设备的维修技术一直被外国专家所垄断，因为维修周期长、费用高，外方经常通过抬高价格卖配件赚取修理费。因此，设备只要出现故障，企业生产活动就会停摆，大大影响到了企业生产效益的提高。1985年，厂里的一台进口设备出现了故障，领导认为只有外国人才能修好，但是需要支付一笔不小的设备维修费。此时，不服气的陈新海说道："我们中国人为啥就整治不了洋设备？为什么要被外国人牵着鼻子走，[1] 我们就应该自力更生，我们中国人就应当当家，做洋设备的主人"。虽然陈新海才入职三年多，但凭借着踏实肯干的劲头，深得领导的信任，平时接触洋设备多一点，对洋设备了解比较多。面对主动请缨的陈新海，厂里领导决定放手让他试一试。接受了任务以后，陈新海如履薄冰，但又信心满满。他把从设备上卸下来的每个零件都做好标记，凭借着过硬的技术本领和维修经验，反复钻研每一个零件，推敲机械工作原理，经过刻苦努力，终于成功维修了洋设备，恢复了生产。有了第一次试修设备的经历以后，陈新海摆脱外国专家的依赖、做"洋设备"的主人的决心更加坚定了。陈新海怀揣这个理想，比以前更加刻苦地钻研，勤奋地学习，逐渐成为进口设备维修的专家。

　　多年来，陈新海在像中医"望闻问切"一样投身于维修进口设备、攻

---

① 陈新海：《用自己的智慧把"中国制造"变成"中国创造"》，《中国职工教育》2010年第8期。

克技术难题的工作中，不断总结和归纳维修过程中的"疑难杂症"，为自己维修过的数百台进口设备都建立了技术档案，累计达到 10 万余字。凭借丰富的实践经验和系统化的知识，陈新海逐渐摸索出一套属于自己的维修设备的方法，即通过"看、问、听、摸"，就能准确找出设备故障的原因。2009 年的一天，出差在外的陈新海接到厂里来的电话，电话里说厂里有一台瑞士产的设备正在赶一批产品，在关键时候机器的精度却下降了，导致生产的产品大量不合格，厂里的维修技术人员反复研究修理，都没有解决问题。陈新海在了解情况以后，仔细询问了机器的一些其他情况，凭借自己科学的维修方法，认为问题的关键是在设备尾座上，需要调整一下设备的精度和强度。果然，电话那头很快就传来设备正常运转的好消息。这种"手到病除"的事例比比皆是。一次，一台设备出现故障，维修技术人员判定是设备的传动系统出了问题，想征询一下陈新海的意见。陈新海不急于肯定，而是先摸摸设备，就得出了不同的意见，他对工友们说"应该是机床温度低，液压制冷出问题了"。果然，根据陈新海的诊断，工人把温度一调高，洋设备的故障就解决了。对于陈新海高超的设备诊断技术，所有人都竖起了大拇指，没有不称赞的。

陈新海的努力创造不仅在中国有名，在国外也有传闻，陈新海的创新维修技术被德国一家世界有名的机床企业作为技术创新经典案例收录，让中国工人和中国技术在国外声名远播。故事还得从 2005 年说起。沈阳机床厂为了开拓国际市场，从德国引进了一台世界顶级的成型磨齿机。在运行过程中，设备的加工精度出现了严重问题。按照合约，企业紧急向外方通报，但是对方的技术工程师正在日本，赶到沈阳最快也得半个月，而且维修费用超过 20 万元。但是，如果不赶快解决问题，设备停工带来的不仅是交货期推迟，赔付大笔违约金，还会对企业的国际信誉造成严重影响。在这十万火急的时刻，陈新海心急如焚地又一次顶着莫大的压力，主动请战。他带领技术团队，在故障设备面前苦苦研究了两天，最终找到了设备故障的原因，是一个丝杠间隙过大，才导致精度降低的。发现问题以后，陈新海又以严谨认真的态度和高超的技术，对设备进行修复，将关键零件做了别人不敢做的高精度研磨，最终通过实验运行，设备问题得到圆满解决。后来，德国专家在了解情况后对陈新海的举动称赞不已，并称："中国工人用自己的技术，修复了这样顶级的设备，简直是奇迹！"

多年来，陈新海在维修实践工作中，凭借敢闯敢试的性格，大胆创新，最后取得了 150 余项创新成果，创造和完善了包括"轴瓦类主轴修复法"在内的 10 多种维修方法，使多类进口设备的核心部件实现了国产化。陈新海胆大心细，善于总结经验、打破常规，颠覆了传统"修旧如旧"的维修传统，创造了"代、改、创"的维修方法，即对进口设备的零件用国内的零件代替，对进口的设备进行技术改造和提升，对进口设备进行创新，提高生产效率。人们把这套维修办法称为"陈新海维修三绝"。一直以来，创新是陈新海不断前进的动力。在陈新海看来，要想当好洋设备的"医生"，不仅要适应学习，还得驾驭和创新。运用这些维修方法，沈阳机床进料口设备的开动率超过了 98%。据不完全统计，近十年来，陈新海一人就为公司省下了维修成本 1800 多万元，间接为企业创造价值达到 8000 多万元。陈新海被领导骄傲地称为"企业的宝贝疙瘩"。

陈新海的成长成才，与劳模文化的浸润和熏陶是分不开的。他所在的企业就曾经产生过 45 位劳动模范，陈新海的师傅刘殿鼎就是其中一位。陈新海在劳模的摇篮里工作了 30 多个春秋，前辈们身上体现的劳模精神鼓舞着他不断前进。其中师傅们打造中华人民共和国第一枚国徽的事迹更是让陈新海激动不已，每一次出差看见天安门城楼上的国徽，"学好技术，报效祖国"的自豪感与责任感就油然而生。陈新海在工厂顾大局、讲奉献是出了名的。他每天基本上都会工作 10 个多小时，不分昼夜连续工作也是常有的事情。在工友们眼里，陈新海就是一个"行师傅"，他对待工作和身边的人总是一个字——"行"。领导要他担任攻坚克难的组织者，他说"行"；伙伴企业有需要解决的技术难题，他说"行"；工友们在工作或者生活上需要帮忙时，他也说"行"。陈新海在工作和生活中无私奉献、乐于助人的优秀品质，得到了身边人的一致称赞。然而，陈新海对家庭却十分愧疚。和妻子结婚以来，他就很少陪妻子逛街，甚至有时一周只能在家里吃一顿饭。每到周日，陈新海的儿子就特别高兴，因为今天作为爸爸的他能够早一点回家。说起这些，陈新海直言"感到非常愧疚"。

陈新海 20 岁入厂，在平凡的岗位上兢兢业业地工作了 35 年，用自己的勤奋努力和刻苦钻研，成为一名受人尊敬的洋设备的"中国医生"。

他认为工作是一种乐趣，设备出现故障，维修设备就像给病人看病，工作给他带来莫大的欣慰。"把工作当成快乐的源泉，有兴趣就不累。企业不停台，工人也尊敬我，那我也高兴。"正是凭着这份精神，他入厂第三年就获得了沈阳市青工大赛钳工状元，后来又陆续成为辽宁省青工技术能手、机械工业突出贡献技师，先后被评为沈阳市、辽宁省和全国劳动模范。

编辑：金钟哲　刘鑫棣

白　海

白海（1975～），男，中国共产党党员，大学本科毕业，现在鞍钢股份有限公司工作，担任第一炼钢作业区 4 号转炉的炉长。他工作认真，刻苦钻研，勇于实践，屡次突破炼钢纪录，独创了先进的"模块炼钢法"，被同行业人士公认为"工人炼钢专家"。2010 年，白海被评为全国劳动模范。

1994 年，大学刚毕业的白海人生第一次来到鞍钢的炼钢厂，就被烈烈的炉火所吸引，当时鞍钢的生产工艺水平不是很高，车间灰尘满布、热浪逼人，炼钢工人所消耗的体力很大。但是，就在这样困难的生产环境里，竟然也涌现出了一批批省市级甚至国家级的劳动模范。每当师傅们传授手艺的时候，白海都目不转睛，一丝不苟，他十分羡慕手艺精湛的师傅们，渴望着有一天自己也可以站在炉长的位置，亲手操作炼钢炉，练成专业的"火眼金睛"，再把自己的手艺传给未来的徒弟。

2000 年，经过 6 年的不懈努力和钻研，白海终于站在了炉长的位置，实现了自己的理想。万事开头难，以前看师傅做炉长的时候挺简单，但是看似简单并非真的简单。当自己真正上手操纵转炉时，白海明白了当炉长不是件容易的事，不是人人都能胜任工作。于是，白海在心里暗下决心，练好"功夫"。要想成为一名优秀的炉长，首先要练好眼睛的功夫。在冶炼钢水的过程中，炉长要目不转睛地盯着炉火，判断冶炼情况。为了使自己能够熟练掌握冶炼过程，白海每次冶炼都亲力亲为，不断学习，看看自己是否在某些方面存在欠缺。空闲时间，他还会仔细观察别人冶炼时有哪些经验可以借鉴学习。现在，白海在钢水温度的判断上误差不超过 10℃，碳含量判断不超过 0.01%。[①] 白海常常说，只要掌握了事物内部的规律，就可以控制这一事物。从第一天当炉长到现在，白海就将每一次冶炼的难点和要点都写在了专门准备的本子上，如此日复一日地积累，那个本子就成了白海的资料库。一点一滴的积累，为白海工作上的创新奠定了基础。

2001 年，不满足于自己现有专业知识和技术水平的白海报考了辽宁函授党校计算机应用专业，补充新知识。于是，家庭、工作、学习使白海忙得团团转，他每天奔波在这三点一线上。他白天在炉前忙碌，晚上去上夜校。白海认真学习，通过不懈努力，先后拿到计算机应用大专课程、冶金工程大专课程两个大专学历以及冶金工程本科学历，其间荣获 21 个荣誉证书。

白海在踏踏实实工作之余，没有什么业余爱好。同龄人工作之余都会和朋友、同学一起聚会、吃饭、打麻将、喝酒或外出旅游，趁年轻疯狂地享受生活。但每次受到邀请，白海都会拒绝，别人开始的时候不懂他，觉得他性格孤僻、假清高、不合群。他更喜欢利用业余时间阅读一些军事类的书籍。2006 年，白海通过坦克作战得到灵感，炼钢好比坦克作战，虽然二者所炼钢的种类不一样，但是有一点一样，那就是控制的关键点。这使他想到了"模块化"，那样就可以把复杂的操作过程简单化了。抓住内心里趁热打铁的想法，白海马上行动，探索炼钢过程的规律。经过几个月的琢磨，白海将装料、造渣、温度、供氧、脱氧合金化五个操作制度归纳为三个模块，即装入制度模块、吹炼期模块和终点成分控制模块，这被称为"模块炼钢法"。

2007 年，白海创造的"模块炼钢法"在工作过程中着实提高了工作效率，被公司评为"先进操作法"。实施这种操作方法在生产过程中具有重要的作用，为集团做出了贡献。鞍钢重轨铺入青藏铁路等好消息也纷至沓来，白海感到自豪、欣慰，因为他和工友们辛勤的汗水没有白流。

创新、刻苦使白海不再和以前那样，只能围着炼钢炉转，现在的白海已经熟练掌握了有效控制炼钢炉的规律，500 多个钢种他都已经熟练掌握，可以令以前"傲娇"的炉子听从自己的指挥。白海的作业区还被公司称为

[①] 刘文：《走近劳模》，上海人民出版社，2017。

"新钢种冶炼的试验田"。

2007 年 9 月，一项重任落在了白海的肩上，他所在的作业区收到通知，要求冶炼 9% 镍钢。这项任务有一定的难度，但是白海没有被困难拦住。从接到试验计划书的那一刻开始，白海就静下心找出冶炼 9% 镍钢的几个关键点，紧接着又确定了注意事项，很快开始进行冶炼。整个冶炼过程中，白海认真、仔细地完成每一步程序。功夫不负有心人，不久，第一炉钢水就炼好了，钢样检测化验单上的数据显示，钢水已达标。但是，白海并不满足现状，他继续仔细查找冶炼过程中可能存在的问题并及时改正。于是，第二炉冶炼的过程十分顺利，终于成功冶炼出了 9% 镍钢。白海信心倍增，只要国家建设有对钢的需要，无论冶炼过程多么艰难，他都会尽自己最大的努力炼出符合标准的好钢。

2015 年春节来临之际，鞍钢集团公司的领导走访慰问了全国劳动模范、鞍钢股份炼钢总厂职工白海等人。来自集团的关心和问候，让白海一家人感到十分温暖。白海的父母都是鞍钢的老职工，也非常关心鞍钢的企业改革和发展。白海激动地表示，一定会炼好钢，为企业战胜困难出力，决不辜负领导、集团和国家建设的期望。

从 1994 年第一次走近炼钢炉至今，转眼间白海在转炉旁已经工作了 24 年。24 年来，白海刻苦学习专业技术，勤奋钻研个人业务，练就了一身本领。作为鞍钢转炉的一名普通操作工人，白海在工作中坚持自学，认真钻研，勇于创新，他所创造的模块炼钢法将复杂的炼钢过程变得简单，为公司节省了花销；他攻克了一个个技术难关，还创造了先进的操作法，为鞍钢的发展做出了突出的贡献。白海的成就被大家牢牢记在心里。

2010 年，白海获得"全国劳动模范"的荣誉称号。在新形势下，白海不懈努力，继续创造良好的业绩。白海的事迹表明，人生价值体现在人对社会的贡献，做出的贡献越多人生越有意义。在当今企业快速发展的情况下，白海较好地适应了环境，潜心于工作，他在用心冶炼钢铁的同时，也练就了自己充满激情的无悔的青春，彰显了知识与技术并存的当代新型工人的精神风貌。

编辑：金钟哲　刘鑫棣

毛正石

毛正石，中共党员，现为中国北车集团大连机车车辆有限公司铸造工，高级技师。他勤奋敬业，勇于创新，先后攻克了多项技术难题，掌握和创新了多种铸造技术操作方法，为企业生产的发展做出了重要的贡献，他一步一个脚印，书写了"铸造大工匠"的传奇人生。毛正石先后被评为中国北车集团拔尖技术能手和大连市特级劳动模范。2010年，毛正石获得全国劳动模范的称号。

毛正石19岁在技校毕业后就分配到工厂，成为一名普通的工人。在工厂里面，毛正石所在的岗位是"翻砂匠"。这个工作在当时是有名的苦脏累，挣钱少，是个卖力气的活儿，一整天下来人都是满脸黑灰，只有下班洗完澡后才能换掉身上脏兮兮的工作服。当时很多青年都不能忍受工作环境的辛苦，纷纷去上夜大、念函授，想要拿到大专文凭换一个好一点的工作岗位。然而，毛正石却认为，三百六十行，行行出状元，只要在这个岗位上努力坚持，依然能够实现人生价值，自己可以不要文凭，但是不能没有专业知识和技能。于是，毛正石暗暗下定决心，一定要在自己的岗位上做出更大的贡献。于是，毛正石把技术知识学习与实践作为自己每天的必修课，他用省下来的钱买来许多技术书籍，经常看书研究技术理论到深夜。在刻苦学习技术理论知识的同时，毛正石还注重借鉴实践生产生活中的技术经验，把生产车间作为自己的学习场地，他虚心地向身边的工友和技术组的老师傅学习，班组里每生产一件新的产品，他都会事先编制好工艺流程，和厂里的技术人员交流切磋技术理论和实践知识。工友们经常会看见毛正石一个人在饭后蹲在报废的部件前仔细地琢磨和研究。正是凭借着十几年坚韧的毅力，毛正石通过自学，业务水平不断提高，先后被聘为企业的工人技师、高级工人技师，很快就成为一名铸造岗位上的行家和能工巧匠。

毛正石从不满足于作为一名普通的知识型工人，成为一名创新型技术工人才是他的奋斗目标。所以，在书本和身边优秀工人中学习理论知识和先进工作经验的同时，毛正石还在生产生活实践中，注意发现问题、总结规律，敢于向新鲜事物发起挑战，对未知的事物进行探索，努力用自己的创新想法和实践，为企业和国家做出重要贡献。2004 年，厂里生产的铸件上出现了砂眼、缩松等质量问题，严重影响了产品的质量。质量是企业生存和发展的生命线，为了改变这一困境，毛正石通过理论论证和技术实践，大胆采用了倾斜浇铸无冒口浇铸新工艺，最终攻克了这一质量难题。良好的产品和高超的技艺水平受到了外商的高度评价。创新是催人进步的强大动力，毛正石不断发现新问题，迎接新挑战，凭着精湛的技术和扎实的创新，采用旋转底返式浇铸系统，解决了铸件内钢质油管与铸铁机体收缩系数不一致造成的油管泄漏的世界技术难题，得到了同行和国际的广泛赞誉。2005 年，毛正石将眼光瞄准在了科学管理和新铸造操作法上。通过几十年的工作经验和无数次的技术难题攻关，毛正石最终取得成功，大大降低了机体铸造废品率，为确保球墨铸铁整铸机体质量提供了技术支撑。这项创造最终被命名为"毛正石整铸柴油机机体预埋芯浇铸操作法"，成为公司十大操作法之一，作为具有独立知识产权和公司技术创新的成果在铸造行业推广。[①]

"干，就要干出好的活！"毛正石所在的机体组担负着各种整铸机体以及一些体积较大的毛坯生产任务，生产物件吨位大，技术含量高，结构比较复杂，检测标准严格，生产难度大，平常人很难胜任。然而，毛正石一不怕困难，二不怕挑战，硬是用实实在在的成绩，诉说着中国工人的创新故事，用自己的真实本领，铸造炉火纯青的"中国标准"。一次，上海沪东造船厂在研制军工产品的时候遇上了难题，在柴油机机体铸造的过程中，由于一根四米多长的钢管要包在铸件里，但是钢管因高温铁水熔穿而失败。当时情况很紧急，厂家跑遍了全国大大小小的厂家都没有明确的答复。最终，这项重任落到了毛正石身上。毛正石和他的团队凭借多年的实践经验和反复的技术论证，最终大胆地采用旋转底返式浇铸工艺系统，硬是把问题给解决了，厂家和国内外专家知道后都非常满意，并交口称赞毛正石"干得漂亮"。毛正石并没有因为这些夸奖而沾沾自喜，反而全身心地投入到下一个挑战中去。日本三菱重工将出口北欧的发电机装置回转头座的任务外包给毛正石所在的企业来完成。面对重达十几吨的大家伙，毛正石并

---

① 毛雪梅、毛正石：《32 年匠心"铸"梦》，《中国品牌》2016 年第 7 期。

没有被吓倒，反而是一大串严苛的技术标准，让他倒吸了一口冷气。原来，这个出口的大物件表面精度和内部要求非常高，在磁粉和超声波探测下不允许有任何微观缺陷，这在铸造行业中，其难度相当于"把卫星送上天"。面对巨大的挑战，毛正石并没有被现实吓倒，而是组织几名技师和工艺师一起攻关，通过翻阅大量的国内外技术资料，经过严密的理论分析和技术论证，最终经过 16 次模拟实验，在集体攻关的努力下，创新了技术流程，创造了比日本还要先进的工艺技术，成功地完成了任务，获得了外方的高度赞誉，为中国工人和中国制造走向世界传递了自信的声音。

像这样的挑战毛正石面对的还有很多很多，他喜欢挑战，也乐于挑战。"一点不能差，差一点也不行"是毛正石的口头禅。正是凭借着这种精益求精、追求卓越的精神，毛正石创造了一个又一个奇迹。

毛正石研制的柴油机整铸机体，打破了美国专家"中国人不可能试制成功"的嘲讽，并且技术达到领先水平，极大地提高了大功率内燃机的使用效率，在铸造工艺上比美国还要先进一些。这种先进的铸造生产工艺，后来被推广应用在很多其他系列的柴油机机体生产中。与此同时，毛正石还积极消化吸收国内外先进的技术和方法，通过艰辛的实验和研制，最终成功铸造出了可与德国福伊特公司媲美的齿轮箱体，装配到近 4000 台"和谐"型大功率交流传动电力机车上，确保机车关键部件国产化率达到 80%。毛正石在自己的技术领域里，一直都在挑战，从无到有、从小到大、从易到难，如今很多产品全国只有中国北车集团大连机车车辆有限公司一家能做。这和毛正石还有他的同事们每天钻研学习，想着法儿地突破创新分不开。毛正石带领的技术组，将工艺重新调整，铸造废品率从 7% 下降到 2.5%，而国际先进水平的废品率在 3% 左右，实现了巨大的超越。毛正石说，以前是跟着师傅学，现在是带着徒弟干。三十多年，就在这间厂房里，从传统的内燃机车到风电产品核心部件，我们的产品已经出口到世界 20 多个国家和地区。没有技术的创新，就占领不了市场。

由于工作上的突出贡献，毛正石先后获得了全国"五一劳动奖章"和全国劳动模范称号。2011 年，毛正石劳模创新工作室正式成立。此后，毛正石不仅要完成自己的主要工作，还得兼顾工作室的事情。开展技术创新、带头质量攻关、促进工艺改进、开展技能培训、开展名师带徒等工作，成了毛正石工作之外格外重视的事情。对于劳模工作室，毛正石有自己的远大志向。他想要干别人干不了的事情。他认为劳模创新工作室要紧紧围绕企业的生产发展和创新占领国际市场服务。5年多来，毛正石带领的劳模创新工作室相继制定了美国EMD265高原内燃机车的所有铸件工艺和操作指导书、新6V内燃机车铸造曲轴工艺研发和12VH型整铸机体工艺，为公司内燃机产品研发提供了有力的技术支持，完成了"厚大灰口铸铁件铸造工艺""D型整铸汽缸盖水压漏等铸造缺陷"多个质量攻关项目，减少了废品损失80多万元。

毛正石不仅是工作上的能工巧匠，在生活中也处处流露着铁汉柔情。毛正石50多岁才成家，在女儿出生的那一年，母亲因为得肺病而卧病不起，全靠呼吸机来维持。毛正石在繁忙的工作之外，还要和妻子一起轮流照顾老人。毛正石的妻子对他繁忙的工作，并没有埋怨，更多的是理解。"当初看上他，就是因为他的技术和孝心。"而毛正石对妻子和家人的默默支持表示很感激，在工作之余肯定会和家人一起度过。作为一名工人，毛正石追求精益求精、不断创新，他在岗位上敬业守信、无私奉献，始终如一地坚守，最终成为一代"大国工匠"；在生活中，他乐于助人、孝顺爱家，用自己的铁汉柔情谱写和谐之歌。

编辑：金钟哲　刘鑫棣

王　欣

王欣（1969～），男，辽宁人，中共党员。他毕业于黎明技校，大专学历，高级技师，现为中航工业沈阳黎明航空发动机（集团）有限责任公司首席技能专家，任中航工业沈阳黎明航空发动机（集团）有限责任公司科研工装厂模具工部数控铣工。[1] 2010年王欣同志因表现突出荣获全国劳动模范称号。

1987年，18岁的王欣从黎明技校顺利毕业，进入科研工装厂52车间实习工作，在技校学到的知识终于有了转化成实际技术的机会，刚刚走上工

---

[1]　杜学胜：《积小为而铸大成》，《中国航空报》2010年5月4日。

作岗位的王欣对车间充满好奇和期待，尤其是当看到师傅加工出的零件就像工艺品一样精致，更引发了王欣对数控铣加工的浓厚兴趣。主动自觉学习是这一时期王欣区别于其他新技工的特点，当其他同龄的数控铣工忙于完成每天的工作时，王欣已经能够在规定时间完成日常工作，但他不满足于机械完成每天的任务量。作为一个有思想有能动性的青年，他渴望学到更多的东西，他深知技校毕业不是终点而是起点，在工厂的实践学习才是迈向知识的第一步，他希望跟着有经验的师傅学习新技术，积累工作经验，让自己掌握更多的技能，不断充实自己，最终实现更多的突破。带着这样的想法，他比其他新数控铣工表现得积极得多，每天他都尽量站在师傅身边，一边仔细听师傅的讲解，一边认真观察师傅的操作，一边询问看不懂的地方，一边还不断记下师傅的讲解和演示过程，丝毫不放松。师傅对于这样专心的徒弟也非常喜欢，经常耐心为王欣解答他的问题，并且根据自己的实际操作经验给王欣一些合理化建议。在师傅的帮助和指点下，王欣很快找到学习的方法，好学善钻的王欣总是细心观察师傅的每一个动作，仔细地琢磨师傅使用的每一件刀具及加工中的一招一式，不断在脑海中回放，加强记忆。他不仅上班时间在刻苦钻研，回家后还要腾出一部分时间再梳理一遍。通过这样一丝不苟的学习和不懈的坚持，王欣不断积累相关知识，为以后进行研发工作打下了坚实的基础。

对王欣来说，有了学习的动力，就更想把时间用在学习上，这样时间就变得愈发紧张起来。作为一名数控铣工，王欣上班时间要完成每天的工作任务，能够用于学习的时间非常少，他就充分利用业余时间甚至压缩自己的睡眠时间来学习数控编程软件。这样的努力程度依旧不能满足王欣对自己的严格要求，年轻的王欣为了充实自己，在一边工作一边学习的情况下考上了黎明工学院的大专班。他白天工作，无法抽出时间学习，但是为了能够真正学到知识，不白白浪费了学习机会，他利用业余时间加紧学习相关理论知识，不放松对自己的要求，在学习和工作绩效上两手抓。一分耕耘，一分收获，王欣的努力终于获得了回报，他最终以优异的成绩完成了"工业电气与自动化"专业的学习。这不仅让王欣有了系统的学习功底，还为他进一步求得先进知识打下了坚实的基础，为他日后提升自己的能力积蓄了力量。

通过不断的学习和积累，王欣逐渐能够熟练地把知识运用到实践中，操作速度和成品质量都有了很大提升，作为一名数控铣工，王欣在自己的操作领域已经非常熟练，工作效率也得到很大提高，得到身边同事和领导的赞扬和认同。然而王欣并不满足，自己现在的工作种类只有通过不断地熟练提升速度，提高数量，但并不能实现一些创新突破，如果能够通过学习，掌握核心流程，那么将会给流水线增加新的活力，让加工过程实现新的转变。[①] 抱着这样的想法，王欣熟练掌握自己的工作流程后，便开始关注整个系统运作过程，数控机床的软件编辑成了他的新目标。他自己克服困难，阅读数控机床的软件编程理论知识，通过不断钻研和阅读，终于对数控机床的软件编辑知识有了很深的了解，不仅入了门还得到了专业的编程员的夸赞，有一位编程员曾说："我们所编程序要是有问题，全靠王欣'堵漏'呢。"确实，懂得编程知识的王欣与只顾着完成任务的时候已经有了很大不同，在操作中王欣会不自觉地思考自己进行的是编程中的哪一个步骤，与自己学到的理论有哪些相同点和不同点，并且思考如果是自己操作编程的话会怎样设计，并把自己的想法与现实编程做对比，如果有出入的地方，就去和编程员探讨。在这个过程中，王欣通过思考与质疑，理论水平和实践水平都得到了新的提升。这样的思考过程也训练了他的思维，提升了他理论联系实践的水平。数控机床的编程是王欣工作内容的上一道工序，作为数控铣工来说，只要在数控机床上根据编程人员所编的程序干活就可以，学习如何编程并不是数控铣工的本职工作。但王欣并不满足于简单操作，他还要搞清来龙去脉方肯罢休。尤其是数控机床的软件编程，是工作的核心内容，也是技术改革的关键，是提高效率的关键步骤。人力资源是工厂的重要资源，人才和技术资源则是重中之重。王欣的目光不仅在现在，更在将来。

王欣学编程除了看书自学，也靠"偷艺"向厂里的编程员取经。数控铣车间楼上就是编程办公室，这对于王欣来说是十分便利的学习条件，在生产不忙的时候，王欣就进入编程办公室，如果赶上专业人员正在编程，他就站在边上看，边看还要边记、边想，有看不懂的地方就问专业人员。

---

① 闫军伟：《坚守心中的承诺》，《兵团工运》2013年第8期。

但提问并不是每次都能得到答案，有的编程员乐于回答他的问题，会觉得有这份求知精神很难得，有的编程员则会不耐烦，认为"你不过是个操作工人，问这些干什么"。但这样小小的挫折无法成为王欣学习的阻碍。王欣跟这个人学一点，再跟那个人学一点，加上自己对书本的理解，日积月累下来，铁杵终于磨成针，最后这个编程软件居然搞通了。王欣平时刻苦学习，虚心向老师傅请教，用心、用脑去干活，掌握了更先进、更全面的数控编程软件和先进数控铣床的操作技能。[①]

由于表现优异和勤奋好学，王欣很快在同一批入厂的员工中脱颖而出。2002 年和 2003 年，王欣两次被派往德国学习高速机床技术，分别为期一个月，虽然时间不长，但在德国的所见所闻和先进的科学技术让王欣大开眼界，深为先进技术折服，他深知自己背负的使命，不能辜负组织对自己的期待。在这样难得的机会中，他丝毫不敢松懈，抓住每一个机会如饥似渴地学习，积极参与参观和交流，希望自己能够通过这次学习机会把先进的技术带回国，最终为国家技术的发展造福。回到公司，他立即将"留学"所学的知识和车间引进的先进设备紧密结合，工作效率大大提高，产品质量也更好，王欣成功地将数控铣车间的技术水平提高到了一个新台阶。

王欣表示："成为全国劳动模范不是终点而是起点，我要继续努力学习新技术、新知识，成为知识型、技术型、创新型劳动模范。作为航空人，我要树立劳模榜样，为祖国的航空事业奋斗终生。"

编辑：金钟哲　王迪

夏云龙

夏云龙，男，1953 年生。1973 年到沈阳市沈河区房产局工作，2002年，担任沈河区房产局房屋报修中心主任一职，兼任党支部书记。他在平凡的岗位上做出了不平凡的贡献。在他的带领下，一支由 38 人组成的"雷锋团队"，15 年如一日地为百姓服务，让沈河区房产局"110"房屋报修中

[①] 杜学胜：《积小为而铸大成》，《中国航空报》2010 年 5 月 4 日。

心深入人心，被中宣部命名为"全国学雷锋活动示范点"。夏云龙以为人民服务为宗旨，对事业忠诚，对人民热心。他曾先后荣获全国"五一劳动奖章"、全国首届道德模范提名奖，在"东北地区老工业基地振兴杯"劳动竞赛中获先进个人奖，被评为辽宁省首届"十大感动职工的人"，荣获第七届全省职工职业道德建设十佳标兵的荣誉称号，获得了辽宁省劳动模范、沈阳市特等劳模等多项荣誉，其事迹得到广泛传颂。他把这些表彰看作精神动力进而激励自己更好地发挥先锋模范作用，为职工树立榜样，为人民谋幸福。

2002 年 4 月，沈河区房产局"110"房屋报修中心成立，夏云龙当选报修中心主任。刚到任，夏云龙就要求大家遵循这样一条规则：老百姓的事儿就是咱家的事儿，并承诺"即报即修，30 分钟到现场，一次修复到位，24 小时服务"。夏云龙担任主任期间，以身作则，心系百姓。他为抢修队制定了独具特色的"54321"工作规程，具体内容如下。五个一的服务：一声问候、一块抹布、一副鞋套、一个胸卡、一次回访；四个一样的态度：生人熟人一样，白天晚上一样，干部群众一样，大修小修一样；三个必须的要求：通信工具必须 24 小时开机，抢修人员必须随叫随到，抢修工作必须一次完成；两个不准的守则：不准接受住户的吃请，不准接受住户的钱物；一个牢记心间的宗旨：全心全意为用户服务。在他的领导下，"110"房屋报修中心成为一支名副其实的迅速反应部队。哪里有报修，哪里就有"110"房屋报修中心的身影。这支队伍每天的工作内容基本都和掏污水、清粪便、刨地面、钻地沟有关。这些常人不喜欢做的事情，是他们的职责所在，他们没有抱怨，反而任劳任怨。夏云龙每天和肮脏的下水道打交道，正是这样的日积月累，使得他对辖区上千户老弱病残群众的住所了然于心。夏云龙始终坚持着这样的信念，人民群众的利益高于一切，要急百姓之所急，切实解决群众生活中的难题。因此，夏云龙被当地百姓亲切地称为"百姓安居使者"。自沈河区房产局"110"房屋报修中心成立以来，夏云龙时刻关心着百姓们的生活动态，带领他的团队深入到百姓生活之中，克服诸多苦难，帮助群众抢修房屋 10 万余次，平均每天超过 55 次。只要百姓有需要，夏云龙无论有多大困难都会在第一时间赶到。

2003 年 6 月 23 日凌晨 2 时 10 分，夏云龙还在熟睡中，突然电话响起，随即传来的是 90 岁的郭大娘和她 60 多岁女儿急促的声音。通话内容是：通天小区 137 号楼 1 单元 3 楼住户家里发水。收到这条信息之后，夏云龙整个团队在 10 分钟内就赶到了事故现场。这次事故由自来水管突然破裂引发，情况比较严重，导致墙皮大面积脱落，室内的积水顺着楼道直往下流。面对这种紧急情况，夏云龙不敢怠慢，迅速找到了发水原因，并做了紧急处理。夏云龙带领抢险员工一起帮郭大娘把屋里的积水淘干并把地面和物品擦净。这些工作全部完成时，天已经亮了。郭大娘对夏云龙团队的及时帮助非常感谢，她颤抖地将 10 块钱从一个包了好几层的手绢里拿出来，硬是要求他们一行人买盒烟抽，夏云龙十分感动，他一边安慰郭大娘一边婉转地拒绝了郭大娘的钱。

平日里，夏云龙和他的员工们十分节俭，不舍得浪费一分一毫，但是，对待困难群众他们十分慷慨，即使毫无所得也自愿帮助别人。2005 年 6 月 5 日，勒石北巷特困职工李春香打电话向沈河区房产局"110"房屋报修中心请求帮助，她面临的困难是：暴雨天气过后，卧室出现了一条缝，并且裂缝中透出了令人窒息的阵阵恶臭。李春香先是求助了一位修理工，但是修理工一看情况不乐观，而且臭气熏天，就向夏云龙求助。接到求助时，正下着瓢泼大雨，但夏云龙仍旧毫不犹豫地带着员工们赶到了现场。他们首先一盆接一盆地清理干净屋内的污物，并且重新装上新的管道，然后将地面用水泥重新抹平修好。夏云龙一行人不畏辛苦，历时 3 个多小时才抢修完工。这些工作都做好以后夏云龙才发现原来李春香的房子是企业弃管房，按照规定，对这种情况提供服务需要收取一定的费用，以市场价计，这样抢修一次至少需要支付 2000 元。李春香当时只能拿出 300 元钱，考虑到她家庭的实际情况，夏云龙谢绝了，说什么也不接受她的钱。李春香非常感动，最后向夏云龙深深地鞠了一躬。

夏云龙为百姓谋幸福。百姓将他的所作所为深深地记在心里。2006 年冬季，寒风凛冽，气温非常低。一天，住在沈阳市沈河区大南街庆余店东巷一位年近八旬的老人朱玉书不顾寒冷和身体的不便，用了近一个小时时间，骑着自行车把一封他亲笔写的表扬信贴在了沈阳市沈河区房产局。老人在表扬信中发自肺腑地感激夏云龙主任。后来，老人重病卧床，心中仍念着夏云龙一行人的帮助："我一个没钱没势的老头子，得到夏云龙这么多关照，欠他的情，这辈子是还不上了。"老人去世之后，他的儿女们发现，老人把夏云龙与"110"房屋报修中心的电话列在了电话簿里面家庭成员的分组里，并且写在了最显眼的地方，那只是因为在朱玉书老人的心中夏云龙是百姓们很亲近的人。

夏云龙清楚地认识到，诸如房屋漏水、墙皮脱落这样的生活小事对施工者们来说微不足道，但都是关系百姓生活的大事、难事。老百姓有时搞不清房子维修应该由哪个部门负责，遇到事故经常不知所措。因此，他这样要求员工们：老百姓生活上困难多，我们不能和他们"算计"钱的事；老百姓不懂修缮技术，我们不能糊弄他们，修就要给他们用好材料。在夏云龙的心中，老百姓有着重要的地位，也正是在服务他人的过程中，他获得了满满的幸福和感动，同时，实现了人生的价值。

2007 年 3 月 4 日，沈阳遇到百年不遇的暴雪，城市交通几乎瘫痪。上午 10 点多，沈河区房产局"110"房屋报修中心收到来自沈河区 70 多岁的张秀芬老两口的求助，通话内容是家中自来水管突然破裂，水流满地，急需抢修人员的帮助。听到这种情况，接到电话的员工随即答应了。而此时，暴风雪几乎阻断了全部的交通，一小时过去后，抢修人员仍旧没有来到，张大娘也已经不抱什么希望。又过了一个小时，突然传来敲门声，张大娘打开门一看，是"110"房屋报修中心的工友，这些人满头冰碴。在大暴雪的情况下，夏云龙带领他的团队完成了 42 个维修任务。夏云龙不但爱百姓，对待自己的工友也十分体贴。在他看来，只有自己爱工友，工友才能把爱传给别人。

习近平总书记曾讲："一切劳动者，只要肯学肯干肯钻研，练就一身真本领，掌握一手好技术，就能立足岗位成长成才，就都能在劳动中发现广阔的天地，在劳动中体现价值、展现风采、感受快乐。"① 夏云龙在自己平凡的岗位上做出了不平凡的业绩，是广大劳动人民的学习榜样。

编辑：金钟哲　董任可

---

① 习近平：《在庆祝"五一"国际劳动节暨表彰全国劳动模范和先进工作者大会上的讲话》，人民出版社，2015，第 10 页。

韩立国

韩立国，（1967～），男，中共党员，1985年参加工作，历任北台钢铁（集团）第二高速线材生产区的电器维检站站长、北台钢铁（集团）有限责任公司（以下简称"北台钢铁集团"）轧钢厂二高线生产区电气作业区作业长。从业32年来，他情系北台钢铁集团，敬业奉献，潜心研究电气自动化控制理论与生产现场的实际应用技术，勇于创新，积极进取，带头完成了大量的自动化控制程序和设备改造，为北台钢铁集团的发展做出重要贡献。在取得了多项技术创新成果的同时，他还为北台钢铁集团培养了大批电气方面的优秀人才。韩立国先后获得"北营公司先进工作者"、2007年度"本溪市劳动模范"、"全国钢铁工业劳动模范"等光荣称号，2010年，韩立国被评为全国劳动模范。

韩立国于1985年高中毕业，此后他被分配到矿山公司工作，成为一名普通的维修电工。刚参加工作的韩立国经过一段时间的认真摸索后发现，枯燥劳动终究不是长远之计，积累专业知识、不断学习新的技术才是未来在这个行业站稳脚跟的基础。为此他在工作中虚心学习、不懂就问，还充分利用业余时间阅读大量的专业书籍。后天的勤奋使韩立国在工作中取得了初步的成绩。随着工作经验的逐渐积累，韩立国在矿山逐渐小有名气。

机会是留给有准备的人的。1998年以来，正值北台钢铁集团做大做强、快速崛起的关键时期，公司各大工程项目纷纷开启。轧钢厂第一条棒材生产线和第一条高速线材生产线分别于1998年12月和1999年11月相继竣工投产，这期间各领域可谓求贤若渴。在这一机遇下，韩立国调入轧钢厂一高线，短短十年，从一名普通的轧钢电气维修工走上了领导岗位，成为业内的佼佼者。他在北台钢铁集团工作的这些年，经历了自动化控制行业突飞猛进的发展。这样的发展既给他带来了巨大压力，也激发了他的无限动力。在北台钢铁集团工作的时间里，他积累了丰富的一线经验，个人能力得到充分发挥与提升。

工作中，韩立国勇于攻坚克难，不断丰富自己的专业知识。在自动化控制行业里，进口机器设备的英文说明书给许多工人带来了困难。韩立国在工作中曾遇到了同样的难题，因此，他充分地把握每一次单位组织的外出培训的机会，一方面充实和更新专业知识，另一方面背诵学习专业英文单词，从而弥补知识匮乏给他工作带来的不便。例如，在赴唐钢和北京金自天正公司培训期间，他一边和专业人员学习 PLC 应用，一边阅读理论图书，背诵专业英语单词。要知道，20 世纪 80 年代的高中毕业生英语基础基本为零，要掌握那么多的专业英语单词，需要大量的时间和超乎常人的坚强意志。这对于一个已经工作多年的老同志来讲，是非常不易的事情。就是凭着一股子钻劲，韩立国很快成为轧钢厂电气控制领域的骨干。在一高线工作的四年里，韩立国业务能力不断提升，实际操作经验不断积淀，他和同事们共同解决和完善了大量的工程遗留问题，为一高线的稳定生产做出了杰出的贡献。

韩立国立志为蓝领争光。进入北台钢铁集团工作后，他经常下班不回家，遇到某个感兴趣的电气线路一盯就是几个小时。单位的电气线路他基本了如指掌。但是，此时厂长还不敢把大的创新技术项目交给他，只让他处理一些现场故障或者进行一些小的改革。一次，厂里遇到了一个生产技术难题，工厂每年累计造成废品 1500 余吨。为解决这个难题，厂里邀请了一位年薪 30 万元的工程师来解决，但不见效果。不得已，厂里给了韩立国一个尝试的机会。韩立国通过三个月的时间，仅用不到 8000 元的经费，从根本上解决了这个技术难题，为工厂带来了巨大的利益，多创效益100 多万元。这件事一下提高了韩立国在领导和工人心目中的地位，令大家刮目相看。

2004 年初，北台钢铁集团决定组建一条年产 100 万吨的高速线材生产线——第二高速线材。二高线在筹备建设的过程中遇到重重阻力。为了加强自动化控制改造，组织上想到了韩立国，于是韩立国来到了二高线。在他的带领下，生产线分别完成了软化水泵房、推钢机、双臂控制系统等多项技术改造。韩立国在二高线工作的前六年里，由他牵头实施的技术改造和课题攻关就达 50 余项，为轧钢厂直接创造经济效益 500 余万元。

截至 2010 年 5 月，轧钢厂已经发展成为一个拥有 2 条棒材生产线、4条高速线材生产线、1 条中宽带钢生产线和 1 条 1780 热连轧生产线，可年产钢材 1000 万吨的大型钢材生产企业。韩立国也由于突出的工作业绩于

2006 年走上了管理岗位。工作中，他以高标准要求自己、爱岗敬业、无私奉献，哪里有困难，他就冲到哪里去。十几年来，他不断地充实专业知识。从电力拖动、计算机到数字控制、网络通信，只要和工作相关，他就主动认真自觉地学。虽然他没有大学文凭，也不是什么所谓的资深专家，但他所掌握的经验和技能让所有的同事都无比佩服。当谈及为什么拥有如此高超的技能却不去寻求一份高工资、高待遇的工作时，韩立国告诉我们："是北台钢铁集团培养了我，我所取得的一切成绩都是基于轧钢给我提供了一个展示自我的平台，随着企业的不断壮大，我也和企业产生了浓厚的感情，这是无法用金钱来衡量的！"

在管理岗位中，韩立国并没有降低对自己的要求。在他看来，只有以身作则才能服众。他对自己员工提出的要求是：自己所从事的专业要精，其他专业也要通，要做到一岗多能。他认为只有这样做才能在工作中高标准严要求，才能挖掘出每个人的潜能。因此，他带出了一支战斗力极强、综合能力极强的员工队伍。

被评为全国劳动模范后，韩立国并没有因此而变得傲气，反而更加平易近人。作为管理工作者，他十分关心身边员工的工作与生活。他到三四高线后做的第一件事就是收集电气作业区全体员工需要解决的问题，以及其他兄弟作业区对电气作业区的要求。他就搜集到的 60 余项问题——进行分析，并时刻跟进解决进度。在一周的时间里，高效保质地将这些问题——解决。工作中，他还会时常关注员工的疾苦，遇到需要帮助的员工，他会主动去慰问和帮忙。

习近平曾讲："劳动模范和先进工作者是坚持中国道路、弘扬中国精神、凝聚中国力量的楷模，他们以高度的主人翁责任感、卓越的劳动创造、忘我的拼搏奉献，为全国各族人民树立了学习的榜样。"[①] 韩立国在从业的岁月里，充分体现出"爱岗敬业、争创一流，艰苦奋斗、勇于创新，淡泊名利、甘于奉献"的劳模精神。韩立国平时为人憨厚，待人友善，从不多言，却钻劲十足。他是个对生活充满激情、对事业执着进取的人。他每天

---

① 习近平：《在庆祝"五一"国际劳动节暨表彰全国劳动模范和先进工作者大会上的讲话》，人民出版社，2015，第 4 页。

奋斗在最前线，十几年如一日地钻研电气技术。他对工作的这份执着使他更具人格魅力，并且感召着身边的每一个人。伟大的事业需要伟大的精神，韩立国的先进事迹值得铭记。

编辑：金钟哲 董任可

郭明义

郭明义，男，1958 年 12 月出生于辽宁鞍山，1977 年 1 月从军，并于 1980 年 6 月加入中国共产党。在部队期间，郭明义曾经获得"学雷锋标兵"和"优秀共青团员"等荣誉称号。

1982 年 1 月，他退役到鞍钢集团矿业公司齐大山铁矿工作，先后任矿用大型生产汽车驾驶员、车间团支部书记、矿党委宣传部干事、车间统计员兼人事员、矿扩建工程办公室英文翻译等职。1996 年，郭明义担任齐大山铁矿生产技术室采场公路管理员一职。现任中国共产党第十九届中央委员会候补委员，鞍钢集团矿业公司齐大山铁矿生产技术室采场公路管理业务主管，中华全国总工会副主席（兼职）。郭明义同志曾获得全国"五一劳动奖章"，同时被评为辽宁省特级劳动模范。

入党后，郭明义时刻发挥着模范表率作用，认真负责，兢兢业业。1996 年以来，作为采场公路管理员的他每天都提前 2 个小时上班，对待工作从不懈怠。郭明义曾经这样讲道："这些年来，我从事的工作都很平凡，所做的事情也很平常，都是一名共产党员应该做的。我出生在一个工人家庭，父亲当年是辽宁省青年红旗手。父母对我的要求非常严格。我不能忘记，自己是工人阶级后代这个根本。"

郭明义始终关心人民的利益，1990 年以来，他一直坚持无偿献血，尽所能解决他人之所需，20 年累计献血 6 万毫升，相当于自身总血量的 10 倍。郭明义在 52 岁时讲道："无偿献血年龄到 55 岁，我最多还能献 3 年了，我非常珍惜这 3 年的时光。每次当我走下献血车、走出血站、拿到新的献血证，都有一种非常愉快的感觉。"在他身上可以看到一种最无私的奉献精神，最宽广的胸怀和对人民无限的爱。

除了献血以外，郭明义还长期资助贫困儿童。1994 年的一天，郭明义看到电视里播放着贫困儿童的处境，一双双渴望的眼睛深深刺痛了他，孩子们的求知欲强烈地激励着他要为他们做些什么。郭明义积极响应鞍山团市委希望工程办公室向濒临失学儿童捐资助学的号召，第二天，便资助给岫岩山区一名失学儿童200元，几天后，一封感谢信出现在郭明义办公桌上，歪歪扭扭的铅笔字诉说着受助者的家庭困境及感激之情。尽管郭明义的家庭并不富裕，上有年迈的父母，下有正在上学的女儿，而他当时的月收入还不足600元，但是，十几天后，他又给这个孩子寄去了200元。不仅如此，帮助他人逐渐成为郭明义的一种习惯，为了让更多的孩子有机会接触课本、汲取知识，多年来，他已经累计捐款7万多元，资助了100多名贫困儿童，给他们带去了无限的希望。

郭明义，面色黝黑，脸上的每一道皱纹都记录着岁月。他生活简朴，平时总是穿着灰白的工作服和破损的大头鞋。虽然外表质朴，找不到任何文化人的气质，但是郭明义谈吐中富有诗意，言语间透露着他的智慧。当清晰的英文从他口中朗朗诵出，众人对他有了新的理解：他并非没有文化的"大老粗"，在他身上有一种明晰是非的大智慧。

郭明义是一个知道自己是谁、知道自己该干什么的人。他时刻在学习，时刻在丰富自己的知识。他从不满足于企业正常安排的培训，经常额外给自己制定任务。学习英语的经历是很好的例子。郭明义出生于20世纪50年代末，上学时，他没有接触过任何英语单词，小学初中学的是俄语。后来他在战友的感染下开始学习英语，复员后他凭着薄弱的英语基础考入夜校继而进入干部管理学院专门学习英语。这为他后来在齐大山铁矿扩建办任英文翻译时提供了很大的帮助，使他有机会成为外方专家最信赖的合作伙伴。除了自学英语，郭明义还学习了汽车维修保养等技能。别人下班后都在休息时，他会每天骑着自行车去市内参加各种补习班。凭着这股耐力，历时五年，郭明义先后顺利完成了大学专科和本科的学业。他曾经坚持两个月晚睡早起，争分夺秒，依靠自学通过国家统考。郭明义以前是不戴眼镜的，但是刻苦的学习让他戴上了眼镜。在这眼镜背后，凝聚的是他最清醒的平凡人的大智慧。这种勤奋钻研的品质为他后来在工作岗位上取得优异成绩奠定了扎实的基础。

老郭喜欢文学，在他家的书柜里整齐地陈列着朱自清散文、高尔基作品、巴金作品等各类文学书籍。工作中，郭明义还经常用文学来缓解工友的疲惫。对于工作，郭明义亦有诗人般的激情。不管接到多困难、多紧迫的工作，郭明义从来都不打退堂鼓。

郭明义工作的采场条件特别艰苦，没有到过现场的人很难想象。冬天采场的温度比外面低 5 度，夏天时又比外面高 10 度，无论是夏日炎炎还是寒风凛冽，工人们仍旧坚持工作。露天采场没有任何遮挡，因此遇到暴雨、暴雪或者沙尘暴这样的恶劣天气，想临时找个躲避的地方都很困难。采场工作的性质比较特殊，越是天气恶劣，采场道路的维修就越紧要。2007 年 3 月 4 日，鞍山遭遇了 50 年一遇的暴风雪天气，而郭明义毅然选择上山，是当时第一个上山的人。他的妻子孙秀英回忆道："平时早晨 5 点走，那天凌晨 2 点就动身了。"当天凌晨 4 点半郭明义就开始组织职工除雪，在连续工作 17 个小时后，40 公里的主干线全线恢复生产。由此可见，就连暴风雪也挡不住郭明义对工作的激情。

2007 年的一个夏天，天气异常炎热。为了提高铁矿产量，矿里决定对一条采场道路进行改线建设。时间紧，任务重，为了早日完成任务，郭明义已经连续奋战了好几天。那天，天气炎热，郭明义没能抵得过烈日而晕倒在采场。由于当时现场没有水，情急之下，有位工人叫来了水车将他喷醒。在场的员工都劝他停下手头的工作，先回家休息。他却告诉大家不要担心自己的身体，维修道路比较要紧。鉴于这条路矿里要求很紧，为了不影响生产，他鼓励大家要加把劲儿，早日完成任务。看着虚弱不堪的郭师傅仍然坚持工作，在场的职工再也忍不住了，几十个大小伙子哭成一团，这个场景至今令许多在场的员工难忘。

郭明义始终把雷锋作为自己学习的榜样，兢兢业业，甘于奉献。他自己曾经讲过："做雷锋传人，就要立足本职、奉献岗位，在爱一行、钻一行、精一行中收获幸福。在鞍钢，当汽车司机，我创造了单车年产最高纪录；任车间团支部书记，我所在的支部是红旗团支部；当宣传干事，我写的党课教案荣获一等奖；在车间当统计，我第一个获得资质证书；做英文翻译，我赢得了外方专家赞扬。调任矿山公路管理员后，我每天提前两个小时到现场，双休日、节假日从不休息。16 年来，累计加班 15000 小时，相当于多干了 5 年的工作。有人说我是'越干越基层、越干越辛苦'，但是我没有感觉到苦，而是越干越起劲，在适合自己的岗位上做一些力所能及的事情，我觉得非常快乐。这些年，我积极投入希望工程、无偿献血、捐献造血干细胞、捐献遗体器官等活动。有人问我，你自己并不富裕，为什么还要去帮助别人？我确实不富裕，但一点帮助能够让病人及时得到救治，让贫困家庭一解燃眉之急，让失学儿童露出幸福微笑，这都是我能够做到的，我为什么不做呢？我为什么不多做一点儿呢？"

离开部队30年以来，郭明义始终用实际行动诠释着一名共产党员的责任与担当，在平凡的岗位上创造了不平凡的成绩，给国家、人民，同时也给自己提交了一份满意的答卷，而他所获得的一个个荣誉便是最好的证明。郭明义曾被评为鞍钢先进生产者、精神文明建设标兵、优秀共产党员、劳动模范、鞍山市道德模范、特等劳动模范，全国红十字志愿者之星、中央企业优秀共产党员，先后获得辽宁省道德模范提名奖、希望工程突出贡献奖、辽宁省"五一劳动奖章"、全国无偿献血奉献奖金奖、全国"五一劳动奖章"。可以说，他所获得的荣誉称号数不胜数，其事迹被大力弘扬，鼓励大家学习郭明义同志的优秀品质。

"他总看别人，还需要什么；他总问自己，还能多做些什么。他舍出的每一枚硬币，每一滴血都滚烫火热。他越平凡，越发不凡，越简单，越彰显简单的伟大。"感动中国颁奖词如是说。刘云山曾指出，郭明义同志的先进事迹和崇高品德是雷锋精神的接力传承，是社会主义核心价值体系的生动诠释，是民族精神和时代精神的有力弘扬。向郭明义同志学习，就要学习他崇高的思想境界，作为一名共产党员首先就要坚定理想信念，不忘初心，继续前进，追求人生的理想境界；就要学习他坚持不懈的执着精神，脚踏实地，坚持从点滴做起，从小事做起，在平凡的工作岗位上彰显着不平凡；就要学习他大公无私的奉献精神，吃苦耐劳，服务他人和社会，为实现国家富强、民族振兴、人民幸福贡献自己的智慧和力量。

我们生活在伟大的时代，伟大的时代呼唤伟大的精神。郭明义事迹值得铭记，郭明义精神值得弘扬。

编辑：金钟哲　董任可

第四章 2015 年东北（辽宁）老工业基地全国劳动模范和全国先进工作者

姜 妍

姜妍（1973 ~ ），女，满族，2013 年 3 月加入中国共产党。[①] 1997 年，姜妍毕业于沈阳化工学院，后进入沈阳鼓风机厂工作，先后担任沈阳鼓风机集团股份有限公司透平设计部设计三室室主任、研究员，设计院副总工程师。2006 年，姜妍主导设计我国第一台百万吨乙烯压缩机，经过四年不懈努力终于实验成功，结束了我国百万吨乙烯压缩机长期依赖进口的历史，被誉为"中国百万吨乙烯压缩机设计第一人"。2013 年 4 月 28 日，姜妍作为沈阳市产业工人的代表在人民大会堂受到习近平总书记的接见，并做了报告发言。近年来，她先后被评为沈阳市特等劳动模范、辽宁省五一巾帼先进个人，并获得全国"五一劳动奖章"。2015 年，姜妍出席了全国先进工作者会议，获得全国劳动模范的荣誉称号。

1997 年，姜妍从沈阳化工学院毕业，进入沈阳鼓风机厂。初入工厂，她负责做辅机等静设备，对于压缩机并没有太多了解；后经上级安排，姜妍转向压缩机等动设备研究，被分配到最核心的压缩机设计部门，并且成功研制出我国第一台百万吨乙烯压缩机，打破了我国长期依赖进口的被动局面。

朴实、踏实、诚实的工匠精神，助力姜妍取得了一个又一个辉煌的成

---

① 刘文：《走近劳模》，上海人民出版社，2017。

就。工作之初，为了尽快掌握产品特性和设计原理，她每天都紧跟在师傅后面，认真观察学习，在笔记本上记录各种公式、参数，标记疑问和体会，利用休息时间思考琢磨、消化理解理论知识和设备运作原理，向师傅和工友们请教。她始终相信，通过努力可以实现"笨鸟先飞"。这样坚持了七年，她对容器材料逐渐由陌生到十分熟悉，并且整理出一本详实、全面的工作备忘手册，她曾经在同一段时间内接到三十台容器设计的任务，这也为后来设计出我国第一台百万吨乙烯压缩机奠定了坚实的基础。凭借着对工作的认真、对项目的负责，仅入厂一年，姜妍就提出了几个很有价值的科研课题，工作五年之后，就先后研发出沈鼓集团历史上最大的冷却器等一系列项目。领导和老一辈技术工人们对这位女同志的吃苦敬业、大胆创新的精神十分佩服。

2006 年，国家提出将百万吨乙烯成套设备的研发列入国产化众多攻关项目，沈鼓集团承担起离心压缩机设计研发的重大任务。乙烯是重要的工业原料，是衡量一个国家石油化工发展水平的重要指标之一。乙烯压缩机可以称为是乙烯工业的"心脏"，长期以来，大型乙烯压缩机的核心生产技术由少数几个国家垄断，我国一直依赖进口。面对这一艰巨的任务，曾经成功研制出四十五万吨乙烯压缩机的姜妍被推上技术攻关的最前线，组成研发团队，开始进行技术探索。

百万吨乙烯压缩机的运作原理和内部构造十分复杂，核心技术被少数几个国家封锁。姜妍曾带领团队到意大利新比隆工厂参观，对方不但禁止拍照，还派人看守，这一经历更加坚定了她刻苦攻关、啃下"硬骨头"的决心。由于相关资料缺乏，姜妍只能到全国各地的工厂进行实地考察，走访各大科研院所请教学习。从抚顺到福建，从茂名到大庆，她来来回回飞遍了有乙烯压缩机的各大炼化厂，甚至还不顾危险多次爬上高达几十米的进口乙烯装置工作台进行观察。姜妍利用下班时间，搜集、研究外文原版资料和文献，通过互联网查阅了解相关研究动态。在那段时间里，她每天只睡四五个小时，随时随地都想着数据和图纸，白天顾不上吃饭，晚上顾不得休息。经过三年多的积淀，反复设计修改了三百多张图纸，经历了无数次失败。有一次，她无意间看到一张低温转子的样图，深受启发，决定尝试缸内加气的方法，创新了缸内加气的结构。2010 年 1 月 8 日，改进后的乙烯压缩机首次在华锦集团成功运转。姜妍认为试验效果并不十分理想，于是又总结经验，埋头于技术研发。2011年2月22日，百万吨级乙烯压缩机在沈鼓集团进行试验，试车总指挥报数"转数5890转，振动值15微米，轴瓦温度低于75摄氏度，"沈鼓的每一位职工都感到激动和骄傲，因为姜妍成功研制出了百万吨级乙烯压缩机，打破了技术壁垒，可以为国家节约巨额外汇，彰显了"大国重器"的科技创新时代强音。

家人的理解和支持成为姜妍专心事业的强心剂。爱她的丈夫和自立的女儿是她最大的骄傲和最宝贵的财富。1997年，她与爱人一起从沈阳化工学院毕业进入沈阳鼓风机厂。两个人下班的时间都是在办公室度过的，画设计图、学习理论知识就是他们的业余活动，还因此开创了沈鼓二维微机绘制设计图纸的先河。后来，她升任副总工程师，总需要到全国各地进行学习考察，无论多晚，丈夫都会到机场去接她。有一次，国内某企业压缩机出了问题，由于压力过大，刚下飞机的姜妍见到丈夫后哭得一塌糊涂，在丈夫的悉心劝导和安慰鼓励之下，姜妍又重振信心，投入到新的工作当中。工作上取得再大的成就，丈夫也仍然是她的主心骨、强心剂。

因为工作太忙，姜妍缺位了女儿的成长。工作期间，她经常出差，女儿生病了也不能陪在身边，但是懂事的女儿也能理解妈妈。转眼间，女儿已经长到1米7了，长成大姑娘了。2017年8月31日是女儿升入高中正式开始寄宿生活的第一天，因为工作姜妍还在外地，整整一个假期，她出差六次，未能抽时间好好陪陪女儿。有时候出差时间长，她只能看着手机里的照片想念女儿。女儿不仅生活上独立，学习成绩也很好。她以有一位劳模妈妈而感到骄傲自豪。女儿能健康成长也成为姜妍最欣慰、最幸福的事情。

姜妍踏实好学，曾在工作之余攻读了东北大学机械工程专业的在职研究生，在硕士论文答辩的时候，很多老师表扬她："姜妍虽然不是理论功底最深厚的学生，却是学习态度最端正、为人最谦虚的学生"。在她的带领之下，团队里80后、90后的年轻人，各个充满活力却不四处张扬，干劲十足，踏实勤奋。姜妍关心同事，人缘很好，在单位大家都会亲切地喊她一声"姜姐"。她了解团队里的每一位成员，总能为他们量身制定培养计划，亲力亲为带他们出徒。姜妍关心年轻人的生活起居，把自己家的电热炉拿到厂里给徒弟用，除夕夜给值班的工友们送饺子，更是送温暖。

43 岁的姜妍主导并参与设计了四百余台压缩机，这些创新成果为沈鼓争取了几十个重大项目，贡献了近三十亿元的合同，不仅为国家节省了五十多亿元的外汇，更突破了核心技术和重点装备，振奋了中国产业工人的信心与决心，彰显了忠诚于企业、执着于事业的大国工匠精神。2013 年"五一"国际劳动节前夕，她作为沈阳市产业工人代表，在人民大会堂发言并受到习近平总书记接见；2017 年，她当选为十九大代表出席了会议。沈鼓集团董事长曾评价姜妍："如果说沈鼓是我国化工装备制造业与国外竞争的'国家砝码'，那姜妍就是不折不扣的'国宝'。"姜妍的座右铭"锐气藏于胸，和气浮于脸，才气见于事，义气施于人"，也是她对待家人、对待工作、对待朋友最真实的写照。

编辑：金钟哲　刘晓东

李志强

李志强（1964～），男，辽宁沈阳人，中共党员，1983 年底，从部队转业后进入沈阳黎明航空总装厂工作。通过自学理论知识和长期工作实践，李志强从一名高中文化水平的警卫战士迅速成长为一名航空领域的专家，先后担任发动机装配厂总装工段装配班班长、中国航空工业集团公司首席技能专家，创造了装配发动机的"倒班操作法"，革新创新工艺 120 余项，自主研发工装工具 300 余件，创造了 99 天内完成全年装配发动机任务的行业最高纪录。他所在的工作小组被命名为"李志强班"，其团队在航空发动机装配技术领域达到了国内顶尖水平，为航空事业的发展和国防现代化做出了重大贡献。李志强先后获得辽宁省劳动模范、全国"五一劳动奖章"、全国劳动模范等荣誉称号，"李志强班"被授予沈阳市先进集体、辽宁省"五一劳动奖状"、全国工人先锋号和"最美职工"等荣誉。

1983 年，19 岁的李志强从部队警卫连转业回家，在父亲的建议之下，他决定尝试进入被誉为"新中国航空喷气式发动机的摇篮"的沈阳黎明航空发动机厂。他参加了相关考试，并取得了优异的成绩，后被分配到沈阳黎明航空总装厂，开始了他的航空征程。

　　从部队转业回来的李志强步入新的工作岗位之后，知道自己的理论知识基础较差，在工作中十分注重向自己的师傅和有经验的工人们学习、请教。为了进一步提高理论水平，他自学了机械装配知识，还报名参加了电大管理专业的课程，积极争取到了国资委和清华大学联合举办的为期一年的综合能力认证培训班。一直以来，他始终坚持"工作学习化，学习工作化"的良好习惯，逐渐对多种发动机的装配技能了如指掌，还利用业余时间总结撰写出《航空发动机管路装配工艺研究》，其中论述了多条宝贵的技术经验，成为年轻职工的学习教材。正是因为李志强的踏实吃苦、努力认真，才迅速实现了从一名警卫员到一位航空发动机装配能手的蜕变，并成长为中国航空工业集团的首席技能专家。

　　李志强工作三十多年，刻苦钻研、攻坚克难成为他的工作写照。他随身带着笔和本子，在工作中遇到突发情况或疑难问题，他都会一一记录，有时间的时候再拿出来反复研究推敲，从而练就了高超的技能，工友们都称他为发动机装配的"活图纸""活标准"。2000 年，刚刚当上班长的李志强接到一个比较棘手的任务，为了能够独立完成任务，他将复杂的图纸拆分为八份，分给班里的每一个人进行分组攻关，然后进行交流合作。拆分图纸需要区分机器的几千个零件，李志强就带领大家精确地测量了每一个零部件，并且编写出目录，然后将复杂的装配按零件配套目录完成拼装。这是一个极其耗费精力、要求高度耐心的过程，成员们翻烂了十几套图纸，终于掌握了发动机整体装配的技术。在一个产品排故装配的关键时期，周期短、任务重，李志强连续工作最长时间达到 36 小时，22 天之内对发动机进行了多次分解、装配，创造了新的装配纪录。连厂里聘请的外籍专家都对李志强锲而不舍的精神及其超强的工作能力赞不绝口。精通发动机构造原理、熟知发动机各零部件的李志强除了研究装配技术，还擅长进行其他工艺的改进。一次，他发现发动机某部位的一个打锁片在试车震动时容易发生脱落，而一旦发生脱落后果将不堪设想。他查阅了很多资料，经过反复思考和试验，不断修改图纸，最终提出用锁丝代替锁片的建议。虽然改动程序的审批手续复杂，但是李志强认为保证发动机质量才是根本，在他的坚持之下，"锁丝代替锁片"由建议变为现实。他坚持在实践中积累经验、探索更加科学的方法，大胆革新工艺，提出了许多行之有效的改进建议。

在李志强的带领之下，他的团队成为一支敢打硬仗、能打胜仗的先锋队。2007 年，中航工业将李志强所在工作小组命名为"李志强班"，班中共 52 名成员，其中包括行业内首席专家、一级专家、二级专家共七人，高级技师九人，技师十六人，平均年龄 35 岁，这是一支朝气蓬勃、干劲十足的队伍。装配，是发动机制造的最后一道生产程序，也是至关重要的一个环节，"李志强班"经常面临生产要求高、时间周期短的难题。一个航空发动机由数万个装配零件构成，内部结构十分复杂，在攻克了"太行""昆仑"等国家重点型号航空发动机装配六大核心技术之后，如何在缩短工作周期、提高装配效率的同时又能保证质量，成为团队攻关的重中之重。2013 年初，经过团队成员搜集和研究相关资料，反复交流讨论，李志强提出"倒班装配"的设想，这种方法在世界上能够生产发动机的少数几个国家中是没有先例的。装配过程极其精密，为了验证设想，他带领团队成员从"交接班界面"问题入手开始攻关。他们将装配程序细化为 280 多道小程序，将每个小程序的时间控制在 3 ~ 5 分钟，并且将每一个界面清晰地分割，记录每一个小程序需要的卡、胶圈、铜垫等零件的个数和型号，编成一部"倒班操作法"。2013 年 6 月，经过多次操作磨合，"倒班操作法"不断得到完善，最终实现了发动机装配的连续作业，不仅大大提高了工作效率，而且装配质量也明显提高。他们采取三人三班倒的方法，用 99 天时间保质保量地完成了一年的发动机装配任务，打破了全国的装配纪录。

素质精良、敢闯敢拼的"李志强班"从来不畏惧挑战，总是迎难而上，总能将难题迎刃而解。2011 年初，某用户的数十台发动机出现问题，航服人员虽然进行了多次调试，但仍然未能排除故障。"李志强班"接到任务后立刻赶往现场，他带领 9 名成员经过 20 天的研究和排查，终于成功解决了问题，挽回了上千万元的损失。航空发动机漏油是自飞机诞生之日起就困扰着航空行业的难题，世界各国都在尝试突破这一技术瓶颈。"李志强班"冲破权威，独辟蹊径，重点分析了漏油的频发部位，总结出三个关键原因，并且采取了有针对性的改进措施，有效地降低了发动机漏油的频率，减少了发动机反复试车的次数，仅 2013 年一年，就为用户节约了 2300 多万元的反复试车费用。李志强带领班级成员发起了创新创造、精益改善活动，鼓励广大职工主动学习理论知识，进行技术改造创新。活动开展以来，"李志强班"创造了装配高低压片传感器反馈系统调整法，提高效率百分之七十；发明了排除产品故障的应力、缺陷、配合三维分析法，在全行业得到广泛应用；总结出喷调更换法，有效解决了外场"脱发"的痼疾。在他们的带动之下，全厂职工积极投身到精益改善活动之中。2013 年，实现了项目革新 350 多项，为企业节约了近 800 万元。

李志强刻苦钻研、敬业奉献的精神感染着团队的每一个人，他亲力亲为地指导每一个年轻人，身体力行地教育他们要志存高远、扎实工作、攻坚克难。李志强的徒弟、一级技能专家黄海涛曾经回忆，一次工作时他不小心掉落了一个金属垫，刚刚工作的他并没有放在心上，师傅找到金属垫后，却严肃地教育了他，并且在几个月之后发动机试飞当天，带他去了现场，让他切身体会到发动机装配一点也马虎不得的道理。他在班里实行"代理班长"制度，培养成员们的责任心和担当意识；搭建专家讲学、现场辅导、经验交流等平台，促进成员们提升理论知识水平；开展擂台比武、星级评比、"传帮带"等活动提高成员们的实践操作技能。在李志强的悉心呵护、精心栽培之下，徒弟们和团队成员们取长补短、积极上进，在行业内都得到了长足的发展，取得了优异的成绩。

2013 年 8 月 30 日，习近平总书记来到黎明航空总装厂进行考察，李志强受到接见，并与总书记合影留念。李志强和他的团队是新时代产业工人的优秀代表，是社会主义核心价值观的生动诠释，是各行各业学习的楷模。

编辑：金钟哲　刘晓东

田印福

田印福（1975～），男，中共党员。[①] 1996 年，田印福从鞍山钢铁学校电气专业毕业后，被分配到三冶电装公司调试研究所工作。田印福长期坚持在施工一线工作，积累了丰富的实践经验，通过努力用六年的时间获得了工科专业的本科学位。凭借着踏实吃苦的毅力和求学上进的精神，他从

---

① 李珂：《中国劳模口述史》，社会科学文献出版社，2018。

一个挖电缆沟、架外线的普通工人迅速成长为一名电气行业的高级技师，带领他的团队创造性地提出了大型电站 GIS 安装施工的新方法，完成了 50 余项重大项目攻关和 80 余项技术改造工程，填补了国内多项电气行业的技术空白，一些项目获得了国家"鲁班奖""银质奖"。2007 年，田印福获得第二届全国职工优秀技术创新成果奖，成为最年轻的获奖者。他先后获得辽宁省劳动模范、全国"五一劳动奖章"等荣誉，2015 年，在全国劳动模范和先进工作者代表会议上被授予"全国劳动模范"的荣誉称号。

田印福认为"不怕吃苦，坚守一线"是一个产业工人的本分，一直坚持在工作一线。他从小动手能力就比较强，喜欢研究小电器，钻研一些拆拆装装的门道。1996 年，田印福从鞍山钢铁学校电气专业毕业，进入电装公司。为了掌握更多的理论知识，2002 年，他报名参加了鞍山钢铁学校的成人考试并被成功录取。工作需要经常出差、坚守前线，他克服困难、挤出时间，历经六年完成了学业，取得了计算机科学与技术专业的本科学位证书。随着岗位的调动，田印福升任车间主任，但是他为了多学知识，仍然坚持到最辛苦、最危险的施工一线，珍惜每一次调试、安装、设计、改造、管理的机会。厂里有项目，他经常需要出差，工作二十多年来，有一半的春节都在工地的临时板房里度过，条件艰苦却一心想着工作。深深扎根在一线接受磨炼的经历，使田印福能够把自己所学的理论知识充分运用到解决实际问题当中，技术水平不断得到提高。凌钢转炉出现故障，三台转炉的变频器同时被损坏，田印福主动请缨，迎难而上。他也是第一次遇到如此棘手的问题，当时国内的变频技术还未普及。时间紧急，问题棘手，他顶住压力在现场仔细检查每一个环节、每一个零部件，终于找到事故原因，并且根据长期积累的理论知识和实践经验，判断出设备的电阻功率和阻值，利用滑杆电阻进行替代，使转炉在最短的时间内恢复了运转。广西柳州钢铁公司需要在地下隧道铺设电缆，夏天高温 40 摄氏度，地下电缆隧道内更是高达 60 摄氏度，田印福二话不说下到隧道，冲渣的废水含有大量硫化物，最深的地方到了他的腰部，废水产生的水蒸气让人喘不上气来，在没有照明和通风条件的隧道内，他冒着生命危险接通临时照明设备，勘查电缆路径，将通风机器和排水设备修复完好，为工程抢修创造了有利条件。在鞍钢鲅鱼圈工程施工过程中，尽管条件十分艰苦，但是只要是技术攻关的关键时刻，他都会排除万难坚持 24 小时在岗，被工人们称为"工地主任"。

自工作以来，田印福细致严谨、刻苦钻研的品质帮助他攻克了多项技术难题。2004 年，山东临沂一个大型焦化厂刚刚投入使用，出现高压系统频繁跳闸的问题，厂里的技术人员反复检查，全部线路正常，跳闸问题无从下手，给厂里生产造成了极大不便。负责项目的田印福了解情况后，马上带着检测设备赶到现场。经过一个月的反复查验和研究，他终于制定出解决方案，经厂房负责人同意之后，按照方案对厂里的高压系统进行了改进，不仅跳闸问题得到解决，而且电气设备的利用率也有所提高，耗电量比原来降低了近三成。由于效果显著，这套方案后来被广泛应用到各大冶金企业，创造了巨大的经济效益和社会效益。在 2007 年第二届全国职工优秀技术创新成果表彰大会上，田印福凭借这一项目获得了三等奖，成为最年轻的获奖者，同时该项目被列入了国家节能减排计划。年轻的"技术大拿"平时工作十分严谨。有一次，团队在鞍钢施工，运输一台进口设备时出现意外，掉落了一些细小的零部件，这些零件虽然型号相同，但是都有各自的编号和位置，不按照编号安装不会影响设备运转，但一旦出现问题，重新修复就会很困难。别的工人都没在意这个问题，可田印福却坚持花了三个晚上的时间将近千个零件按照设计图纸一一对应安装完毕。他认为，所谓工匠精神，就是要敬业，要精益求精，绝对马虎不得。

刚刚工作的时候，互联网尚未普及，他为了解决工作上遇到的难题，跑遍了周边城市的图书馆，翻阅图书，搜集资料。大连钢铁公司 750 轧机生产检修时，因一些进口电子元件已停止生产，恢复工作被迫停止。田印福在一周的时间之内，走遍沈阳、大连、鞍山等各地的科技书店，查阅和搜集了大量的资料，提出用单片机重新编写一个模块来代替之前国外元件的功能。经过多次实验和改进，田印福成功制造出了具有相同功能的组件，仅用了十天的时间就解决了技术难题。经过钻研和实践，田印福发明了谐波分析复控电网净化技术，解决了长期因转炉变频谐波而产生的问题，打破了国外的技术垄断，并且将电网利用率提高了四分之一。他还进行技术创新，改进高炉布料，攻克了伺服爬行的技术难题，每炼一吨铁可以节省 9千克的耗焦量，填补了国内的技术空白。2014 年，他发明的高炉除尘节能净化装置，使高炉除尘净化率提高23%，粉尘回收率提高18%，达到国际领先水平，该技术成果获得中冶集团技术进步一等奖。2015年，田印福带领以他名字命名的"劳模创新工作室"成功完成了"大型电站GIS安装施工方法"项目的研究，使得大型电站的施工工艺更加简单、精准，这个项目不仅填补了国内的技术空白，而且打破了长期以来国外的技术垄断局面，并且故障率远远低于国外同类产品。

田印福从大局出发，通过建立"劳模创新工作室"，将新技术传播给更多的职工和企业，也汇集起更多技术高超的工人，团结协作，在众多领域取得了重大技术突破，在厂里营造了"学技术、赶技术、超技术"的竞争氛围和创新环境。他借助"劳模创新工作室"这一平台开展技术培训，签订师徒协议，培养出首席技师1名，各级创业能手4名，为厂里培养出一批批骨干人才。

田印福不仅始终秉持精益求精、爱岗敬业的工匠精神，在生活中也乐善好施，热心公益。不需要出差做项目的时候，田印福会到农村义务为乡亲们维修家电，普及用电常识，还研发制作了大棚种植所需的控制装置，带领大家学习生产技术。作为一名共产党员，他始终发挥着模范带头作用，厂里有生活困难的职工，他不仅会主动提供物质帮助，发起募捐，而且还在精神上给予鼓励和支持，从汶川地震到鲁甸灾区，他总是第一个站出来捐款捐物。他曾经捡到装有大量现金和多张银行卡的钱包，却拾金不昧，报了警还帮忙寻找到了失主。2013年，辽宁举行全运会，他有幸成为火炬手。他还是郭明义爱心团队的一名成员，是辽宁省和鞍山市总工会树立的先进典型，并且被授予"最美辽宁工人"的荣誉称号。

田印福是一位业绩突出的青年技术专家，他曾经谦虚地说，荣誉就像一面镜子，是他前进的动力，时刻鞭策着他不断努力，他会在技术创新这条路上一直前行，将大国工匠的精神发扬光大。

编辑：金钟哲　刘晓东

王　阳

王阳（1966～），男，现任沈阳航天新光集团有限公司车工班班长。

1985 年，王阳进入被誉为"航天航空动力装置摇篮"的中国航天科工集团三院 111 厂，并且拜全国"五一劳动奖章"获得者戚建国为师。工作三十余年，王阳认真负责，兢兢业业，创造了连续二十一年零废品的纪录，研制加工出神舟飞船的关键部件"连接分离机构"和探月工程相关的众多重要装置，为我国航天事业的发展做出突出贡献。凭着丰富的一线工作经验和深厚的理论基础，加上自身的踏实努力，王阳成为国内机械加工行业的精英，自制、改进工具六十余件，被纳入国家工艺规范的技术成果 33 项，获得专利 3 项，被人们称为"车工大王"，为企业和国家创造了巨大的经济效益和社会效益。2015 年，在全国劳动模范和先进工作者会议上被授予"全国劳动模范"荣誉称号。[1]

　　刚刚 20 岁从部队专业、仅有高中文化的王阳，进入 111 厂后，面对专业的机械理论、精准的操作标准，无疑产生了巨大压力。面对挑战，他立刻拜全国"五一劳动奖章"获得者、工艺精湛的劳模戚建国为师，每天工作时紧跟在师傅后面，仔细观察，不懂就问。凭着一份执着、一股韧劲，他自学了金属加工工艺、车工工艺、数控加工工艺。下班时间，他报考大专班，学习机械理论知识，在平时工作中，注意理论与实践的结合。经过努力，他迅速适应并且热爱上自己的工作。

　　他深受师傅的影响，喜欢探索钻研、革新技术，对产品要求精益求精。1997 年开始，公司就承担起神舟飞船"连接分离机构"这一关键部件的研发和生产任务，由于表现突出、工作负责，王阳成为项目组的骨干成员。连接分离机构是保证飞船和宇航员安全返回并着陆的关键部件。当时，国内相关的研究尚处于空白状态，参考资料缺乏、操作经验不足、技术能力有限等都成为制约因素。王阳和工程技术人员在车间连续工作两个多月，一起研究讨论，画图交流，废寝忘食，通宵达旦，进行了无数次模拟实验，终于研制出了合格的样件。但他们依然不敢松懈，又开始生产正式产品，最后按照要求，以百分之百的产品合格率完成了这项艰巨的、富有开创性意义的任务，为我国神舟一号飞船的成功发射和顺利返回做出了突出贡献，

---

① 辽宁省政协文化和文史资料委员会编《辽宁老工业基地建设纪实》，辽宁人民出版社，2014。

促成了航天事业的跨越性发展。

面对巨大的成功，王阳十分激动也十分庆幸自己当初选择了航天事业，但他并未就此止步，而是继续探索钻研，不断追求技术进步。他经常翻阅大量的技术资料，认真研究设备图纸，在工作中不放过任何一个细微的零件、一道简单的程序，总是能发现问题，解决问题，将加工过程尽量地简单化、程序化，制定出合理的加工路线和步骤，以保证每次都保质保量地完成生产任务。在对国家某重要战略设备壳体进行加工时，王阳事先经过分析和验证，大胆提出将传统的四爪卡盘加工到尺的做法改进为先用四爪卡盘加工一端再用螺纹芯棒加工另一端的操作建议，使工作效率提高了一倍。随后，他在加工过程中，研发制作了三套自制工装，大大缩短了任务周期，保证了产品质量，这三套工装被纳入企业的工艺规范，列为专用工装。工作以来，他迎难而上，刻苦攻关，创造了巨大的经济效益，为航天事业做出了重大贡献。从神舟一号到神舟十号，我国的航天事业不断取得突破性的成就，而这背后凝结着无数像王阳一样默默奉献的一线工人的智慧与血汗。

王阳是众多优秀的产业工人的代表，始终立足岗位、任劳任怨。工作三十余年，他每天都在学习，每天都要求进步，在反复的实践过程中逐渐形成了一套自己独有的加工操作方法。每一次接到生产任务，在开始操作前，他一定要仔细研究图纸，对生产的技术做到了如指掌；按照工艺规程，选择合适的工装；经过研究确定合理的切削参数；最关键的是在操作过程中时刻保持谨慎细致；为了保证军品加工件的质量，制定严格的质量检验标准和制度。这一套方法操作下来，王阳创造了连续21年生产零废品的纪录，成为国内机械加工行业的奇迹。由于生产对象的特殊性，王阳经常会遇到时间紧、任务重、要求高的情况。有一次为了如期加工出某型号的关键部件，他连续十余天吃住在工厂，熬夜研究图纸、做实验，终于提前五天完成了研发任务，保证了产品的如期交付。十年来，他坚持工作，经常主动加班，据不完全统计，十年时间，他共工作5800多个小时，相当于正常工时的两倍。遇到棘手的任务，王阳经常牺牲休息的时间到公司加班，直到问题解决为止。王阳的妻子曾经在采访中表示，在家里，孩子几乎看不到父亲的身影，十几年来，王阳很少能陪孩子过生日，从来没参加过孩子的家长会，但是她和孩子都能理解王阳，也为他感到骄傲。

王阳曾表示他对工作认真负责的态度，对产品精益求精的追求都受益于当年的师傅戚建国，除此之外，师傅悉心地指导和毫无保留地传授也给他留下深刻印象。2011年，"王阳劳模工作室"正式成立，2013年，"王阳技能大师工作室"挂牌成立，他担任起技术攻关和人才培养的双重任务。工作室的成员，也是他的徒弟，他对每一个人都关心备至，毫无保留地将自己的技术传授给大家，带领成员稳扎稳打、刻苦钻研、精细做工，创造平台让工友们一起交流学习。通过大家的共同努力，取得了丰硕的成果和优秀的业绩，工作室成为公司研制重要产品、解决突发问题的中心，他的团队成为公司骨干力量，培养出多名优秀的高级技师和技师。

因为业绩优秀、贡献突出，厂里几次想调动王阳到管理岗位，一些民营企业也找他沟通，可是他仍然选择留在科工集团的生产一线，守在生产机床旁边，力求在劳动实践中发挥更大的作用，创造更大的价值，为航天事业的发展贡献自己的力量。

王阳曾经说过，他热爱他的工作，一辈子不会离开生产机床，他为自己是一名航天事业的车工而感到骄傲，会为祖国的航天梦竭尽自己所能。一名普通的车工，用执着韧性、精益求精诠释着大国工匠精神，在平凡的岗位上创造着不平凡的业绩。

编辑：金钟哲 刘晓东

王祖来

王祖来，男，现为沈阳燃气有限公司管网输配分公司经理、高级工程师。其主要工作包括燃气管网及附属设施的抢修、维修和施工建设。王祖来工作十七年来，从抢修中心主任到分公司经理，始终坚持在一线，参与了无数次燃气泄漏等危机任务，被称为"燃气卫士"，曾获得沈阳市劳动模范、辽宁省"五一劳动奖章"、全国劳动模范等荣誉。他所带领的团队被誉为"燃气铁军"。他及团队还先后获得"全国工人先锋号"、辽宁省"身边好人"、沈阳市先进集体等多个荣誉称号。[1]

2015 年 4 月 28 日，在北京人民大会堂召开了全国劳动模范和先进工作者表彰大会，对来自全国各地、各行各业的 2968 名贡献突出、成绩卓著的劳动模范进行了国家最高规格的表彰。辽宁省沈阳燃气有限公司管网输配分公司经理、高级工程师王祖来十分有幸，作为全体燃气行业员工的优秀代表，受到表彰，获得全国劳动模范的荣誉称号。

王祖来是一名"铁骨铮铮"的燃气工人，打造出一支"来之能战、战之能胜"的铁军队伍。沈阳是东北地区第一大工业城市，地下纵横交错地铺设着长达六千多公里的高中低压燃气管道，保障输气管道的畅通、安全是一项艰巨而危险的任务。2000 年，抢修中心成立，王祖来作为企业技术的大拿被任命为中心主任。工作十几年以来，王祖来一直与有毒燃气打交道，每一次维修、抢险，他都冲在最前面，和所有的一线职工一起处理险情、完成棘手的工程项目。从任职那天起，王祖来用来联络的手机就没离开过手心，24 小时待命，将方便居民用气、保障百姓生命财产安全视为职责所在。

2014 年 9 月，皇姑区崇山东路与北塔街交汇处施工现场，发生坠落情况，坠落物将直径 630 毫米的钢制燃气管道砸裂，泄漏的燃气从直径十毫米的洞孔喷发而出，形成一个近四米的气柱，随时有爆炸危险。王祖来在得知险情之后，迅速召集队伍赶赴现场，在去的路上就分好小组。抵达现场之后，让一队成员负责封锁现场，经过勘查之后，立即指挥阀门队关闭阀门，不到一个小时，管线内的压力就降了下来。他对城市管线系统了如指掌，知道这是一条主管线，而且穿越了一条临近的运河，不仅沟槽深，而且管径比一般管道要粗，地下铺设情况十分复杂，抢修的难度和危险性都很大。顾不上多想，他立即调用两台挖掘机，以最快的速度将管道上方的泥土清走，挖出近 6 米深的作业沟槽。沟槽不具备安全施工的条件，一条自来水管线悬空在漏气管线上方，施工难度增加。险情不等人，他脱掉外套，下到沟内与抢修工人一起架设沟槽防护网和防护桩。随后，4 名电焊工人开始焊接管道，因为是带气焊接，十分危险，王祖来不敢懈怠疏忽，他一直

---

① 向德荣主编《劳模精神职工读本》，工人出版社，2016。

紧紧地盯着施工人员，经过四个小时的焊接终于化险为夷。

2013 年 3 月 4 日，太原街中华路一建筑工地上发生事故，因施工过程中，工人操作不慎，损毁了该处燃气管线，泄漏的燃气遇到明火引发爆炸，周围多家商铺的玻璃被震碎，多处地下管口冒出浓烟，随时可能再次发生爆炸，情况十分危急。接到消息后，王祖来和他的抢险队伍，第一时间赶到现场。由于险情发生在沈阳繁华路段，短时间内便引起了社会各界的广泛关注，多家新闻媒体来到现场进行实时报道。面对危急情况，王祖来镇定自若，迅速将人员分为 5 个队：一队负责配合消防人员控制现场情况，防止意外发生；二队、三队负责阻断气源；四队、五队负责处置漏气管道。随着一道道清晰而有力的指令，所有工作人员有条不紊地展开抢险工作。输气管道直径长达 250 毫米，要控制险情必须先切断气源，这一操作若稍有不慎便会引发更加恶劣的后果。危急时刻，王祖来让所有人员撤离现场之后，凭借着多年的工作经验和过硬的技术本领，指挥抢修人员以最快的速度将橡胶止气球放入管道，并充气、淋湿，止气球在管道内迅速膨胀，止住了燃气泄漏，最后他一声令下："灭火！"消防人员随即扑灭了残留的明火。险情源头被切断，所有人都松了一口气，接下来王祖来带领成员们又进行了 15 个小时的奋战才彻底完成了抢修工作。事后接受采访时王祖来表示，虽然有点疲劳，但是保护了群众的生命财产安全，心里还是比较有成就感的，也特别感激团队的每一位成员。

2011 年冬天，陕京二线燃气进沈，并网工程是门站建设的最后一站。王祖来带领抢修、电焊、门阀、调压等各部门的成员在曹台门站现场，紧锣密鼓地进行部署。开工前，他召集技术人员反复讨论验证，将每一道程序的用时精确到分。直到凌晨三点，他又组织所有参与施工的人员召开最后一次安全技术交底会。施工过程中，他一直待在现场，不停地进行巡查，严密监察每一个环节。直到当天下午三点，管线对接终于在规定时间内顺利完成。王祖来为这次工程的顺利实施做出了重大贡献。

除上述事例之外，在皇朝万鑫火灾现场，在青年大街，在中山路，在福明街……在沈阳的任何地方，哪里有抢修险情，哪里就能看到王祖来和他队伍成员的身影。他们置自身安危于不顾，第一时间冲到现场，经常连续工作几十个小时，只为了能在最短时间内解除危机，保障居民的安全，维护社会的正常秩序。王祖来不仅自己敢拼敢干、敬业奉献，而且打造了一支勇敢无畏、无往不胜的铁军队伍。

王祖来技术过硬，管理观念也十分先进。他认为干工作光有肯干的劲头是不够的，还要精通技术，不断改进创新。通过钻研，他改造和升级了燃气调压站和门阀等管线网络附属设施的布局，减少了企业的运行成本；合理编排各类作业周期和计划，降低了员工的劳动强度；梳理整合施工项目，减少了管网降压次数，提高了工作效率；注重过程掌控，组织抢修案例的总结反思，减少了工作失误。王祖来结合各方面的实际情况，制定了一对一导师带徒制度，进行班组学习、案例教学，采取考核评比制度，激发了年轻人比、学、赶、超的激情，使员工的理论知识、技术水平以及综合素质都得到了进一步的提升，形成了齐心协力、共同进步的局面。为了进一步发挥模范带头作用，2014年，以王祖来名字命名的劳模创新工作室挂牌成立。他大力鼓励员工在实践中开展技术创新，近几年有二十余项创新成果先后被运用到燃气行业当中，每一项成果都凝结着王祖来的心血。

在工作中，王祖来高标准、严要求，铁面无私，可是在生活中，他却十分关心员工，体恤下属。有些项目任务紧急，员工需要吃住在现场或者连夜奋战，他总会到现场查看职工们的吃住环境；有员工本人或者家属生病，他都会抽空去看望慰问；员工家里婚丧嫁娶，只要他知道，他也会到现场表示祝贺或进行慰问。王祖来热心公益，组织抢险中心的党员，带领公司员工为农村学生捐款捐物，资助困难学生。尽管工作性质危险，条件艰苦，可是公司的职工们从未抱怨过，反而总是斗志昂扬、迎难而上，这与领导人王祖来担当奉献的精神和正派亲民的作风是分不开的。

随着一条条燃气管道的连接，一座座调压站的建设，沈阳市民用气越来越方便，越来越安全。王祖来带着公司职工扎根一线，让滚滚燃气为沈阳的改革发展注入了强劲的动力。他将自己的热情和精力都倾注在燃气事业上，兢兢业业，忠于职守，以执着信念铸就了一支铁军，他们用实际行动保证了沈阳燃气畅通、用气安全，他们冒着生命危险为人民财产安全提供了有力保障。

编辑：金钟哲　刘晓东

王金福

王金福，男，现为大连华锐重工集团股份有限公司特级专家、装卸设计院总设计师。[①] 20 世纪 80 年代末，王金福毕业于太原重型机械学院，后进入大连重工集团工作，先后设计出国内第一套 C 型单翻、C 型双翻翻车机系统，自主研发出国内第一套具有完全自主产权的两用单翻系统、专用 O 型双翻系统，开发出具有世界最大的六车迁车台的世界首套专用折返式双翻系统、世界首套三箱形梁两箱形端环一体式 O 型三翻及世界首套 C 型三翻及系统，为企业赢得数十亿元的经济效益，创下六个世界第一，获得了三十余项国家专利，推动中国翻车技术走在世界最前列。王金福先后获得辽宁省劳动模范称号和全国"五一劳动奖章"，2015 年，被评为全国劳动模范。

大连华锐重工集团股份有限公司（以下简称"大连重工"）是由全国重工行业运行质量最好的大连重工和全国起重运输行业龙头企业大起集团强强联合，整合改组而成的大型企业集团。其主要服务领域包括冶金、矿山、能源、交通、建材、城市建设等国民经济基础产业，承担着向国家重点建设项目以及国内外用户提供重大设备和关键部件的重要任务，是 2011 年首批入选国家技术创新示范的企业之一。大连重工是国家高技能人才培养示范基地，拥有大批优秀的技术人才作为企业的骨干力量，近年来，大连重工创造了 176 个"世界第一"，产品远销全球 46 个国家和地区。全国劳动模范王金福就是大连重工培养出的优秀翻车设计师，他也为大连重工的发展贡献了力量。

作为国内翻车机研发制造的领头人，王金福刻骨钻研、大胆创新，近年来，他带领着五名年轻的研究生，创造了六个大型整机产品"世界第一"的纪录，填补了多项国内技术空白，推动大连重工在翻车机领域达到世界领先水平。

河北秦皇岛港是世界上最大的煤炭中转码头，承担着我国西煤东迁、北煤南运的重要任务。数百台大型装卸设备昼夜不停地运转工作，其中，

---

① 李永安主编《全国职工劳模大辞典》，中国工人出版社，1995。

翻车机是装卸火车煤箱的第一道程序，是决定工作效率的关键。秦皇岛港一直与大连重工有合作关系，之前煤二期使用的双车、三车翻车机也是由大连重工生产制造的，但是核心技术是由外国企业掌握的。直到2006年，秦皇岛港煤三期由外国设计的两套O型三车翻车机，主体钢结构出现裂纹，反复修补反复开裂，不仅电煤抢运进度受到影响，还存在较大的安全隐患。秦皇岛港重要领导人经过开会讨论，一致决定将这项艰巨的任务交给大连重工。经过十个月的勘察研究，翻车机主要设计师王金福做出两套改进方案：一是在原有的国外设备基础上进行改进，虽然风险较小，实施难度不大，但是每台设备都要向国外企业支付一笔高额的专利费用；二是更换一套完全由他自主设计研发的新型三车翻车机，实施难度大，存在未知风险，但是一旦成功，便会产生更加可观的效益。第二套方案受到秦皇岛港方面的质疑，为了取得客户信任，王金福亲自赶到秦皇岛，为合作方详细讲解了国外技术存在的严重不足，自己运用了全新的原理改善了从整体到局部的受力情况，提升了翻车机的可靠性和使用寿命。经过讨论，秦皇岛港领导和技术专家一致认可了他的设计，决定采用第二套方案。在技术改造过程中，王金福作为总负责人，一天24个小时都坚守在作业现场。终于，三车翻车机重载试车取得成功，从此我国打破了国外技术垄断，成功研制出自主知识产权的新型一体式翻车机。这一创举对于王金福、对于大连重工乃至整个机械装备行业都具有重大意义，使王金福有了申报整机技术专利的资格，促使大连重工成功垄断了国内三翻机车市场，为国产大型装卸设备赢得了美誉。

2010年，大连重工承包了首钢京唐钢铁公司的双车翻车机改造项目和曹妃甸港二期三车翻车机总包项目。两个项目设计团队的带头人都是王金福，面对巨大的压力，王金福不敢有丝毫懈怠，经常奔走于两个项目现场，勘察、画图、研究、论证，直到年底，终于将设计出的翻车机顺利投产，并且得到了客户的高度评价。首钢京唐钢铁公司要求在原有的基础上进行改造，虽有很大局限性，但是经过研究，王金福成功设计出"不摘钩专用敞车用折返式双车翻车机卸车系统"。此系统突破国际上已有最大的三车迁车台，改为六车迁车台，成功解决了不摘钩专用敞车在双翻系统中的折返作业的难题，而且是国内现有的最轻的一体专用双翻机，王金福再次获得国家专利。在曹妃甸港的总包项目中，王金福研发出"三箱形梁两箱形端环一体式O型三车翻车机"，这一设计使得大连重工战胜国外某大型翻车机生产商，成功拿下了三亿元的合同。经过客户反馈，王金福发明的翻车机要比国外产品运行更加平稳、可靠，工艺性和可维护性也更高。

翻车机的作业对象是火车车厢，想要研发出效率更高的翻车机，王金福也成了半个铁道专家。他十分注重研究国家通用和专用列车的型号及其未来发展的趋势，能够"先行一步"，以长远的眼光设计产品，为客户着想，研发出客户满意的产品。2013年，河北龙成煤高效集团计划在曹妃甸安装翻卸量1000万吨煤炭的翻车机，并且已经与意向单位达成了初步协议。王金福在得知消息之后，对客户的需要进行了全面了解，并且到曹妃甸进行实地考察。作为技术代表，他争取机会与客户接触，并且秉着对项目高度负责的态度，在一个星期之内设计出了"折返式C型三车翻车"，这种翻车机不仅解决了O型三翻只能翻卸不折返的问题，而且在不超出预算的情况下，即使将作业交接班、停机检修、铁路运煤专列误时等诸多细节都考虑在内，也能够保证按时完成装卸任务。该项发明在谈判现场，获得了合作方的一致认可，并签订了四千余万元的设备合同。至此，世界上第一台C型三车翻车机诞生，王金福凭借着自身的智慧和坚持不懈的钻研精神再次创造了"世界第一"的纪录。

除此之外，王金福眼光长远，为提高企业竞争力，他大胆提出采取"小区总包"的方式扩大翻车机项目的外延，从单纯的制造机械设备发展为囊括土建、漏斗给料装置、运输设备、除尘、给排水、暖通等综合辅助设备制造，这样既可以提高合同数额，还有利于增强市场竞争力。华夏特钢公司与大连重工合作，要求生产出用于锰矿石和铬矿石等原料装卸、转仓储存的设备。锰矿石和铬矿石具有大密度、大体积、超大重量的特点，因此，此项目具有前所未有的挑战难度。王金福迎难而上，以更强的钻研精神和创造热情投入研究，带领团队成员反复修缮设计方案，以EPC总承包的思路对整个作业小区进行合理布局，终于研制出具有筛分破碎功能的双翻小区及矿石筒仓。该设备可以将卸载后的矿石进行筛分、收集、破碎的操作，这样就解决了大、重矿石的翻卸运输的难题。这一项目使王金福再次获得了翻车机卸车系统的国家专利。由王金福开创的"小区总包"的订货模式成为企业组织经济的新典范，助力大连重工取得了数十个"国内最大""世界之最"的总承包项目，现已在全国范围内得到推广。

通过工作二十多年的磨炼，王金福已经成为国内翻车机系统设计的领军人物，他不仅注重自身理论知识和实践能力的不断提升，同时也十分注重培养青年人才。大连重工成立了以王金福名字命名的劳模创新工作室，王金福承担起技术攻关和人才培养的双重任务。他平均每年坚持授课超过100课时，以产品为依托，带领青年一代在实践中学习成长。王金福让徒弟们积极参与到产品的研发设计过程中，细心为大家讲解技术要点，聆听青年人才的意见。在他潜移默化的影响和精心培养之下，徒弟们也传承了踏实肯干、吃苦耐劳的品质和精益求精、敬业奉献的精神。

翻车系统从单车、双车到三车、四车，从 O 型到 C 型，从贯通式到折返式，外国企业探索创造花了上百年的时间，而我们国家从一无所有到追赶超越，只用了二十几年的时间。取得这样的成就，离不开像王金福这样深深扎根在一线的设计人员的辛苦付出。王金福在不断的自我否定中取得更大的成就。他所设计生产的机械设备不仅遍布环渤海三大煤炭码头，而且远销世界各国。但他没有止步，仍然在技术创新的道路上坚持前行，为实现"中国制造"到"中国创造"贡献自己的智慧与力量。

编辑：金钟哲　刘晓东

鹿新弟

鹿新弟，1967 年出生于辽宁大连，中共党员，道依茨一汽（大连）柴油机有限公司发动机装调工、高级技师，中国第一汽车集团公司专家。他是大连市首位荣获"辽宁省科技进步奖"的技术工人，曾连续 5 次获得"第一汽车集团公司十佳创新方案奖"。鹿新弟 2002 年获得了中国机械工业联合会授予的"机械工业技术能手"称号，2006 年获得"第一汽车优秀科技人才"称号，2007 年成为"大连市有杰出贡献高技能人才"。他先后荣获"全国劳动模范""全国技术能手""辽宁省功勋高技能人才""辽宁省优秀共产党员""辽宁省职工十大创新能手""大连市优秀专家"等荣誉称号，享受国务院政府特殊津贴。①

鹿新弟从小就喜欢研究车，1984年高考落榜，他来到道依茨一汽（大连）柴油机有限公司技工学校读书，1987年毕业后留在公司产品工程部试验室工作。他梦想成为"柴油机医生"，就拜了车间里的技术"大拿"为师，他不辞辛苦，手勤眼快，逐渐跟师傅配合默契，而且青出于蓝。产品工程部试验室是新产品研发部门，日积月累，试验室试验后的柴油机存储出现了拥挤，给公司带来大量的维护成本。鹿新弟开动脑筋，将试验室存储的300台柴油机与500台喷油泵建立电子档案，记录每一次柴油机与喷油泵试验后的技术状态、配置、试验的内容、频次等信息，当接到试验项目后，利用试验室现有资源进行重新配置，满足试验要求。这样，公司试验柴油机由过去每年领用200台降低到每年领用20台，缓解了试验室存储压力。后来，在道依茨车间两年的工作中，鹿新弟还进行经济技术创新50余项，为公司创造直接经济效益1000余万元，他本人也成为公司跨班组、跨工段的改善能手。此外，鹿新弟还在公司兼职培训员，并持有大连市鉴定所颁发的考评员证书。他利用这些优势为新到公司的大学生、试验室人员等进行柴油机理论、故障判断、试验手段及操作方法的培训。公司的十余名技术骨干均出自他的门下。

发动机出厂前的调试车间，是鹿新弟工作时间最长的地方，也正是在这里，他逐渐摸清了柴油机的"脾气"。每天往返于装配工段与试验工段，鹿新弟总爱琢磨怎么能提高工作效率，甚至平时与工友交流时，别人说个三句五句话，他都琢磨着把它变成技术创新或合理化建议。CA6DK柴油机在台架试验时，出现下排气大故障，鹿新弟通过看下排气颜色、形状，闻气味，判断为活塞"烧顶"，结果拆开一看确实如此；BF6M1013柴油机出现机油压力低的故障，公司生产停滞，几百台柴油机无法出厂，鹿新弟用手摸了一下机油，建议更换机油再试验，结果真的达标了。研究透了柴油机的"脾气"，他又开始在生产操作环节上下功夫，无论走到哪里或是看到什么，他都会联想到能不能降低损耗，判断柴油机运转是否正常。慢慢地，鹿新弟自创了一套"看、听、摸、闻、问"快速排除柴油机故障的五步维

---

① 吴庆国、许晓楠：《彰显主力军的创造力量》，《大连日报》2015年12月5日。

修法，他被工友称为柴油机故障的"克星"。尽管后来工作调动，转到了产品研发部门，坐起了办公室，但只要有时间，他还是愿意往生产车间跑。

鹿新弟有智慧、有技术，能发明、会创新。因为当时没有一套完整的柴油机标准化调试操作规范，工人调试都凭经验，一人一个样，产品性能指标差别太大，鹿新弟产生了创立"柴油机标准化试验方法和标准"的想法。没有资料可供参考，他就自己琢磨着创新，制作了试验标准作业组合表，规定每一步的试验节奏，制作柴油机标准作业要领书，规定每一步调整的动作、方法及要领。经过3年的完善，他率先在内燃机行业建立"道依茨柴油机标准化试验方法和标准""道依茨电控柴油机试验方法"，填补了国内空白，分别荣获2012年、2016年"中国机械工业科学技术奖"二等奖、2014年、2016年"辽宁省科技进步奖"三等奖。这项技术攻克了柴油机性能调试困难的世界性技术难题，成功实现了道依茨柴油机试验质量"零缺陷"的目标。他在内燃机行业首次总结出一整套"道依茨柴油机试验线标准化操作指导书"，发明创造了"鹿新弟气压试验法"等108种操作方法。他打破国外的技术封锁，首创"道依茨柴油机调速器标准化调试法"，通过建立调速器数据库，将调速器由繁琐的配试状态简化成一个标准化的表格查找，提高生产效率75%，为公司节省945万元。

此外，鹿新弟不畏国外技术权威，为国家节能环保工作提升行业国际地位做出了突出贡献。他找出二甲醚柴油机的设计缺陷，通过增大喷油量、取消喷油泵止回阀等措施，成功解决了中国首辆二甲醚汽车动力不足问题，为中国在这个领域赶超世界先进水平做出了突出贡献。他自主改造进口设备，将进口试验台的进回油系统由闭式结构改为开放式结构，解决了中国首台共轨柴油机系统测试难题。

鹿新视野开阔，利用"互联网+"传授技艺，打造一流团队，积极践行"传帮带"，依托"鹿新弟技能大师工作室""鹿新弟劳模创新工作室""鹿新弟专家培训工作室"这三个平台，不断提高人才的技能水平和创新能力，先后培训员工3000多课时，为公司培养出100名高技能人才。在他的带领下，工作室共完成技术创新800余项，为公司技术创新能力的提升做出了突出贡献。他负责编写的1000道"发动机装调、试验工"理论试题录入国家职业技能鉴定题库。

同时，鹿新弟是中国发明协会会员，对他而言，发明不是为了留名，而是常年养成的工作习惯。从学徒那天起，他并没想过将来要成为高级技师或什么专家，就是觉得干技术活就得有一身看家本领。不为名利之心，他却成为技术革新的行家里手，成为时代呼唤的"大工匠"。他拥有 21 个大连市职工"绝招、绝技、绝活"奖，50 个"大连市优秀创新成果奖"，让世界制造业看到了创新语境下，中国产业工人的智慧、力量以及崭新风采。

习近平总书记指出："建设知识型、技能型、创新型劳动者大军，弘扬劳模精神和工匠精神，营造劳动光荣的社会风尚和精益求精的敬业风气。"[①] 这给了鹿新弟极大的鼓舞，让他作为一名大国工匠，几十年如一日地严格要求自己，为中国工业发展默默挥洒青春和热血，为实现中华民族伟大复兴的中国梦发出时代最强音。鹿新弟这个来自生产一线的技术精英，已实现由"力量型"到"知识型、技术型、创新型"的完美转变，但几十年来不变的是他忠于职守、敢争第一、不断超越的创新热情和爱岗敬业、勤学苦练、甘于奉献的实干精神。他以对祖国、对事业无限忠诚的赤子之心，在自己的岗位上辛勤劳动，以超出常人几倍甚至几十倍的努力，为企业、为国家、为社会创造了巨大的经济效益和社会效益，为中华民族、为中国工人阶级积累了宝贵的精神财富，激励着他人奋发图强、无私奉献。

编辑：金钟哲　李彦儒

李书乾

李书乾，1955 年出生于辽宁大连，优秀共产党员。1980 年，李书乾从部队复员，成为瓦房店轴承集团有限责任公司（以下简称"瓦轴集团"）的维修电工。他长期担任重大精密进口生产设备的电气调试与维修工作，擅长消化吸收引进设备的高精端技术，擅长迅速诊断和排除电气设

---

① 习近平：《决胜全面建成小康社会　夺取新时代中国特色社会主义伟大胜利——在中国共产党第十九次全国代表大会上的报告》，人民出版社，2017，第 31 页。

备的疑难棘手故障，先后解决生产设备难题 300 多项，改造设备 150 多台次，完成技术创新 270 多项，抢修设备若干台次，有力地保障和提升了轴承质量，为企业创造经济效益达数千万元。因其技能水平超群，被称为"敢于挑战行业尖端技术的工人发明家"。2012 年，李书乾被评为辽宁省特等劳动模范，2015 年被评为全国劳动模范。① 此外，他还先后被评为全国轴承行业技术能手、中国机械工业技能大师、中国机械工业劳动模范、全国技术能手，享受国务院政府特殊津贴。同时，他还是国家级"李书乾技能大师工作室"领办人、大连市首届"李书乾示范性劳模创新工作室"领办人。

瓦轴集团是中国轴承行业现有的唯一国有持股的特大型企业，历史可上溯到 1938 年。我们的空军、海军和总装备部驻大连地区的军事代表室就设在该公司，因而对于工人的技术水平要求很高。五年的军旅生涯中，李书乾虽然从事与电气技术有关的工作，但与复员后到企业从事的维修电工业务几乎完全不同，加上文化底子薄，他时常感到力不从心。从不服输、立志成才的李书乾，不但在最短的时间内完成了高中的全部学业，而且一开始就把自己的专业技能定位在公司拔尖、行业一流的高度。为了实现这一奋斗目标，他如饥似渴地学习专业理论和岗位技能，自修了《电气专业技术》《模拟电路》《电工学》《计算机应用知识》《PLC 编程与工业控制网络应用》《热处理可控气氛电炉设计》等书籍。白天，每学到一点有用的东西都他记录下来，晚上，再把所学到的知识整理成笔记。李书乾工作中遇到技术理论难题的时候，就到公司技术中心找专家们请教，直到弄懂为止。在设备改造和设备引进过程中，他把每一次合作都当作一次提高的过程。同时，他积极参加技师培训班的学习，把技能大赛、技术比武和岗位练兵等活动当作检验和提高技能的舞台。功夫不负有心人，30 多年来，李书乾不断地学习、消化、吸收、再创新，结合生产实际，刻苦自学，写下 150 多万字的学习笔记，研读了 80 多台设备的技术资料和图纸，先后 20 余次参与或主持外国进口设备的技术谈判和大修验收。李书乾以考核第一的成绩首批被选调到公司引进设备中心，与外国专家、工程硕士们一道，专门从事

---

① 《2015 年全国劳动模范和先进工作者拟表彰人选公示》，《人民日报》2015 年 4 月 17 日。

引进设备的安装、调试与维修。

2000 年左右，中国的高速铁路在加快经济发展转型的大背景下异军突起，正在用中国高铁拉动中国速度之际，瓦轴集团承担着铁路提速轴承研发创造的重担，热处理工序一度难以突破，李书乾和公司其他技术专家承担起了淬火压床的研制任务。高铁需要的轴承既要有硬度，还要有一定的韧性，承受高铁带来的冲击。但当时的技艺还不够成熟，仍需要改进。为此李书乾经过孜孜不倦的工作，最后将机床的静态淬火创新为动态旋转淬火，使铁路提速轴承的芯部硬度增加了 25%，产品的变形量减少了 30%，实现了铁路提速轴承热处理技术质的飞跃。他成功研发设计国内第一台旋转压模淬火机床，填补了国内轴承行业的空白。同时证明，精密高端轴承不仅能够"中国制造"，而且还能实现"中国创造"。

此外，轴承零件加热淬火是轴承热处理的关键工序，而加热时间能否准确控制，则直接影响到轴承产品的内在质量。李书乾发现，长期以来热处理电炉由于没有一种能自动监控和记录存储运行信息的设备，执行生产工艺的准确率很低。李书乾通过研究，发明了"电炉运行节拍控制器"，实现了从手动到自动的变革，从无控到自控的创新，引领着国内轴承行业热处理电控技术的发展，并且获得国家实用新型发明专利。但是，李书乾不满足于被动地排除设备故障，为了节能减排，李书乾大胆尝试轴承热处理电炉电热辐射管由石英玻璃管替代贵金属管。他受《晶闸管变流技术》一书的相关知识和舞台灯光自动调光的启发，发明创造了"渗碳电炉加热控制方法"，使渗碳电炉的加热控制连续均匀，不仅克服了传统控温方式的弊端，还创造了工业电炉加热控制新技术的先河，填补了国内行业空缺，获得国家发明专利。2007 年，公司一台引自德国的多功能渗碳电炉加热执行器烧损，德国专家坚持更换原厂配件。李书乾凭借自己掌握的技术和实践经验，说服德国专家，用国产配件进行替代，并和他一起对电炉运行程序进行了更高一级的优化，延长了加热执行器的使用寿命，让一向高傲的德国专家不得不对中国工人伸出大拇指。对公司进口的大型热处理数控生产线，李书乾都能娴熟地调试与维护，外国专家排除不了的疑难故障，他亦能"手到病除"，被工人们誉为"引进设备的主治医生"。

除了像"救火队长"一样四处为有问题的设备排除故障，李书乾认为，总说"工匠"与"工匠精神"，核心任务还是要培养好徒弟，搞好"传帮带"。他说过："出海远航，光靠一个人是绝对不可能的。我还得再革新几项技术，多培养几个技术过硬的接班人！"为了实现这一目标，2015 年，李书乾作为领办人的国家级技能大师工作室开始挂牌运行，这个工作室也成为李书乾培养造就维修人才的一个重要基地。同时，他认为带徒弟也要有一些规章制度："我们师徒间都有合同书，以签约的形式形成一种规章制度，师父有师父的责任，徒弟有徒弟的责任，都得履行。比如，合同一签就是两年，这期间，师父得手把手耐心教，保证徒弟至少上一个技术等级"。采用这样的制度，怀着为国家、为公司培养更多人才的信念，他把自己 41 年的读书笔记、维修经验编写成为培训教材，充分利用国家级"李书乾技能大师工作室"的平台，把技术毫无保留地传授给青年工作者。作为国家职业技能鉴定高级考评员，李书乾多次在省市考评中担任电工考评组组长。他先后带出的 22 名徒弟中既有工人，也有大学生，现在都已经成长为企业的技术骨干和高技能人才。李书乾总是说："是企业培养了我，我有义务回报企业。"

李书乾在平凡的岗位上创造了不平凡的业绩，这些年来，李书乾的设备维修、技术革新、质量改进等创新项目为公司节约了上千万元的资金。李书乾连续 10 年被评为公司特等劳动模范，连续 6 年被评为大连市劳动模范，并先后获得大连市有杰出贡献高技能人才、辽宁省有突出贡献高技能人才、辽宁省"五一劳动奖章"等荣誉。

从村里电工，到部队电工，再到企业电工，李书乾与电结下了不解之缘，40 多个春秋里他一直兢兢业业。他常年坚持勤奋学习，钻研技术，始终坚守在设备维修第一线，从 2008 年企业开始实行带薪休假以来，李书乾没有休过一天，还连续十几个春节都坚守在工作岗位上。他是一个集精湛的设备维修技能、电气技术理论于一身的人，也是一个能够独立创造发明专用电路、擅长维修进口高端设备的复合型人才，更是一个在企业技术创新、科技攻关、技术传承中有着突出贡献的高技能人才。

他把自己的一生都贡献给了中国的机械工业发展，坚持不懈地将"中国制造"发展为"中国创造"，正如他自己所说："我认为，新时代的技术工人，不仅要学会操作、维修设备，还要能发明创造。为振兴民族装备制造业，我愿做一个默默奉献、知识型、技能型、创新型的劳动者"[①]。

编辑：金钟哲 李彦儒

林学斌

林学斌（1963～），2001 年 12 月加入中国共产党。1983 年，林学斌高中毕业之后进入鞍钢，成为一名产业工人，现为鞍钢股份有限公司炼钢总厂三分厂连检三作业区电气专业点检员，特级技师。在鞍钢工作期间，林学斌曾先后获得鞍钢科技成果特等奖、鞍钢高技能人才标兵、鞍钢特级技师、鞍钢劳动模范、鞍山市劳动模范、辽宁省有杰出贡献高技能人才、辽宁省功勋高技能人才、中央企业知识型职工、中央企业先进职工、全国技术能手、全国劳动模范等荣誉称号和全国"五一劳动奖章"。

1983 年，林学斌在高中毕业后便进入了鞍钢工作，成为一名一线的设备检修工人。自入厂开始，为了满足自身的需求以及本职工作的需求，林学斌始终坚持一边学文化一边学技术，并致力于解决生产难题。在鞍钢工作期间，林学斌曾先后获得三个大专文凭，分别是中国计算机函授学院颁发的计算机应用专业大专毕业证书、大连外国语学院日语自考大专毕业证书、鞍钢职工大学工业企业电气自动化专业大专毕业证书。与此同时，林学斌也掌握了三门外语。1996 年，辽宁省开通了日语自学考试，林学斌便报名参加并通过大连外国语学院的日语专业自学考试，凭借着自身的努力，他的日语水平达到了精熟的程度，不仅能应用日语进行对话交流与资料翻译，更是曾经获得鞍山市日语演讲比赛第一的佳绩。除了日语之外，在工作中，林学斌能够应用英文，并且识别德文。他常常被工人们亲切地称呼为"林大师"。

1989 年，鞍钢引进了第一台全套日本进口的大连铸设备。26 岁的林学斌作为设备调试组成员之一，也参与其中。当时，主要负责调试的还是日方人员，鞍钢的调试组只是跟着他们学习，掌握设备原理，好在日方人员离开后，能够独立解决难题。此前，几位出国进修的师傅在去日本培训之

---

① 中宁：《工人发明家李书乾》，《东北之窗》2012 年第 12 期。

后，曾带回了一套关于连铸机的日文教材，这也是整个连铸生产线唯一的资料。为方便学习，林学斌从头到尾将这份资料抄写了一遍，该资料有几十万字，抄写资料用了 10 多个笔记本，摞起来足有半米高。林学斌在将资料深入研究之后，又将所需图纸变成简图，画在随身携带的小笔记本上，以便能够随时学习。三年后，大连铸正式投产，日方的专家人员也全部撤离。此时，林学斌对大板坯连铸机的工艺、设备系统已经有了较深程度的掌握，成为工作强手。[①]

1992 年，原第三炼钢厂从日本引进中包喷补装置，日方派来两名调试人员，但在试车过程中，出现了一个致命问题，就是设备在喷补作业过程中自动停止。日方的两名调试人员通过电话以及传真等方式向日本本部多次请教，但问题仍未解决。林学斌看在眼里，急在心上。下班回到家之后，他仔细研究图纸，反复阅读程序，经过努力研究，林学斌终于发现了问题所在。此后，通过不断地对程序进行修改，设备在喷补作业过程中自动停止的问题终于得到了解决，继而也确保了试车成功。日本专家曾多次竖起大拇指称赞"中国林，厉害！"林师傅谈起这段往事的时候说："那时候年轻，胆子也大，组织上提出这个任务，我觉着能干，就接下来了。"

1999～2001 年，钢厂连铸机先后发生漏钢事故，次数多达 19 次，这 19 次漏钢事故给钢厂造成了严重的经济损失。厂里组织相关工作人员以及专家对黏结漏钢事故进行了分析，一致得出结论，认为在所有的漏钢事故中，有 60%～70% 属于黏结漏钢，为此，企业准备引进日本漏钢预报系统。林学斌不但接受了这个项目的引进谈判的任务，更参与了设计漏钢预报中方电气图纸以及编写相关程序等工作。同时，他还要负责硬件设备的施工、安装和调试。终于，在林学斌的带领下，厂里成功地安装了预报系统，林学斌又进行了深入研究，创造性地在报警系统的原有基础上加入自动降速程序，使得厂里的板坯连铸机的漏钢事故率显著降低。在林学斌对设备进行了多次改进之后，因黏结而引发的漏钢问题终于得到了解决。此后，林学斌又参与了与该系统相配套的热电偶国产化工艺开发、补偿电缆国产化

---

① 张爽：《林学斌：走在故障前面的人》，中国文明网，http://ln. wenming. cn/wmbb/201504/t20150423_ 2574514. html，最后访问日期：2018 年 9 月 17 日。

两大改造项目，解决了进口电偶补偿电缆不防水、接线插头寿命短和插针易断的问题，确保连铸漏钢预报设备的正常运行，为厂里创造了数千万元的经济效益。此外，林学斌将计算机系统中上千条机内日文源代码全部转换成汉字码，实现了对 PLC 系统操作界面的汉化，此举大大方便了厂里其他技术工人，提高了工作效率。

经过自身不断的实践，林学斌创造性地创立了"三勤、三精、三准"的科学点检工作理念。"三勤"即勤学习、勤协作、勤处理的工作习惯；"三精"即点检设备要精心、管理设备要精细、对技术要精通的工作作风；"三准"即定修检修要准时、备品备件准备好，检修内容要准确的工作程序。随后，林学斌又在全厂推广"清、紧、调、控"的点检模式："清"即是对现场的电气设备要定期进行"清"灰保洁；"紧"即对经常振动场所的电气设备端子与螺丝等要定期进行"紧"固；"调"即对生产中不可停止的元器件要定期进行精度"调"整；"控"就是对重要的元器件进行定周期管理并有跟踪记录，使之处于可控状态。林学斌还提出"电气故障处理与查找四种方法"，即直接感知法、仪器检测法、器件类比法、设备试探法，形成了一套及时发现设备故障隐患，并将其立即消灭的流程。他将连铸电气设备故障档案进行积累，形成上百个电气故障事例，有 300 多幅图片、35000 多字。他参与了将 1 号连铸机主机系统、ANS 精炼系统、精整系统105 台变频器、小 PLC 105 台、大 PLC 17 套的全部升级改造，通过增加连铸漏钢预报、连铸开浇自动升降速、连铸自动调渣线等新技术，填补了鞍钢的技术空白。

在林学斌的带动下，整个企业的工人都开始积极提升技能，不断创新。为了发挥林学斌的创新带头作用，自 2012 年起，厂里成立了由他的名字命名的"林学斌技能大师工作站"和"林学斌创新工作室"，三年累计创新成果 346 项，累计创效 1.5 亿元，荣获鞍钢集团公司一等奖 6 项、二等奖 5项、三等奖 16 项、四等奖 9 项。在第二十一届全国发明展览会上，他的"RH 精炼炉设备功能优化与低成本能源介质冶炼技术开发"成果获得了银奖；他的"一种防 RH 铝斗、FeSi 斗煤气爆炸技术开发"和"RH 顶枪防回火烧损技术开发"两项成果获得了鞍钢集团技师成果一等奖；他的"RH 开发真空加热操作的建议"获鞍钢集团重大合理化建议一等奖。林学斌经多年实践，总结并编写《电气故障处理与查找四种方法》《PLC常见故障与处理方法》等教材的同时，还建立了大连铸电气实验室，从实验室里走出的普通技工，有的走上了管理岗位，有的成为技术骨干，为企业的发展做出了贡献。

2016年，身为产业工人的林学斌，被东北大学聘任为"客座教授"，走上讲台，为更多的人传授知识与经验，更为企业的技术工人提升自身修养、提高专业技能、追求自身进步树立了榜样。

编辑：金钟哲　梁天添

张化光

张化光（1959～），男，吉林人，教育部第七批"长江学者奖励计划特聘教授"。现任东北大学电气自动化研究所所长、博士生导师、国际IEEE电路与系统学会神经网络与应用分学会技术委员会委员、中国智能系统工程专业委员会副主任。张化光任国际控制领域权威刊物 *Automatica* 的副主编，任国际权威刊物 *IEEE Transactions on Fuzzy Systems* 的副主编。张化光入选新世纪国家百千万人才工程国家级第一层次人才，是国家杰出青年科学基金获得者，辽宁省专业技术拔尖人才，获中国优秀博士后称号，享受国务院政府特殊津贴。他曾作为访问教授去美国、韩国和中国香港合作地区科研。

1988年9月至1991年11月，张化光于东南大学动力工程系（现能源与环境学院）读博士，并获工学博士学位，1991年在国内外率先提出多变量智能自适应控制方法，博士毕业后同年12月被破格晋升为副教授，并进入东北大学自动控制博士后流动站，兼任自动化研究中心工程部部长，并跟随柴天佑教授做博士后研究。1993年，张化光出版了国内外第一本智能自适应控制的学术专著《复杂系统的模糊辨识与模糊自适应控制》，开启了国际上该方向近20年的热点研究，他也被公认为国际智能控制领域的领军人物之一。1993年12月，张化光成为东北大学自动化研究中心副主任，并承担起了清河电厂1－4号机组计算机集散控制系统项目执行负责人的任务。在当时，采用计算机控制发电机组的电气系统在国内尚无先例，清河电厂作为当时东北电管局的重大项目，其投资高达300多万元，布置25面台屏柜以及控制四台机组，平均每一台的价值都过亿元，项目的难度非常大。

在项目攻坚期间，张化光一边向有经验的相关人员请教问题，一边彻夜查找相关的科研资料，几乎每天都在现场实验室通宵工作，常常两三个月都不能回家。通过对20000多条线的反复校对调试，课题组成员确保了四台机组均一次并网发电成功。我国大型火力发电机组首次实现了计算机集散控制，为电厂创造的直接经济效益每年达到3000万元。东北电网有限公司负责人说："工程结束了，谁都可以走，但张化光不能走，只有他在，我们才放心。"就这样，张化光又在电厂待了两个月，直到系统持续稳定运行才离开。该项目获得了辽宁省1995年科技进步一等奖。1994年6月，张化光被东北大学破格晋升为教授，1995年2月成为东北大学的博士生导师及东北大学电气自动化研究所所长。

1997年，张化光教授在带领团队成员多次进行深入调研并制订了系统的设计方案后，参加了沈阳供电公司招标的"马路湾集控主站系统开发"项目竞标，并获得了项目的开发权。在张化光教授的带领下，团队解决了刚性供电不足和柔性电力需求过剩之间的矛盾问题，顺利完成了马路湾集控站开发工作。该技术产品获得了自主知识产权，共申请发明专利18项，并广泛应用于全国11个省份的供电企业以及相关单位。2010年，该项目获得了国家科技进步二等奖。1997～2006年，张化光教授曾作为韩国科学技术院客座研究员、香港科技大学高级访问学者、美国伊利诺伊大学访问研究教授、英国牛津大学访问研究教授多次出访，并与美国阿拉斯加大学合作科研。在香港科技大学做访问学者的两年中，张化光教授常常利用休息度假的时间钻研知识，桌子上的推演手稿高达半米。

2001年6月，张化光教授与胜利油田创新科技开发中心合作，并带领他的研究团队来到油田现场进行实地考察调研。在现场，张化光教授以及他的研究团队历时两个多月，行程两千余公里，采集了5万多组数据。通过对以上数据的分析，张化光教授的团队发现，通过混沌重构建模技术实现的泄漏检测精度要高于常规的检测方法。"100多公里管道的漏点，只要10分钟就能准确定位，而过去需要两三个人忙活好几天。不仅省时省力，还能对盗油者产生威慑，减少经济损失和环境污染。"[1] 在"流体

---

① 刘然、王砚：《张化光：为"中国创造"争光的智者》，《辽宁职工报》2015年7月26日。

输送管网的实时数据采集分析方法和高精度泄漏检测定位技术"项目研究最关键的时候，张化光带领研究生开始实行三班倒的工作方式，每天24小时不间断地监测数据，夜以继日地跟踪系统运行，并在现场带领学生及时更改系统，最多的时候改版了50多次。2002年，几番改进的样机终于首次在胜利油田河口采油厂实现了小于管线全长1%误差的准确定位。2007年，由张化光教授带领团队研发的"流体输送管网的实时数据采集分析方法和高精度泄漏检测定位技术"，获得了国家技术发明二等奖，现已规模化生产。

2010年，张化光教授当选沈阳市特等劳动模范，2011年，获得"沈阳市科技振兴奖"，2012年，当选辽宁省特等劳动模范。2013年，第41届日内瓦国际发明展上，张化光教授的"智能微网的源－网－荷协调优化控制系统"获得金奖，2014年4月，张化光教授作为第一发明人的"基于大数据技术的石油管道泄漏监测系统"和"电网防晃电电源保护系统"两个项目同时获得金奖。2015年，张化光教授被评为全国先进工作者。

长期以来，张化光教授始终坚持理论和实践并举的研究思路。在理论层面，张化光教授主要从事模糊控制与智能控制、非线性控制和混沌控制等领域的基础理论和应用基础理论研究。在实践层面，张化光教授主要从事复杂工业过程自动化、运动控制、电能质量控制、电力系统与电力传动设备故障诊断技术、电力系统自动化、电气传动自动化等技术方面的研究。作为课题负责人，张化光教授曾获得国家杰出青年科学基金、国家自然科学基金重点或面上基金（4项）、国家"863"高科技重大专项（4项）、归国留学人员基金、国家教委博士点基金、辽宁省重点科技攻关课题、教育部国际合作专项基金等资助，并承担了20余项企业的重大自动化工程项目。张化光曾作为第一获奖人获国家、省部级科技进步和自然科学奖励6项，申请国家技术发明专利20多项。张化光编写出版了4本模糊自适应控制和混沌控制方面的学术专著，还有1本译著，1本全国教材，培养了90多名硕士、博士和博士后。张化光教授在国际知名的施普林格出版公司出版英文学术专著3部，代表性论文荣获国际权威期刊 *IEEE TNN* 2012年度唯一最佳论文奖。2014年，因在非线性递归神经网络的稳定性分析和智能自适应控制领域所取得的杰出成就和所做出的卓越贡献，张化光当选美国电气和电子工程师学会会士。①

东北大学信息学馆的 308 室，是沈阳市总工会和辽宁省总工会先后挂牌的"张化光劳模创新工作室"。工作室以张化光教授所在的电气自动化研究所为依托，在张化光的带领下，凝练出了"两更三出"的目标，即"培养层次更高、数量更多的科技人才，多出成果、出大成果、出好成果"。

编辑：金钟哲　梁天添

---

① 刘然、王砚：《张化光：为"中国创造"争光的智者》，《辽宁职工报》2015 年 7 月 26 日。

附录　辽宁荣获全国劳动模范和全国先进工作者荣誉称号人物

1978 年辽宁荣获全国劳动模范荣誉称号人物

程芙润　高秀莲　张静波　李锡本　刘忠信　王爱华　于素梅　高敬党
张淑莲　赵彩云

1978 年辽宁荣获全国先进工作者荣誉称号人物

张少铭　王德明　孙玉秀　王海峰　金作鹏　吴殿家　李润庭　张桂兰
徐桂芳　宋学文　安静娴　孙德新　谭振洲　王渤洋　孙祖良　李福贵
王赞平　宁汝济　李秉钧　李铁林　工长荣　韩吉善　李　薰　吴振文
刘鼎环　闫德义　陈火金　郑忠文　钱令希

1979 年辽宁荣获全国劳动模范荣誉称号人物

孙华喜　宋学文　刘鼎环　闫德义　陈火金　李润庭　张桂兰　郑忠文
葛林森　钱令希　林励吾　王秀琴　于溪宾　徐桂芳　李　瑞　于雅娟
王同顺　张久纯　陈富文　黄世荣　袁景尧

1987 年辽宁荣获全国劳动模范荣誉称号人物

赵成顺

1988 年辽宁荣获全国劳动模范荣誉称号人物

魏书生

1989 年辽宁荣获全国先进工作者荣誉称号人物

余镇危　张再华　王永珍　张克树　王金城　李锦韬　张书芳　刘业伶

王慧筠　于若梅　部宝善　王永良　张秀芸　薄刃石　沈　智　赵宝林
李庆文　胡景芳

1989 年辽宁荣获全国劳动模范荣誉称号人物

陈火金　沈延刚　金连余　陈洪铎　金书升　王凤林　徐玉德　杨铁岩
徐有泮　刘国栋　朱启丹　王永波　赵希友　梁洪启　王利哲　张淑芳
史继文　王巧珍　徐正本　王云峰　郝振山　纪兰香　王丽华　蒋垂卿
刘　学　刘金堂　李永金　张玉金　何大川　吴中校　王有为　张　和
隋庭升　孙吉金　陈希俊　刘传德　张　毅　倪亦方　李春玲　梁素珍
白希尧　李传成　赵政波　牟永武　刘中志　王忠懿　张殿发　李华忠
邢昭芳　张宝琛　高广启　潘凤琴　刘万达　张彦坤　员华亭　邓凤兰
郝运达　林治家　张学武　张文达　吴永安　郭英杰　关广梅　石玉英
李翠华　孙乃熬　冯振飞　梁余兴　金天瑞　李广泽　赵林华　刘平昌
武安政　何捷智　齐　莹　黄恩元　张俊斗　周锦城　朱雅轩　崔景敏
章梦涛　魏桂芹　车存文　卢喜文　李玉民　洪成福　祁桂芬　马士升
刘廷全　高连城　佟聚宝　王宗潼　兰凤孝　冯振庆　孙金龙　刘凤歧
提久琴　杨宝善　李正龙　苏德地　靳中华　谭远红　张功升　潘永兰

2005 年辽宁荣获全国先进工作者荣誉称号人物

柴天佑　李钢城　苏文捷　姚　敏　袁　媛　顾元宪　董大方　宫晓昌
于　敏　姜兴余　柳长庆　冯志国　陈仁华　袁淑琴　董爱民　金竹花
庞鸣嵘　姜德富　王桂荣　仇　伟　董　贵　隋锡君　佟江华　石　磊
陈　芳　赵宝贵　陶承光

2005 年辽宁荣获全国劳动模范荣誉称号人物

王　洋　孟宪新　董文明　师守君　赵俊玲　于廷伟　荣　辉　石战宁
赵　霞　周燕妮　刘仁山　梁洪春　邵令文　战怀奎　王　亮　刘会岩
周永祝　顾庆泰　田梅君　吕玉霜　孟令华　崔炳君　孙彦洪　栗印伟
王　军　杨金山　李龙珍　丁代永　左俊田　王　海　高树来　田恒杰
邢国华　吴俊刚　李兴奇　马双成　刘兴科　姜洪飞　陈明利　于洪儒
刘成金　张秀荣　李占柱　李生斌　白淑敏　张敬辉　顾凤立　于进江
周　伟　韩长青　王洪祥　张卫华　冯　伟　朴春生　张素荣　武　军

王献辉　张振勇　姚　咏　李玉环　江　舰　苏永强　李方勇　蒋　凡
袁福秀　何云峰　郑继宇　李进巅　陈青松　李明克　张燕维　沈殿成
贺荣光　孙崇仁　刘　忱　董仁平　王学礼　康宝华　孙荫环　杨　敏
张　军　汪兆海　王锦宁　于　洪　商纯福　张鸿雁　刘晶儒　郝忠福
韩行通　赵　君　张世栋　何著胜　刘景远　王宝山　李茂丰　金令久
段玉春　崔玉样　王景斌　黄玉奎　白金山　田忠信　李纯栋　李晓东
张殿荣　刘桂华　刘　千　王志斌　张立成　韩忠保

2010 年辽宁荣获全国先进工作者荣誉称号人物

李栓良　董鹃鹃　刘　斌　李淑玲　雷　震　马鞍军　金锡海　隋景宝
王晓平　高　琛　夏　君　沈　戈　王　刚　刘日辉　张百清　林木西
刘　辉　徐　克　李静文　郭东明　谢　辉　冯春和　景希强　王洪奎
任国成　林　浒　鲁　博

2010 年辽宁荣获全国劳动模范荣誉称号人物

徐　强　曹佰库　夏云龙　王桂荣　陈新海　张雨廷　王　欣　王　彤
高　虹　丁明亮　毛正石　李明波　高　杰　梅月英

参考文献

沈阳市总工会：《"徐强精度"年创产值4000万》，沈阳工会网，2008。

《中华创业功臣大典》编委会主编《中华创业功臣大辞典》，中国统计出版社，2000。

《中国工会运动史料全书》总编辑委员会、《辽宁卷上册中国工会运动史料全书（辽宁卷）》编委会编《中国工会运动史料全书（辽宁卷）》（上册），辽宁人民出版社，1993。

《中华劳模大典》编委会编《中华劳模大典》，中国统计出版社，1997。

《2015年全国劳动模范和先进工作者拟表彰人选公示》，新华网，http://www.xinhuanet.com/politics/2015-04/17/c_127700171.htm。

陈新海：《用自己的智慧把"中国制造"变成"中国创造"》，《中国职工教育》2010年第8期。

《道德最大的秘密就是爱——全国道德模范首都高校巡讲座谈会实录》，《光明日报》2011年11月25日。

《东北工业建设中的劳动模范》，东北工人出版社，1951。

杜学胜：《积小为而铸大成》，《中国航空报》2010年5月4日。

高云龙：《远见未来》，《东北之窗》2008年第24期。

顾威：《为"洋设备"治病的"中国医生"》，《工人日报》2010年4月30日。

国防科学技术工业委员会编《时代楷模：国防科技工业系统2005年全国劳动模范和先进工作者事迹汇编》，北京航空航天大学出版社，2005。

计毅主编《中华人民共和国享受政府特殊津贴专家、学者、技术人员名录（1992年卷）》第三分册，中国国际广播出版社，1996。

江彦：《搭建综合自动化科技创新平台引领中国流程工业发展——访中国工程院院士、国家 863 计划先进制造与自动化领域专家委员会副主任柴天佑院士》，《中国制造业信息化》2006 年第 6 期。

金超：《李进巅：从"车桥大王"到"整车之王"》，《东北之窗》2007 年第 17 期。

康成明：《大国工匠：炼钢技能大师林学斌》，中国网·第一财经，www.yicai. com/news/5046069. html。

李波：《李进巅：啃着冷馒头挺进汽车业》，《今日财富》2007 年第 8 期。

李珂：《中国劳模口述史》，社会科学文献出版社，2018。

李满春：《鹿新弟——了不起的"柴油机医生"》，《共产党员》2018 年第 2 期。

李维民主编《中国人物年鉴》，新华出版社，1997。

李永安主编《中国职工劳模大辞典》，中国工人出版社，1995。

辽宁省科学技术协会编《辽宁青年科技人物志》（第 1 卷），辽宁古籍出版社，1997。

辽宁省政协文化和文史资料委员会编《辽宁老工业基地建设纪实》，辽宁人民出版社，2014。

林学斌：《痴迷攻关终不悔》，《鞍钢日报》2016 年 10 月 10 日。

刘文：《走近劳模》，上海人民出版社，2017。

吕双伟、赵阳、徐光远：《大山里，有支老兵放映队》，《中国人才》2013 年第 1 期。

绿思：《李进巅：打造民族汽车工业的"百年曙光"》，《共产党员》2011 年第 15 期。

毛雪梅：《毛正石：32 年匠心"铸"梦》，《中国品牌》2016 年第 7 期。

曲媛：《敢于挑战行业尖端技术的工人发明家——记瓦轴集团公司工人技术专家李书乾》，《轴承工业》2010 年第 6 期。

全国政协文史和学习委员会编《十四个沿海城市开放纪实：大连卷》，中国文史出版社，2015。

沈阳市人民政府地方志办公室编《沈阳市志 – 第十七卷 – 人物》，沈阳出版社出版，2000。

沈阳市统计局编《沈阳统计年鉴（2005）》，中国统计出版社，2005。

沈阳市总工会编《沈阳劳动模范》，中国工人出版社，2016。

寿孝鹤等主编《中华人民共和国资料手册：1949～1985》，社会科学文献出版社，1986。

孙博洋：《大国工匠：用极致造就不凡——生产线上的点检大师林学斌》，人民网·财经中国梦大国工匠篇，http://news. china. com/domestic/945/20160929/23673290_1. html。

孙荫环：《企业文化应以责任为核心》，《城市开发》2012年第16期。

《瓦轴集团电工李书乾享受国务院特殊津贴》，《轴承工业》2011年第12期。

王登波：《鹿新弟：身怀绝技写春秋》，《东北之窗》2017年第17期。

王澜：《开拓者之歌：健康成长的辽宁乡镇企业家》，辽宁人民出版社，1996。

王世安：《企业领袖2006大连卷》，中央编译出版社，2006。

王彦堂：《孙荫环：创新其实不难》，《东北之窗》2013年第19期。

王钰慧、王晨、郭艳丽：《东北大学张化光劳模创新工作室专啃"高大上"的科研硬骨头》，搜狐中青在线，http://www. sohu. com/a/73505489_363394。

魏宇：《锦州8个老兵的14载公益放映路》，《社会与公益》2010年第3期。

向德荣主编《劳模精神职工读本》，工人出版社，2016。

新华社：《全国劳动模范和先进工作者名单》，人民网，http://politics. people. com. cn/n/2015/0429/c1001 – 26921051 – 6. html。

许嘉玥：《林学斌：30年扎根一线的技能大师》东北新闻网·辽沈一线，www. kaixian. tv/gd/2015/0504/632453. html。

闫军伟：《坚守心中的承诺》，《兵团工运》2013年第8期。

翟厚宗：《工业自动化领域的领军者——记中国工程院院士、东北大学教授柴天佑》，《中国高校师资研究》2009年第6期。

张广宏、张蕾：《热爱是梦想延伸的不竭动力——记全国先进工作者、东北大学信息科学与工程学院张化光教授》，东北大学新闻网，http://neu. cuepa. cn/show_more. php？tkey = &bkey = &doc_id = 1328373。

张化光：《青春在这里闪光——记东北大学自动化研究中心》，《科技成果纵横》1994年第1期。

张建魁：《甘肃历代名人研究》，甘肃科学技术出版社，2015。

张爽、林学斌：《走在故障前面的人》，中国文明网·地方传真，http://ln.
wenming.cn/wmbb/201504/t20150423_2574514.html。

张彦宁：《创业英雄2009年度中国创业企业家创业事迹》，企业管理出版
社，2010。

中共辽宁省委：《王亮——与"时代"同行的电工》，《共产党员》2018年
第2期。

中国工程院等编著《中国工程院院士》，高等教育出版社，2004。

中宁：《工人发明家李书乾》，《东北之窗》2012年第12期。

后　记

　　劳动模范是社会主义建设事业的优秀代表，是最美丽的劳动者，全国劳动模范更是站在革命、建设和改革的最前列。党的十九大报告提出，要"弘扬劳模精神和工匠精神，营造劳动光荣的社会风尚和精益求精的敬业风气"①。今天，我们编写辽宁省全国劳动模范和道德模范的先进事迹，就是要弘扬"爱岗敬业、争创一流，艰苦奋斗、勇于创新，淡泊名利、甘于奉献"的劳模精神，让"劳动最光荣、劳动最崇高、劳动最伟大、劳动最美丽"蔚然成风。新时代工人阶级主人翁地位是在劳动实践中实现的。

　　本书采用了国家社会科学基金重大项目"东北（辽宁）老工业基地'劳模文化'史料编纂及当代价值研究"课题组收集和整理的劳模史料。其中包括：辽宁省、吉林省、黑龙江省档案馆的部分档案资料；中华全国总工会、辽宁省总工会、辽宁各地级市总工会相关文献；辽宁省、吉林省、黑龙江省地方史志中的人物志、工业志、劳动志等相关文献；报道辽宁省劳模事件、劳模事迹和劳模评选机构、原则的报刊类史料；记录劳动者的口述类史料。在此基础上，兼顾劳模人物与事迹前后左右的文化语境甚至更宽广的经济文化社会结构，力图客观还原和全景展现东北老工业基地辽宁劳模形象。

　　本书在编写过程中，得到中华全国总工会、辽宁省总工会、辽宁各地级市总工会和辽宁省档案馆、辽宁省地方志办公室、中国工业博物馆、沈阳劳模纪念馆等相关单位同志的指导和帮助。同时，辽宁省知名劳动模范

----

① 习近平：《决胜全面建成小康社会 夺取新时代中国特色社会主义伟大胜利——在中国共产党第十九次全国代表大会上的报告》，人民出版社，2017，第 31 页。

在劳模史料征集过程中，给予了大力协助。在此，一并致谢！

本书分为上、下两册。上册包含四章，第一章和第二章由田鹏颖主笔；第三章和第四章由金钟哲主笔。刘晓东、陈雷雷、王艺霖、李彦儒、宋琪琪、刘鑫棣、王迪、梁天添、董任可参与了上册写作及资料编写工作。下册包含四章，第一章和第二章由田鹏颖主笔；第三章和第四章由金钟哲主笔。陈雷雷、宋琪琪、刘鑫棣、李彦儒、刘晓东、王艺霖、董任可、梁天添、王迪参与了下册写作及资料编写工作。全书由田鹏颖、金钟哲最终统稿，陈雷雷、宋琪琪、刘鑫棣、姜昆校对。

由于劳模跨度时间较长，加之水平有限，书中难免有遗漏和不足之处，敬请各位学者、读者批评指正。

图书在版编目（CIP）数据

东北老工业基地劳模人物传. 辽宁卷：全 2 册／田
鹏颖，金钟哲编著. -- 北京：社会科学文献出版社，
2018.11

（东北老工业基地劳模文化研究丛书）
ISBN 978 - 7 - 5201 - 3721 - 8

Ⅰ. ①东… Ⅱ. ①田… ②金… Ⅲ. ①劳动模范 - 先
进事迹 - 辽宁 - 现代 Ⅳ. ①K820.83

中国版本图书馆 CIP 数据核字（2018）第 238246 号

东北老工业基地劳模文化研究丛书

东北老工业基地劳模人物传（辽宁卷·上、下册）

编　　著／田鹏颖　金钟哲

出 版 人／谢寿光
项目统筹／曹义恒
责任编辑／岳梦夏

出　　版／社会科学文献出版社·社会政法分社（010）59367156
　　　　　　地址：北京市北三环中路甲 29 号院华龙大厦　邮编：100029
　　　　　　网址：www. ssap. com. cn
发　　行／市场营销中心（010）59367081　59367083
印　　装／三河市龙林印务有限公司

规　　格／开　本：787mm × 1092mm　1/16
　　　　　　印　张：20.25　字　数：315 千字
版　　次／2018 年 11 月第 1 版　2018 年 11 月第 1 次印刷
书　　号／ISBN 978 - 7 - 5201 - 3721 - 8
定　　价／158.00 元（上、下册）